西北师范大学简牍研究院
中国历史研究院田澍工作室
甘肃简牍博物馆
西北师范大学历史文化学院
联合资助出版

简牍学与丝路文明研究丛书

西北师范大学

李并成 著

丝绸之路与敦煌文化研究

中国社会科学出版社

图书在版编目(CIP)数据

丝绸之路与敦煌文化研究/李并成著. —北京：中国社会科学出版社，2023.5

（西北师范大学简牍学与丝路文明研究丛书）

ISBN 978-7-5227-1684-8

Ⅰ.①丝… Ⅱ.①李… Ⅲ.①丝绸之路—研究②敦煌学—研究 Ⅳ.①K928.6②K870.6

中国国家版本馆 CIP 数据核字（2023）第 052893 号

出 版 人	赵剑英
责任编辑	宋燕鹏
责任校对	李　硕
责任印制	李寡寡

出　　版	中国社会科学出版社
社　　址	北京鼓楼西大街甲 158 号
邮　　编	100720
网　　址	http://www.csspw.cn
发 行 部	010-84083685
门 市 部	010-84029450
经　　销	新华书店及其他书店

印　　刷	北京明恒达印务有限公司
装　　订	廊坊市广阳区广增装订厂
版　　次	2023 年 5 月第 1 版
印　　次	2023 年 5 月第 1 次印刷

开　　本	710×1000　1/16
印　　张	23.5
插　　页	2
字　　数	358 千字
定　　价	128.00 元

凡购买中国社会科学出版社图书，如有质量问题请与本社营销中心联系调换
电话：010-84083683
版权所有　侵权必究

目　录

自　序 …………………………………………………………（1）

有关丝绸之路研究中若干学理问题的再认识 ……………………（1）
丝绸之路：东西方文明交流融汇的创新之路
　　——以敦煌文化的创新发展为中心 …………………………（16）
炳灵寺石窟题记显示的丝绸之路河陇段交通状况考 ……………（31）
索桥黄河渡口与汉代长安通西域"第一国道" …………………（45）
汉代丝绸之路河西段交通道路的调查与考证 ……………………（61）
汉敦煌郡境内的邮驿系统及其置、骑置、驿等的位置考 ………（105）
古丝绸路上一批丰厚的历史遗珍
　　——河西走廊遗存的古城遗址及其历史价值论略 …………（122）
汉居延县城新考 ……………………………………………………（134）
古阳关及阳关绿洲沙漠化的调查研究 ……………………………（141）
汉酒泉郡十一置考 …………………………………………………（156）
古丝路上的悬索关考 ………………………………………………（167）
古丝绸路上的大海道 ………………………………………………（174）
从汉唐玉门关到明代嘉峪关 ………………………………………（177）
唐代河西走廊交通道路考 …………………………………………（196）
唐代瓜、沙二州间驿站考 …………………………………………（215）
唐代瓜州（晋昌郡）治所及其有关城址的调查与考证
　　——与孙修身先生商榷 ………………………………………（230）

唐代会州故址及其相关问题考
　　——兼谈对于古代城址考察研究的些许体会 …………（244）
"敦煌"得名新考 …………………………………………（259）
敦煌遗书中所见丝绸路上的外来药物考 …………………（264）
敦煌文献中所见唐五代时期的水利官员 …………………（280）
敦煌资料中所见讲究卫生爱护环境的习俗 ………………（296）
敦煌文献与西北生态环境变迁研究 ………………………（310）
敦煌蒙书中蕴含的哲学思想探析
　　——以《百行章》为中心 ……………………………（325）
《河西节度使判集》（P.2492）有关问题考 ………………（338）
论甘肃为丝绸之路的"黄金路段" …………………………（345）
重视"敦煌外交" 服务"一带一路" ………………………（363）

自　序

2013年9月和10月，习近平主席出访哈萨克斯坦、印度尼西亚时，先后提出共建"丝绸之路经济带"和"21世纪海上丝绸之路"的构想，即"一带一路"倡议，随即在海内外引起强烈反响，得到沿线许多国家和地区广泛而热烈的响应，产生了重大的政治、经济等方面的影响。目前已有100多个国家和国际组织参与这一倡议，使千年古丝路焕发出新的勃勃生机和活力，同时也为沿线丰富的历史文化资源的学术研究提供了无限的机遇。

丝绸之路，是一条古代沟通旧大陆三大洲的最重要的国际通道，是华夏文明与古希腊文明、印度文明、伊斯兰文明等汇流的纽带，曾为整个人类世界的发展进步做出巨大的历史贡献，是世界各国共有的历史文化遗产。在丝绸之路经过的地区，出现过波斯帝国、马其顿帝国、罗马帝国、奥斯曼帝国等世界大帝国；在丝绸之路的要冲，诞生了至今仍影响着亿万人思想的佛教、基督教、伊斯兰教；古代世界划时代意义的伟大创造发明和思想流派，首先是通过丝绸之路传播到了全世界；古代世界历史上的许多重大政治、军事活动也是通过丝绸之路进行的。因此可以毫不夸张地说，丝绸之路从政治、经济、文化诸多方面，影响和推动了世界历史、社会的发展，丝路文化在人类历史上放射出了灿烂的光辉。因而丝绸之路被誉为"世界文化的大运河"，"世界文化的母胎"，"推动古代世界历史车轮前进的主轴"。2014年，"丝绸之路：长安—天山廊道的路网"，成功进入世界文化遗产名录。

丝绸之路在我国历史发展中也有着极为重要的意义。由于丝绸之路

丝绸之路与敦煌文化研究

的开通和运营,密切了我国东中部地区与西部地区各族人民之间的联系和交往,使我国西部地区与内地在政治上、经济上和文化上形成了牢不可破的内在联系,促进了中华民族共同体的历史进程。丝路的开通,开阔了人们的视野,增进了中国人民与各国人民之间的相互了解和联系。中国古代文化和创造发明通过丝绸之路输入西方,西方的文化、艺术等也通过丝绸之路传入中国,并对中国的历史发展给予了重大影响。

如果说,在长达万余千米的丝绸之路沿线上,要找出一处最能印证丝路历史沧桑、最能代表丝路精神、最能体现丝路文化特质的地方的话,那么中国的敦煌无疑是其最佳选择之一。就中西文化的交流交汇交融而言,丝路沿线的其他任何地方,都难以与敦煌争胜,这与敦煌在丝绸之路上所处的独特的地理位置、所发挥的重大的历史作用,所保存的灿烂辉煌的文化遗迹等密切相关。因而探究和解析敦煌文化,无疑是深入研究丝绸之路文化的一条重要途径。

笔者曾在敦煌生活、工作过整整20年,打小受敦煌文化的熏染、陶冶,又由于所学专业及个人的志趣爱好,对于丝绸之路、敦煌文化及相关学术领域的探讨一直兴味浓厚,迄今置身于这一领域已有40余年,足迹也遍及丝路沿线的许多地区,尤其是对河西走廊、塔里木盆地、内蒙古西部等地考察、调研最多,也由此获得些许心得和收获。辑入本书的正是笔者在这一领域探索的部分成果。

全书包含对于丝绸之路及其交通路线的研究,丝路沿线古代城址、关隘的调查考证,丝路文化中最具代表性的敦煌文化研究几大块。书中对于丝绸之路研究中若干学理问题进行了有益的探索;并通过笔者多年来持续地在丝路沿线的实地考察,对于汉唐时期丝绸之路的交通路线、丝绸路上遗存的一批古代城址、关隘、驿站的位置及其历史变迁等作了必要的探讨,摸清了其历史面貌;同时对于丝路文化中最具代表性的敦煌文化的特点、作用和价值等问题进行了细致的考察,对于能够充分体现丝路特质的若干重要的敦煌文书进行了深入的剖析,注重发掘敦煌文化对于丝绸之路繁荣和发展的历史作用和价值,由此摸清了丝路沿线线路及一批重要遗址的历史面貌,纠正了前人的若干疏误,凸显了丝绸之路重大的历史贡献和意义，从而为我们深入地认识丝绸之路的历史演进及其作用，提供了真实可信的第一手材料，并可为今天"一带一路"倡议的文化建设提供若干有益的历史借鉴。

本书的理论意义主要在于，对于以往丝绸之路研究中人们关注不多或未予关注的若干重要的理论问题做了新的探讨。例如，如何深入理解领悟习近平总书记提出的"丝绸之路精神"，如何正确地认识"前丝绸之路时期"，如何深入探析丝绸之路的本质，如何科学地架构丝绸之路研究的学科体系、学术体系和话语体系，如何充分发挥"敦煌外交"优势、服务"一带一路"倡议，如何更好地使丝绸之路学术研究为今天的经济文化建设服务等等；并且对于最能反映丝绸之路历史面貌及其作用和贡献的敦煌文化中的若干重要问题及其相关的敦煌文书做了相应的探究。

本书的实践意义主要在于，作者通过多年来的实地考察，并结合传世史籍和出土文献的考证，对于丝绸之路的主要交通路线（西安至武威南北二道、河西走廊干道、内蒙古西部道路等），以及一批重要的城址、关隘、驿站等进行了深入的考察，厘清了其历史变迁及演变机制，从而可以为今天的文化遗产保护，为丝路沿线文化建设以及旅游业的发展，为丝路沿线生态文明建设及绿色发展等，提供切实的、有益的历史借鉴。

本书的出版可以为丝绸之路的学术研究提供一部独特的有价值的学术成果，为"一带一路"倡议的深入实施及其丝路沿线文化建设提供一部可资史鉴的学术论著，为高校师生以及有关干部和群众提供一部重要的有意义的文化读本。

本书的编辑、出版中，得到西北师范大学历史文化学院的资助，得到院长何玉红教授、秦丙坤博士等的热情支持；本书责任编辑宋燕鹏编审、责任校对李硕先生、责任印制李寡寡先生等倾注了大量的心血，在此一并表示最衷心的感谢！

由于作者的能力和水平有限，书中的缺点、疏误在所难免，真诚地欢迎广大读者提出宝贵的批评意见。

有关丝绸之路研究中若干学理问题的再认识

2013年9月和10月，习近平主席出访哈萨克斯坦、印度尼西亚时，先后提出共建"丝绸之路经济带"和"21世纪海上丝绸之路"的构想，即"一带一路"倡议，随即在海内外引起强烈反响，得到沿线许多国家和地区广泛而热烈的响应，产生了重大的政治、经济等方面的影响，目前已有100多个国家和国际组织参与这一倡议，使千年古丝路焕发出新的勃勃生机和活力，同时也为沿线丰富的历史文化资源的学术研究提供了无限的机遇。随着"一带一路"的不断推进和深入，目前学界关于丝绸之路的研究方兴未艾，其中尚有若干学理方面的问题，值得进一步讨论和再认识。

一 关于"前丝绸之路时期"

一些学者认为，早在张骞"凿空"之前，亚欧大陆上就已经出现了"玉石之路""陶器之路""青铜之路""麝香之路""小麦之路"等，因而"丝绸之路"既非形成最早，其名称也不具有普遍性的代表意义。

笔者以为，这种说法虽然反映了"凿空"之前的一些历史事实，但是"丝绸之路"这一名称早已被学界及社会上所认可，早已约定俗成，其含义也绝不仅仅包括"丝绸"在内，而是以中国的丝绸为代表，将丝绸这一曾深刻影响了人类社会历史进程的物品，作为最有代表性的物质载体用来命名这条道路，因而"丝绸之路"一名及其含义是确切和恰当的，其代表性是不容置疑的。而且这一名称听起来优美靓丽，意韵美妙，可使人们产生心理上的愉悦之感。

诚然，早在张骞"凿空"之前，东西方之间的文化交流就已经产生了。例如，黄河中下游的中原地区是中国文明的重要发祥地，中原文化在它诞生以后即呈现出向四周扩展的趋势，在我国西部地区则表现为由东向西的传播方向。例如发现于甘肃东部、青海东部、河西等地约4500—5000年的马家窑彩陶文化，即是中原仰韶文化向西传播的遗存，彩陶文化又由河西西传新疆及其以远，和田、库车、且末、哈密、吐鲁番、伊犁河流域等地，均出土过彩陶器。与之同时，新疆和田一带的玉石也通过河西走廊而大量输往中原。如1976年在河南安阳殷墟妇好墓中出土的756件随葬玉器，其玉料大部分都是和田玉。河西走廊西端的玉门关即因其地为西域美玉输入内地的门户而得名。又如，小麦原产于西亚地区，有7000年以上的历史，约在4000多年前传入我国。新疆罗布泊的小河墓地、青海东部和甘肃地区以及黄河中下游一带距今4500—4000年遗址中均出土了小麦。到了3500年前后的商代前期，在黄河中游地区小麦种植面积显著增加，成为我国北方地区的主要粮食作物之一。[①] 至于一些学者所讨论的"凿空"之前亚欧大陆上就已经出现的"玉石之路""陶器之路""青铜之路""麝香之路""小麦之路"等，我认为这一时期可称之为"前丝绸之路"时期，或丝绸之路的萌芽时期、曙光时期。这样既可尊重应有的历史事实，理清概念上不必要的混乱，又凸显了"凿空"以来这条道路巨大的历史贡献。

世界上各种文化遗存本身几乎无一例外地证明，其文化内涵从来都不是单一的封闭的。史实表明，早在人类童年时代起，不同的文化集团就在蹒跚的相互扶持中向文明走来。中华早期文明形成发展过程中，即有来自遥远的西方外来文化因素的参与与渗透，并对华夏文明的形成产生了深刻影响。"前丝绸之路"可以说，就是中华民族先民与生活在中亚、西亚和地中海沿岸等地的人们友好往来之路、互通有无之路、相互

[①] 参阅沈福伟《中西文化交流史》，上海人民出版社1985年版，第1—20页；王巍《汉代以前的丝绸之路——考古所见欧亚大陆早期文化交流》，《中国社会科学报》2016年1月12日第4版。

有关丝绸之路研究中若干学理问题的再认识

学习之路、共同发展之路。

不同地域间人群的交往尽管早已有之，但是我们还应看到，在张骞"凿空"之前这种交往一般是自发的、分散的，非国家和政府行为的，规模较小的，不宜与"凿空"之后的丝绸之路相提并论。而张骞的"凿空"则是受汉武帝的招募派遣，属于国家和政府行为，虽然其最初目的是为了与大月氏等联手从东西两面夹击匈奴，以解除匈奴对汉朝北部边境的威胁，但在客观上却起到了开拓丝绸之路的效果。自此以后，丝绸之路的发展进入了一个全新的阶段，在历代中原王朝的经营下不断发展壮大，成为沟通古代旧大陆三大洲间最重要的国际通道，为整个人类世界的物质文明和精神文明做出过巨大贡献。因而"前丝绸之路"时期是无法与"凿空"之后的丝绸之路时期相比的。

最近还有学者认为，丝绸之路是一个仅仅反映中国文明输出的片面性名称，是片面、狭隘的概念。① 众所周知，"丝绸之路"一名，最早为德国著名地理学家李希霍芬在其《中国》一书中提出的，他把"从公元前114年到公元127年间，中国与河间地区以及中国与印度之间，以丝绸贸易为媒介的这条西域交通路线"叫作"丝绸之路"。以后德国东洋史学家阿尔巴特·赫尔曼在其名著《中国与叙利亚之间的古代丝绸之路》一文中主张，应"把这一名称的涵义进而一直延长到通向遥远西方叙利亚的道路上去"，因为"叙利亚尽管不是中国生丝的最大市场，也是其较大的市场之一，而且叙利亚主要是经由通向亚洲内地及伊朗的这条通道获得生丝的"。赫尔曼的这一主张得到了学者们的赞同。此后，"丝绸之路"的概念进一步扩展，成为从中国出发，横贯亚洲，进而联接非洲、欧洲的陆路通道的总称，被人们视作古代东西方之间政治、经济、文化交流的重要桥梁和主渠道。

由此看来，丝绸之路一名所反映的绝非只是中国文明的输出，文化的交流从来都是双向的。

另有学者提出，早在史前时期即存在全球化现象。例如2010年8月在

---

① 李正宇：《丝绸之路名实论》，《石河子大学学报》2017年第1期，第24页。

· 3 ·

鄂尔多斯市召开的"鄂尔多斯青铜器与早期东西方文化交流——北方草原通道国际学术研讨会"上,英国学者 Martin Jones 表示,全球化并不是新现象,在距今4000—5000年的史前时期,全球化现象已经在欧亚非大陆上出现,农作物、家畜、青铜器等物质文化因素频繁在各个文化群体中传播,这非常类似于现代社会的全球化现象,故可称为"史前全球化"。① 笔者认为,此番言论恐怕说过了头,诚然史前时期不同地域之间人群的物质文化交流的确存在,但并非是全球性的,不宜与现代社会的全球化类比。

二 关于丝绸之路的精神和"本质"

有学者认为,丝绸之路是一条重要的古代商路,或曰贸易之路。诚然,丝绸之路的商贸属性是毋庸置疑的,"商路"是其重要的属性之一。然而就其历史发展的总体面貌而言,就其主要的历史职能、对世界历史的主要贡献来看,丝绸之路并不仅仅限于商贸及物质交流方面,而是涉及经济、政治、军事、宗教、艺术、体育、科技、学术、民族与民俗等诸多方面,我们可将其总的概括为"文化"交流。笔者以为,丝绸之路的"本质",或可名其为"实质",就是古代东西方世界的文化交汇、交流与交融。"交汇"主要是指其过程而言,"交流"主要指其内容而言,"交融"主要指其结果而言。有人将丝绸之路誉为"世界文化的大运河","世界文化的母胎",或曰"推动古代世界历史车轮前进的主轴"等,这些说法都是有道理的。

习近平主席将丝绸之路精神概括为"和平合作、开放包容、互学互鉴、互利共赢。"很显然,丝路精神不仅仅包括"商贸"或"物质"层面的内容,而是有着相当宽广深厚的内涵,包容了"丝路文化"的各个方面,同时凸显了和平、开放、合作、发展、共赢的时代主题。文化因交流而精彩,文明因互鉴而丰富。

---

① 记者马永春:《史前时期即存在全球化现象》,《中国社会科学报》2010年8月30日第2版。

三 丝绸路上的两大"山结""水结"和"路结"

考之横贯欧亚大陆丝绸之路的整个走向和路网布局，可以清楚地看到沿途有两大山结，亦为"水结"，同时也是丝绸路上最重要的两大枢纽，可称之为"路结"。一大山结即帕米尔高原（古葱岭），昆仑山脉、喀拉昆仑山脉、天山山脉、喜马拉雅山脉、兴都库什山脉等宏大山系皆在这里汇聚、结集，塔里木河、伊犁河、印度河、锡尔河、阿姆河等大河亦发源于这一带。受这些山系、河系走向、流向的控制，沿山麓地带、山间河谷行进的交通路线亦在此附近汇集，形成"路结"。行经天山南麓的西域丝路中道与昆仑山北麓的西域丝路南道西汇于葱岭，由葱岭向南出发可达印度半岛（古天竺），向西南可抵伊朗高原（古波斯），向西直至地中海沿岸，向西北又可与由天山北麓西行的丝路北道相合。

另一大"山结""水结"即在兰州附近，由西北方向而来的祁连山脉，逶迤向东延伸的西秦岭，以及耸立于青藏高原东北边缘的小积石山、达坂山、拉脊山等均在兰州附近汇聚；黄河上游的几条大支流——大夏河、洮河、湟水、大通河、庄浪河亦在这一带相继注入黄河，渭河亦源于兰州东南不远的洮渭分水岭。自然兰州一带也是"路结"所在，沿着这些山麓、河谷而行的丝绸之路东段五条干道，即秦陇南道、羌中道（吐谷浑道）、唐蕃古道、大斗拔谷道、洪池岭（乌鞘岭）道，皆在这一带辐辏相聚。丝绸之路既被誉为世界文化流播的"大运河"，那么这条路上的"山结""水结"和"路结"交通枢纽的所在无疑更是东西方文明的荟萃之处。帕米尔高原、兰州一地由此可长时期地受丝路惠风熏染，含英咀华，啜饮东西方文明的甘露芳醇，吮吸无限丰美的营养，它们在丝路交通上、政治军事上、文化传播上的重要地位我们应有充分的认识。

四 长安、洛阳以东的广大地区亦是丝绸之路所经的重要区段

丝绸之路的主方向是东西方向的，但是由于其所跨地域十分广阔，

当然它不会是由一条笔直的大道构成的，实际上它是由若干条道路东西相联、南北交错而形成的交通网，当然这个交通网的主方向是东西向的。现今一般认为，广义的丝绸之路应主要包括穿越关陇、河西、西域、中亚、西亚的主道，包括草原丝绸之路、西南丝绸之路与海上丝绸之路。其中丝绸之路主道因需穿越茫茫的沙漠戈壁、片片的绿洲，因而又可称之为沙漠丝绸之路，或绿洲丝绸之路。通常所说的丝绸之路即指其主道（沙漠、绿洲丝绸之路），它以汉唐时期中国的首都长安、洛阳为起点，穿过关中平原、陇东陇西高原、河西走廊、天山南北，中亚、西亚及其以远。至于长安、洛阳以东的广大地区是否丝绸之路亦曾涉足，是否亦可纳入丝绸之路研究的范围？迄今学界对此大多语焉不详。

笔者认为，长安、洛阳以东的广大地域亦是丝绸之路不可或缺的重要区段，长安、洛阳作为汉唐时期我国的国都，以它们为起点自然可以代表整个中国，这是没有问题的，但这并不意味着长安、洛阳以东地区就不属于丝绸之路所经的区域。就拿山东来说，它不仅是陆上丝绸之路从长安、洛阳向东延伸的重要区段，而且还是海上丝绸之路前往朝鲜半岛、琉球、日本，以至东南亚等地的起点。

有学者研究指出，早在春秋战国时期齐鲁的丝织业就甚为发达，特别是齐国为全国丝织业的中心，丝绸成为当时山东出口海外的重要物品。山东半岛与朝鲜半岛、日本列岛隔海相望，先秦时期逐渐形成了一条自山东沿海起航，沿朝鲜西海岸南下，到达日本南部的早期东方海上丝绸之路。

还有学者认为，山东是战国秦汉时期全国丝织业最为发达的地区和丝绸的主要供货地。《尚书·禹贡》记载当时全国有6个州生产丝和丝织品，首先是今山东境内的兖州和青州。直到汉唐时期，长安附近的丝绸产量其实较少，长安主要是丝绸等货物的集散地，而非主产区。而山东一带所产丝织品为全国数量最大，且质量上乘。唐代山东境内有96%的州府上贡优质丝织品，为全国之最多，山东所产丝绸源源不断地输往西域、中亚、西亚以至罗马等地。因此可以说，山东亦是丝绸之路的主要源头之地及丝路所经不容忽视的重要区域，曾为丝绸之路的发展和繁荣做出过巨大的历史贡献。

也有学者认为,海上丝绸之路形成于秦汉时期,兴盛于唐宋元明,可分为东方海上丝绸之路与南方海上丝绸之路,而山东蓬莱就是东方海上丝绸之路的重要起点之一。另有人认为,山东昌邑是"昌邑茧绸"的发源地,是近代海上丝绸之路的起点,清同治年间还曾在这里设立过"龙口东海关"。山东在丝绸路上巨大的历史贡献及其所发挥的重大历史作用和影响,值得我们今后深入挖掘和彰示。

史实表明,不仅仅是山东地区,丝绸之路涉及和辐射的范围可以说遍布全国各地。例如,有学者认为我国东北地区的肃慎、夫余、秽族、貊族等民族远在商周时期就与中原等地有着诸多联系,迨及汉朝为经略东北建立"四郡"开通了"东北亚古丝路",即从国都长安至华北再经辽东地区到朝鲜半岛,而后渡海进入日本。① 又如,有学者提出"高原丝绸之路"的概念,认为至少自公元前 1500 年开始青藏高原就已经与丝绸之路沿线地区发生联系,在公元前 2 世纪至公元 5 世纪高原丝绸之路的连通范围不断扩大,唐蕃古道的开辟以至宋元明清时期更加促进了其繁荣发展。由此可见,对于洛阳、长安以东丝路路段和区域的研究,无疑也是今后应纳入我们的视野和给予关注的。

事实上,不独山东如此,我国洛阳、长安以东的广大地区都应纳入丝绸之路所及的范围之内。而且过去的 One Belt and One Road,变为 The Belt and Road,也就不再局限于陆上丝绸之路和海上丝绸之路沿线,而把美洲和其他地区都纳入进来,从而上升为一个全球性行动,这就更加有利于新的对外开放格局的打开。"一带一路"必将为世界各国之间架起一座"飞天"之桥,为人类命运共同体的构建开辟出一条崭新的道路,创造出人类社会更加美好的明天。

由上可见,在今后丝绸之路的研究中,我们的目光应更为远大,胸怀应更加宽广,以自己的睿智、努力和作为,为"一带一路"做出更大贡献。

---

① 燕山大学东北亚古丝路文明博物馆:《东北亚古丝路的由来》,《中国社会科学报》2021 年 3 月 15 日第 6 版。

五　关于周穆王的西游及其路线

在丝绸之路及西北史的研究中，人们往往会提及周穆王姬满西游之举。其事见于汲冢出土的《穆天子传》，书中记穆王以看昆仑山的宝玉、拜访西王母为目的，率七萃之士，驾八骏之乘，造父为御，伯夭为向导，远征九万里，北绝流沙，西征昆仑，以周四荒，游名山绝境。对于此书的真伪及周穆王西行的路线，曾有刘师培、丁谦、顾实、张公星、小川琢治、卫聚贤、古川勇、高夷吾、顾颉刚、岑仲勉、王贞民、王范文、赵俪生、常征、莫任南、钱伯泉、杨建新、史为乐、王守春、马雍、王炳华、李崇新先生等做过考证，然而至今仍见仁见智，言人人殊。有学者认为，从该书出土情况及有关历史记载看，它的基本内容很可能是当时周穆王西行的真实记录。也有人认为，该书所叙述穆王旅行的故事是虚构的，但书中关于地理的记载与真实地理状况相符，绝非捏造。①

至于周穆王西行所达最远的地方，有谓远至天山南北、吉尔吉斯草原的，有谓在中东两河流域的，有谓到达南欧平原的，有谓不出塔里木河流域的，有谓不出青海的，也有谓在今河西走廊的。如顾实先生《穆天子传西征讲疏》一书（包括《读穆传十论》《穆传西征年历》《穆传西征地图》《新校定本穆天子传》《穆天子传西征讲疏》等篇）认为，周穆王从宗周（洛阳）出发，北行，经今山西滹沱河等地，到达河套一带，折而西行，又折南行，溯黄河而上，经积石山、西宁、日月山、柴达木盆地、昆仑山，翻越葱岭（帕米尔高原），越过中亚，一直到达西王母之邦，即今伊朗德黑兰附近、俄罗斯南部大草原及欧洲大平原，然后返回。② 岑仲勉先生《〈穆天子传〉西征地理概测》认为，穆天子从镐京（今西安一带）西行，翻越六盘山、笄头山（今崆峒山）、张掖黑河、居延海、敦煌西居卢仓等地，又经塔里木河、于阗南昆仑山、葱岭，直

---

①　马雍、王炳华：《公元前七至二世纪的中国新疆地区》，《中亚学刊》第 3 期，中华书局 1990 年版。
②　顾实：《穆天子传西征今地考》，《国学丛刊》1923 年第 1 卷第 4 期。

到里海、黑海之间的大草原，然后返回。①

周穆王远行果真如此吗？如果是那样的话，那么"凿空"者就非张骞了，而应为周穆王，因为如果从时代上看，周穆王西游较张骞出使西域早800多年；从规格上看，周穆王为帝王出游，而张骞则是以一个小小的郎官身份应汉武帝招募出使；从规模上来看，张骞首次出使西域带着甘父等百余人，回到长安时只有他和甘父两人；而周穆王率七萃之士，驾八骏之乘，造父为御，伯夭为向导，浩浩荡荡，一路西行，其规模和声势远远胜于张骞一行。从出行的距离上来看，张骞从长安经陇西、越葱岭，经大宛（今费尔干纳）、康居（今撒马尔罕一带）到达大月氏（今阿姆河上游）、大夏（今阿姆河南一带）等地，然后返回；而周穆王从宗周之庙或镐京出发，经河首、春山、昆仑之丘、群玉之山、到达西王母之邦，而后还归于周，往返"三万五千里"，亦超过张骞的行程。

然而，笔者认为，《穆天子传》中的一些记载是并不能当作信史来看待的。顾颉刚先生对于此书的成书年代等早有精辟研究，认为该书应是战国后期赵人所作，是赵人以其雄主赵襄子"并戎取代，以攘诸胡"和赵武灵王胡服骑射向西北发展事业，托之于喜欢旅行的周穆王所作的描述。② 所论甚当。笔者以为，西周的统治范围有限，向西可达今甘肃东部天水、平凉一带，作为一代帝王不可能越过其统治疆域，西行至青海、河西走廊等地，更不可能万里迢迢远涉中亚、西亚、南欧之地。如此长距离的远行，且在约3000年前（据夏商周断代工程，周穆王姬满在位55年，即公元前976年至公元前922年），沿途需穿过茫茫大漠、戈壁，翻越人迹罕至的座座大山，大队人马的粮秣、饮水如何补给，路途安全如何保障？这些都是令人不可思议的。因而笔者认为，穆天子向西可能到达的最远的地方大概不会超过今平凉、天水一带。

笔者还注意到，平凉泾川自古就有被称为王母宫山（回山）的胜迹，山上有瑶池胜景，至今仍完好保存着始建于北魏、重修于唐宋明清

---

① 岑仲勉：《〈穆天子传〉西征地理概测》，《中山大学学报》1957年第2期。
② 顾颉刚：《穆天子传及其著作时代》，《文史哲》1951年第2期。

的王母宫石窟及其众多的宫观寺庙，留存着宋代镌刻的《王母宫颂碑》、《王母宫题名十一碑》、明清时撰写的《重修王母宫记》、《重修回中王母宫山下关帝庙及药王洞龙王庙石窟寺五龙王庙碑记》等珍贵遗存，而且历史上许多有关西王母的传说、故事亦产生在泾川回山一带。经一些学者研究，以及许多台湾同胞、海外侨胞回祖国大陆寻根追祖，普遍认为今甘肃省泾川县回山即是西王母的降生处和发祥地。这种看法和举动是有其历史依据的，应是值得引起我们注意的。依此看法，泾川一带既是西王母的发祥地，那么周穆王拜会西王母也应是在这一带，穆王西行的终点应不出今甘肃东部一带。

靳生禾先生认为，《穆天子传》一书应属于托古游记体一类文献，① 笔者赞同。若从其史料价值上来看，书中所记穆王西游的行程大略可分作三段，其中所记河套以东一段，为赵武灵王势力范围所及区域，应具有真实性；河套至积石一段，虽非其统治范围之内，但由于商旅往来、民族交融，应属于赵人可闻者，具有某种程度的证实性；至于积石以西的记载，大量借用《山海经》的地名，并附以作者的想象，路线也显得勉强不经，显然不具有证实性，是不能作为信史来看待的。

六　襟山带河，座中四联，护秦联蒙，承疆系藏——兰州在丝绸路上重要地位的再认识

在丝绸之路这条国际交通大动脉上，兰州处于何等重要的地位，其区位优势体现在哪些方面？尽管曾有学者对此做过若干探讨，但仍有进一步深入揭示与再探究的必要。

兰州居于中国版图内陆几何中心，座中四联，无论从自然地理、经济地理、军事地理、交通地理，还是从民族地理、宗教文化地理等方面来看，其区位优势均十分明显，而且在许多方面其他地区无可替代。从自然地理上看，兰州坐落在黄土高原、青藏高原、内蒙古高原三大高原

---

① 靳生禾：《中国历史地理文献概论》，山西人民出版社1987年版，第45页。

· 10 ·

的交汇过渡地带，亦是我国东部季风区、西北干旱区、青藏高寒区三大自然区的交汇地带，而且是我国这三大高原、三大自然区交汇带中的唯一的一座百万人口以上的大城市。从经济地理上来看，兰州是我国主要农耕区与畜牧区的相接地带，也是旱作农业区与灌溉农业区的过渡带。从民族地理上来看，兰州为汉民族与我国西部的藏族、蒙古族、回族等少数民族主要居住区的过渡或杂居地带。从宗教文化地理上来看，兰州为佛教、伊斯兰教等以及汉传佛教与藏传佛教的汇聚或过渡地带；从军事地理上来看，兰州襟山带河，地势高峻，"紫塞千峰凭栏立，黄河九曲抱城来"，进退攻守皆有形便，素为兵家必争之地，处于战略要冲地位。

尤其应引起我们关注的是，兰州在丝绸之路交通上更是具有极为重要的地位。就国际交通来看，兰州是长安—天山廊道以至远达中亚、西亚、南亚、欧洲、非洲等地的咽喉重镇；就国内交通来看，兰州居于中心战略地位，可用"护秦联蒙，承疆系藏"几个字来概括。兰州向东，经渭河谷地或翻越陇山—六盘山隘口，可直达关中平原，以至中原各地及其以远；兰州向西偏北，穿越千余千米的河西走廊或柴达木盆地，可远达天山南北及其以远；兰州向西经湟水流域、越过日月山脉，可深入青藏高原腹地、拉萨河谷及其以远；兰州向北，经宁夏平原、河套平原等地，可抵达蒙古高原各地。

不仅如此，如前所论，兰州位处横贯亚欧大陆的丝绸之路主道（绿洲丝绸之路）沿途两大山结之一，亦为"水结"与"路结"所在，兰州襟山带河，控扼黄河渡口，丝绸之路东段五条干道，皆在兰州辐辏相聚。五条干道即秦陇南道（西安—陇关—天水—兰州）、羌中道（又名吐谷浑道，兰州—西宁—日月山—柴达木盆地—若羌）、唐蕃古道（兰州—西宁—日月山—拉萨）、大斗拔谷道（兰州—西宁—大斗拔谷—张掖）、乌鞘岭道（兰州—乌鞘岭—武威）①。兰州在丝路交通上、政治军事上、文化传播上的重要地位我们应有更为充分的认识。

---

① 李并成：《"山结"、"水结"、"路结"——对于兰州在丝绸路上重要地位的新认识》，《历史地理》第24辑，2010年4月，第255—262页。

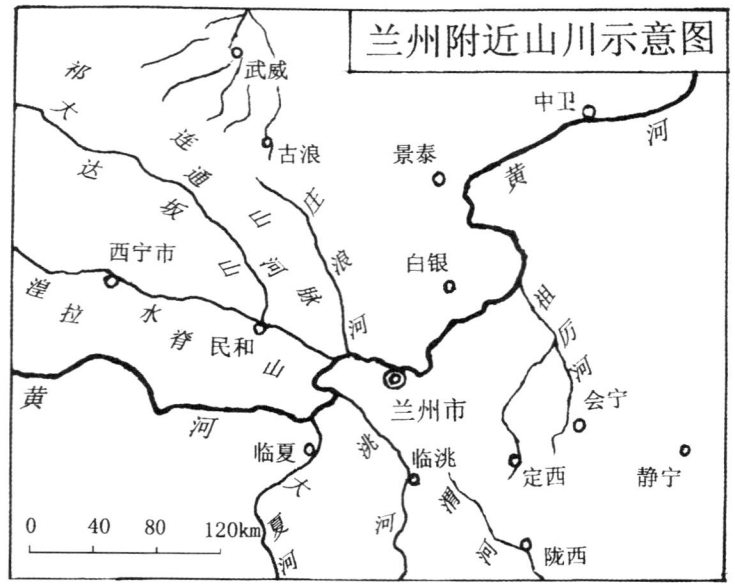

今天兰州依然为丝绸之路经济带及新欧亚大陆桥上的咽喉重镇，依然是由我国东中部腹地通往新疆、青海、西藏、宁夏、内蒙古、四川等地的必经要地，为陇海、兰新、包兰、兰青、兰渝、兰成（在建）6条铁路干线和西兰、兰新、兰银（在建）3条高速铁路，以及G6（丹东—拉萨）、G22（青岛—兰州）、G30（连云港—霍尔果斯）、G109（北京—拉萨）、G309（荣城—兰州）、G312（上海—伊宁）、G212（兰州—重庆）、G213（兰州—景洪）、G316（福州—兰州）9条国家高速公路等的汇聚之地，依然是我国西部最重要的交通枢纽和政治经济文化中心之一。

七 护秦屏陇，连蜀系蒙，援疆翼藏——天水在丝绸路上的重要地位及区位优势

天水，地处祖国陆地版图腹心，中国历史文化名城，中华文明的重要发祥地，在古代丝绸之路上亦占有极其重要的地位。已如前论，古丝

有关丝绸之路研究中若干学理问题的再认识

路主要有绿洲丝绸之路、草原丝绸之路、西南丝绸之路和海上丝绸之路四条,而天水恰处于古代长安至西域的丝绸之路主道——绿洲丝绸之路与西南丝绸之路的交汇点上,而且是这两大丝绸之路主干线交汇连接的最重要的枢纽重镇,同时天水又可北上与草原丝绸之路有着密切关系。由此可见,位处西北、西南结合部的天水,实为四方辐辏之区,在丝绸之路路网格局中居于极为重要的无可替代的地位。

对于天水重要的地理位置,前人曾多有论述。清初著名舆地学家顾祖禹在《读史方舆纪要》卷五十九《陕西八》中论道:"关中,天下之上游;陇右,关中之上游,而秦州其关陇之喉舌欤。"即秦州控扼位处天下上游的关中与陇右的咽喉,可见其地位极端重要。《天水县志·序》中有一段概括性语言,对于天水的地位讲得更为明晰:"天水,清之秦州直隶州,古之上邽,属汉阳郡治也,扼陇坻之险,临清渭之渊,东走宝凤,绾毂关中;南下昭广,屏藩巴蜀;西入甘凉,原野千里;北倚六盘,遥控洪荒。所谓踵秦旧迹,表里山河,天地之奥区也。"指出天水控驭陇山及其要隘通道、地处清水渭河之渊的位置,以及在沟通东(宝鸡、凤翔、关中)、西(甘州、凉州)、南(昭化、广元、巴蜀)、北(六盘山及其以远)四个方向地理位置上的重要性。

雍际春先生在其所著《陇上江南——天水》一书中论道:"天水既是中原王朝经营边防、统御西北的前沿,又是中亚、西域使节、胡商和西域文化进入中原的最后枢纽,也是中原文化西传的首站。无论在民族融合与文化交流,中外文化的扩散,还是中原王朝开发西北,天水都处于举足轻重的地位。"① 雍先生又在其《三国时期天水战略地位探微》一文中进一步分析:"天水始终处于战略要冲的地位。史称天水地'当关陇之会,介雍梁之间'。这里地势高险,进退攻守皆有形便,东上秦陇,可攻雍岐;南下阶成,可取梁益;西指兰会,可占河湟,实为交通枢纽、战略要塞,所以素为兵家必争之地。"②

---

① 雍际春:《陇上江南——天水》,三秦出版社2003年版,第5页。
② 雍际春:《三国时期天水战略地位探微》,见氏著《陇右历史文化与地理研究》,中国社会科学出版社2009年版,第467页。

以上所论，均颇有道理。如若从更广阔的区域范围以及天水在全国的重要影响和作用来看，笔者认为对于天水的战略地位及区位优势可用以下12个字来概括：护秦屏陇，连蜀系蒙，援疆翼藏。这一表述依地域远近的不同可分为3个层面来看。首先从较近的地域范围看，天水东面毗邻关中，隔陇山与关中地域相连，紧紧护峙在关中以西，成为关中平原天然的西部屏障，故而"关中要会，常在秦州，争秦州则自陇以东皆震矣"。天水本身地处陇东高原最东部，由天水溯渭河谷地向西可直通陇西、临洮、兰州等地，天水的得失对于陇东、陇西的安危关系重大，故而有"护秦屏陇"之谓。若从较远一些的地域范围来看，天水向南越过西秦岭，可达武都、汉中盆地、四川平原，可谓锁钥关陇川陕；天水向北经宁夏、河套平原可深入蒙古高原腹地，即所谓"连蜀系蒙"。若从更远的地域空间来看，天水向西经陇东陇西，越过千余千米的河西走廊，可一直通达天山南北，亦可经陇西、兰州、湟水流域，直达青藏高原腹地，此所谓"援疆翼藏"。

翻检有关史料及实地考察可知，天水作为连通我国西北与西南最重要的交汇枢纽，历史上形成了通往川蜀的多条古道，主要有祁山道（秦州—盐官—祁山堡—石堡—西和县—石峡关—府城—太石渡—白马关—大南峪—窑坪—略阳—汉中）、青泥道（成县—鸡峰山—镡河—云台—窑坪—郭镇—两河—铜钱—阳坝—安乐河，进入四川）、阴平道（舟曲—两河口—武都—火烧关—文县—碧口—白水—剑门关—绵阳—成都）、茶马古道（亦名秦蜀道，秦州—皂郊—娘娘坝—李子园—白音峡—高桥—火钻—榆树—徽县——青泥岭—白水江镇—九股树—略阳—汉中—成都）等。此外尚有西倾山道、白水道、白马道等，亦沟通天水、陇南与川蜀的若干地区。① 例如，唐肃宗乾元二年（759）杜甫即是由祁山道从秦州入蜀的；南宋嘉定十年（1217）金将杨沃衍出秦州进攻宋军，走的也是祁山道；明万历十三年（1585）李自成起义军亦由秦州经陇南入蜀。

---

① 罗卫东：《陇南古道叙论》，《甘肃史志》2017年第3期。

事实上，不仅在古代社会天水是连接西北与西南的枢纽地位，其他地区难以取代，即便在今天其交通地位仍然十分显要。兹举一例：20世纪50年代初国家拟建设通往四川的铁路，其最初的选线即是从兰新铁路天水站引出，向南经白龙江—嘉陵江河谷、广元、绵阳、德阳等地，到达成都，即建设天成线，而不是从宝鸡入川的宝成线。这自然是因为天水自古以来就是入川的重要通道，有其厚重的历史根基，天水向南虽然要穿越西秦岭山地等一系列山地河谷，线路也要比宝成线绕一些，然而从这里入川可避开秦岭主脉，工程建设的难度相比需翻越秦岭主脉、大巴山、剑门山等的宝鸡，显然要容易一些。然而，考虑到建设入川铁路的紧迫性，后来将这条铁路的起点选在距离西安、成都更近的宝鸡，即建设宝成线，以便尽快入川。经筑路大军的艰辛努力，历经4年，1956年宝成线胜利建成通车。

丝绸之路：东西方文明
交流融汇的创新之路
——以敦煌文化的创新发展为中心

  以往的有些研究中，在论证和评价丝绸之路的历史作用时，学者们大多所关注的是丝绸之路作为东西方世界之间的重要通道、在传播和沟通东西方经济文化中所发挥的重大作用和贡献等方面问题。自然这是没有疑义的。然而笔者认为，丝绸之路对于世界历史的作用和贡献并不仅仅体现在"通道"上，如果只是将其看作"通道"的话，那就会大大低估和矮化其应有的历史意义和价值；而其更重要的作用和贡献在于这条道路还是东西方文化交流、整合、融汇及其创生衍化和发展嬗变的加工场、孵化器和大舞台，是文化创新的高地。毫无疑问丝绸之路可称之为名副其实的创新之路。

  就拿丝绸之路文化中最具有代表性的敦煌文化来说，其交融创新的特点就十分突出和明显。敦煌是丝绸路上的重要枢纽和吐纳口，为"华戎所交"的都会，西方文化传入中国后，大多要通过敦煌、河西等地进行中国"本土化"过程，或与中国传统文化碰撞、交流、整合后再继续东传。同样中原文化向西传播亦是经过河西、敦煌发生文化的交流融汇。敦煌在整合东西方文化资源、创新文化智慧方面有着独具特色的优势，这也从一个方面生动地体现出中国优秀传统文化博大的胸怀与坚定的文化自信。

丝绸之路：东西方文明交流融汇的创新之路

一 敦煌文化呈现出东西方文化融合创新的亮丽底色与崭新格局

笔者认为，敦煌文化是一种在中原传统文化主导下的多元开放文化，敦煌文化中融入了不少来自中亚、西亚、印度和我国西域、青藏、蒙古等地的民族文化成分和营养，呈现出"你中有我、我中有你、各美其美、美美与共"的文化融合发展的亮丽底色与崭新格局，绽放出一种开放性、多元性、浑融性、创新性的斑斓色彩。例如，敦煌遗书中不仅保存了5万多件汉文文献，而且还汇聚有大量中国国内少数民族文字以及一批西方国家民族文字的写本。又如西方传入的"胡文化"，对于敦煌文化的形成和发展即有着十分深刻的影响。

（一）敦煌遗书中汇聚有中外诸多民族文字文献的新史料

敦煌文书中保存的我国少数民族文字以及西方国家民族文字的写本，有吐蕃文、回鹘文、粟特文、于阗文、突厥文、梵文、婆罗迷字母写梵文、佉卢文、希腊文等语言文字的文本。此外莫高窟北区还发现西夏文、蒙古文、八思八文、叙利亚文等文书，可谓兼收并蓄，应有尽有。[1] 这么多古代东西方民族、国家的文献汇集一地，本身即表明敦煌在东西方文化交流中的重要地位。这些文献大多为我们以前见所未见、闻所未闻的新资料，它们对于丝绸路上的文化交流交融和民族关系，以及中古时期的民族学、语音学、文字学的研究贡献重大。

例如，敦煌少数民族语言文献中，以吐蕃文即古藏文文献为最多，其内容除大量与佛教有关的经典、疏释、愿文祷词外，还有相当多的世俗文献，涉及吐蕃历史上一系列重大问题。由于吐蕃人自己所写的吐蕃时代的文献非常少，而敦煌出土的近万件吐蕃文写本，则反映了整个藏人早期的经历和吐蕃王朝的历史进程。如所出《吐蕃大事纪年》《吐蕃

---

[1] 荣新江：《敦煌学十八讲》，北京大学出版社2001年版，第280—282页。

赞普传记》等，按年代顺序记载吐蕃王朝会盟、征战、颁赏、联姻、狩猎、税收等大事，可填补研究中的一大片空白。① 敦煌本回鹘文文书虽是劫后余孤，但数量仍不少，内容包括各种经文、笔记、医学、天文学、文学作品以及从甘州回鹘和西州回鹘带到敦煌的公私文书、信件等，弥足珍贵。② 于阗语是新疆和田地区古代民族使用的语言，公元11世纪以后逐渐消失，成为"死文字"，敦煌于阗语文献大部分已获解读，内容主要有佛教经典、文学作品、医药文书、使河西记、双语词表等，对于于阗历史、语言文化以及于阗与敦煌的交往和民族关系的研究意义重大。③ 粟特语又称作窣利语，为古代中亚粟特地区民族使用的语言，敦煌粟特语文献大多为粟特人来到敦煌后留下的文字材料，内容有信札、帐单、诗歌、占卜书、医药文书、译自汉文的佛典、经书等，实可宝贵。④ 突厥文为公元7—10世纪突厥、黠戛斯等族使用的文字，曾流行于我国西域、河西以及中亚、西亚等地。敦煌文书中保存有突厥文格言残篇、占卜书、军事文书等。⑤

敦煌发现的外来民族文字的文献亦不少。如梵文文献除佛经外，尚有《梵文—于阗文双语对照会话练习簿》、梵字陀罗尼、梵文《观音三字咒》等。又如，莫高窟北区B53窟出土两页四面完整的叙利亚文《圣经·诗篇》，据之可大大增加我们对蒙元时期景教（基督教聂斯脱利派）传播的认识。⑥ 可以毫不夸张地说，敦煌文献不仅属于中国，也属于世界，是丝路沿线国家共同历史记忆的重要组成部分。

除藏经洞和莫高窟北区皮存的众多民族文字的文献外，莫高窟等石窟中还留下了吐蕃文、西夏文、回鹘文、蒙古文等不少民族文字的题记，敦煌汉代烽燧遗址出土佉卢文帛书，莫高窟北区B105窟出土青铜铸造的十字架，表明宋代敦煌地区景教徒的存在。莫高窟还先后4次出土回鹘

---

① 王尧、陈践译注：《敦煌本吐蕃历史文书》，民族出版社1980年版，第8—10页。
② 杨富学：《回鹘文献与回鹘文化》，民族出版社2003年版，第29—31页。
③ 张广达、荣新江：《于阗史丛考》，上海书店1993年版，第15—19页。
④ 黄振华：《粟特文及其文献》，《中国史研究动态》1981年第9期。
⑤ 陈宗振：《突厥文及其文献》，《中国史研究动态》1981年第11期。
⑥ 彭金章：《敦煌考古大揭秘》，上海人民出版社2007年版，第133—138页。

文木活字1152枚，为目前所知世界上现存最多、最古老的用于印刷的木活字实物，具有十分重要的研究价值。①

（二）敦煌文化中融入了诸多西方文化的新元素

敦煌文化中融入了丝绸路上传入的诸多西方文化的元素，即所谓"胡文化"元素，它们对于敦煌文化的形成和发展即有着多方面的深刻影响。这主要表现在古代敦煌的赛祆胡俗、服饰胡风、饮食胡风、乐舞胡风、婚丧胡风、敦煌画塑艺术中所融入的西方元素、以及医药学文化、科技文化、体育健身文化等所体现的中西文化的交流交融等。

1. 赛祆胡俗

赛祆，即祈赛祆神的民俗，为"赛神"活动的一种，唐宋时期的敦煌尤为盛行。所谓"赛神"，即以祭祀来报答神明所降的福泽之意。祆教，即琐罗亚斯德教，又称拜火教，为萨珊波斯的国教，约在魏晋时传入我国。由敦煌遗书《沙州都督府图经》（P.2005）等见，唐代敦煌城东一里处专门建有安置粟特人的聚落——安城及从化乡，该乡辖3个里，750年时全乡约有300户、1400口人，其中大部分居民来自康、安、石、曹、罗、何、米、贺、史等姓的中亚昭武九姓王国。② 安城中建有祆庙，其规模多达20龛，专门供奉祆神。敦煌归义军官府的《布、纸破用历》（P.4640v）等文书中经常记载为了举办赛祆活动而支出的画纸、灯油、酒、籹面、灌肠及其他食品等，且数额不菲。并且祆祠赛神已被纳入敦煌当地的传统祭祀习俗中，从官府到普通百姓，无论粟特人，还是汉人和其他少数民族，无不祀祆赛神，藏经洞中亦保存有祆教图像，可见祆教对敦煌文化的重要影响。敦煌赛祆活动的主要仪式有，"祆寺燃灯，沿路作福"，供奉神食及酒，幻术表演，雩祭求雨等，反映了外来宗教文化传入中国后融入中国传统文化的状况，经过中国传统文化消化、改造了

---

① 彭金章：《敦煌考古大揭秘》，上海人民出版社2007年版，第118—120页。
② ［日］池田温：《八世纪中叶敦煌的粟特人聚落》，《唐研究论文选集》，中国社会科学出版社1999年版，第3—67页。

的祆教，已与中亚本土的祆教有诸多不同，呈现出一派新的景象。①

2. 服饰胡风

作为丝绸之路咽喉重镇的敦煌，为今天留下了极为丰富的古代东西方服饰史料，反映在莫高窟壁画、彩塑中众多人物着装上，无论是天国诸神还是人间众生，既有中原传统的汉服，又有中国西北地区许多少数民族的衣饰，还有来自中亚、西亚、印度等地的衣装，丰姿丰色，美不胜收。其中属于神的服饰有佛陀、菩萨、天王、力士、天女等的装束，属于人的服饰主要有帝王、各级官吏、武士、僧人、妇女、庶民百姓等的着装。这些服饰又因不同的国家、民族而各具特色，如实地展现了丝绸路上千余年间各国各民族、各阶层不同身份的僧俗人众的穿戴，观之使人仿佛置身于一座色彩斑斓的中外古代衣冠服饰的陈列馆中。

3. 饮食胡风

作为国际性都市，敦煌的饮食习俗具有浓郁的汉食胡风特色，来自中亚、西亚、中国西域等地的饮食习惯融入敦煌当地传统的饮食风俗中，成为敦煌饮食文化中新的有机组成部分，体现了丝绸路上中西饮食文化交流融汇的生动场景。我曾将敦煌饮食文化的特点概括为：包罗宏大、美味俱全，中西饮食习俗汇聚交融，多民族饮食习俗汇聚交融，僧俗饮食习俗汇聚交融，饮食与医疗卫生、保健养身有机结合，饮食与岁时文化密切结合，饮食与歌舞艺术相结合。② 据不完全检索，仅敦煌遗书中出现的食物品种名称就达 60 多种，其中源于"胡食"，又经敦煌当地传统饮食习俗影响和改造过的饮食品种即有不少，如各类胡饼、炉饼、馓饼、饦饼、饸饼、餢飳、饆饠、馎饦、胡酒、诃梨勒酒等，不一而足。敦煌还有来自吐蕃的糌粑和灌肠面，至今它们仍是藏族和蒙古族的主要食物之一。至于饮食炊具、餐具，亦有不少是从"胡地"传入的，如鍮石盏、金叵罗、注瓶、垒子、犀角杯、珊瑚勺、食刀、胡铁镬子等。饮

---

① 李并成：《敦煌文化——丝绸之路文化最杰出的代表》，《敦煌文化研究》第 1 辑，甘肃人民出版社 2016 年版，第 52 页。

② 李并成：《敦煌饮食文化的若干特点论略》，载樊锦诗、才让、杨富学主编《丝绸之路民族文献与文化研究》，甘肃教育出版社 2015 年版，第 263—264 页。

食礼仪中的胡跪、垂腿坐、列坐而食等，亦深受胡风影响。①

4. 乐舞胡风

隋唐时期的九部乐中，西凉乐、龟兹乐、天竺乐、康国乐、疏勒乐、安国乐都是经由敦煌、河西传入中原，而盛行于宫廷的。西域百戏、胡旋舞、胡腾舞、柘枝舞等，也是首先是在敦煌、河西流行继而风靡于内地的。这些舞蹈具有浓厚的西域、中亚风情，矫健、明快、活泼、与当时开放、向上的时代精神相吻合。地处西域门户的敦煌每每得风气之先，胡风乐舞极为兴盛，这在莫高窟壁画中比比可见。乐舞表演离不开乐器伴奏，所谓"弦鼓一声双袖举"，"大鼓当风舞柘枝"，"横笛琵琶偏头促"。于敦煌壁画中见，主要乐器大多出自西域（详后）。

5. 婚丧胡风

由于地当东西交通枢纽和多民族长期杂居，中古时代敦煌一地的胡汉通婚无论在社会上层，还是下层平民百姓，都成为一种较为普遍的现象。如首任归义军节度使张议潮的父亲张谦逸就娶妻粟特安氏。五代初曹议金出任节度使后，出于政治上的需要娶甘州回鹘公主为妻，并将自己的两个女儿分别嫁于甘州回鹘可汗和于阗国王。此外曹议金还将其姐姐及其女儿嫁给吐谷浑慕容氏。曹延恭继任节度使后亦娶慕容氏为妻，其弟曹延禄又娶于阗国王第三女为妻。敦煌当地的婚俗亦随之产生了明显的胡化趋向，如源自匈奴、突厥、吐谷浑等族的收继婚，在敦煌屡有所见。婚礼当中的青庐交拜、下女夫、障车、奠雁等习俗均受胡族影响明显。敦煌丧葬习俗，亦受胡风熏染。如流行于中亚一带的"劈面截耳""断发裂裳"等丧礼，在敦煌壁画中皆有所见。②

6. 敦煌艺术表现手法中的胡风

敦煌艺术就其品类而言，包括壁画、彩塑、石窟建筑、绢画、版画、纸本画、墓画等，内容十分丰富，数量极其巨大。著名学者姜亮夫先生对其评价："敦煌千壁万塑，至今仍能巍然独存，而且还有远在北魏的作

---

① 高启安：《唐五代敦煌饮食文化研究》，民族出版社2004年版，第227—257页。
② 谭蝉雪：《敦煌婚姻文化》，甘肃人民出版社1993年版。

品，无一躯一壁不是中国流传的最古的宝迹。一幅顾恺之的《女史箴》引得艺术界如痴如醉；数十躯杨惠之的塑像，使人赞叹欣赏，不可名状。这样大的场面，这样多的种色，这样丰富的画派，安能不令世人惊赏！它是世界第一座壁画塑像的宝库，是我们大好骄傲的遗产，也是艺术界的宝典，史学上的第一等活材料！总之，以艺术来说，敦煌的唐代美术，是融合了中国的象征写意图案趣味的古典艺术与印度的写实手法，而发挥出其交融后最美丽的光彩，是中土美术得了新养分成长最为壮健的一个时代……它包罗了中国传统的艺术精神，也包罗了中西艺术接触后所发的光辉，表现了高度的技术，及吸收类化的精沉的方式方法，成为人类思想领域中的一种最高表现。它总结了中国自先史以来的艺术创造意识，也吸收了印度艺术的精金美玉，类化之，发恢之，成为中国伟大传统的最高标准，它是人类精神的最高发扬。"①

7. 敦煌医药学中体现出的中西文化交流交融

敦煌保存的医学方面的写卷有 60 多件，另有医方残卷 30 余卷，录有医方 1200 余首。除大量中医药学的文献外，还有吐蕃文的火灸疗法等，并有梵语—于阗语双语《耆婆书》、于阗语《医理精华》，为印度医药学的代表；又有梵语、于阗语、龟兹语、粟特语医方等。据笔者的检索统计，敦煌遗书中所见的药物除大量来自中原内地的外，还有不少西域、印度等地输入的药材，如诃梨勒、高良姜、荜拨、安息香、乳香、苏合、阿魏、阿摩罗、旃檀香、青木香、零陵香、毗梨勒、婆律膏、艾纳、胡椒、白附子、龙脑香、龙涎香、胡粉等 60 余种。② 敦煌医学生动地反映了古丝绸路上中医学与藏医学、于阗医学、粟特医学、回鹘医学、龟兹医学、古印度医学、波斯医学等医药学文化的交流交融。

8. 敦煌科技、体育养生等方面反映的中西文化交流交融

科技方面，如来自印度的制糖法传入敦煌，季羡林先生对此有精辟研究。体育文化方面，包括摔跤、相扑、射箭、体操、技巧、健美、举

---

① 姜亮夫：《敦煌——伟大的文化宝藏》，云南人民出版社 1999 年版，第 40—41 页。
② 李并成：《敦煌遗书中所见丝绸路上的外来药物考》，2018 年 7 月 14 日，在西华师范大学召开的"写本学国际学术研讨会暨 2018 年中国敦煌吐鲁番学会理事会"上报告。

丝绸之路：东西方文明交流融汇的创新之路

重、棋弈、游泳、跳水、投掷、划船、马伎、马球、击球、武术、气功、投壶、游戏、踏青、秋千、登山、滑沙等等，斑斓多姿，精彩纷呈。其中所体现出的"刚健有为、自强不息、乐观进取"的精神，既蕴含有我国传统的强体健身的菁华，又体现出外来体育锻炼方式和观念的熏染。如来自印度的瑜伽练功，于敦煌壁画中多处可见；北周290窟等佛传故事壁画中描绘悉达太子练功的"举象图"等，显然受到印度体育的影响。敦煌养生文化方面，儒释道理念相互渗透，兼收并蓄，所表现出的"精、气、神"三位一体的生命观，"阴阳和谐"的建康机理，"正气在内、邪气不可干"的保健思想，"节阴阳、调刚柔"的动静法则，追求"长寿养炼"的"导引"与"行气"手段等等，都给我们留下了丰富的遗产。

由上可见，无论是敦煌歌舞艺术、饮食文化、服饰文化、体育文化，还是敦煌赛袄习俗、婚丧习俗、科技及医疗养生文化等等，皆是丝绸路上留存的一笔笔丰厚的历史遗珍和具有权威性的历史标本，突出地反映了丝绸路上东西方文化交流融汇的创新发展。

二 敦煌文化中突出体现了佛教"中国化"的创新成就

作为外来宗教，佛教欲在中华故土上传播发展，欲融入中国的传统文化，就必须要适应中国原有的文化氛围，适应中国人的思想观念与审美意识，运用中国的语言表达方式，这就需要首先进行一番"中国化"的改造与更新过程。史实表明，敦煌作为佛教进入我国内地的第一站，率先形成了佛经翻译、传播中心，率先成为佛教"中国化"的创新之地。此外，敦煌文献中还保存了大量原已散佚失传的佛教典籍，从中可获得许多新发现、新收获。敦煌文化突出体现了佛教"中国化"的创新成就。

据《高僧传》卷一记载，月氏高僧竺法护，世居敦煌，曾事外国沙门竺高座为师，游历西域诸国，通晓多种语言，率领一批弟子首先在敦

· 23 ·

煌组织了自己的译场，被人们称为"敦煌菩萨"。竺法护被认为是当时最博学的佛教学者，是佛教东渐时期伟大的佛教翻译家，开创了大乘佛教中国化的新局面，奠定了汉传佛教信仰的基本特色。① 他"孜孜所务，唯以弘通为业，终身写译，劳不告倦。法经所以广流中华者，护之功也"。《开元录》载其共译经175部354卷。任继愈主编《中国佛教史》第2卷载，竺法护"一生往来于敦煌、长安之间，先后47年（266—313），译经150余部，除小乘《阿含》中的部分单行本外，大部分是大乘经典……早期大乘佛教各部类的有代表性的经典，都有译介……在沟通西域同内地的早期文化上，做出了卓越的贡献"。正是由于竺法护开创性的贡献，使敦煌实际上成为大乘佛教的发祥地。

又据《高僧传》卷四《晋敦煌竺法乘传》载，竺法护的弟子竺法乘承其师之衣钵，继续在敦煌"立寺延学，忘身为道，诲而不倦"，颇有影响。尔后敦煌僧人竺昙猷继续研习光大，成为东晋时代的著名高僧、浙江佛教的六大创始人之一。《高僧传》卷十一记："竺昙猷，或云法猷，敦煌人。少苦行，习禅定。后游江左，止剡之石城山，乞食坐禅……自遗教东移，禅道亦授，先是世高、法护译出禅经，僧先、昙猷等并依教修心，终成胜业。"可见，竺法护、法乘、昙猷等前后相继，译出并创立大乘佛教的禅学理论，又付诸实践禅修弘法，成就胜业。马德先生认为，昙猷实际上就是中国佛教禅修的创始人。②

敦煌遗书中约90%的卷帙为佛教典籍，总数超过5万件，包括正藏、别藏、天台教典、毗尼藏、禅藏、宣教通俗文书、寺院文书、疑伪经等，具有十分重要的补苴佛典、校勘版本和历史研究价值。例如，禅宗为彻底中国化的佛教，且简单易行，8世纪以来成为中国佛教的主流，受到唐代士大夫及普通民众的欢迎和热衷信仰。然而由于战乱及"会昌灭法"的打击等原因，以至于许多早期的禅籍遗失，其教法也逐渐失传，使我们无法全面了解唐代禅宗的发展状况，也难以真正了解中国思想史

---

① 李尚全：《竺法护传略》，甘肃人民出版社2011年版，第1页。
② 马德：《敦煌文化杂谈三题》，载杨利民、范鹏主编《敦煌哲学》第4辑，甘肃人民出版社2017年版，第156页。

和中国社会史。欣喜的是敦煌遗书中保存了大量8世纪前后禅宗的典籍，主要有初期禅宗思想的语录、禅宗灯史等。例如，据说是禅宗初祖达摩的《二人四行论》，三祖僧璨的《信心铭》，卧伦的《看心法》，法融的《绝命观》《无心论》，五祖弘忍的《修心要论》，北宗六祖神秀的《大乘五方便》《大乘北宗论》《观心论》，南宗六祖慧能的《坛经》，南宗七祖神会的《菩提达摩南宗定是非论》，以及杜胐的《传法宝记》、净觉《楞伽师资记》，保唐宗（净众宗）的《历代法宝记》等等。① 这些著述填补了禅宗思想史的诸多空白。

又如别藏，是专收中华佛教撰写的中国佛教典籍的集成，但在大多数佛僧眼中其地位远远比不上由域外传入翻译的正藏，故而使大批中华佛教撰著散佚无存，殊为可惜。敦煌藏经洞中则保存了相当多的古逸中华佛教论著，包括经律论疏部、法苑法集部、诸宗部、史传部、礼忏赞颂部、感应兴敬部、目录音义部、释氏杂文部等，从而为我们研究印度佛教是怎样一步步演化为中国佛教的，中国佛教是如何发展演变的等问题，提供了十分丰富的新史料。

再如，疑伪经即非佛祖口授而又妄称为经者，或一时无法确定其真伪的经典，亦大多无存。但这些经典均可反映出中国佛教的某一发展断面，具有很高的研究价值，它们在敦煌遗书中保存了相当多的数量，十分值得庆幸。如《高王观世音经》，反映了观世音信仰在中国发展和流传的状况；《大方广华严十恶品经》，反映了梁武帝提倡断屠食素背景下汉传佛教素食传统的形成过程；《十王经》反映了中国人地狱观念的演变，等等。② 这些资料已使佛教"中国化"的研究呈现出诸多新的面貌。

三　敦煌壁画中的飞天——极富创新的艺术形象

敦煌石窟（包括莫高窟、榆林窟、西千佛洞、东千佛洞、五个庙石

---

① ［日］田中良昭：《敦煌の禅籍》，《禅学研究入门》，东京大东出版社1994年版；邓文宽、荣新江：《敦博本禅籍录校》，江苏古籍出版社1998年版。
② 方广锠：《敦煌遗书中的佛教文献及其价值》，《西域研究》1996年第1期，第45—48页。

窟、昌马石窟等），保存了公元4世纪至14世纪的佛窟约900座、壁画50000多平方米、彩塑3000余身，用艺术的图像生动地记录了古代千余年来的历史场景与社会风貌，是世界上现存规模最大、内容最丰富的历史文化艺术宝库。石窟的营造者们从一开始就进行着再创造，他们适应中国人的审美情趣和艺术追求，按照中国人自己的观念来理解佛教教义，描绘天国的理想境界，创作佛教的神祇；以中国人喜见乐闻的形式宣传佛教思想，以中国民族形式表达佛教内容。他们在创作中发挥出杰出的聪明才智，体现出卓越的创造精神。

就拿敦煌壁画中的飞天来说，其艺术形象源自印度，又名乾闼婆、紧那罗，是佛教天国中的香神和音神，即专施香花和音乐的佛教专职神灵，莫高窟中的飞天多达6000余身。飞天形象传入敦煌后，经不断地交融发展、脱胎换骨、艺术创新，完全摆脱了印度石雕飞天原有的样式，以全新面貌展现于世人面前，美不胜收，印度的石雕飞天与之已不可同日而语。

早期洞窟（如北凉275窟等）中的飞天，头有圆光，戴印度五珠宝冠；或头束圆髻，上体半裸，身体呈"U"形，大多双脚上翘，做飞舞状，姿势显得笨拙，形体略呈僵硬，似有下沉之感，尚带有印度石雕飞天的较多痕迹。北魏时期飞天加快向中国化方向转变，但仍有较明显的西域样式和风格，其体态普遍较为健壮，略显男性特征，飞动感不强。西魏到隋代是飞天艺术各种风格交融发展的时期，完全中国化意义上的飞天艺术逐渐形成。如西魏285窟飞天形象已趋向于中原秀骨清像形，其身材修长，裸露上身，直鼻秀眼，微笑含情，脖有项链，腰系长裙，肩披彩带，手持各种乐器凌空飞舞。四周天花旋转，云气飘荡，颇显身轻如燕、自由欢乐之状。

隋朝飞天艺术得到进一步发展，一扫呆板拘谨的造型姿态，由于画师工匠不断吸收、摹仿中外舞蹈、伎乐、百戏等的精华，进行再创新，克服了早期飞天中蹲踞形和"U"字形的弱点，使得飞天的身姿与飘带完全伸展，体态轻盈、流畅自如，完成了中国化、民族化、女性化、世俗化、歌舞化的历程。如第427窟内四壁天宫栏墙内绕窟一周的飞天，共计108身,皆头戴宝冠,上体半裸,项饰璎珞,手带环镯,腰系长裙,肩披彩带。有的双手合十,有的手持莲花,有的手捧法器,有的扬手散花,有的欢快地演奏着琵琶、长笛等乐器,朝着同一方向(逆时针方向)飞去。飘逸的衣裙,长长的彩带,迎风舒卷。飞天四周流云飞动,天花四散,充满了动感和生气。

唐代是敦煌飞天艺术发展的最高峰,也是其定型化的时代。初盛唐的飞天具有奋发向上、轻盈潇洒、千姿百态、自由奔放的飞动之美,这与唐代前期开明的政治、强大的国力、丰富的文化和奋发进取的时代精神是一致的。例如初唐321窟西壁佛龛两侧飞天,姿态格外优雅,身材修长,昂首挺胸,双腿上扬,双手散花,衣裙巾带随风舒展,由上而下,徐徐飘落,充分表现出其潇洒轻盈的飞行之美。又如盛唐320窟南壁西方净土变中的阿弥陀佛头顶华盖上方两侧的4身飞天,身轻如燕,对称出现,相互追逐,前呼后应,灵动活跃,表现出一种既昂扬向上又轻松自如的精神境界与美感。[①]

唐代大诗人李白描写的"素手把芙蓉,虚步蹑太清。霓裳曳广带,飘拂升天行",正可用来吟哦赞叹敦煌飞天。敦煌飞天不生羽毛,不长翅膀,借助彩云却不依靠彩云,通过长长的飘带,舒展的身姿、欢快的舞动,在鲜花和流云的衬托下翱翔天空,翩翩起舞,把洞窟装扮得满壁风动。诚如著名学者段文杰先生所论:"敦煌飞天不是印度飞天的翻版,也不是中国羽人的完全继承。以歌伎为蓝本,大胆吸收外来艺术营养、促进传统艺术的变改,创造出的表达中国思想意识、风土人情和审美思想的中国飞天,充分展现了新的民族风格。"[②]

敦煌飞天堪称人类艺术的天才创造,是中国美术史上的一个奇迹,充分体现了中华民族不断突破自我、勇于创新的精神品格。有人说敦煌飞天寄托了人类征服自然、飞跃太空、翱翔宇宙的伟大梦想;也有人认

[①] 赵声良:《敦煌飞天》,载《敦煌与丝路文化学术讲座》第1辑,北京图书馆出版社2003年版,第347—372页。

[②] 段文杰:《飞天——乾闼婆与紧那罗》,《段文杰敦煌艺术论文集》,甘肃人民出版社1994年版,第438页。

为，敦煌飞天是当代载人航天、宇宙飞船等人类尖端科技的最初灵感来源。

四 敦煌歌舞艺术——融汇中西菁华的全新艺术形象

莫高窟中保存了历时千余年的极其丰富的舞蹈形象，在北区的492个洞窟中，几乎每一窟都有舞蹈绘画。舞蹈是转瞬即逝的时空艺术，在没有古代舞蹈动态资料的情况下，那些凝固在敦煌洞窟壁画中的历代舞蹈图像就成为十分罕见的珍贵舞蹈史料。早在北朝时期许多西域乐舞，包括龟兹（今新疆库车）、高昌（今吐鲁番）、疏勒（今喀什）、安国（今乌兹别克斯坦布哈拉一带）、康国（今乌兹别克斯坦撒马尔罕一带）、悦般国（今阿富汗北部）等的乐舞，即首先经由敦煌而传入中原。这些乐舞与中国传统乐舞交流荟萃，展现出丰富多彩的崭新形象，使得敦煌壁画绚丽多姿，美不胜收。

例如，敦煌壁画中十分引人注目的舞蹈形象天宫伎乐，即壁画中天宫圆券门内奏乐歌舞的天人，计有4000余身，源自印度佛教所描绘的西方极乐世界中供养佛的音乐舞蹈之神。其动作特点是大幅度的扭腰出胯，伸臂扬掌，体态舒展，挺拔昂扬，手指变化也颇为丰富。那些怀抱琵琶、手执管弦等外来乐器边弹边舞的伎乐，吹奏的虽是外来乐器，舞姿却蕴含着我国古典舞韵，为中外舞蹈交融的生动表现。在绘画技法上，既有圆券形宫门、服饰和表现主体感的西域式明暗法等，更有满实的构图、遒劲的线描、以动态传神、鲜明的色彩和中原传统晕染法。[①] 敦煌天宫伎乐不仅是反映佛教内容的优美的艺术形象，而且具有生活的真实性和观赏性。

迨及隋唐，进入各民族、各地区乐舞文化大交流、大融合、大发展、大创新的时代。隋炀帝置九部乐，唐太宗时又增为十部乐，其中西凉乐、

---

① 万庚育:《敦煌早期壁画中的天宫伎乐》,《敦煌研究》1988年第2期。

龟兹乐、天竺乐、康国乐、疏勒乐、安国乐、高昌乐，皆是经由敦煌传入中原，而盛行于宫廷的。西域百戏、胡旋舞、胡腾舞、柘枝舞、高昌舞等，也是首先在敦煌流行发展继而风靡于内地的。这些舞蹈具有浓厚的西域、中亚风情，传入敦煌后开创一代新风，矫健、明快、活泼、俊俏，舞风优美，气氛热烈，与当时开放、向上的时代精神相吻合。①

就拿西域传入的胡旋舞来说，其源于康国，故而又名康国舞，约北周时传入我国，隋唐时大盛。白居易长诗《胡旋女》描绘其舞蹈场景："胡旋女，胡旋女，心应弦，手应鼓。弦歌一声双袖举，回雪飘摇转蓬舞。左旋右转不知疲，千匝万周无已时。人间物类无可比，奔车轮缓旋风迟。曲终再拜谢天子，天子为之微启齿。胡旋女，出康居，徒劳东来万里余……"胡旋舞的场景在莫高窟壁画中比比可见。例如220窟北壁药师经变中的两对伎乐天所跳胡旋舞姿十分优美。第一对舞伎均头戴珠冠，上身着短袄，下身穿裤裙，裸臂着钏，跣足，手舞长巾，一腿立于圆毯上，一腿弯曲抬起，一手举过头顶，一手弯曲下垂，给人以飞速旋转的强烈感觉。第二对舞伎展臂旋转，所着长巾、佩饰卷扬飘绕，动感极强，似乎是同一舞伎两个连续旋转动作的绘制。其舞蹈动势，颇有"蓬断霜根羊角疾，竿戴朱盘火轮炫，骊珠迸珥逐飞星，虹晕轻巾掣流电……万过其谁辩始终，四座安能分背面"的胡旋舞飞旋优雅的姿态。②在12窟、146窟、108窟等窟壁画中还有男性表演的着长袖衣、旋转踏跃的胡腾舞。

又如，著名的《西凉乐》就是以龟兹为主的各族乐舞与流行河西一带的"中原旧乐"（包括清商乐）融合而成的，为西域音乐传入之后融合西方少数民族音乐的代表，是古代敦煌、河西（凉州）各族人民共同创造的乐舞艺术。唯庆善乐"独用西凉乐，最为闲雅"。乐舞表演离不开乐器伴奏，于敦煌壁画中见，各种类型的乐器多达44种，4500余件。它们或出现于表现天宫、佛界和人间世俗的歌舞音乐场面，或为图案性的乐器图像，

---

① 王克芬：《多元荟萃，归根中华——敦煌舞蹈壁画研究》，《敦煌研究》2005年第3期。
② 柴剑虹：《胡旋舞散论》，载氏著《敦煌吐鲁番学论稿》，浙江教育出版社2000年版，第288—297页。

或是护法神手持之"法器"。主要乐器有琵琶、曲项琵琶、五弦、胡琴、葫芦琴、弯颈琴、阮、花边阮、答腊鼓、腰鼓、羯鼓、毛员鼓、都昙鼓、鸡娄鼓、节鼓、齐鼓、擔鼓、军鼓、手鼓、鼗鼓、扁鼓、大鼓、埙、竖笛、横笛、凤笛、异型笛、筚篥、笙、竽、筝、角、画角、铜角、箜篌、凤首箜篌、方响、排箫、串铃、金刚铃、拍板、钟、锣、铍、铙、海螺等,它们大多出自西域。[①] 如《隋书·音乐志》:"今曲项琵琶、竖箜篌之徒,并出自西域,非华夏旧器。"《破阵乐》《大定乐》等,"皆擂大鼓,杂以龟兹之乐"。长寿乐、天授乐等也"皆用龟兹乐"。

著名舞蹈艺术家王克芬研究员认为,唐代频繁的乐舞交流为创作新的舞蹈作品提供了取之不竭的素材,唐舞以传统舞蹈为基础,广泛吸纳许多国家、地区民族的舞蹈艺术,广采博纳,撷取菁华,融化再创,成为当时舞蹈发展的主流,开创中国古代舞蹈艺术的一代新风,取得辉煌成就。其中许多舞蹈就是以中原乐舞为基础,广泛吸取中外各民族民间乐舞的菁华创作而成的。[②]

综上可见,丝绸路上的敦煌文化在其长期的历史演进中"海纳百川,有容乃大",形成了极强的包容性,它并不排斥外来的同质或异质文化,包容不是简单的混合,也不是取消差异,取消民族特色,文化的认同并不等于文化的同化,而是你中有我,我中有你,各美其美,美美与共,是以我为主对外来文化进行的改造与融合,是在更高层次上和更广范围内的优势互补和创新发展。本土文化与外来文化的自由交流,东方文明与西方文明的交融汇合,使得敦煌文化绝非仅仅是本乡本土的产物,而成为整个丝绸路上东西方文化交流融汇、创新转化的典型代表。

[本文原刊《石河子大学学报》(哲学社会科学版)2020年4期;《新华文摘》2020年第23期"论点摘编",辑入本书中文字上略有改动]

---

① 郑汝中:《壁画乐器》,季羡林主编:《敦煌学大辞典》,上海辞书出版社1998年版,第250—261页。

② 王克芬:《天上人间舞蹁跹》,上海人民出版社2007年版,第75—83页。

炳灵寺石窟题记显示的
丝绸之路河陇段交通状况考

佛教石窟中的供养人、游人题记，是一笔非常重要的第一手史料，学术价值极高。我国佛教石窟题记，以保存在敦煌莫高窟中的最为丰富，对其研究的成果也最丰硕。炳灵寺石窟中亦保存了较多的供养人、游人题记，关注的学者则较少，其实这些题记中同样蕴含着丰富的历史信息，其中不少题记生动地反映了古丝绸之路河陇段的交通状况。

炳灵寺石窟题记中的供养人、游人的身份，既有东来西往的高僧大德，又有一般寺院僧侣；既有王公显贵，又有不少地方官吏；既有戍边将士，又有庶民百姓，还有一些鲜卑、吐蕃、党项、蒙古等少数民族人物。这些题记都是当时真人真事的记录，为传世史籍所阙，弥足珍贵。

炳灵寺石窟位于甘肃省永靖县城西南、黄河北岸，西距兰州市区约70千米，全国重点文物保护单位，随着2014年丝绸之路整体"申遗"的成功而进入世界文化遗产名录。考之炳灵寺一带的地理位置，坐落在青藏高原与黄土高原的过渡地带，亦为我国主要农耕区与畜牧区的过渡带，历史上又是汉族与羌、匈奴、吐谷浑、吐蕃、党项、唃厮啰等民族、部族的杂居交融地带，且襟山带河，具有重要的交通和军事地位。尤应注意的是其地恰处于丝绸之路东段五条主要干线辐辏相聚之处，成为丝路古道上一处极为重要的枢纽之地，该寺的兴盛发展与丝绸之路的畅通可谓息息相关，炳灵寺石窟也因之成为古丝路留下的一处光辉的历史足迹。

一　法显西行求经时留在炳灵寺的供养画像及题记

169窟10号龛壁画下层佛像左侧供养僧人题名："法显供养之像。"该法显是否即东晋著名的遍游五天竺的高僧法显？目前学界的看法尚不一致，笔者认为即应是此位法显。

能留有供养像和题名的僧人，当非一般僧侣，应为高僧。查南朝梁释慧皎《高僧传》，所载法显即往天竺求经的法显[①]，别无第二个法显。且法显供养像的位置十分突出，绘于佛像的左上方，紧靠佛像，所绘形体较大，端庄富态，显示出其地位之尊崇。又据《法显传》载，法显于后秦弘治二年（400）往天竺求经，"初发迹长安，度陇至乾归国，夏坐。夏坐讫，前行至耨檀国。度养楼山，至张掖镇"[②]。"度陇"，即翻越陇关（今甘肃清水县东陇山东麓）；"乾归国"指西秦乞伏乾归之地，时立都于今甘肃榆中县宛川；"耨檀国"，为南凉秃发傉檀之域，时立都于今青海乐都；"养楼山"，指今扁都口一带所在的祁连山脉东段。可见法显的行程是经由秦陇南道西行的。既过"耨檀国"，必经炳灵寺，在此一带渡过黄河，然后穿越祁连山脉之大斗拔谷（今扁都口）至河西走廊中部的张掖继续西去。因而炳灵寺中自然应留有法显的供养像与题记。也由此可知，炳灵寺及169窟的始建年代无疑应早于公元400年，远在该窟著名的纪年题记"建弘元年"（420）之前，至迟法显所经的后秦弘治二年（400）炳灵寺就已具有相当规模和影响了，炳灵寺当为我国开凿最早的石窟之一。

另有学者认为，此处"法显供养之像"题记为唐代游人所写，不是原题，画像所绘的法显亦非东晋西去求法高僧法显，而是另有其人。笔者对此持有疑义。其说缺少应有的证据，何以见得是唐代游人所题？就其画像风格及题写的字体来看，与同时期的画像相比，显然是两晋时期

[①] （南朝梁）释慧皎：《高僧传》卷3，汤用彤校注，中华书局1992年版，第87—90页。
[②] （东晋）法显：《法显传》，章巽校注，上海古籍出版社1985年版，第3页。

的笔法，与唐代的画法、写法大有所异。退一步说，即便是唐代人重新题写的话，也应依原题记字迹书写，以使其更加清晰，不可能另外编造一个姓名题写。

此外，值得提及，除法显而外，唐贞观三年（629）玄奘大师西行求经时，也很有可能路过炳灵寺，至今当地群众仍然流行着唐僧当年住过炳灵寺下寺水帘洞的传说。玄奘弟子慧立、彦悰所撰《大慈恩寺三藏法师传》记玄奘在这一带的行程："至秦州，停一宿，逢兰州伴，又随去至兰州。一宿，遇凉州人送官马归，又随去至彼。停月余日，道俗请开《涅槃》、《摄论》及《般若经》，法师皆为开发。"[1] 玄奘既至兰州，那么前往距离兰州不远、且在佛教界享有崇高声誉的炳灵寺礼佛讲经想必是情理中事。由玄奘一路行程看，每经重要城市和寺院，大都要驻足礼佛讲经，如以上所记的凉州，还有高昌（今吐鲁番）等地。因之玄奘应到过炳灵寺。

二　王玄策晚年留在炳灵寺的石刻题记

炳灵寺下寺区中段崖面之第54龛题记："大唐永隆二年（681）闰七月八日，陇右道巡察使、行殿中侍御史王玄策，敬造阿弥陀佛一躯并二菩萨。"此王玄策是否即唐代杰出外交活动家、曾四次奉敕出使天竺的王玄策？这很值得研究。王玄策虽然在中外文化交流史上建树过不朽的业绩，把大唐帝国与五天竺诸国的交通和文化交流推向一个新的阶段，然而本人官品不佳，一生中只做过五品的中下级官吏，故两唐书未为其立传，他所撰的《中天竺行记》一书和依该书为主要资料来源的官修《西国志》早在宋代即已亡佚，因而其事迹为历史所湮没，长期以来鲜有人知。

近百年来，不少学者关注于此，为之发隐钩沉，取得显著成绩。早

---

[1] （唐）慧立、彦悰：《大慈恩寺三藏法师传》，孙毓棠、谢方点校，中华书局1983年版，第11页。

在1900年法国汉学家烈维于《亚洲报》（该年三四月号）上发表《王玄策使印度记》一文，从与玄策同时代僧人道世所撰的《法苑珠林》等典籍中辑得相关史料20余条。我国学者柳诒徵对其人做进一步研究，于1925年2月在第39期《学衡》上发表《王玄策事辑》一文，新辑有关史料多条。其后冯承钧总结前人成果，共辑得玄策史料36条，著成《王玄策事辑》一文，发表于《清华学报》1932年12月之第8卷第1期上。

王玄策事迹的这些史料，发历史之幽光，为我们在中西交通和文化交流史的研究上打开了一扇新的窗口，令人振奋。此后藏学家根敦琼培著《白史》、季羡林等的《大唐西域记校注》、范文澜《唐代佛教·隋唐佛教年表》、新编《尼泊尔简史》等，均多所引用玄策有关资料。郑师许《王玄策使印度及其勋业》①、陆庆夫《论王玄策对中印交通的贡献》②，以及孙修身《王玄策事迹钩沉》③等，更是对玄策其人其事作了专题性深入研究，多有新见。孙先生还辑得有关新史料十余条。

学者们业已考得，王玄策一生曾4次奉旨使。第一次于贞观十七年（643）至二十一年（647）出使天竺摩伽陀国，送婆罗门客使还国；第二次约在贞观二十二年（648）前后再经泥婆罗国往摩伽陀国、拘尸那揭国等地，取天竺制糖法及为大唐培养梵语翻译人员；第三次于高宗显庆二年（657）至龙朔元年（661），前往婆罗林佛涅槃处送袈裟；第四次于龙朔三年（663）六月至麟德二年（665）出使，追玄照法师回京，并寻长年婆罗门卢迦逸多和长年药。

至于麟德二年以后玄策事迹如何，是否再使天竺？详况不明，亦未有人对其探讨。孙先生推测，玄策"自麟德二年九月十五日在龙门石窟内刻制了弥勒像之后，再未发现其活动的资料，我们推测他极有可能已离开了人世"。果真如此吗？54龛题记的新发现为我们对这一问题的研究提供了新材料。该题记位置显著，字迹刻写清晰，唯"策"字因年久

---

① 郑师许：《王玄策使印度及其勋业》，《东方杂志》第40卷第19期，1944年。
② 陆庆夫：《论王玄策对中印交通的贡献》，《丝绸之路史地研究》，兰州大学出版社1999年版，第71—89页。
③ 孙修身：《王玄策事迹钩沉》，新疆人民出版社1998年版。

风化，有所剥落，稍显模糊。著名学者阎文儒先生一行于1963年8月对炳灵寺的系统调查中，即释此字为"策"，当时字迹应更为清晰，去今已逾半个世纪。1999年魏文斌先生著文则将其释为"祚"字，并认为54龛题记之"王玄□"为"从七品的殿中侍御史，显然与王玄策的官品不符"，此人应为王玄祚[①]。2002年9月23—25日笔者在出席"炳灵寺石窟学术研讨会"期间，特就此字再次细细辨认。其字形虽然有些模糊，但因系石刻，基本笔画仍历历可辨，特别是其上部的竹字头和下部的"木"字较为分明，此字确应为"策"，题记者确为王玄策。至于王玄策的官品也并非"从七品"。

　　研究者已搞清，西使天竺之王玄策太宗时任长史，后擢拜朝散大夫，高宗时又任左骁卫府长史。据《新唐书·百官四》《旧唐书·职官三》，十六卫长史之官品为从六品上。至于朝散大夫，为隋文帝始置之文散官，正四品，唐代沿置，降为从五品。可见玄策在高宗时官品应不低于从五品。

　　54龛题记中王玄策的官职为陇右道巡察使、行殿中侍御史。《唐六典》卷十三《御史台》："殿中侍御史六人，从七品上"；"殿中侍御史掌殿庭供奉之仪式"。《旧唐书》卷四十二《职官一》亦载，殿中侍御史为从七品上阶。《新唐书》卷四十八《百官三》则曰："殿中侍御史九人，从七品下。"依唐代官制，大官兼代小官职事曰"行"。王玄策既为"行殿中侍御史"，则其实际官秩无疑高于从七品上，非如魏先生所说的"从七品"。《唐会要》卷七七《诸使上》："贞观十八年（644），遣十七道巡察"，以后又多次遣使巡察各道。"神龙二年（706）二月敕：左右台内外五品已上官，识治道通明无屈挠者二十人，分为十道巡察使，二周年一替，以廉按州部。"该王玄策既任陇右道巡察使，则其官秩当在五品或其以上，而这恰与上云多次奉敕旨出使天竺的王玄策之官品相合，说明题记炳灵寺的王玄策即应是出使天竺之王玄策。正因为玄策多次经

---

　　① 魏文斌：《炳灵寺石窟唐"永隆二年"诸龛简论》，《敦煌研究》1999年第3期，第11—19页。

由陇右奉敕西使,谙识这一带情况,故被委以巡察使重任再赴陇右。再则,从玄策巡察的时间上看,在其第四次西使的麟德二年之后 16 年,玄策还不至于年岁过高,故仍能担当重任。

与王玄策题记同一天书写的还有如下题记:51 龛:"大唐永隆二年(681)闰七月八日,巡察使、典雍州醴泉县骆弘爽,敬造救苦观世音菩萨一躯。"唐雍州醴泉县在今陕西省礼泉县北。52 龛:"大唐永隆二年闰七月八日,御史台令史蒲州河东县张积善,奉为过往亡尊及见存眷属、一切法界众生,敬造救苦观世音菩萨一躯。"唐蒲州河东县在今山西省永济县。53 龛:"大唐永隆二年闰七月八日,巡察使判官、岐州郿县丞、轻车都尉崔纯礼,为亡考亡妣敬造阿弥陀佛一躯并二菩萨。"唐岐州郿县在今陕西省眉县东。上述 3 位官员与王玄策一道,均于永隆二年闰七月八日来炳灵寺观瞻敬佛,魏文斌认为这些巡察使的题记可能与当时的唐、蕃关系有关[①],其说颇有见地。炳灵寺地连唐蕃,其交通地位的重要由是亦昭昭可见。

三 炳灵寺题记中所见丝绸之路河陇段的几条交通道路

(一) 秦陇南道

秦陇南道,即由长安沿渭河西行,从大震关或陇关(今甘肃清水县陇山东麓)翻越陇山,继续西行,经天水(汉代称上邽,唐秦州)、陇西(渭州)、临洮(狄道)等地至临夏(河州)或兰州(金城)渡过黄河,经永靖、炳灵寺,然后继续西行。该道因位处由长安径向西北,绕过六盘山北麓,经由固原(原州)、平川(汉鹯阴县,唐会州)西渡黄河、直趋河西走廊及其以远的大道(可称为北道,其路线居延新简 EPT59:582、敦煌悬泉汉简 Ⅱ0214①:130 有载)之南,故名秦陇南道。

---

① 魏文斌:《炳灵寺石窟唐"永隆二年"诸龛简论》,《敦煌研究》1999 年第 3 期,第 11—19 页。

其西段又因途经古河州地区，故该段又可称为河州古道。

秦陇南道穿越临夏、永靖一带的具体路线，笔者曾实地考得，应由今临洮（秦汉陇西郡治）西行，渡洮河，沿广通河谷（古大夏川水）至蒿支沟（古金纽城）；或顺三岔河支流至党川堡，翻黄土梁至广河县城（汉以后大夏县城，宋定羌城），与前道合；再沿蒿支沟西北行，越牛津山（古金剑山），沿牛津河谷（古城川水）至临夏市；然后由临夏市北经北塬，至莲花城古凤林关渡黄河，至炳灵寺；复沿黄土梁经永靖县杨塔、王台、川城、青海民和回族土族自治县古鄯，顺隆治沟至民和下川口；亦可从古鄯向北，顺巴州沟达民和上川口；或由临夏市取向西北，至积石山东麓之大河家古积石关渡黄河，经官亭，溯乾河而上，至古鄯，与前道合；再由古鄯或民和上、下川口沿湟水谷地西行。这条古道上至今仍存留着大量古烽燧、古城址等遗迹。烽燧多耸立于黄土梁峁顶部，一般相距2.5—4千米，黄土夯成。如临夏县北塬的孕墩底、积石山保安族东乡族撒拉族自治县的东山坡墩、大墩、青海民和回族土族自治县古鄯附近的塔墩、王墩岭、大墩等。①

炳灵寺许多洞窟中保留了大量经由秦陇南道来往的僧人、行旅的有关题记，而尤以秦州（天水）等地的行旅为多，生动地反映了该道红尘走马、客旅络绎的史实。如169窟2号龛佛像背光西侧墨书："天宝十三载（754）天水郡人康伏涣一心供养。"②又题："天宝十三载天水郡人康伏溪一心供养。"3号龛佛像西侧菩萨龛边题："天水郡人康伏涣供养，天宝十二载。"又题："秦州道人法通□供养佛时。"佛像东侧力士龛边题记："大总管泾州四门府折冲都……乾元三年（760）正月一日。"唐之泾州位于今甘肃泾川县境内，据《新唐书·地理志》，该州辖有四门等军府，折冲都尉为该军府最高长官。可见泾州一带的行旅亦在此道往来。6号龛菩萨背部泥塑题记："信士佛弟子使持节、都督洮州诸军事、

---

① 李并成：《河州古道》，《丝绸之路》1993年第3期。
② 本文所引炳灵寺题记，均可见于阎文儒、王万青编著《炳灵寺石窟》（甘肃人民出版社1993年版）一书，并对照参考了王亨通、杜斗城主编《炳灵寺石窟内容总录》（兰州大学出版社2006年版）等书，以下不再一一出注。

安□□军、世袭洮州刺史□州都督洮阳公姜□。"据《旧唐书·地理志》，武德二年（619）置洮州，永徽元年（650）置都督府，其位置在今洮河上游的甘肃临潭县。佛像东侧唐人墨书："睢阳……上柱国李元阳礼拜一心……泾川四开府于闻无……乾元三年（760）正月一日。"唐睢阳郡在今河南省商丘南，泾川在今甘肃泾川县北，李元阳等亦是循秦陇南道而来的。171窟大佛顶上天桥遗迹悬崖上题记："度随军判官、洺州司马参军郑嘉宾，攀缘陟仙阁虔敬佛龛灵峰既。"洺州在今河北省永年县东南，郑嘉宾远道前来，可见炳灵寺在当时的影响。

169窟12号龛壁画旁题记："秦州道人道聪供养佛时"；"秦州陇城县□"等。陇城县在今甘肃秦安县东北。16龛题记："天水郡人支院吕鸾张权朝于此礼拜。"第6龛"建弘"题记下方绘有成排西秦供养人像并题名："博士南安姚庆子之像"，"侍生广宁邢斐之像"，"侍生天水梁伯熙之像"，"侍生金城万□之像"，"侍生天水杨□之像"等。西秦置博士事不见于正史记载，对照汉晋以来的有关制度，该博士可能亦为学官之职；侍生可能是跟随博士的受业者。这几则题记对于补苴西秦学校教育制度有一定意义。南安应指东汉后期分汉阳郡所置的南安郡，时属西秦之东秦州，郡治獂道县，位于今陇西县东南。广宁即西秦所置的广宁郡，治所在今甘肃漳县西南。金城今兰州。"建弘"题记上方另有一供养人题名："清信士金城万温之像。"这些供养人均循秦陇南道而来。147号窟窟门外南侧题写："秦州上邽县杨药师记也。"亦为秦州一带行客所题。

126窟窟门外顶端，在97、98两龛之间，刻有曹子元造窟摩崖题记："大代延昌二年岁次癸巳（513）六月甲申朔十五日戊戌，大夏郡武阳部郡、本国中正曹子元造窟一区……"据《晋书·地理志》，永宁（301—302）中凉州刺史张轨分西平界置晋兴郡，统晋兴、枹罕、大夏等县。《魏书·地形志》载，河州金城郡领有大夏县，该县"二汉属陇西，晋属晋兴，皇兴三年（469）改为郡，后复属"。由题记可推知，"后复属"之"后"，当在北魏延昌二年以后。《隋书·地理志》记：枹罕郡统大夏县。《元和郡县图志》卷三十九记，河州大夏县"西北至州七十里"，其位置约在今临夏市广河县城一带。武阳部郡，史书无载。《晋书》卷一二五《乞伏国仁载记》云，孝武太元十年（385）西秦建元，置武城、武阳等12郡。此武阳或许即北魏武阳部郡。《元和郡县图志》卷三十九渭州陇西县条记："后汉末于此置南安郡，隋开皇元年（581）废郡，移武阳县名于郡理，属渭州，八年改武阳为陇西。"据之武阳的位置应在今甘肃陇西县一带。经由今陇西、广河至临夏、炳灵寺的道路，正是秦陇南道。

169窟12号龛壁画旁题记："衡州人纥奚河曹供养佛早得家保佑华还庞要遇"；"山西信士王道进香"等。衡州即今湖南省衡阳市。该窟11号龛第二组画面东侧菩萨旁墨书："恒州人纥奚河曹供养佛早得家保佑伏毕还。"此处纥奚河曹姓名与上引12号龛题记姓名完全一样，应是同一人，恒州治所在平城，即今山西大同市，与衡州分属两地。"恒州""衡州"读音相同，其中应有一处写误，可能此供养人文化程度较低，请人代写而致误。12号龛又有题记："恒州道人法显康乐而也礼拜佛时沙弥弘慈之像。"此处"法显"为道人，亦为恒州人，显然并非高僧法显。172窟北壁五身佛旁题记："泽州口乐室"；"山西平阳府赵城县李村里人本楠"；"嘉靖四十年（1561）十二月初四日信士宁河居口口高廷美、董氏"等。唐泽州，今山西省晋城市；平阳府赵城县，今山西省洪洞县北赵城；明代宁河今甘肃和政县。北壁佛右侧题记："临洮府安积寺同缘僧修宝、修宏、修官、修寂等，崇祯十一年（1638）四月初八日进香记"；"临洮卫崇祯十年（1637）十二月十一日张大尚可口张声三口。"临洮府、临洮卫即今甘肃省临洮县。184窟窟内门壁右侧刻划："河州桴罕县人毕口客于此礼拜"；"河州安乡县人郑元璋供养"。桴罕县即枹罕县，今临夏市。上述礼佛进香者亦应经由秦陇南道而来。

（二）羌中道（吐谷浑道）

羌中道，东接由兰州或河州西行的丝路大道，从炳灵寺附近渡黄河，取道湟水谷地继续西行，经乐都、西宁等地，翻越日月山（赤岭），经青海湖北岸或南岸，穿过柴达木盆地，再越阿尔金山噶斯山口可直达若羌，接通西域南道。

早在张骞"凿空"返回时"并南山"，所行即应是羌中道。汉宣帝神爵元年（前61）赵充国经营西羌，亦经此道往来。魏晋北朝时期此道沿途多为吐谷浑居地，故又称其为吐谷浑道。当时河西走廊大道因战乱受阻，该道愈显重要。北魏僧人惠生和宋云等西行求经，即由此道入西域再转赴天竺。《洛阳伽蓝记》卷五《城北》、《大藏经》卷二〇六〇《续高僧传·阇那崛多传》等史籍，均对该道沿线行程有较详细记载。《宋史》卷四九二记："自炳灵寺渡河至青唐四百里，道险地远。"青唐，今西宁，所记即羌中道。北宋李远《青塘录》对这一段行程记之更详："河州渡河至炳灵寺"西行，经墨城、湟州、省章峡、城川等地而至青塘（唐）城，继续向西，复经林金城、青海湖、百铁埭等地，"西行逾两月，即入回纥于阗界"。回纥于阗界即西域南部一带。

炳灵寺题记中与该道有关的记载亦较多。如169窟3号龛佛像西侧菩萨龛边题："大代延昌四年（515）鄯善镇铠曹掾智南郡书斡陈雷子等诣窟□□。"据《元和郡县图志》卷三十九鄯州条，"后魏以西平郡为鄯善镇，孝昌二年（526）改镇立鄯州。"治所在今青海省乐都县。至于智南郡则不见于史册，或许为人名。又如该窟12号龛壁画旁题记："古鄯信士罗尚锦进香"；172窟木阁门明代题记："西宁卫芷寺藩王□尚□拜"等，他们均为循羌中道而来的进香者。

《出三藏记集》卷十五《法勇传》："法勇者，胡言昙无竭……常闻沙门法显、宝云诸僧躬践佛国，慨然有亡身之誓，遂以宋永初元年（420）招集同志沙门僧猛、昙朗之徒二十五人，共贲幢盖供养之具，发迹此土，远适西方。初至河南国，仍出西海郡，进入流沙，到高昌郡……"河南国即指西秦，西海郡在今青海省海晏县境内，法勇等人所走正是羌中道。《高僧传·昙无竭传》、《大藏经》卷二〇五九《高僧传》卷三亦如此记载，云昙无竭等一行二十五人于宋永初元年，"初至河南国，仍出西海郡，进入流沙，到高昌郡。经历龟兹、沙勒诸国，登葱岭，度雪山，瘴气千重，冰层万里"。

（三）唐蕃古道

唐蕃古道，东接由长安、兰州，或河州而来的秦陇南道，在炳灵寺附近渡过黄河，取道湟水谷地西行，经乐都、西宁等地，翻越日月山，又穿过青海高原腹地，南越昆仑山，再越唐古拉山口，经安多、那曲等地至拉萨（古逻些）或其以远。唐人道宣《释家方志》所记"东道"即此。义净《大唐西域求法高僧传》中称其为吐蕃路。文成公主、金城公主入藏、唐使节王玄策出使天竺、刘元鼎入蕃会盟，均循此道。该道向南可进入尼泊尔、印度等地，故又成为一条唐代对外贸易的重要通道。

曾几何时唐蕃古道颇为繁荣，以至在炳灵寺石窟中留下了大量有关唐蕃关系的珍贵史料。169窟东壁12号龛壁画旁墨书题记："佛弟子□秦州陇城县防秋健儿郭思□□□□□检校□□一心供养佛，故记之。"防秋健儿属长征健儿，但又有所不同，他们是唐代边疆地区秋熟季节防御吐蕃前来抢夺粮食的特殊部队。《资治通鉴》卷二一四记，开元二十七年（739）一次就选募关内、河东壮士5万人，"诣陇右边遏，至秋末无寇，听还"。炳灵寺一地正是吐蕃前来的通道，也是"防秋"的重点地区之一和唐蕃交往的要地。

高宗仪凤元年（676）至三年，吐蕃连续入寇龙支、鄯州、河源（今河湟一带）等地，仪凤三年（678）由宰相李敬玄、工部尚书刘审礼等率领的大军出击吐蕃，就曾途经炳灵寺，并由同行的刑部侍郎张楚金于此撰写长篇题记，刻在64龛上方。该题记凡40行，每行42字，风化剥蚀严重，字迹模糊，约半数可辨认，其大意尚可明了。题记记载了当时的唐蕃关系及战事情况，以及对炳灵寺奇异幽雅的景色和佛教盛况的赞美，描述了凤林关、积石关的险峻："……三日大军□□四明桥……阁道入灵岩寺□□西南……唯此石门最为险狭□□□氏导河□（禹）迹施功之一……有门之左右，各有……上也云霓初入□门□时成获峡……削成万仞高林……积石山之灵岩寺素诚晨宿……有谿万转绿障百重树隐天空……"李敬玄等出军吐蕃事，《旧唐书·高宗本纪》《新唐书·李敬玄传》《新唐书·吐蕃传》《资治通鉴》卷二〇二等均有记载。炳灵寺地处河湟战略重地，为内地通往吐蕃的要冲，也每每成为大军的出征要地，可见炳灵寺在唐蕃交通、唐蕃关系上的重要性。

更值得注意的是，148号窟外北侧留有唐开元十九年（731）御史大夫崔琳率领的一支庞大的"和蕃使团"的副使膳部郎中魏季随所写《灵岩寺记》，灵岩寺即炳灵寺。此题记阴刻在距地面 30 多米的悬崖上，凡 31 行，每行 40 余字不等。记曰："钟羌不庭，疟乱西鄙，岁践更华，毒于年久。开元皇帝，大怜黔黎，……谋尔孙式敬，惟畅德迹潜训，化融滋草，颛神钦开，且已百祀。洎开元岁，边守不□，度□□或金以……闲道洽，而拒壤制兵罗，而形来干戈，曰□徵委人祍金，以乱□□勒……王因忘怒，念其姻旧之戚，许以自新之惠，思所以还□□王命奉鸿，休克难其人异国……"自崔琳以下题名者共有 71 人，多为各部、台、寺与内侍省官员，还有陇右节度、河州刺史、安乡县令和寺僧 5 人姓名。崔琳出使吐蕃事，《旧唐书·玄宗本纪》《资治通鉴》卷二一三"开元十九年"条、《册府元龟》卷六五四、《唐会要》卷九七等皆有记载，唯《唐会要》将出使时间误作十七年。崔琳出使的目的不仅为了国事和边界问题，同时也是为了金城公主下嫁赞普之事前往吐蕃报聘。当时吐蕃亦频繁遣使请交马互市，立界碑等以求和，唐蕃关系维持了一段友好相处的时日。炳灵寺保存的上述题记，对于研究唐蕃关系的真实状况至为珍贵。

（四）大斗拔谷道

大斗拔谷道，由炳灵寺附近渡过黄河，取道湟水谷地西行，于西宁附近折向西北，溯大通河谷而上，翻越祁连山脉垭口大斗拔谷（今扁都口），直达张掖，连接河西走廊大道。前述公元 400 年法显西行，609 年隋炀帝巡行河西，皆经由此道。

炳灵寺中与大斗拔谷道往来有关的题记亦不少。如 12 窟留有"敦皇（煌）翟奴"的画像和题记，则翟奴即应是经由此道从敦煌到达炳灵寺的。172 窟题记："佛今据庄浪卫西大通都督鲁经先祖建立玄真观……"；"西大通都府刻字张样张"；"庄浪卫西大通红山咀新城堡下川屯庄居住进香弟子王守奉同室人杨氏玉庆特心进香"。西大通位于大通河中游的今青海省大通回族土族自治县西北，为大斗拔谷道上必经之要地。

除法显外，169 窟壁画中还保存了其他一些高僧的画像及题名，如道融、玄高、昙弘等高僧的画像、题名。《高僧传》卷十一记，玄高"乃杖策西秦……高徒众三百，往居山舍。神情自若，禅慧弥新，忠诚冥感，多有灵异……有玄绍者，秦州陇西人。学究诸禅，神力自在……灵异如绍者，又十一人。绍后入堂术山禅蜕而逝"。堂术山，即指唐述窟（炳灵寺）。

西秦统治者热衷于佛教，境内不仅延请高僧释译佛经，还有著名禅僧传经布道。《历代三宝记》卷九记载："乞伏国仁……尊事沙门，时过圣坚行化达彼，仁加崇敬，恩礼甚隆。即播释风，仍令释译……"圣坚为东晋名僧，为西秦翻译《罗摩伽》等佛经15部。西秦建国曾先后立都于苑川和枹罕，炳灵寺作为其"皇家"寺院，必然会汇集四方僧众，不少中外著名僧人在这里频频活动，由此充分显示了该寺在佛教传播和中西文化交流中的重大影响和地位。

（五）洪池岭（乌鞘岭）道

洪池岭道，由炳灵寺以东的古凤林关或兰州附近渡过黄河，溯庄浪河谷而上，翻越洪池岭（今乌鞘岭），西北行直达武威，连接河西大道。据前引《大慈恩寺三藏法师传》记载，唐贞观三年（629）玄奘法师西行求经，由长安，经秦州等地到达兰州后，就是取洪池岭道而至凉州（武威）的。

172窟木阁门两侧及顶部，留有多条与该道有关的题记。如"庄浪卫城南苦水湾堡众信"；"河州卫凉州换领班把总指挥金宗信……"；该窟北壁五身佛旁墨书题记："一会人□□金城□□来意供佛及□□□……"；"庄浪卫目云峰徒吴真□"；北壁佛右侧题记："皋兰道士周宝、周应祥……进香"；"嘉靖四十五年（1566）夏季五月初六日居莲花寨奉佛信士白果……"明代庄浪卫即今位于庄浪河谷的甘肃永登县城，为翻越乌鞘岭沟通黄河流域与河西走廊内陆河流域的必经通道。金城、皋兰均为今兰州市。

169窟"西秦建弘元年"墨书题记下方，画有两排供养人像，为首者画像昂首挺胸，气宇不凡，旁边墨书："□国大禅师昙摩毗之像。"学界普遍认为，昙摩毗即应是《高僧传》所记的外国禅师昙无毗，摩、无二音相近，以致译音时略有不同。题记第一个字"□"应为"外"字，也有学者将其释为"护"字。《高僧传》卷十一《玄高传》载："时乞伏炽磐跨有陇西，西接凉土。有外国禅师昙无毗来入其国，领徒立众，训以禅道。然三昧正受，既深且妙，陇右之僧禀承盖寡。"昙摩毗来自外国，很可能是途径河西走廊、越过洪池岭而来。

炳灵寺168号窟窟外南侧崖面留有西夏文石刻题记九字，另在8号窟内正面塑像之后西壁壁画背光右边，用坚硬物刻划西夏文六字真言一行。据有关史料，西夏兴起后曾向河湟一带扩张，并曾于公元1215年一度突入炳灵寺东北约十五里的安乡关。西夏人前来亦应走此路。

由以上的探讨使我们进一步得识，汇聚丝绸之路河陇段五大交通干线的炳灵寺石窟，在中西交通上、文化传播上、民族关系上、政治军事上，乃至于艺术风格和成就上，居于非常重要的地位，享有十分崇高的声誉，对之我们应有充分的体认。

（原载《炳灵寺石窟学术研讨会论文集》，甘肃人民出版社2003年版，第100—110页）

索桥黄河渡口与汉代长安通西域"第一国道"

索桥黄河渡口，位于甘肃省靖远县与景泰县之间的黄河东西两岸，为古丝绸路上最重要、历史最悠久、通行时间最长的黄河渡口之一，也是连通长安—河西—西域之间路途最短、最便捷的黄河渡口。

一 索桥黄河渡口遗址调查

笔者曾两次到索桥渡口遗址一带实地考察，摸清了其遗迹及历代变迁状况，并撰文《唐代会宁关及其相关问题考》予以探讨[①]。现就其遗存现状略述于下。

索桥遗址分布于黄河东西两岸，残垣断壁间透露着昔日的繁华。河西岸遗址位于景泰县芦阳镇索桥园子村东1千米处，沿西岸边坡、台地展开，范围可达2平方千米许。遗址墙垣皆取用就地山体（红山峡）风化的紫红色板岩砌筑而成，均已倾圮。整个遗址由30余处院落废墟组成。其中三级阶地上的一处院落建筑遗迹密集，鳞次栉比，院落套院落，门户轮廓历历在目。台地中部有一条南北走向残宽5米许的街道。台地北侧一座孤立小山包上残存汉代烽燧一座，夯土夹石块砌成，夯层厚11厘米，系典型汉燧建筑样式。烽燧底基方形，8×8米，残高2.4米。烽

---

① 李并成：《唐代会宁关及其相关问题考》，《历史地理》第34辑，上海人民出版社2017年版，第240—252页。

燧四周围以长宽各约30米的坞院，院内散落几块汉代铁青色残砖块、碎瓦片。三级阶地西北约百米的缓坡上，存一座寺院残址，院中散落大量砖瓦碎块和建筑残件。

三级阶地再往上约百米为黄河西岸四级阶地，其上残留一组明代烽燧，其中大墩一座，底基方形，每边长4.5米，残高约5米；大墩北侧依次排列5座较小的旗墩。

大墩与旗墩外侧均以就地紫红色石板垒砌，中间填以夯土。西岸索桥遗址地表散落遗物有少许汉晋时期灰陶片、砖瓦碎块、石磨残块，唐代莲花纹砖块，宋元时期残瓷片、粗缸瓷片，以及大量的明清时期的青瓷片、瓦片砖块、建筑残件等，生动地反映了索桥古渡两千多年来的历史沧桑。

西岸索桥遗址北侧约1千米许见明长城遗址，墙体以就地紫红色石块夹夯土筑成，其内侧残高约2米，外侧（北侧）为一道壕沟，距墙垣顶部7—8米，颇为险峻。临近黄河处全部用石板筑墙，一直伸至河边，残宽0.8米，高出河面3—4米，类似山海关的"老龙头"。

黄河东岸索桥堡址亦存，但较西岸遗址更为残破，受地形所限规模较小。堡址位于靖远县石门乡小口子村北约5千米的黄河岸边，亦以就地紫红色板岩砌筑，略呈正方形，每边长约200米。西垣基本坍平，其余三垣有断续墙体连延，残高0.4—1.8米，坍宽约7米。堡内依稀可见街道遗迹，留存不少房屋残墟，屋墙亦以板岩石块垒砌，残高大多不足1米。堡东山头上存明代烽燧一座。

笔者在当地还了解到，今天村民们无论河东、河西都把索桥称作铁索关，因当年铁索连接浮桥之故；或称其为埠门，因昔日这里为繁忙的客货码头之故。

二　索桥渡口历史沿革考略

索桥黄河渡口历史面貌若何？近来有先生撰文，断言索桥为明代遗址，最早建于隆庆初年。事实并非如此，索桥渡口不仅有汉代遗迹，而且汉代以后直到民国初年一直使用。考之史籍，东汉曹魏时这里名为鹯阴口，因位处鹯阴县境内故名。笔者考得鹯阴河为黄河流经今白银一段的别称，鹯阴县故址即今位于白银市平川区水泉镇陡城村黄河东岸的缠州古城，残址尚存。① 《资治通鉴》卷六九"魏文帝黄初二年"（221）条载："凉州卢水胡治元多等反，河西大扰。帝召邹岐还，以京兆尹张既为凉州刺史，遣护军夏侯儒、将军费曜等继其后。胡七千余骑逆拒既于鹯阴口，既扬声军从鹯阴，乃潜由且次出武威。胡以为神，引还显美。"胡注："鹯阴县，前汉属安定郡，后汉属武威。鹯阴口，鹯阴河口也。"鹯阴口无疑是鹯阴县境内最重要的黄河渡口，其位置即今索桥渡口。引文中的"且次"即武威郡揟次县（今古浪县土门镇西"老城墙"），显美县故址位于今武威市以西永丰乡朵浪城一带。②

迨及十六国时期，索桥渡口名为阳武下峡渡。《资治通鉴》卷一〇九"隆安元年（397）正月"条："（吕）光又遣其将梁恭等以甲卒万余出阳武下峡，与秦州刺史没奕干攻其东，天水公延以枹罕之众攻临洮、武始、河关，皆克之。"胡注："阳武下峡在高平西，河水所经也。"高平（今固原）西一带的黄河渡口即应在今靖远县境内。同书卷一一四"义熙三年（407）十一月"条亦提及阳武下峡："（赫连）勃勃于阳武下峡凿凌埋车以塞路，勒兵逆击傉檀，大破之……"魏晋贤先生《甘肃省沿革地理论稿》中认为，阳武下峡就在今红山峡索桥所在的地方。刘满先生亦考得阳武下峡就是索桥渡口。③

延至唐代，索桥渡口虽仍在使用，但其重要地位已下降。笔者考得唐代会宁关渡（今北城滩古城，位于索桥以北约10千米）取代了索桥渡口的重要地位，成为这一带黄河上最主要的津渡。④ 会宁关为唐开元13所中关之一，系"大津"所在，控扼着由长安到凉州的北道以至通往西

---

① 李并成：《唐代会州故址及其相关问题考》，《中国历史地理论丛》2016年第3期。
② 李并成：《河西走廊历史地理》，甘肃人民出版社1995年版，第42—44、86页。
③ 刘满：《白银地区黄河古渡考》，载《景泰与丝绸之路历史文化》，甘肃人民出版社2008年版，第40—41页。
④ 李并成：《唐代会宁关及其相关问题考》，《历史地理》第34辑，上海人民出版社2017年版，第240—252页。

域的襟喉。严耕望先生大著《唐代交通图考》对于唐会宁关的重要地位及当时的兴盛状况论之甚详，① 无需赘述。

尽管如此，索桥渡口在唐代并未见废弃，只是其地位下降而已。笔者于 2010 年 6 月 15 日的实地考察中，在索桥遗址北部找到一块唐代莲花纹饰残砖及疑似唐代的几块灰陶片，虽迄今唐代遗物发现很少，但亦可说明唐时该渡口应仍在使用，至少是两岸民间往来仍在利用。

唐代何以会宁关渡（北城滩）取代索桥而成为主要渡口呢？会宁关虽然唐代繁盛一时，但却在宋初陷于党项后就完全废弃了，且此后一直未能恢复，而索桥渡口则一直沿用了下来。其原因何在？笔者在上述论文中已对这些问题作了详细分析，于此不赘。

延及明清，索桥渡口不仅沿而未废，并且再次成为靖远一带黄河上的主要渡口。据康熙《重修靖远卫志》等记载，明隆庆初创设船桥，寻被河水漂没，不得已仍以船渡，"万历年间创建芦塘，修筑新边，后又置索桥于哈思吉西十里，始亦用船桥，后因冲损，亦用船渡，其码头故迹亦存。万历二十九年（1601），始建一堡于河东，名为'铁锁关'，门上有石碣，额曰'索桥堡'，旁镌'钦差靖远等处地方参将丁光宇'，故迹犹存。至于今河西之索桥堡，则万历四十二年（1614）以来所建也"。船桥即以船相连的浮桥。由上可见，明代隆庆初年以来索桥渡口再度兴盛，曾反复采用船桥、船渡方式以通往来，并于万历年间在其河东、河西分别修筑桥堡，以保护通行。当时在索桥一地大兴建筑，包括反复建造船桥，修建芦塘城堡（遗址仍存，南北 500 米，东西 400 米，高 12 米），营建新边（长城，今索桥遗址北约 1 千米遗址尚存），又在河东、河西分别构筑索桥堡，这一系列大规模活动的重要目的之一就是为了有效保护索桥渡口，充分说明索桥当时在交通上的重要地位。

时至清代，索桥更趋兴盛和显要。清人梁份于康熙三十年（1691）著《秦边纪略》卷四《靖远卫》："索桥，黄河之津处也，名桥而实无

---

① 严耕望：《唐代交通图考》卷 2《河陇碛西区》，《"中央"研究院历史语言研究所专刊》83 号，1985 年，第 415 页。

之。索桥夹岸杳无居人……庄、凉、甘、肃而往河东，自镇远、索桥外更无他途也。桥非大道，盖宁夏、固原往河西之捷径耳。然西安商旅亦有不由兰州往河西，而取道靖虏以渡索桥者，路捷三日也。碛口在津处下流五里，河东即东岸哈思吉一带，暗门在河埂数步。舟子日纳渡贽一金于官，其利可知。渡河而东至哈思吉。"所云"庄"即庄浪卫，今永登县；"镇远"指兰州黄河上的镇远桥，当时"连船施板，车马可通"，今为中山铁桥；哈思吉即今哈思乡。由上可知，当时河西走廊各地通往河东，渡河地点只有兰州镇远桥和索桥两处，西安商旅取道索桥渡河而往河西者较取道兰州渡河往河西者可"路捷三日"，其优势不言而喻，索桥渡口自然受到青睐，以至于仅舟子每天缴纳的"渡贽"就达"一金"，其繁荣景象着实非同一般。

民国初期，随着近代公路交通的发展，特别是1910年兰州黄河铁桥建成后，祖国中东部地区前往河西、新疆等地的人员多取兰州黄河铁桥而往，索桥渡口由此衰落，仅为沿河两岸靖远、景泰两县民间驮运渡口。

三 汉代长安通西域的"第一国道"

前引严耕望先生大著《唐代交通图考》卷2《河陇碛西区》，对于唐代长安通往凉州（武威）的南、北两条驿道，以及继续由凉州西行通往安西（今新疆库车）驿道沿途所经的州县军镇关津馆驿，综合史传、地志、诗文、政书、杂著等，作了颇为细致的考证，认为长安通西域道路关系唐代政治、外交、军事进退，以及国际贸易、文化交流者甚巨。所论极是。由唐可上溯至汉，据居延、敦煌等地所出大量汉简及相关正史记载，以及今天仍遗留在西北大地上的众多古城址、古遗址及大量遗物，可以考得早在汉代长安至武威的北、南两条道路以及继续前往西域的大道就已经开通运行了。

1972年，汉代居延甲渠候官遗址（今内蒙古额济纳旗破城子）出土一枚珍贵的记载有关城址、驿置间里程的汉简，即EPT59：582简。简文分两栏，每栏又分两组，计四组十六行。释文如下：

长安至茂陵七十里	媪围至居延置九十里
茂陵至茯置卅五里	居延置至觻里九十里
茯置至好止七十五里	觻里至郻次九十里
好止至义置七十五里	郻次至小张掖六十里
月氏至乌氏五十里	删丹至日勒八十七里
乌氏至泾阳五十里	日勒至钧著置五十里
泾阳至平林置六十里	钧著置至屋兰五十里
平林置至高平八十里	屋兰至氐池五十里①

这枚汉简所记各地里程、路线明确而具体，它的出土对于丝绸之路古道和汉代城址、驿置的研究无疑具有极重要的意义，后代史书的一些讹传误载也由此可得以纠正，因而该简颇受研究者瞩目。

1990—1992 年考古工作者在对敦煌汉代悬泉置遗址的发掘中，又出土了一枚珍贵的记载丝绸之路河西古道沿线城址、驿置间里程的汉简，即Ⅱ0214①：130 汉简②。简中记载了从仓松（今古浪县黑松驿古城）经鸾鸟（今古浪县一堵城古城）、小张掖（今武威市凉州区王景寨古城）到姑臧及其以远的行程及里数。③ 该简所记行程实际上即是严耕望先生所论的唐代从长安至姑臧的"南道"路程。依此枚悬泉里程简所记，这条"南道"（由兰州一带渡黄河）开通的时间可能略晚于居延 EPT59：582 所记的"北道"。这两枚里程简相互补充，相得益彰，对于研究汉代丝绸之路的主线，即长安分别经由南北两道前往河西走廊、西域的道路及其沿途驿置设置状况提供了极为重要的第一手资料。

另外，武汉大学简帛网 2007 年 12 月 8 日登载张俊民先生《简牍文书所见"长安"资料辑考》一文，披露了悬泉ⅤT1611③：39 简文，其

---

① 甘肃省文物考古研究所等编：《居延新简》，文物出版社 1990 年版，第 395—396 页。
② 胡平生、张德芳编撰：《敦煌悬泉汉简释粹》，上海古籍出版社 2001 年版，第 56 页。
③ 李并成：《汉代河西走廊东段交通路线考》，《敦煌学辑刊》2011 年第 1 期。

中记录了以悬泉置为起点，东至冥安、张掖、武威、安定高平、金城允吾、天水平襄、凉州刺史治与长安等地的里程，提到"长安四千八十"，即悬泉置到长安4080汉里，这应是"南道"长安至敦煌悬泉的里程。该简所记既涉及"南道"，又涉及"北道"，弥足珍贵。

依居延破城子所出EPT59∶582汉简及其他有关史料可以考知，从长安出发西北行，经茂陵、好止、义置、月氏、乌氏、泾阳、平林置、高平、媪围、居延置、鱼离、揩次、小张掖等地，可直抵姑臧（武威），即长安到姑臧的"北道"；又由此穿过河西走廊可一直到达西域，该道被一些学者誉为"汉代第一国道"。笔者对于该道走向及其沿途许多重要遗迹做过实地调查，考得茂陵即汉武帝陵寝，位于今陕西省兴平市东北，好止约在今武功与扶风交界处，义置在今岐山县东部益店镇一带，月氏道位于泾河上源今宁夏泾源县境内，乌氏县在今宁夏彭阳县东南，泾阳县在今甘肃平凉市西北安国镇油坊庄古城，平林置在今宁夏固原市东南，高平即今固原市；由此继续西北行，经宁夏海原县南部沙沟、李俊、关庄等乡，即进入白银市平川区境内；复经复兴乡、种田乡、黄峤乡、共和镇（打拉池）、平川区政府驻地、水泉镇等地，抵达靖远县石门乡哈思堡索桥，从这里渡过黄河，过河后沿大沙河谷继续西北行，经景泰县吊沟古城（汉媪围县、唐新泉军城，分山城、川城两部分，呈不规则形，山城高出河床80米许，墙垣断续残存；川城则被夷为农田。整个山、川城周长约2400米）、寺滩乡白茨水（汉居延置，遗址见存，范围约百米见方，存石砌房屋残迹）、古浪县大靖镇古城头（汉武威郡扑朁县城、北魏魏安郡、北周白山县、唐白山戍城，存北垣、东垣部分墙体，分别长330、300米，鱼离为该县城附近的一个里）、古浪县土门镇西"老城墙"（汉揩次县城，存部分墙垣，原址周长约1500米）、小张掖（汉张掖县，今武威市凉州区王景寨古城，残址长宽各约300米，）等地，到达姑臧（武威）。①

---

① 李并成：《河西走廊历史地理》，甘肃人民出版社1995年版，第38—44页。

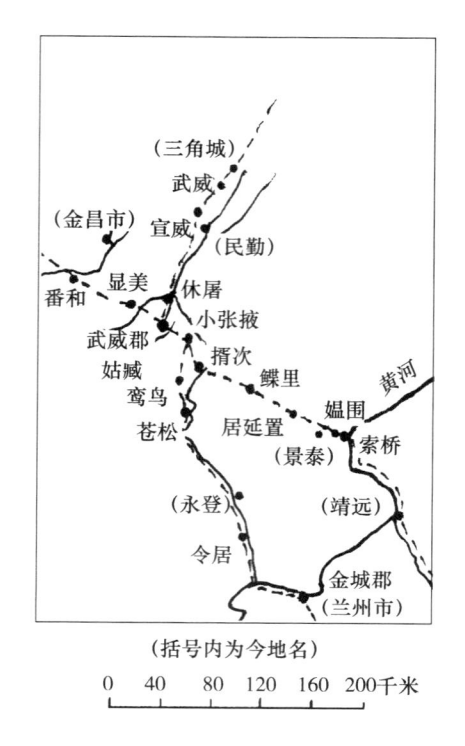

图 1　河西走廊东段汉代南北两道示意图

上引汉简所记"第一国道"走向的选择，可谓颇具匠心，从长安出发径取西北方向抵达姑臧，从姑臧亦取西北向而行，穿过河西走廊到达西域，不仅路途基本顺直便捷，少有曲折，而且尽可能地避开了大的地形障碍（如横亘于关中平原以西的陇山、六盘山，黄河流域与内陆河流域的分水岭乌鞘岭等），且选择靠近水源或河谷绿洲地带行进。索桥渡口的位置恰好处于这条"第一国道"线上的黄河渡口，在这里渡过黄河是最为近便的。流经靖远、平川一带的黄河切穿长达近百千米的红山峡，两岸群峰陡立，巉崖峭壁，仅少数几处峡谷出口如索桥、北城滩等处适于渡河。索桥一带河床宽约 160 米，水流较平稳，两岸虽陡峻，但有沟壑可作通道，东岸穿过小口子可通哈思堡、石门乡以至水泉镇缠州古城（西汉鹑阴县、东汉鹯阴县）及其以远；西岸即大沙河口，该河源于景

· 52 ·

泰县西部与古浪县交界的昌林山（主峰海拔2954米）与寿鹿山（主峰海拔3251米）汇集的水流，其上游一带地表径流大量下渗，水量较小，至芦阳镇以西则多有泉水露头涌入，水势渐大，形成了一条肥沃的带状河谷绿洲，宽约2千米许，这是黄河以西这一带方圆数百里范围内唯一的一处绿洲，笔者所考汉媪围县（即今吊沟古城，唐设新泉军，东距索桥渡口约20千米）就位于这一河谷绿洲上，从而也就自然成为"第一国道"过河后必然选择的理想通道。若舍此河谷绿洲通道，这一带数百里内皆为黄土丘陵，不仅地形起伏，曲折难行，而且干旱缺水，行旅、牲畜沿途补给困难。并且沿着大沙河通道一直取向西北，经寺滩乡白茨水（汉居延置）、古浪县裴家营乡、大景镇（汉扑𠛎县）、西景乡、土门镇（汉揩次县）、武威王景寨（汉张掖县）等地直抵武威，沿途除翻越大沙河源头蒿沟岘（海拔约2300米）地势稍高外，一路上皆顺畅平坦，因而大沙河谷成为"第一国道"所经的不二选择。即使唐代会宁关渡口另觅它址，但渡河后亦须绕至这条河谷绿洲通道而行。

四　杨崖湾古城应是"汉代第一国道"上一处重要的置

近年来，在平川区黄峤乡新发现一座古城遗址，即杨崖湾古城。该城位于黄峤乡政府东面的砂河边黄土断崖上，断崖高出河面约8米。古城破损严重，尤以东西二垣倒塌为甚。平面呈长方形，南北宽约100米，东西长130米许，残高多为1—3米，残宽3米许。南北二垣各有一处豁口，北垣豁口开在城墙中间偏东位置，可能原为城门；南垣豁口靠近东南角，系人为所挖。当地乡亲们称该城为"古城城"，可见其年代久远。今城内全为农田，田头地边不时可以见到散落的绳纹灰陶片、瓦片、砖块等物。当地文物工作者在"三普"期间，于古城中找到许多汉代的陶器残片、筒瓦和板瓦瓦片等，大多有绳纹纹饰。此外当地村民还在城内捡到过汉五铢、半两、货泉、大泉五十等钱币和陶纺轮、陶罐等，可见该城为一座典型的汉代城址。《兰州晚报》首席记者王文元先生对于该城写有专题报道。①

  杨崖湾古城的位置正处于由长安出发西北行，抵达姑臧（今武威）及其以远的"汉代第一国道"上。这条道路途径今平川区东南的一段，需穿过屈吴山与西华山之间的谷地通道。二山均为六盘山脉向北延伸的余脉，屈吴山居西，主峰南沟大顶，海拔 2858 米；西华山居东，主峰海拔 2703 米，两山间谷地海拔 2000—2100 米。穿过谷地的通道宽约 2—5 千米，长约 25 千米，由其南面的种田乡取向西北经赵家崖曲、古岘川、峤山、焦口、闫家高崖子等地而至黄峤乡。杨崖湾古城正位处该条通道的北出口附近，不仅为"第一国道"必经之处，而且军事地位重要。该城取向东南经平川区种田乡、复兴乡、海原县关庄、李俊、沙沟、彭堡等地，可直抵固原及其以远，道路顺畅；该城西北行，约 50 千米（约合 119 汉里）即可抵达上考鹯阴县城。依 EPT59∶582 简所记每一处置间的距离多为 50—60 汉里，则在杨崖湾古城与缠州城间还应有一处汉代的置，这有待于以后的考古发现。由鹯阴县城再向西北约 52 千米（约合 124 汉里）即抵达小口子渡口，其间亦还应有一处置。可见杨崖湾古城位于这条"第一国道"上的重要节点，显然该城应为汉代一处重要的置，同时还可能兼作军事驻所。杨崖湾古城的发现遂为这条"国道"上填补了一处重要遗址。

  综上可见，汉代长安至武威北道于索桥渡过黄河，经媪围县、居延置、鲽里、揟次县、小张掖等地抵达汉武威郡治姑臧。这条道路开辟较早，自河西郡、县设立伊始即当开通；且线路较为顺直，由长安径取西北方向，大体溯泾河河谷而上，经高平、媪围等地，直抵武威（姑臧），全程长约 720 千米，约合 1730 汉里，较南道近约 160 千米，合 385 汉里（详后）。但该道沿程自然条件较差，地理景观较荒凉，人烟较稀少，且位置偏北，靠近蒙古高原，距匈奴原游牧地较近，道路安全状况恐难尽如人意。

---

  ① 王文元：《白银杨崖湾：古城背后的西汉国道之谜》，《兰州晚报》2014 年 6 月 28 日 B8 版。

五　汉代长安至武威（姑臧）南道及其重要遗迹

由西安西行，一直到甘肃中部的黄河，在这段道路上有两处必须跨越的大的地形障碍，一处即黄河，另一处是陇山。古代的陇山包括今六盘山脉，又称陇坂、陇坻、陇首、关山，是一座纵列于陕、甘、宁三省区间的南北向山系。该条山系在大地构造上属于祁（连山）吕（梁山）贺（兰山）"山字型"构造的脊柱所在，群峰逶迤，南北雄峙，恰好挡住东西方向大道，遂成为由长安西行的第一道地形障碍，历来被视为畏途。所谓"其坂九回，七日乃得越"、"西上陇坂，羊肠九回"等，就是对陇山交通险阻状况的真实描述。因而如何越过陇山便成为西行路线的首要选择。由当地地形条件来看，穿越陇山无非有两种选择，一是可从该山系较低矮的北端（今固原一带）穿过去，如以上所考长安至武威的北道正是从该山北端穿过的道路；另一条是选择山间较为低矮易行的垭口越过去，即以下所考的汉代长安到武威（姑臧）的南道。

汉代长安到武威的南道，由长安沿渭河西行，在宝鸡（虢县）附近溯千水（古称汧水）西北行，越过陇山南部的陇关（又名故关、大震关，今陕西陇县西北），复沿渭河西行，经天水（上邽）、陇西（襄武）、临洮（狄道，汉陇西郡治），折而向北，翻过七道梁至金城郡（今兰州），再由金城郡渡过黄河北行，越乌鞘岭至武威。该道因翻越陇关可称之为陇关道，又因位于北道之南，又可称为秦陇南道。南道大多路段沿渭河谷地行进，沿途人烟较稠密，所经城镇较多，且安全性比北道更好；但其路途较远，取南道由长安至武威长达 880 千米，合 2116 汉里，较北道远出 160 千米，合 385 汉里，至少要多出 4 天的路程，且需翻越陇关和乌鞘岭，也比较艰辛。

南道的开辟应较北道稍晚。据《汉书·地理志》，该道所经的金城郡迟至汉昭帝始元六年（前 81）设置，较武帝设置的河西四郡晚了几十年，亦较北道所经武帝元鼎三年（前 114）设置的安定郡（郡治高平，今固原）晚了 30 余年。

翻越陇山的丝路南道走向也有多条线路，经学者考证，其主要路线经秦亭（今张家川回族自治县城南上磨乡瓦泉村，为后川河两条支流交汇的台地，处于几条道路的交汇处，地当陇口之要，存留一处面积250×150米的古遗址，发现秦墓和青铜器、半两钱、车马器等物。[1] 雍际春认为秦亭遗址是秦人首领非子因养马有功，被周孝王赏赐修建的城邑——"秦"邑的所在地[2]）、陇县（陇县古城位于张家川县城内，处于经华亭西南逾陇的古道与陇关旧道的汇合点，因其地理位置重要，东汉时曾一度设为凉州刺史部）、街亭（位于张家川县龙山镇，可能为西汉街泉县和东汉魏晋时的街泉亭[3]）、略阳道（秦安县陇城镇，该镇北侧的清水河即《水经注·渭水注》所称的略阳川水）、成纪古城（今静宁县治平乡刘家河东南古城址，平面正方形，边长约450米，西、南二垣被河水冲塌，城内散落秦汉时的板瓦、筒瓦、陶片等，以及唐彩俑、宋元瓷片，北宋治平四年又于这里设治平寨）、平襄县（今通渭县城，城区及周围发现战国、秦文物，以及大量汉代建筑构件和窑址、残墙、墓葬、货币等）、巉口汉代遗址（定西市巉口，遗址面积约5万平方米，文化层厚2—3米，出土大量灰陶片、板瓦、筒瓦残片，新莽权衡和货币、"颍阴承印"封泥等，有人认为该遗址为汉天水郡勇士县治所，也有人认为可能是汉天水郡骑都尉治所密艾亭）、夏官营（位于今榆中县夏官营镇东，存汉代城堡遗址）。

夏官营往东即为金城郡，汉昭帝始元六年（前81）置，位处今兰州市区黄河南岸，扼守黄河渡口，其地遂成为丝绸路上重镇要津，隋唐时改置兰州。金城居于中国内陆几何中心，坐落在黄土高原、青藏高原、内蒙古高原三大高原的交汇过渡地带，亦为我国主要农耕区与畜牧区的过渡带，座中四联，襟山带河，"紫塞千峰凭栏立，黄河九曲抱城来"，具有极为重要的交通和军事战略地位。金城一带的黄河渡口主要有金城

---

[1] 徐卫民：《天水附近秦都城考论》，《天水师专学报》1999年第4期。
[2] 雍际春：《嬴秦故园》，甘肃人民出版社2000年版，第71—76页。
[3] 雍际春、苏海洋：《甘肃东段交通线的形成、变迁与走向》，载周俭主编《丝绸之路交通线路（中国段）历史地理研究》，江苏人民出版社2012年版，第109页。

关渡和石城津渡。金城关渡口在今中山黄河铁桥北岸西侧1千米许，今已辟为金城关文化园区，明洪武十八年（1385）于这里建成镇远浮桥，号称"天下第一桥"，1909年耗银30余万两于此建成黄河铁桥，为黄河上最早、最重要的铁桥之一，由此大大便利了祖国内地与新、青、藏等地的联系。石城津渡口位于汉金城县北，今兰州市西固区河口镇，地处庄浪河注入黄河处，废址仍存。

金城向北至武威，由金城关渡口或石城津渡过黄河后，溯庄浪河谷（汉乌亭逆水）北上，经汉令居县，越洪池岭（今乌鞘岭），又沿古浪河谷（汉松陕水）西北行，经汉仓松县、鸾鸟县至小张掖，可与前考长安至武威北道相接，而抵姑臧。笔者考得其沿程所经重要地点有：汉令居县，今兰州市永登县红城镇玉山村西500米许的玉山古城，残垣犹存，东西长约400米，南北宽300米许。① 古浪河峡谷，既是沟通兰州黄河盆地与河西走廊的必经咽喉，又是走廊平原通往南羌的要径，交通和军事地位十分重要，历来被称为中国西部的"金关铁锁"。《古浪县志》称其"足资弹压，诚万世不可废也"。汉、明长城及今兰新铁路、连霍高速公路（G30）、国道312线等皆从此峡通过。汉苍松县，今古浪县龙沟乡黑松驿城，南北约500米，东西宽350余米，今龙沟乡政府即位于城内，仅存部分残垣。② 古浪县城，位于古浪河峡谷北端出口，唐于此设昌松县。汉鸾鸟县，今古浪县小桥村东南一堵城，仅余部分墙基。小张掖（汉张掖县），即前考今王景寨古城，处于由媪围而来和由金城而来的两条丝路大道，即长安通姑臧的北、南二道的交汇之地，位置十分重要。姑臧，汉武威郡治，唐设凉州及河西节度使，地处石羊河绿洲腹地，系长安连通河西南北两条丝绸之路的交汇点。由凉州西行约5200汉里可达汉西域都护府驻地乌垒（今新疆轮台县东），约5000唐里可达唐安西都护府治所（今库车），武威为中央政府控制西域之总部，其间道路无疑为当时国际交通之最为重要通道。

---

① 李并成：《汉令居城及其附近汉长城遗迹的调查与考证》，《长城学刊》1991年第1期。
② 李并成：《汉代河西走廊东段交通路线考》，《敦煌学辑刊》2011年第1期，第62页。

六　武威至敦煌古道遗迹

由姑臧往西至敦煌，踏上河西走廊大道，途经谷水（今石羊河）、羌谷水（今黑河）、籍端水（今疏勒河）、氐置水（今党河）等绿洲沃野，大多路况平坦易行，沿途亦多有城镇、堡寨、置驿分布，方便行旅补给。笔者曾对此做过多年实地考察和研究，摸清了其线路走向、城堡分布、人类活动及绿洲变迁等情况。河西走廊大道同样是"第一国道"的重要组成部分，以下即对于这条道路的基本情况简略述之。

从姑臧往西，沿河西大道依次经汉张掖郡显美县（武威市永丰乡朵浪城一带）、番和县（今永昌县西焦家庄乡西寨古城，破损严重，南北240米，东西300米许，残高不足1米，唐设天宝县）、删丹县（今山丹县古城窊，残址犹存，平面呈方形，每边约250米）、日勒县（今山丹县五里墩古城，东汉末设西郡）、钧著置（今山丹县东乐乡十里堡村一带，故址无存）、屋兰县（今张掖市碱滩乡古城村古城，清代曾设仁寿驿）、氐池县（今张掖市城南长安乡一带，故址无存）、觻得县（汉张掖郡治，今张掖市西北约17千米的"黑水国"北城，墙垣损毁较严重，南北254米，东西228米）、昭武县（今临泽县鸭暖乡昭武村古城，今已无存）、祁连置（今高台县渠口堡）、酒泉郡表是县（今高台县骆驼城，城垣尚存，分作南北两半城，南北704米，东西425米，残高5—8米。前凉至北周设为凉州建康郡郡治及其所辖表氏县城，唐代为建康军城）、乐涫县（今酒泉市下河清乡皇城遗址，唐称福禄县，故址犹存，东西351米，南北298米，残高3—7米）、绥弥县（今酒泉市临水乡古城村古城，长宽各200米许，残高1—2.5米）、禄福县（唐肃州，今酒泉市城）、玉石障（今嘉峪关市石关峡，残址犹存）、延寿县（东汉设置，今玉门市清泉乡骟马城，城垣多毁，南北230米，东西280米）、玉门县（存部分墙段，唐代曾设玉门县、玉门军、清筑赤金卫）、池头县（东汉改称沙头县，今玉门市比家滩古城，几被夷平，平面大体正方形，每边长约300米）、乾齐县（今玉门市黄闸湾乡东部一带，故址已毁）、敦煌郡渊泉县（今

· 58 ·

瓜州县河东乡四道沟村古城，南北350米，东西240米许，残高1.5—2米）、冥安县（今瓜州县南岔大坑古城，平面基本方形，每边长约550米）、广至县（今瓜州县踏实破城子，南北约280米，东西150米许，残高6.5米，唐于此设悬泉府）、鱼离置（今瓜州县老师兔古城，南北33米，东西40米许，残高4—6米，唐设黄谷驿）、悬泉置（今敦煌市以东67千米处的火焰山北麓吊吊水沟口，残址犹存，出土大量汉简等物）、遮要置（今敦煌市大疙瘩梁古城，残垣犹存，南北65米，东西56米）等地，而至汉敦煌郡治敦煌县（唐沙州，今存断续残垣，南北1132米，东西718米）；由敦煌再向西行即可抵达西域。姑臧至敦煌全程约875千米，合2104汉里。

七　敦煌至西域交通道路

位处西域门户、丝路喉襟的敦煌，作为联结中原与西域的枢纽和东西方经济文化交流的荟萃之地，在中西交通史上占有极为重要的地位。史料显示，西汉时期敦煌通西域有南、北两道，东汉中期又在此基础上新开辟伊吾道。

《汉书·地理志》："西域以孝武时始通，本三十六国，其后稍分至五十余，皆在匈奴之西，乌孙之南。南北有大山，中央有河，东西六千余里，南北千余里。东则接汉，阨以玉门、阳关，西则限以葱岭。"汉玉门关，一般认为在今敦煌市城西北约90千米的小方盘城，2014年进入世界文化遗产名录。阳关在今敦煌市城西南约70千米的南湖古董滩。玉门关和阳关分别为当时西出西域北、南两道的重要关隘。《汉书·地理志》："自玉门、阳关出西域有两道。从鄯善傍南山北，波河西行至莎车，为南道；南道西逾葱岭则出大月氏、安息。自车师前王庭随北山，波河西行至疏勒，为北道；北道西逾葱岭则出大宛、康居、奄蔡焉。"据之，出阳关之南道沿南山北（昆仑山北麓）而行，至莎车（今莎车县）及其葱岭（今帕米尔高原）以西。出玉门关之北道，沿北山（天山）南麓车师前王庭（今吐鲁番交河古城）至疏勒（今喀什），更向西越葱岭可至大宛（今乌兹别克斯坦费尔干纳盆地）、康居（今哈萨克斯坦锡尔河下游及其以北至咸海一带）、奄蔡（今中亚咸海至里海一带）等地。

笔者又考得，迨及东汉中期（汉明帝永平十七年，即公元74年）新开辟了一条从敦煌东边的瓜州北出玉门关（为新设的另一玉门关，今瓜州县双塔堡附近），折向西北行经约800里的莫贺延碛至西域伊州（今哈密）的道路，可称之为伊吾路或莫贺延碛道，或第五道。该道将瓜、伊二州直接连接起来，较之绕行沙州，再前往伊州的道路（唐代称矟竿道）缩短驿程近百里。然而第五道要穿越数百里的莫贺延碛，极乏水草，路况险恶，行走十分艰辛。唐贞观三年（629）高僧玄奘西行求法即取莫贺延碛道而往，一路上备受艰辛。唐代第五道中置有新井（今瓜州县石板墩）、广显（白墩子城）、乌山（红柳园古城）、双泉（大泉遗址）、第五（马莲井）、冷泉（星星峡）、胡桐（哈密沙泉子）、赤崖（哈密苦水）等驿，其走向约与今国道312线瓜州至哈密段近之。[①]

由上考可见，索桥黄河渡口为汉代由长安通往西域的"第一国道"上路途最便捷、最重要的渡口。汉代从长安至武威开辟有北、南两道，其中北道开通稍早于南道。从武威沿河西走廊大道至敦煌，沿途除其西部少数地段戈壁、沙地面积较广、跋涉较艰辛外，总的来看一路上绿洲连片，地势平坦，农产丰富，城镇棋布，为沿途行旅提供了较为方便、优越的通行条件，因而河西大道也就自然成为长安前往西域的最重要的首选路段。从敦煌前往西域，分别出玉门关、阳关辟有北、南两道，分别沿天山南麓、昆仑山北麓而行，两道可汇合于葱岭（今帕米尔高原）继续西行。降至东汉中期，又新开辟了瓜州径通伊州的伊吾路前往西域，使得通往西域的道路更趋完善。

（原载《丝绸之路研究集刊》第三辑，商务印书馆2019年版，第17—28页）

[①] 李并成：《唐玉门关究竟在哪里》，《西北师大学报》2001年第4期。

汉代丝绸之路河西段交通道路的调查与考证

河西走廊，位居东亚与中亚的结合部，自古以来就是我国东中部腹地通往西北边地乃至西方各国的天然走廊和必经孔道。从世界历史上来看，河西为古老的华夏文明与两河流域文明、古印度文明、地中海文明等的汇流之区；从中国历史上看，河西走廊又是我国率先对外开放的地区，堪称我国走向世界的第一条通道。

河西走廊依赖其南部祁连山脉发源的石羊河、黑河、疏勒河三大河流水系的滋润，发育了连绵的片片绿洲，其自然和通行条件较之其北部的荒漠、南部的青藏高原无疑优越得多。河西北部伸入沙漠中的石羊河、黑河下游绿洲，自古又是通往宁夏、河套以至蒙古高原腹地的天然要径，南部穿越祁连山脉诸山口又可通往青藏高原腹地。因之河西自古以来就成为丝绸之路国际交通大动脉上最重要的路段之一。

考古发掘证明，早在距今约六、七千年前的新石器仰韶文化时期，河西走廊就已经发挥着东西方通道的重要作用。众所周知，黄河中下游的中原地区是中国文明的重要发祥地，中原文化在它诞生以后呈现出向四周扩展的趋势，在我国西部地区则表现为由东向西的传播方向。例如发现于甘肃东部、青海东部、河西等地的马家窑文化，即是仰韶文化向西传播的遗存，其陶器群与中原仰韶晚期的陶器组合基本相同，又可称之为甘肃仰韶文化。彩陶文化又由河西西传新疆及其以远，和田、皮山、库车、新和、拜城、且末、哈密、吐鲁番、伊犁河流域等地，均出土彩陶器以及多量的泥质夹砂红陶器，其形制特征、制作方法、图案风格等方面都很明显地受到甘肃东部沙井文化的影响。① 与之同时，新疆和田一带的玉石也通过河西走廊而大量输往中原，如1976年在河南安阳殷墟妇好墓中出土的756件随葬玉器，其玉料大部分就是和田玉。② 河西走廊西端的玉门关即因其地为西域美玉输入内地的门户而得名。可见东西文明的交流早已选择河西走廊作为重要通道。

将河西走廊作为通往西方国家交通干道的正式开辟及其沿线邮驿系统的设立，始于汉武帝时张骞"凿空"、河西归汉之后。张骞是受汉武帝的派遣而前往西域的，武帝建元二年（前139）第一次出使西域，其目的是联络大月氏夹击匈奴，虽然没有达其最初的政治目的，但"身所至者大宛、大月氏、大夏、康居，而传闻其旁大国五、六"③，了解到了有关西域地区大量的政治、经济、地理、文化等方面情况。武帝元狩四年（前119）第二次出使西域，张骞率领一支300多人的庞大使团，携带大批丝绸、钱币以及马牛羊等物质，到达了乌孙，并派出副使，与更多的地区和国家建立了友好关系。毫无疑问，张骞的"凿空"是国家行为，是我国主动地走出去、对外开放的创举，从而开辟了丝绸之路的畅通与繁荣的局面。公元前121年骠骑将军霍去病率军征讨匈奴，河西走廊正式归属中原王朝版图。河西归汉后，为了对其实施有效的统治，并从根本上切断匈奴右臂，确保边境安全，进而加强对天山南北地区的控制，发展东西方经济文化交流，汉王朝遂在河西地区推行了一系列重大的政治、经济措施，武威、张掖、酒泉、敦煌四郡及其属县的设立以及交通道路的开辟即为其重要举措之一。

1972年，汉代居延甲渠候官遗址（今内蒙古额济纳旗破城子）出土了一枚珍贵的记载汉代交通道路、驿置间里程的简，即EPT59：582简。无独有偶，1990—1992年于敦煌市甜水井东南3千米的汉代悬泉置遗址，

---

① 新疆社会科学院民族研究所：《新疆简史》（第一册），新疆人民出版社1985年版，第8—10页。
② 中国社会科学院考古研究所：《殷墟妇好墓》，文物出版社1980年版，第114页；中国社会科学院考古研究所：《殷墟的发现与研究》，科学出版社1994年版，第324—326页。
③ 《史记》卷123《大宛列传》，中华书局1956年版，第3156页。

又出土了一枚珍贵的里程简,即Ⅱ0214①:130 简,该简恰可与破城子里程简相互印证和补充,令人欣喜。EPT59:582 简分作两栏,计 4 组 16 行,其中第一栏记从长安,经由茂陵(今陕西兴平县东北)、好止、义置、月氏道(约在今宁夏隆德县境)、乌氏县(今宁夏彭阳县东南)、泾阳县(今甘肃平凉市西北)、平林置等地至高平县(今宁夏固原市)的沿线里程,不在河西域内。该简第二栏所记为进入河西沿线各地里程:①

媪围至居延置九十里　　　删丹至日勒八十七里
居延置至鰈里九十里　　　日勒至钧著置五十里
鰈里至觻次九十里　　　　钧著置至屋兰五十里
觻次至小张掖六十里　　　屋兰至氐池五十里

敦煌悬泉置遗址出土Ⅱ0214①:130 简,所记皆为河西沿线里程:②

……仓松去鸾鸟六十五里,鸾鸟去小张掖六十里,小张掖去姑臧六十七里,姑臧去显美七十五里。……(A 第一栏)

……氐池去觻得五十四里,觻得去昭武六十二里府下,昭武去祁连置六十一里,祁连置去表是七十里。……(A 第二栏)

……玉门去沙头九十九里,沙头去乾齐八十五里,乾齐去渊泉五十八里。右酒泉郡县置十一·六百九十四里。(A 第二栏)……

以上两枚里程简为我们研究汉代河西丝路交通提供了绝好的第一手史料。

笔者自 1980 年起,年年赴河西实地考察,对于汉代河西丝路沿途所经四郡及其属县的位址,进行了系统的调查研究,摸清了与之相关的一

---

① 甘肃省文物考古研究所等:《居延新简》,文物出版社 1990 年版,第 396 页。
② 甘肃省文物考古研究所:《敦煌悬泉汉简释文选》,《文物》2000 年第 5 期,第 33 页;又见于胡平生、张德芳《敦煌悬泉汉简释粹》,上海古籍出版社 2001 年版,第 56 页。本文引用悬泉简文皆见于以上二著,以下不再一一出注。

系列问题。① 笔者考得,河西四郡及其属县依其空间布局大体可分为三组:一组位于走廊平原中部,并多沿祁连山北麓山前洪积冲积扇前缘泉水出露带排布;另两组则分别沿石羊河和黑河河岸南北方向列置,东西、南北两组城市分别以武威郡治姑臧和张掖郡治觻得为交点展布。这种格局不单反映了自然条件对于置郡设县和绿洲开发的制约作用,为汉代河西绿洲土地开发范围的重要标识,而且是汉室将河西作为"以通西域,鬲绝南羌、匈奴"之基地来从事经营的政治战略在地理布局上的体现。其中沿走廊平原东西向分布的一组县城正当丝绸之路主道,而沿石羊河、黑河干流南北延伸的两组县城又是走廊平原沟通河套和蒙古高原的天然孔径。汉室开拓河西之主旨即在于切断匈奴右臂,打通东西交通,屏卫边境安全。在丝绸之路沿线设县,且县城之间一般相距30—60千米,使其作为丝路大动脉的中继站和补给地在所必然。这些城市的盛衰与丝绸之路的兴颓有着密切的关系,绿洲地区的开发史与丝绸之路的发展史是紧密联系在一起的。同时,考定这些城址的位置又为我们研究丝绸之路的走向提供了依据,如山前洪积冲积扇前缘泉水出露带一线即为丝绸之路的主干道所经。

考之汉代河西交通道路,主要有长安至武威(姑臧)北道、长安至武威(姑臧)南道、武威至敦煌段、敦煌往西域南北二道、谷水(今石羊河)河谷段、弱水(黑河)河谷段。

一 长安至武威(姑臧)北道

汉代由长安通往河西走廊东部重镇武威有南北两条道路。敦煌悬泉Ⅴ1611③:39简A、B两面就分别记载了由悬泉前往北道和南道一些地点的里程,其中A面记东去"安定高平三千一百五十一里",即取北道而往。北道亦即居延EPT59:582简所记路线。此条道路开辟较早,自河西郡、县设立伊始即当开通;且线路较为顺直,由长安径取西北方向,大

---

① 李并成:《河西走廊历史地理》,甘肃人民出版社1995年版。

体溯泾河河谷而上，经高平（今固原）、媪围等地，直抵姑臧（武威），全程长约 720 千米，约合 1730 汉里，较南道近约 160 千米，合 385 汉里（详后）。但该道沿程自然条件较差，地理景观较荒凉，人烟较稀少，且位置偏北，靠近蒙古高原，距匈奴原游牧地较近，道路安全状况恐难尽如人意。该道于今索桥渡口渡过黄河，经媪围县、居延置、鰈里、揟次县、小张掖等地抵达汉武威郡治姑臧。

（一）索桥黄河渡口

上引 EPT59：582 简中，由长安出发到达高平（固原）后简文断缺，再向西的首站记为媪围，媪围为汉武威郡属县，其位置笔者考得即今甘肃省景泰县吊沟古城，[①] 该城东距黄河索桥渡口仅约 14 千米，则丝路进入河西必在这里渡河。从固原至索桥这段路线虽简文缺漏，但依其地形走势可以复原：应由今固原继续取向西北，越过较为低缓的六盘山北端和屈武山，进入祖厉河谷地，西汉元鼎五年（前 112）汉武帝曾亲至这里巡幸。《汉书·武帝纪》：是年冬十月"行幸雍，祠五畤。遂逾陇，登空同，西临祖厉河而还"。雍即今陕西凤翔县一带，陇指陇山，空同即今甘肃平凉市西边的崆峒山，祖厉即今祖厉河，两汉时曾于这一带置祖厉县。武帝于此行幸，说明其沿途所经必为交通大道。祖厉河系黄河支流，沿其河谷继续西北行，至其河口入黄河处为今靖远县城。靖远一带黄河切穿长达近百千米的红山峡，两岸群峰陡立，除峡谷出口五佛寺可以摆渡外，只有索桥对岸的石门乡小口子一段可渡。其地河床宽约百米许，水流较平稳，两岸虽很陡峭，但有沟壑可作通道，东岸穿过小口子可通哈思堡、石门乡以至靖远县城，接通祖厉河大道；西岸即索桥渡口所在的大沙沟口，该沟源于景泰县西部昌林山与寿麓山间的洼地，其上游寺滩一带干涸无水，仅存河道，至芦阳镇（景泰县老县城）以西则多有泉水涌出，水势渐大，形成了一条肥沃的带状河谷绿洲，宽约 2 千米许，

[①] 李并成：《西汉武威郡诸县城址的调查与考证》，《历史地理》第 10 辑，上海人民出版社 1992 年版，第 308 页。

这是黄河以西这一带方圆数百里内唯一的一处绿洲,从而也自然成为丝绸之路过河后必经的通道。

索桥渡口位于大沙沟北侧,正是这处唯一的渡口控制了该段丝路大道的走向。索桥的得名源于明万历二十九年(1601)于此设置的索桥(绳索系船以成浮桥),四十二年(1614)又于此处建索桥堡。其实这里早自汉武帝开拓河西道路时即为要渡大津。史载,西晋泰始六年(270)秦州刺使胡烈讨河西鲜卑树机能、东晋义熙三年(407)南凉拒赫连夏、北魏太延五年(439)拓跋焘伐北凉均在此处渡河,迨至明清仍为具有重要战略意义的渡口。

笔者曾几次到索桥渡口实地考察,所见遗址犹存,皆就地取材用当地山体(红山峡)风化的紫红色板岩砌筑而成,多已倾圮。河东岸渡口地形较为蹙狭,遗址规模不大,仅残留一处伸向河岸的院落基址,长、宽各约 50 米,内有房址数间。河西岸由于地势稍平缓,遗址沿山坡、台地分布,范围可达 2 平方千米许。其中最大的一处聚落遗址长约 200 米,宽 100 米许,位于河岸三级台地上,建筑密集,院落、街道、门户轮廓历历在目,地表散落许多青瓷片、瓦片、砖块、建筑残件等。四级台地上残留一组明代烽燧,其中大墩一座,大墩北侧依次排列 5 座较小的旗墩,索桥遗址北侧约 1 千米许见汉、明长城遗址。[①] 这一带还发现汉墓多座,墓室亦用当地紫红色板岩砌筑,出土灰陶罐等物。其附近不远处还分布着席滩、教场梁、城北墩等几处汉墓群。

笔者在当地了解到,今天村民们把索桥又称作铁索关,因当年铁索连接浮桥之故;或称其为埠门,因昔日这里为繁忙的客货码头之故。直到 20 世纪 50 年代河岸边还耸立有系船的铁柱,俗称"铁将军"。以前这一带春节闹社火,先要到索桥渡口祭拜,以祈求神佛保佑风调雨顺、渡口兴旺。

---

① 详见李并成《索桥黄河渡口与汉代长安通西域"第一国道"》,《丝绸之路研究集刊》第三辑,商务印书馆 2019 年版,第 17—28 页。

（二）媪围县城

由索桥遗址沿大沙河谷西行约 14 千米，即抵达吊沟古城，该城即汉武威郡媪围县城、唐新泉军城。城址位于芦阳镇吊沟村大树梁大沙沟北岸，北依丘陵山梁而筑，南迤河滩（二级阶地），分山城、川城两部分，呈不规则形。山城高出河床 80 米许，墙垣断续残存，基宽 5—7 米，残高 1.5—2 米；西垣较完整，沿山势延伸，长 225 米；北垣、东垣破坏严重，多不连贯，仅见石砌墙基，分别长 138 米、95 米。山城中间存土筑隔墙一道，残高 1—2.5 米，将山城分为南北两半。城南临大沙沟，东西两侧亦有沟壑，形势险要。城中还有一条干沟，顺山而下，可做登城而用。山城依自然山沟开东西二门，上建墩台。川城已荡然无存，墙垣被夷为农田，笔者步测其南北宽约 200 米许。整个山、川城周长约 2400 米。①

（三）居延置

依上引 EPT59：582 简，媪围西 90 里为居延置。汉 90 里合今约 38 千米。由吊沟古城向西，溯大沙沟及其上游常年干涸的横沙河谷而行，约 38 千米处即今景泰县寺摊乡白茨水村。这里有一处泉水露头，水量虽不大，但为居住在该村数十户人家的唯一水源，也是这一段丝路沿途必经的水源补充地，汉居延置设于这里无疑。近年文物普查即在该村发现古代聚落遗址，存石砌房屋等残迹，其范围约百米见方。②

（四）鲽里

依 EPT59：582 简，居延置以西 90 里为鲽里。由白茨水沿昌林山与寿麓山之间的洼地继续西北行约 38 千米（90 汉里），经曹家窑、蒿沟岘、白家洼、裴家营等地可抵古浪县大靖镇。其地为河西走廊东部一块

---

① 详见李并成《西汉武威郡诸县城址的调查与考证》，《历史地理》第 10 辑，上海人民出版社 1992 年版，第 303—309 页。
② 详见李并成《居延汉简里程简地理调查与考释（一）》，《西北史地》1993 年第 1 期。

肥沃的绿洲，发源于祁连山东端毛毛山北麓的大靖河（年出山径流量 0.16 亿立方米）流灌这里，沃野膏壤，人烟稠密。该镇北 1 千米许原有一座汉唐时期的古城址，今名古城头，仅北垣、东垣因分别用作地埂而保存了部分墙体。北垣残长 330 米，基宽 6.5 米，残高 1.5 米许；东垣残长 300 米，墙基正中开挖农渠一道，墙外城壕隐约可见。城内城周尚可拣到汉唐时期的灰陶片、黑陶片、碎砖块等物。笔者考得该城为汉武威郡扑䍿县、北魏魏安郡、北周白山县、唐白山戍城，[①] 鲽里当为该县城附近的一个里，位于今古城头近侧。

（五）揟次县

依 EPT59∶582 简，鲽里西 90 里为㵢次，即揟次，揟次为汉武威郡属县。由古城头往西 38 千米（汉 90 里）许正是今古浪县土门镇偏西一带。该镇原为明万历二十七年（1599）筑的土门堡，地处古浪河下游平原，土地平广，田连阡陌，农产丰饶。乾隆《古浪县志》：土门"土沃民富，商务盛于县城"。因其地处绿洲繁华之域，人为破坏严重，汉代城址早已无存。笔者实地访知，镇西 3 千米的王家小庄一地今仍有"老城墙"的称谓，土门镇则被称作"新城墙"，新、老之别甚为分明。老城墙系南北较长、东西稍短的一座古城，20 世纪 50 年代其城垣尚有一米多高，周长约有二、三里，以后逐渐毁坏，当地年长者皆对此记忆犹新。城中还曾出土许多汉代陶罐等物，附近散落一些灰陶片、红陶片等。其周围汉晋墓葬较多，如落落墩汉墓群、段家栅子汉墓群、青石湾子汉晋墓群等。笔者考得此城即汉揟次县城。

（六）小张掖（汉张掖县）

依 EPT59∶582 简，揟次西 60 里为小张掖，即汉武威郡张掖县，为别于汉张掖郡，故以"小"称之。《居延汉简释文合校》119·67 简："葆，小张掖有义里。"小张掖既然辖有"里"，则肯定是指汉张掖县。

[①] 李并成：《河西走廊历史地理》，甘肃人民出版社 1995 年版，第 46—48 页。

西汉 60 里，约合今 25 千米，由揟次县（土门镇王家小庄）往西北通往汉武威郡的大道行约 25 千米，正是今武威市东河乡王景寨村，该村存留一座长宽各约 300 米的古城遗址，此即汉武威郡张掖县城。1986 年夏笔者来这里考察时，所见城垣已荡然无存，访之当地群众，言"文化大革命"中城墙被挖去做了垫圈土，前几年还残存西、南城垣各一段。在原基址的地方，田边地头到处散落着绳纹或素面灰陶片、残瓦片、碎砖块等物，并见汉代卷云纹残瓦当。该城地处古浪河与黄羊河洪积冲积扇前缘泉水出露带南侧，清水长流，绿洲肥沃。其地又东连汉媪围黄河渡口，西北通姑臧，南可接苍松（今黑松驿，后考），并可由此向南溯古浪河谷而上越乌鞘岭直抵金城（兰州）黄河渡口，实处于由媪围而来和由金城而来的两条丝路大道的交汇之地，位置十分重要。

（七）姑臧

汉武威郡郡治，笔者考得西汉姑臧县城即今武威市城西北约 2 千米处的三摞城，约西汉后期至东汉前期迁至今武威市城。汉张掖县（王景寨古城）位于三摞城东南 27 千米，恰与悬泉 II 0214①:130 简"小张掖去姑臧六十七里"的记载相合。姑臧地处石羊河绿洲腹地，系长安连通河西南北两条丝绸之路的交汇点，物产丰饶，人烟稠密，为汉唐时期我国西北除首都长安之外最大的城市。早在东汉前期就已成为"通货羌胡，市日四合"的富邑，降至唐代更是发展成了一座国际性都市，"凉州七城十万家，胡人半解弹琵琶"；"吾闻昔日西凉州，人烟扑地桑柘稠"。

二 长安至武威（姑臧）南道

从长安到武威（姑臧）的南道，由长安沿渭河西行，在宝鸡（虢县）附近溯千水（古称汧水）西北行，越过陇关（又名故关、大震关，今陕西陇县西北），复沿渭河西行，经天水（上邽）、陇西（襄武）、临洮（狄道，汉陇西郡治），折而向北，翻过七道梁至兰州（金城），再由兰州渡过黄河北行，越乌鞘岭至武威。该道因翻越陇关可称之为陇关道，又因位于北道之南，故可称为南道，或秦陇南道。敦煌悬泉Ⅴ1611③：39B简载，悬泉至"金城允吾二千八百八十里，东南。天水平襄二千八百卅，东南。东南去刺史□三□……一八十里……长安四千八十……"由敦煌悬泉置取向东南，经由金城、天水等地而至长安，所行线路即是南道。南道大多路段沿渭河谷地行进，沿途人烟较稠密，所经城镇较多，较繁华，且安全性比北道更好；但其路途较远，取南道由长安至武威长达880千米，合2116汉里，较北道远出160千米，合385汉里，至少要多出4天的路程，且需翻越陇关和乌鞘岭，也比较艰辛。又由上引汉简知长安至悬泉4080里许，则武威至悬泉约1964汉里，合今817千米，与今日道里大体吻合。

南道的开辟应较北道稍晚。据《汉书·地理志》，该道所经的金城郡迟至汉昭帝始元六年（前81）设置，较武帝设置的河西四郡晚了几十年，亦较北道所经武帝元鼎三年（前114）设置的安定郡（郡治高平，今固原）晚了30余年。

长安至金城（兰州）段因不在河西域内，从略。由金城至武威，首先须渡过黄河。据有关文献记载、前人所做工作和笔者的实地调查，兰州市区一带的黄河渡口主要有金城关渡和石城津渡。金城关渡口，学界公认在今兰州市中山黄河铁桥北岸西侧1千米许，今已辟为金城关文化园区。《隋书·地理志》记，金城郡"有关官"。《新唐书·地理志》云，金城郡治五泉县（今兰州市城关区）"北有金城关"。《元和郡县图志》卷三十九"兰州"条："金城关在州城西，周武帝置金城津，隋开皇十八年改津为关。"《宋史·地理志》"兰州"条："金城关，绍圣四年进筑，南距兰州约二里。"该关其实早自汉代即已设置，宋绍圣四年复以修筑。《读史方舆纪要》卷六十"兰州"条："金城关，州北二里，当黄河西北山要隘处，本汉置。阚骃《十三州记》金城郡有金城关是也，后废。宋绍圣四年，复置关于此，据河山间筑城以为固。崇宁三年，王厚请移关于北境斫龙谷，不果。今设巡司于河南。"据乾隆《皋兰县志》，明洪武十八年（1385）于这里建成镇远浮桥，用大船25艘，横排河面，每船相距1.5丈，以长木连接，两侧围以栏杆。浮桥随波升降，平如坦途，号称"天下第一桥"。1909 年耗银 30 余万两于此建成黄河铁桥，为黄河上最早、最重要的铁桥之一，从而大大便利了祖国内地与新、青、藏边疆地区的联系。

石城津渡口，又称为金城渡口，位于汉金城县北，今兰州市西固区河口镇，地处庄浪河注入黄河处，为丝绸路上必渡之口。《水经注·河水》："湟水又东流，注于金城河，即积石之黄河也。阚骃曰：河至金城县，谓之金城河，随地为名也。……河水又东径石城南，谓之石城津。阚骃曰：在金城西北矣。河水又东南径金城县故城北。"《读史方舆纪要》卷六十："石城津，（兰）州西境。阚骃曰石城津在金城西北。"今石城废址仍存，位于河口镇北黄河北岸 1 千米许，东临庄浪河，兰新铁路从城西穿过。城址大体方形，每边残长约 100 米，残高 1 米许。《资治通鉴》卷一○四记，东晋孝武帝太元元年（376）八月，前秦苟苌率军从石城津渡过黄河，会同梁熙攻克前凉缠缩城，进而军抵姑臧（武威）灭前凉。可见石城津渡口在军事上、交通上的重要性。所云缠缩城，笔者考得即从石城津渡河后不远处位于庄浪河谷的今永登县城北 8 千米的罗城滩古城。①

由金城关渡口或石城津渡口渡河后，溯庄浪河谷（汉称乌亭逆水）北上，经令居县，越洪池岭（今乌鞘岭），西北行，复经仓松、鸾鸟至小张掖，与前考北道接，而抵武威。

（一）令居县

汉金城郡属县，笔者考得今兰州市永登县红城镇玉山村西 500 米许的玉山古城即为该县故址。其城垣已很残破，仅存西北角和东垣中部各一段，墙基宽 7 米，上宽 4 米，残高 6 米许，唯西北角墩高达 9 米许。城内外散落灰陶片、碎瓦块等物，城垣外侧见城壕遗迹，残深 0.8—1.5 米，宽 30 米许。访之当地，知该城毁于"文化大革命"中，原东西长约

---

① 李并成：《晋河会城、缠缩城、清塞城考》，《中国历史地理论丛》1999 年第 2 期。

400 米，南北宽 300 米许，墙垣未筑马面。① 令居县城位于庄浪河谷，北距永登县城约 35 千米；南距庄浪河入黄河口 30 千米许，合 72 汉里，恰为一天行程。

（二）苍松县

汉武威郡属县。《汉书·地理志》："苍松，南山，松陕水所出，北至揟次入海。"笔者考得松陕水即今古浪河，北至揟次所入的海即今邓马营湖—汤家海。可见苍松县位于揟次县（今土门镇西王家小庄）南，县境内有古浪河源头的南山（今祁连山）。悬泉Ⅱ0214①：130 简："仓（苍）松去鸾鸟六十五里，鸾鸟去小张掖六十里"，依此由苍松至小张掖计 125 汉里。由于悬泉此枚汉简记有"沙头"一名，沙头原名池头，东汉时才改称沙头，为酒泉郡属县，因而该简应为东汉时简，所记里程亦应为东汉里程。东汉里较西汉里稍大，约合今 430 米许。东汉 125 里合今约 54 千米。小张掖即前考今武威市王景寨古城。由该城向南 38 千米许即抵达古浪河出山口，该口呈"V"字型向北敞开，向南则进入古浪河峡谷，该峡谷既是沟通兰州黄河盆地与河西走廊的必经咽喉，又是走廊平原通往南羌的要径，交通和军事地位十分重要，历来被称为中国西部的"金关铁锁"。《古浪县志》称其"足资弹压，诚万世不可废也"。汉、明长城以及今兰新铁路、连霍高速公路、国道 312 线等皆从此峡通过。由古浪峡口再向南 16 千米（王景寨古城至此恰为 54 千米）处，为今古浪县龙沟乡政府驻地，这里为古浪峡谷中一处较宽展的地方，东西宽达 1.5 千米许。在河谷西侧的台地上存留一座古城址，名黑松驿城，因明清时曾在这里设过黑松驿故名。1991 年 7 月 25 日笔者来此考察时，所见该城已被拆得很不完整，仅存西垣，基宽 5 米许，顶宽 2 米，残高约 1.5 米。据地表显示的遗迹，其南垣抵达龙沟乡中学，北端伸至铁路附近，全城南北长约 500 米，东西宽 350 余米，今龙沟乡政府即位于城内。访之当地，云当年修建兰新铁路时曾从城中挖出过许多陶罐、砖瓦

---

① 李并成：《汉令居城及其附近汉长城遗迹的调查与考证》，《长城学刊》1991 年第 1 期。

块、铜箭头、铁箭头等。近年有人在城内建房时还掘出过小铜镜、铜簪子等物。笔者即在城中一户家中看到其收藏的黑灰色陶罐，应为汉代物品。该城正门上曾镶嵌一块石匾，楷书"凉庄保障"四字，当为清代驿站之物，后被县文物部门拆下。该城西面的山坡上有大片的汉墓群。当地老人们说，原来这一带山上长满了松树，密密实实，后因1958年"大炼钢铁"时的砍伐，以及后来山坡地开为梯田时的破坏，现只能在深山中看到树木；今全乡计有19000余人，耕地46000亩，其中河谷川地仅500亩。由上考可见，汉苍松县城即是今黑松驿古城。苍松县、松陕水，以至明清时黑松驿的得名，皆由于这一带松林茂密之故。事实上直到清代这里仍留下了"云海苍茫迷路客"的诗句。

（三）鸾鸟县

依Ⅱ0214①：130简，鸾鸟县位于仓（苍）松县北65里，合今约28千米；鸾鸟又北去小张掖六十里，合今约26千米。由苍松县故址今黑松驿城沿古浪河谷北出，约16千米即达古浪河出山口（县城所在），进入绿洲平原；由该口再向北约12千米的小桥村东南，即古浪河"V"字型冲积平原中部，今有一处名一堵城的地方，当地群众告知这里原有一堵残墙，原为一座古城的西墙，因正好作为两个村的界限而被长期保存了下来。1983年残墙被毁，今仅存墙基。夯筑，残长约200米，残宽4米许，残高不足半米，今仍作为地埂。墙基西侧存深约1米、宽50米的槽沟一道，俗称城槽子，应为护城壕残迹。至于南北东三面墙垣据云百余年前就被毁了。城内城周今已无遗物可寻，但村民们言残墙中曾挖出过五铢钱。1991年春该墙东约半里的胡庄子还出土汉简数枚，但因当时群众挖掘不善，字迹已无法辨认。城西约2千米的平顶山山前缓坡上向南直到县城一中一带，分布着大量汉代小型砖室墓，出土汉灰陶罐、砖块等物。《后汉书·段颎传》唐章怀太子李贤注：鸾鸟故城在凉州昌松县北。唐凉州昌松县正是今古浪县城，一堵城正位于该县城以北。一堵城南去苍松县故址黑松驿古城28千米，北去小张掖故址王景寨古城恰好约26千米（60汉里），可见一堵城为

·73·

汉鸾鸟县城无疑。

由鸾鸟县北去抵达汉武威郡张掖县（王景寨古城），与从长安经高平（固原）而至武威的北道汇合。

三　武威至敦煌段

从汉武威郡治姑臧往西，沿河西走廊大道依次经汉张掖郡显美县、番和县、删丹县、日勒县、钧耆置、屋兰县、氐池县、觻得县、昭武县、祁连置、酒泉郡表是县、乐涫县、绥弥县、禄福县、玉石障、玉门县、沙头县、乾齐县、敦煌郡渊泉县、冥安县、广至县、鱼离置、万年骑置、遮要置等地，而至敦煌郡治敦煌县，全程约875千米，合2104汉里。其沿途除其西部少数地段戈壁、沙地面积较广、跋涉较艰辛外，总的来看一路上绿洲连片，地势平坦，农产丰富，城镇棋布，为沿途行旅提供了较为方便、优越的条件。

（一）显美县

西汉时显美为张掖郡属县，因其靠近武威，东汉时又改属武威郡管辖。依悬泉Ⅱ0214①: 130 简，姑臧去显美75汉里，合今约32千米。由姑臧县故址（前考今武威市西三摞城）西去32千米处，正是今武威市丰乐乡之地。该乡地处西营河（石羊河支流）下游平原，水源充沛，土地肥沃，自古就为武威绿洲西部的精华之域。笔者曾怀疑朵浪古城、六坝古城或廿里古城中可能有一处为汉代显美县城，但其与武威市城的距离均有偏差。① 恰在前些年的第三次文物普查中，又发现在武威市丰乐镇沙城村内还残存一座名为沙城的古城址，其墙垣颓废几于地面平，南北约200米，东西300米许，基宽约6米，顶宽2.8米，城内西南侧存一座四棱台体墩台，西北角又有涝池残迹。有人认为该城为明代城址，但其散落遗物除过白釉瓷片、灰瓦片外，还可找到汉晋时期的灰陶片等

---

① 李并成：《河西走廊历史地理》，甘肃人民出版社1995年版，第82—86页。

物，距离武威城约 33 千米，与悬泉汉简记载相合，且其规模较大，符合汉代县城的一般规模，因而笔者判定该城应为汉显美县城。

（二）番和县

显美西侧应为汉张掖郡番和县，该县唐时更名天宝县，《元和郡县图志》卷四十、《太平寰宇记》卷一五二等史书均记该县位于凉州（武威）西 180 里。笔者据之考得，番和县故城即今永昌县西 12 千米许的焦家庄乡西寨古城，该城东距上考汉显美县（沙城）52 千米，合 121 汉里。城垣破损严重，南北 240 米，东西 300 米许，残高不足 1 米，散落少许灰陶片、破砖块等物。① 该城位处石羊河支流东大河冲积洪积扇前缘泉水出露带北侧，自古发展农业的条件优越，西汉时在番和专设农都尉，可见其田功之盛。且地当交通大道，今国道 312 线、连霍高速公路等均从其地通过。

（三）删丹县

番和县西去为删丹县。由西寨古城向西约 45 千米（合 105 汉里）许，即今山丹县古城窊，其地又名峡口或十五里口，地处石羊河流域与黑河流域的分水岭低缓山岗的西侧，源于大黄山（古焉脂山）的沟水可流至该城附近。城址北依十五里口达坂，南靠大黄山东段之白露掌，峡口长约 22 千米，自古就为重要的交通孔道和战略重地，汉、明长城和今国道 312 线、连霍高速公路亦由此处穿过。古城窊中古城犹存，平面呈方形，每边约 250 米，东开一门，城内散见灰陶片、红陶片、粗瓷片等物。该城应即汉删丹县城。

（四）日勒县

EPT559∶582 简记，删丹至日勒 87 里。《汉书·赵充国传》："武威郡、张掖日勒，皆当北塞，有通谷水草。"可见日勒县位处河西走廊北

---

① 详见李并成《河西走廊历史地理》，甘肃人民出版社 1995 年版，第 75—76 页。

部，临长城（北塞），且有水草谷地可供通行。东汉末于张掖郡西分设西郡，日勒遂立为郡治，表明其地位的重要。《太平寰宇记》卷一五二："后汉兴平二年（195）分置西郡，以删丹县属焉。"《读史方舆纪要》卷六十三："西郡治日勒县"；"日勒城，在（山丹）卫东南"。明代山丹卫即今山丹县城。西汉87里约合今34千米，由古城窊向西偏北34千米许，即今山丹县城东南约2.5千米处，恰可找到一座古城址—五里墩古城。该城位于位奇乡十里堡村二社居民区，城址几被夷平，仅存三段残垣：两段位于南部，应为南墙，一长5米许，残高2.5米，残宽5米；一长16米，残高4.5米，基宽8.5米；二墙均作东西向延伸，相隔约70米；其北180米处又有残垣一段，残长12米，残高4米，残宽6米。据此该城南北至少应长180米以上，其东西长度可辨认的墙基至少在200米以上，规模较大。城中东南部存枯井一眼，井口直径10米许，深20米以上。城内外散落铁青色碎砖块（俗称"汉铁砖"）、碎陶片等物。城北1千米许汉、明两代长城通过。该城即应为汉日勒县城。

（五）钧著置

依EPT 59：582简，日勒至钧著置五十里，钧著置至屋兰又五十里，则钧著置恰处于日勒、屋兰二县之间，为连接二县及丝绸之路河西干道上的重要置所。屋兰县故城即今张掖市碱滩乡古城村东古城（详后），位于前考日勒故城东42千米许，今42千米恰合西汉100里，与上述汉简记载完全吻合。位于二县中间的钧著置地当今山丹县东乐乡十里堡村一带。该村地处山丹河南岸，东距今山丹县城18.5千米。惜汉置故址今已无存。

（六）屋兰县

依EPT 59：582简，屋兰县位于钧著置西五十汉里（合今约21千米），其位置正是今张掖市碱滩乡古城村所在。这里原有俗称东古城的古城址一座，清代城中曾设仁寿驿，今为村委会驻地。《甘州府志》："屋兰古城，城东五十里，今仁寿驿，俗称古城是也。"东古城正位于张掖市城东50里，其汉代城垣早已毁弃无存，今仅存明代所建西门楼一座。访之当地，知该城原周长三里，基本方形，开东、西二门，规模较大。当地文物部门同志介绍，1958年拆除明清所筑城墙的一些墙段中发现裹有旧的墙基，应为汉代始筑的墙基。东古城坐落在山丹河南岸，其地自古以来就是从事农耕的理想之域，且交通、战略地位重要。该城即汉屋兰县城。

（七）氏池县

即前引汉简中的"坻池县"。居延EPT59∶582简记氏池位于屋兰东50里；悬泉Ⅱ0214①∶130简又记氏池去觻得54里。由碱滩乡东古城西去略偏南21千米（50汉里）许，即今张掖市城南长安乡一带。地湾出土汉简："肩水候官执胡燧长……，氏池宜药里，家去官六百五十里"（甲编1014）。同地所出另一简："肩水候官并山燧长……，觻得成汉里，家去官六百里"（甲编114）。同地又一简："肩水候官始安燧长……，觻得千秋里，家去官六百里"（乙编32）。地湾城址位于今金塔县鼎新镇北50千米许，遗址犹存，即今张掖城北250千米许，为汉肩水候官驻地。由以上3简可算得，氏池县宜禾里与觻得县成汉里、千秋里相距约50汉里，且应位于其偏南部，而这一方位里距正与上引悬泉简所记"坻池去觻得五十四里"近之，不同地点所出简文可相互印证。长安乡因地处黑河中游绿洲腹地，人类活动频繁，今天已无汉代遗迹留存。

（八）觻得县

觻得县为汉张掖郡郡治，由氏池县所在的今长安乡往北偏西23千米（54汉里）处，恰为今张掖市西北约17千米的"黑水国"一带。"黑水国"系当地俗称，笔者经实地调查考证，发现这里为一片已沙漠化了的古绿洲，面积约40平方千米，其地遗存北古城、南古城及其周围的7座小城堡，汉觻得县城即为北古城址。① 该城南北254米，东西228米，墙

---

① 李并成：《河西走廊历史时期沙漠化研究》，科学出版社2003年版，第47—54页。

垣损毁较严重，残高 1.4—2.3 米，西南隅城垣完全被流沙埋没。城中到处散落汉代砖块、灰陶片等物。约隋代初年张掖郡治迁至今张掖市城之地，北古城遂废。悬泉 Ⅴ 1611③：39A 简云，悬泉去"张掖千二百七十五"里，合今约 530 千米，与今之里程近之。

（九）昭武县

依悬泉 Ⅱ 0214①：130 简，昭武去觻得 62 汉里，合今约 27 千米。由"黑水国"北古城沿黑河流向西北行约 27 千米处，即今临泽县鸭暖乡昭武村一带。《后汉书·梁慬传》：安帝永初二年（108）慬率军击羌，"大破之，乘胜追至昭武"。唐人李贤注：昭武，"县名，属张掖郡，故城在今甘州张掖县西北也"。唐甘州张掖县城即今张掖市城，则汉昭武县应位于今张掖市城西北，这正与昭武村的位置相合。《晋书·地理志》：张掖郡领临泽县，即"汉昭武县，避文帝讳改也"。改称临泽表明其地临近湖泽。今昭武村地处黑河南岸，平畴沃野，一望无际，地势低平，黑河萦绕其间，河汊众多，蛇曲、牛轭湖发育，富有水乡景色。昭武村西约 4 千米处，黑河主要支流之一的大沙河（上游名梨园河）自南而北注入黑河干流，河口处更趋低平，常聚水成泊，当年"临泽"所临之泽即应在这一带。就在今昭武村村部东北 1 千米许的黑河岸边，原有古城遗址一座，即名昭武古城。笔者访问得知，20 世纪 50 年代建村小学时该城被部分挖毁，"学大寨"运动中遭到进一步破坏，今已荡然无存。笔者于原址步测，该城长宽各约 280 米许，符合汉代县城的一般规模，① 城址内外今仍可找到少许汉至北朝时期的碎砖块、灰陶片等物。1941 年考古学家卫聚贤和甘肃著名学者冯国瑞一同在昭武村废城考古，发现过 14 种类似汉代的砖块。由上可见昭武村古城确系汉昭武县遗址。Ⅱ 0214①：130 简又记昭武为"府下"，表明该县曾一度为张掖郡太守府，做过郡治，大概不多久郡治就迁往觻得了。

---

① 笔者曾据多年来田野考察总结出，汉代河西县城一般周长在 1000—1500 米；城址规模是确定城市等第、判断城址性质的重要依据。参见拙著《河西走廊历史地理》，甘肃人民出版社 1995 年版，第 150—151 页。

（十）祁连置

依悬泉Ⅱ0214①：130简，昭武西去祁连置61汉里，合今约26千米。由昭武古城西去26千米许，为今高台县渠口堡一带。其地位处黑河南岸、今芦湾墩水库西测，南望祁连山脉。渠口堡系清代所筑屯堡，今天这里亦无汉代遗址可觅。①

（十一）表是县

依悬泉Ⅱ0214①：130简，祁连置西去表是县70汉里，约合今30千米。由渠口堡西去30千米之地正是今骆驼城遗址。骆驼城系全国重点文物保护单位，为我国现存规模较大、颇有影响的一座古城址。该城位于高台县城西略偏南21千米处的骆驼城乡，城垣犹存，分作南北两半城。南城较大，南北494米，东西425米。北城较小，南北210米，东西亦425米。全城南北通长704米，总面积299200平方米。夯筑，夯层厚10—15厘米。墙基残宽6米许，顶宽1.8米，残高5—8米。四角筑角墩，南北二城隔墙两端亦筑墩台，东南角墩顶部存敌楼残迹。东西二垣又各筑马面3座。南城开东、西、南3门，皆筑护门瓮城。北城仅开南门，以与南城相通，亦筑瓮城。骆驼城东南1千米许发现前凉墓葬，出土木板纪年墓志一通，记曰："建兴二十四年三月癸亥，朔，二十三日人西，直执凉州建康表是县显平亭部前任闰领拔周振，妻、孙阿惠得用。今岁曰道通，葬埋太父母以后入蒿里，……"建兴二十四年即公元336年，亦即前凉张骏太元十三年；墓主人周振为凉州建康郡表是县显平亭闰领拔（即副领把）。由此墓志可以证明，前凉建康郡表是县城正是今骆驼城遗址。《后汉书·五行志》亦记，光和三年（180）"自秋至明年春，酒泉表氏（表是）地八十余动，涌水出，城中官寺民舍皆顿，县易处，更筑城郭"。西汉始筑的表是县城因东汉光和三年的地震毁弃，只好易地重建城郭，这一重筑的表氏（表是）县城即应为前凉建康郡表是

---

① 详见李并成《汉酒泉郡十一置考》，《敦煌研究》2014年第1期。

所沿袭的城郭，即今骆驼城。笔者还考得骆驼城在唐代为建康军城。①

（十二）乐涫县及其以东的置（屯升）

由表是县再往西，为汉酒泉郡乐涫县。笔者曾考得，汉乐涫县城为今酒泉市下河清乡的皇城遗址。②《元和郡县图志》卷四十："福禄县，中下。西至（肃）州一百里。本汉乐涫县，属酒泉郡。"《太平寰宇记》卷一五二亦云："福禄县，肃州东一百里。……唐武德二年于乐涫古城置福禄县。"唐肃州（酒泉郡）城即今甘肃省酒泉市城，其东 100 里处正是今皇城遗址，汉代于此设乐涫县，唐代改称福禄县。今城垣尚存，南北 298 米，东西 351 米，残高 3—7 米。该城地处丰乐河下游，东与骆驼城的直线距离为 59 千米（约合 137 汉里），相距较远，其间肯定还有置的设立，惜汉简缺载。考之其所经地点，骆驼城往西约 33 千米许（约合 77 汉里）为今酒泉市屯升乡，这里地处马营河下游，为祁连山北麓的又一处绿洲原野，其地应有汉置之设。由此再往西北约 30 千米（约合 70 汉里）即为下河清皇城遗址。这样由骆驼城途经屯升乡再往皇城，总距离约 63 千米，虽较骆驼城至皇城的直线距离绕了约 4 千米，但中途可得到屯升绿洲的补给。屯升应为该段丝路上的必经之地，今 312 国道亦从这里通过。

（十三）绥弥县

后汉改曰安弥，魏晋因之。《资治通鉴》卷一一四义熙二年（406）条："沮渠蒙逊袭酒泉，至安珍。（李）暠战败，城守，蒙逊引还。"胡注：安珍即汉酒泉郡安弥县也，后人从省书之，以"彌"为"弥"，传写之讹又以"弥"为"珍"。时酒泉为西凉李暠的都城，北凉沮渠蒙逊袭酒泉自然是由东向西进军，先至安弥，可见安弥位于酒泉之东。《宋书·氐胡传》亦载，义熙"二年（406）九月，蒙逊袭李暠，至安弥，

---

① 李并成：《甘肃省高台县骆驼城遗址新考》，《中国历史地理论丛》2006 年第 1 期。
② 李并成：《西汉酒泉郡若干县城的调查与考证》，《西北史地》1991 年第 3 期。

去城六十里，曇乃觉，引军出战，大败退还，闭城自守，蒙逊亦归"。去城 60 里指距西凉都城酒泉 60 里。笔者曾考得酒泉城东 60 里的汉绥弥县城，正是今酒泉市临水乡古城村残存的古城废墟。[①] 该城西距酒泉 26 千米，恰合 60 汉里；东距皇城遗址（汉乐涫县）31 千米，合约 72 汉里。城址略呈方形，长宽各 200 米许，残高 1—2.5 米，开东、西二门，地面散落灰陶片、黑陶片、碎砖块等物。

（十四）禄福县

禄福县为汉酒泉郡治，今酒泉市城。该城始建于武帝太初元年（前104），为河西设立最早的郡、县城，迄今两千多年来其城址一直未有迁改。清《肃州志》《重修肃州新志》记，明洪武二十八年（1395）于旧城东城外展筑新城，"今之鼓楼，即昔日之东门也"。鼓楼今仍存，屹立在酒泉市城中心。由此看来汉酒泉郡治禄福城当为今酒泉城的西半部，东半部则为明代新辟。1954 年拆除酒泉南城墙时还发现墙中旧南门遗址（今军分区院内），为汉晋时的禄福县之南门。酒泉位处北大河、洪水坝河洪积冲积扇泉水出露带西南侧，地势平衍，地表地下径流均很充盈，具有发展农垦、置郡设县的优越条件。该城不仅地当贯通走廊平原的丝绸之路东西向主干道，而且沿北大河、黑河河谷北上又可直趋居延及蒙古高原腹地，这条河谷水草地带也每每成为匈奴南下的天然孔径。酒泉正位居这东西、南北两条交通要道的交汇点上，具有交通、军事等方面极为重要的意义。

（十五）玉石障

由酒泉往西，穿过数十千米的北大河洪积戈壁滩，则进入一片绵延的剥蚀残山地带，今称之为黑山，为黑河流域与疏勒河流域的分水界山。山体相对高度约 200—500 米，山体南部发育一条东西向延伸的天然峡谷，长约 10 千米，宽 100 米许，今名石关峡或黑山峡。峡内有大道，可

---

① 李并成：《西汉酒泉郡池头、绥弥、乾齐三县城址考》，《西北史地》1995 年第 3 期。

通车马，成为古代由酒泉西出之要口。峡中还有一股泉流由西向东流出，今名红柳沟，这股泉水遂为穿越石关峡的沿途行旅提供了良好的补给水源。古代在干旱戈壁地区行进，沿途人畜水源补给为最重要的问题之一。该峡东口距酒泉城32千米，合75汉里许，恰为一天的行程。由酒泉西行一日恰可得到红柳沟泉水的补给，因而石关峡也就成为十分理想的必经通道。笔者考得，石关峡东口为最早所设的玉门关，武帝元封四年（前107）"酒泉列亭障至玉门"时，就在这里设玉门关。太初四年（前101）李广利伐大宛获胜后玉门关随之西迁敦煌西北，石关峡遂改置为玉石障，五代宋初又于这里复置玉门关。[①]《太平寰宇记》卷一五二肃州条："玉石障，按《十三州志》云，延寿县在（酒泉）郡西，金山在其东，至玉石障，亦是汉遮虏障也。"《元和郡县图志》卷四十肃州玉门县条："金山，在县东六十里。出金。"汉唐玉门县城即今玉门市赤金镇古城（详后），由该城向东60里，正是黑山余脉之所在。延寿县，东汉置，故址为今玉门市清泉乡骟马城（详后）。《十三州志》所云金山之东的玉石障恰恰正是今石关峡。关即是障，名称不同，所指属一。石关峡之所以曾有玉门关、玉石障之称，想来一是由于西域向中原贡玉的孔道经由此峡，二是当地自古产玉早有玉石山之名。今天遐迩闻名的酒泉夜光杯所用部分玉石亦采自是山。

（十六）延寿县

由玉石障再往西即为东汉所置的延寿县。《后汉书·郡国志》延寿县条刘昭注引《博物记》："县南有山，石出泉水，大如筥篖，注地为沟。其水有肥，如煮肉洎，羕羕永永，如不凝膏，然之极明，不可食，县人谓之石漆。"石漆即石油，指明延寿县位于山之北麓、天然石油流出的沟谷近旁。《太平寰宇记》卷一五二玉门县条引阚骃《十三州志》："延寿县，在（酒泉）郡西，金山在其东，至玉石障。"可见延寿县在玉

---

① 李并成：《石关峡：最早的玉门关与最晚的玉门关》，《中国历史地理论丛》2005年第2期。

石障之西。今玉门一带有两条天然原油溢出的沟道，一条今名石油河，一条今名白杨河，二河均源出祁连山西段北麓。石油河即《元和郡县图志》卷四十玉门县条所记的"石脂水"，出山后流经老君庙（原玉门市城），折而西北，经赤金镇（汉唐玉门县城），又东北流注入花海（延兴海）。白杨河则位于石油河以东15—30千米处，出山后流经玉门市清泉乡、骟马村等地，没入戈壁，该河即应为《博物记》所记流经延寿县的"石漆"水，延寿县即位于该河近侧。即在今白杨河西岸的清泉乡骟马村东头恰有一座古城遗址，俗称骟马城，其南距国道312线仅800米。城址分为内外二城。内城位于外城东北隅，存北西南三面墙体，东垣坍入骟马河（白杨河下游支流）中；南北63米，东西58米；外城墙垣多毁，南北230米，东西280米，城内大部地面被辟为农田，田间地头散落灰陶片、红陶片、碎砖块、石磨残块等汉唐时遗物，亦见明代的青瓷片。笔者考得该城即东汉延寿县城，其东北隅的内城为明代重修，作为当时茶马互市的"骟马"之所。[①] 骟马城位处石关峡东口以西约36千米，合84汉里，恰为一天的行程。

（十七）玉门县

由延寿县再往西即为玉门县，笔者考得其故址即今玉门市赤金古城。[②] 该城位处骟马城以西约31千米，合72汉里。《旧唐书·地理志》："玉门军，在肃州西二百里。"唐之玉门军即汉以来的玉门县，天宝十四载（755）又改军置县。《太平寰宇记》卷一五二亦云玉门县位于肃州西二百里。由酒泉向西200里正是今玉门市赤金绿洲之地，石油河流贯其间，地土沃饶，自古就为交通要道和重要的农垦屯田之处。这里遗留东西相连的新旧两座古城址，东为旧城，略呈方形，仅余部分墙段，残高0.5—3米，为汉唐时的玉门县、唐玉门军废址。西为新城，为清康熙年间所筑的赤金卫城。2017年6月9日，笔者与高启安教授、刘再聪教授、

---

① 李并成：《东汉酒泉郡延寿县城考》，《西北史地》1996年第4期。
② 李并成：《河西走廊历史地理》，甘肃人民出版社1995年版，第94—96页。

玉门市博物馆王璞馆长等一行来赤金峡一带实地考察,于赤金镇北约 8 千米的赤金河东岸的金峡村大墩山路旁,见山崖上刻有"柔远人"三个大字,甚为醒目,站在山脚下亦清晰可辨。大字右上角题刻小字"光绪戊寅",即 1878 年。检"柔远人"一词,出自《礼记·中庸》,该书提出治理国家有需要遵循的"九经",其中一"经"即"柔远人"。曰:"凡为天下国家有九经,曰:修身也,尊贤也,亲亲也,敬大臣也,体群臣也,子庶民也,来百工也,柔远人也,怀诸侯也。""柔远人则四方归之";"送往迎来,嘉善而矜不能,所以柔远人也"。实施柔远人之策,可以收获"四方归之"的效果。丝绸之路的开通、汉唐时期的繁荣昌盛,即为中华文化这一品格生动的历史见证。诚如王国维《咏史》诗遥忆盛唐的开放繁荣:"远人都有如归乐,此是唐家全盛时。"赤金峡"柔远人"山崖题刻表明,石油河这条通道即为丝绸路上"送往迎来"的重要线路,曾在"柔远人"中发挥过重要作用,直到清代通道仍在使用。

(十八) 沙头县

依悬泉Ⅱ0214①:130 简,玉门去沙头 99 里,合今约 43 千米。从赤金绿洲沿石油河北去,穿过赤金峡"柔远人"山崖石刻继续向北,即进入该河下游的花海绿洲。笔者发现在今花海绿洲的西部还有一片废弃的古绿洲,其面积约 310 平方千米。古绿洲上残存多座古城遗址,其中最大的比家滩古城为西汉池头县、东汉沙头县城。① 该城位于玉门市花海乡政府西略偏北 13.5 千米、恰在赤金古城北 43 千米处,与汉简记载合。城垣因 20 世纪 70 年代"学大寨"运动而几被夷平,实地所见城址仅余两座残土墩和长约 30 余米的一段土埂,系东垣颓基,残高 1.5 米许。访之当地,知此城原来甚高大,每边长约 300 米。城址内外到处可见各种陶片,亦有残铁片、石磨残块等物。当地群众说,当年推土平地时城中推出了不少陶罐、陶碗一类的东西。

---

① 李并成:《西汉酒泉郡池头、绥弥、乾齐三县城址考》,《西北史地》1995 年第 3 期。

（十九）乾齐县

依悬泉Ⅱ0214①：130简，沙头西去乾齐85里，约合今37千米。由比家滩古城沿南石河（疏勒河中游东向支流）南岸西行37千米许，为玉门市黄闸湾乡东部一带，地处今玉门镇绿洲腹地。由于人类活动的频繁，今天这里已无古城址可觅，但乾齐县位于这一绿洲腹地应无疑义。其地附近的北沙梁至今还存留古墓群3处，地表散落不少灰陶片等物。

Ⅱ0214①：130简："酒泉郡县、置十一，六百九十四里。"酒泉郡境内的这11个县、置由东向西，即依此为上考祁连置、表是县、失名置（今屯升）、乐涫县、绥弥县、郡治禄福县、玉石障（置）、延寿县（东汉新设）、玉门县、沙头县（西汉名池头县）、乾齐县，恰为数11；东汉694里合今约298千米，这一里数应指从表是县至乾齐县的距离，恰为694汉里。

（二十）渊泉县

依Ⅱ0214①：130简，乾齐西去渊泉县58里，合今约25千米。由黄闸湾乡沿疏勒河干流西北行25千米，为今瓜州县河东乡四道沟村一带。该村残存古城址一座，南北长约350米，东西宽240米许，残高1.5—2米，城内曾发现汉五铢钱币等物。笔者考得该城即汉渊泉县城。① 渊泉为敦煌郡最东部的一县，地处疏勒河干流大拐弯的内侧，地势较低，泉源旺盛，为疏勒河中游绿洲的精华地段。

（二十一）失名置（草城遗址）

渊泉县往西为汉敦煌郡冥安县之地，笔者考得汉冥安县故址即今瓜州县锁阳城镇南岔大坑古城，② 该城东距渊泉县所在的四道沟古城约60千米，合140汉里，里距较远，其间肯定还应设有置，惜今已不知其名。

---

① 李并成：《汉敦煌郡冥安、渊泉二县城址考》，《社科纵横》1991年第2期。
② 李并成：《汉敦煌郡冥安县城再考》，《敦煌研究》1997年第2期。

笔者注意到即在四道沟古城西偏南约 30 千米（合 70 汉里）的锁阳城镇桥子村长沙岭，存留一座汉代小城堡，今名草城，又叫半个城。基本方形，东西长 26.4 米，南北宽 24 米，东西北三面存断续墙垣，夯筑，残高最高 5.5 米；南垣倒塌后用土坯修补。夯层、土坯层间均有红柳夹层，系典型的汉代建筑风格。南开一门。城中仍堆放着当年燃放烽火的积薪，由红柳、芦苇、胡杨树枝堆积而成，呈斜坡状堆放，长约 18 米，宽 4.5 米，最高处 4 米。因堆放大堆柴草，故该城称作草城。城内外随处散落陶片等物，城南不远发现许多墓葬，并见大量陶片分布区。由其位置、规模、遗物等可以认定该城应为汉代连接渊泉县与冥安县间的一所置。

（二十二）冥安县

由草城遗址西去又 30 千米（合 70 汉里）即为汉冥安县所在的南岔大坑古城，该城西距锁阳城镇约 23 千米、西南距著名的锁阳城遗址 4.5 千米。城垣已十分残破，实测东垣 560 米、北垣 550 米、西垣 535 米、南垣 525 米，墙基坍宽 7—8 米，多数墙段残高不足 1.5 米，保存最好的一段残高 4.5 米。城内暴露许多汉代灰、红陶片等物。笔者发现今南岔大坑古城、锁阳城、草城等所在的疏勒河洪积冲积扇西缘，有一大片古绿洲沙漠化地带，其地貌景观以成片分布的风蚀古耕地为主，总面积约 500 平方千米；今天虽满目龙荒，但昔日渠网密布，田连阡陌。[①] 悬泉 V1611③:39B 简：悬泉去"冥安二百一十七"里，合约 91 千米，这恰与冥安县（南岔大坑古城）经广至县（踏实破城子，后考）、鱼离置（老师兔城，后考）而至悬泉置（吊吊水）的距离相合，可见南岔大坑古城确为汉冥安县城，所考沿途广至县、鱼离置的位置（详后）亦无误。

（二十三）广至县

冥安县往西即广至县，笔者考得该县故址为今瓜州县踏实破城子。[②]

[①] 李并成：《锁阳城遗址及其古垦区沙漠化过程考证》，《中国沙漠》1991 年第 2 期。
[②] 李并成：《汉敦煌郡广至县城及其有关问题考》，《敦煌研究》1991 年第 4 期。

其东距汉冥安县所在的南岔大坑古城约 32 千米，约合 76 汉里，东南距锁阳城镇 8 千米。城垣见在，损毁较轻，南北约 280 米，东西 150 米许；墙基宽约 5 米，顶宽 1.5 米，残高 6.5 米。城内遗落灰陶片、红陶片、碎砖块等物。该县位处榆林河下游绿洲，径流充沛，土地肥沃，农产丰饶，为此段丝绸路上的必经之地。

一般认为，汉代邮驿系统内部机构设置有"置""驿""邮""亭"等。《后汉书》卷一一八《西域传》：汉代"立屯田于膏腴之野，列邮置于要害之路。驰命走驿，不绝于时日；商胡贩客，日款于塞下"。邮置系统为汉王朝的兴盛和丝绸之路的繁荣发挥了极重要的作用。除前述里程简外，悬泉置还出土了一批简涉及广至、效谷二县的驿置。Ⅱ0214③:154 简："□效谷、遮要、县泉、鱼离、广至、冥安、渊泉写移书到……"县泉即悬泉。简文中提到的 7 处地名，皆当为汉敦煌郡辖境内的置名，其顺序依次从西向东排列，从而为我们研究丝绸路上这些置的序次及其相互间的位置提供了第一手珍贵史料。其中效谷、广至、冥安、渊泉又为敦煌郡属县名，这 4 个置与县同名，表明上述县中亦设置。此外还有龙勒置和玉门置（详后），敦煌郡境内有置 9 所。

于居延、悬泉汉简见，"置"为最高级别的邮驿机构，其人员最多，吏员有丞，丞下有置、厩、厨和仓啬夫（佐），还有负责养马、驾车、传递文书与提供饮食的各种日常人员，或徒或一般平民。悬泉置即有官卒徒御凡 37 人（甘露二年，另一简记载为 47 人）、传马 40 匹、传车 6 乘（阳朔二年），多时可达 15 乘。"驿"和"置"则有所不同，功能有别。有学者认为，驿以驿马传递为主，置以传车接送为主并兼递部分邮件，有些置、驿又合而为一。由悬泉简知，汉敦煌郡境内除 9 置外，还设 11 个驿：万年驿、悬泉驿（一度改名临泉驿）、平望驿、龙勒驿、甘井驿、田圣驿、遮要驿、效谷驿、鱼离驿、常和驿、毋穷驿。置、驿以下最基层单位为亭，敦煌郡邮路所设的亭，简文中可查知其名者近 60 个。另有学者认为汉代邮驿系统中还有以传递重要和紧急文书为主的"骑置"，此为速度最快的一种传递方式，其地位介于置以下，一般设在两个置之间，骑置与骑置之间有亭。① 在全部 17914 枚悬泉汉简释文中有 13 枚简提到"骑置"，其中效谷县有甘井骑置、遮要骑置、平望骑置、悬泉骑置共 4 个骑置，广至县有万年骑置等。骑置通常有吏 1 人、马 3 匹、驿骑 3 人。

（二十四）鱼离置

由上引 Ⅱ0214③:154 简知，鱼离置为邻近广至西边的一个置，该置亦应兼设骑置。由广至县城（踏实破城子）西去穿过榆林河洪积戈壁滩，约 28 千米（合 67 汉里）有一个泉水出露的小村子——老师兔，村西花岗岩剥蚀残丘上残存一座古城址，南北 33 米，东西 40 米许，西、南二垣较完整，残高 4—6 米，残宽 3.5 米，东垣全部倾圮，北垣东段坍塌。东北角筑锋燧一座，残高 10 米许。城内散落碎陶片、砖块、铁片等汉唐时遗物。笔者考得该城在唐代为瓜沙二州间驿路上的黄谷驿，系当时一处十分重要的军防警讯之地，附近还有官马群的放牧。② 该城亦发现汉代遗物，无疑当为汉代始筑，汉鱼离置即应置于该城。老师兔村位处榆林河洪积冲积扇西缘泉水出露带上，其地泉流众多，水草丰茂，今有三个泉、五个泉、木头泉、直路泉等泉源，为行旅补给的理想之地。且众泉中皆有游鱼，这可能也是其得名的缘故。

（二十五）万年骑置

笔者《汉敦煌郡境内置、骑置、驿等位置考》一文③，对于汉敦煌郡境内的万年骑置、悬泉置、平望骑置、遮要置、甘井骑置等已有较细致的考证，故而以下对于这几所置和骑置仅作简要论述。由鱼离置西北行穿过芦草沟口，再沿截山子西去即为著名的悬泉置遗址，悬泉置东距

---

① 张经久、张俊民：《敦煌汉代悬泉置遗址出土的"骑置"简》，《敦煌学辑刊》2008 年第 2 期。
② 李并成：《唐代瓜、沙二州间驿站考》，《历史地理》第 13 辑，上海人民出版社 1996 年版，第 93—101 页。
③ 李并成：《汉敦煌郡境内置、骑置、驿等位置考》，《敦煌研究》2011 年第 3 期。

鱼离置约31千米，合74汉里许，万年骑置即设于鱼离、悬泉二置之间。悬泉 V1411②: 55 简："县泉置骑置，西到平望骑置五十里，东出广至万年骑置卅。"悬泉东去40汉里（合今约17千米）的万年骑置，其位置正在今火焰山芦草沟出山口东侧，其地今存汉代城址一座，今名芦草沟古城。城垣已不完整，南北约30米，东西近20米，底部残宽2米许，顶宽1.2米。东开一门。城内偶见陶片碎块，瓜州县博物馆认定该城为汉代城址。城北里许存古道遗迹，残宽3—4米，低于现代地面约0.8米。城南约120米的山坡台地上保存汉代烽燧一座，烽周散见绳纹、素面陶片。万年骑置故址当即该城。该骑置为广至县辖领，再往西即进入效谷县领地。该城向南穿过芦草沟口至鱼离置所在的老师兔城约14.5千米，合34汉里。Ⅰ0111②: 24 简："万年驿骑喜付县泉驿骑"。"驿骑"或作"译骑"，指传递文件人员的身份。此份文书由万年译骑传给县泉驿骑，传递方向是由东向西。Ⅱ0313②: 52 简："年七月癸巳日下餔县泉译骑充国受万年译骑傅。"悬泉译骑接受万年译骑的文书，其传递方向亦是由东向西。Ⅱ0114③: 199："敦煌大守上书一封，甘露元年（前53）七月丙辰……付广至万年译骑。"敦煌太守上书经由万年骑置传递，其方向自然是自西向东。

(二十六) 悬泉置

悬泉置遗址西去今敦煌市城64千米，东去今瓜州县城60千米。遗址南依火焰山（该山东延即三危山），北邻北沙窝盐碱滩，座落在源于火焰山北麓的吊吊水沟口。1990年10月至1992年年底甘肃省文物考古研究所连续3年对其发掘，收获颇丰。该遗址包括坞院、灰区、马厩及附属建筑等，占地总面积22500平方米。遗址西北角叠压魏晋时烽燧残迹，其下层为汉代建筑。坞院长宽各约50米，墙基宽1.5—2米，残高0.8米，土坯砌成，其东北和西南转角处筑角楼，院内共有房屋27间。出土物以大量简牍、陶片、麻纸、皮革、丝织品和马、牛、鸡等骨骼为主，最引人注目的是发现简牍35000余枚，其中有字者23000多枚、帛书10份、纸文书10张和泥墙题记1幅。简牍纪年最早为西汉武帝元鼎六年（前111），最晚为东汉安帝永初元年（107）。[①] 该遗址的发掘被评为1991年度和"八五"期间全国十大考古发现之一。悬泉置其名得自悬泉水，该水又名贰师泉，《十三州志》《元和郡县图志》《太平寰宇记》以及敦煌文书 P.0788《沙州地志》、P.2691《沙州城土镜》、P.2005《沙州都督府图经》等都对其有载。如 P.2005："悬泉水，右在州东一百卅里，出于石崖腹中，其泉傍出细流，一里许即绝。……侧出悬崖，故曰悬泉。"该水即今吊吊水，又名掉掉水，沟水自火焰山山崖间渗出，径流细弱，出山数百米后即全部渗入砾石戈壁中，"悬泉""吊吊"之称可谓名副其实。别看该水细小，但对于行进在"路指三危迥，山连万里枯"、"涸困胡商，枯山赤坂"之地，周围数十千米范围内别无水草补给的行旅来说，这股细小的泉流就成了"能令士马苏"的救命之水，悬泉置设于这里正当其地。

（二十七）平望骑置

上引 V1411②: 55 简云，悬泉至平望骑置 50 里，合今约 21 千米。由吊吊水沟口沿火焰山北麓西行 21 千米处恰是今东水沟口。东水沟亦是从火焰山中流出的一股泉流，平均流量 0.48 立方米/秒，年出山径流量 150 万立方米，较吊吊沟水量大很多。该河出山后顺自然坡面流经 11 千米许至疙瘩井，其下游干河床可一直通往党河尾间天然洼地——伊塘湖盐池。东水沟口亦是一处较重要的军事、交通要口，溯水沟南上，可穿越火焰山通往山南的东巴兔、浪柴沟等地。汉平望骑置设于该口不仅可得到水源补给保障，亦有军事方面的意义。由于水流冲刷、自然风蚀和人为破坏，今天这里亦无遗迹可觅。Ⅱ0216②: 341 简："效谷平望骑置一所第四，马三匹，吏一人，小未傅三人。"知平望骑置为效谷县境内所置的第四所骑置，有吏 1 人和小未傅 3 人、马 3 匹。V1612④: 11AB："皇帝玺书一封赐敦煌大守，元平

[①] 甘肃省文物考古研究所：《甘肃敦煌汉代悬泉置遗址发掘简报》，《文物》2000 年第 5 期。

元年（前74）十一月癸丑夜几少时，县（悬）泉译骑得受万年译骑广宗到夜少半付平望译骑。"由于是皇帝赐给敦煌太守的玺书，其传递方向自然是由东向西，即万年骑置递给悬泉骑置，悬泉骑置再递给平望骑置。

（二十八）遮要置

遮要置同时并置骑置。V1812②:103 简："效谷遮要骑置一所第三，马三匹，吏一人。"该骑置在效谷县境内排列第三。由上引悬泉简知，遮要置位于悬泉置和平望骑置以西。V1310③:135A 简亦云："遮要以东写传至临泉。"临泉即悬泉。但遮要与悬泉、平望间的距离简文缺载。考虑到这一带置、骑置间多相距 40—50 汉里，那么平望骑置到遮要置的距离大概亦可取此数。由平望骑置所在的东水沟口西行 50 汉里（合今约 21 千米），即今敦煌市莫高镇新店台村北 1.5 千米处，恰可找到一座汉唐时期的古城址，今名大疙瘩梁古城。残垣犹存，南北 65 米，东西 56 米，墙基宽 6 米，残高 2—3 米，唯东北角最高，可达 4 米，似原筑有烽燧。西垣中段断缺，似为城门，宽 7 米。城址大小与汉唐时期置、驿的规模类似。城内发现灰陶片、碎砖块、瓦片等，多为唐代物品，亦可找到少许汉代的粗绳纹陶片等，该城应始建于汉，延续至唐。依其位置、规模、遗物等判断，该城即汉遮要置遗址。笔者还考得该城亦为唐代的东泉驿。① 大疙瘩梁古城位处敦煌绿洲东部边缘，位置重要。城址以东 3 千米许为伊塘湖、新店子湖一带，这里系党河、东水沟、西水沟（流经莫高窟前的宕泉河）3 条河流洪积冲积扇交汇之处，地势低洼，又处扇缘泉线分布带，潜流每每出露，积水成泊。唐代称其为东泉泽。P.2005《沙州都督府图经》：东泉泽"在州东卅七里，泽内有泉，因以为号"。沙州故城东 47 唐里（约合今 25 千米）正是这一带。同时，唐代这里还有东盐池。P.2005："东盐池水，右在州东五十里，东西二百步，南北三里。其盐在水中自为块片，人就水里漉出爆干，并是颗盐，其味淡于河东盐，

---

① 李并成：《唐代瓜、沙二州间驿站考》，《历史地理》第 13 辑，上海人民出版社 1996 年版，第 93—101 页。

东印形相似。"今天这里仍为湖沼区域，城址则筑于一高起的台地（即大疙瘩梁）上。

（二十九）甘井骑置

Ⅱ0115③：32："效谷甘井骑置一所第二，马三匹，吏一人，小未傅三人。"甘井骑置在效谷县境内排列第二，其人员、马匹配置亦与其他骑置同。汉敦煌郡效谷县城笔者考得即今敦煌市郭家堡乡墩湾村北的墩墩湾古城，[①] 其西南距敦煌市城17千米，该县管辖敦煌党河下游绿洲东部、东北部一带，甘井骑置当在其辖境内。由简文见，甘井骑置与遮要置、玉门都尉等联系频繁。Ⅱ0214②：239A："入东军书一封，玉门都尉上，建平三年（前4）四月己未夜食时，遮要厩吏并受甘井驿苏利。"Ⅱ0214②：266A："入东军书一封，玉门都尉上，建平三年四月癸卯定昏时，遮要驿吏并受甘井驿音。"Ⅱ0214②：267A："入东军一封，使者解君上，建平三年闰月己癸鸡中鸣时，遮要驿吏并受甘井驿吏音。"以上3简标明为"入东军书"，即向东递送的军情文书，其中两封为来自玉门都尉的"上书"。一般认为玉门都尉府治即今敦煌市城西北约90千米的小方盘城。这些文书均为遮要驿吏或厩吏"受"甘井驿吏之递，即经由甘井传至遮要，表明甘井位于遮要之西；同时甘井骑置又要接收来自玉门都尉的军书，说明该骑置又位于玉门都尉之南或东南。Ⅱ0214②：268："平三年四月癸未桑树时，遮要驿吏并受甘井驿吏音。"亦表明甘井在遮要之西。甘井骑置还充当敦煌太守府与玉门都尉、中部都尉间的重要联系站点。那么位于遮要置之西、玉门都尉以南或东南、敦煌城以北的效谷县甘井骑置，究竟位于何处？笔者注意到，在今转渠口镇戴家墩村六队残存一座汉唐时的古城址，名戴家墩古城。其墙垣破损严重，仅余颓基，夯筑，南北114米，东西93米。该城位于大疙瘩梁古城（遮要置）东北18千米（合42汉里）处，恰与这一带置、骑置间通常的距离吻合；南（略偏西）距汉敦煌郡城（沙州故城）亦约18千米，北距西碱墩（中部

[①] 李并成：《汉敦煌郡效谷县城考》，《敦煌学辑刊》1991年第1期。

都尉府）14千米（合33汉里），西（略偏北）距小方盘城（玉门都尉府）约70千米，这一位置正可符合甘井骑置的位置，因而戴家墩古城应为汉甘井骑置。

（三十）敦煌郡城

学界公认汉敦煌郡城即今敦煌市城西、党河西岸的古城址，名敦煌故城或沙州故城。今存南、北、西三面断续残垣，南北1132米，东西718米。墙基宽6—8米，残高4米许。四角筑角墩，唯西北角墩特别高大，今仍高16米。由敦煌郡城东去遮要置（大疙瘩梁古城）21千米（合49汉里），北去甘井骑置（戴家墩古城）18千米（合42汉里），西去汉龙勒县城（亦设龙勒置，今南湖破城）约70千米，经由甘井骑置西北去玉门都尉府约90千米。

四　敦煌通往西域的南北二道

敦煌，位居河西走廊西端，地当西域门户，为西出西域古道上无可替代的咽喉枢纽。东汉应劭解释"敦煌"二字："敦，大也；煌，盛也。"唐人李吉甫又云："敦，大也，以其广开西域，故以盛名。"敦煌得名的本身，即寓有开辟西域交通之意。南朝刘昭注《后汉书》引《耆旧志》云：敦煌"国当乾位，地列艮虚，水有县泉之神，山有鸣沙之异，川无蛇虺，泽无兕虎，华戎所交，一都会也"。汉唐丝绸之路的兴盛，使敦煌成为中国历史上率先向西方开放的地区，成为中原与西方经济文化交流的吐纳口。东西方文明在这里交融汇聚，西传东渐，使其可以长时期地吸收、汲取这条道路上荟萃的各种文明成果来滋养自己，促进自身经济文化的发展和繁荣。著名学者季羡林教授曾论道："世界上历史悠久、地域广阔、自成体系、影响深远的文化体系只有四个：中国、印度、希腊、伊斯兰，再没有第五个；而这四个文化体系汇流的地方只有一个，就是中国的敦煌和新疆地区，再没有第二个。"诚如其言，敦煌堪称具有国际意义的文化汇流之地。

《汉书·西域传》记，西域"东则接汉，厄以玉门、阳关；西则限以葱岭"："自玉门、阳关出西域有两道。从鄯善傍南山北，波河西行至莎车，为南道；南道西逾葱岭则出大月氏、安息。自车师前王廷随北山，波河西行至疏勒，为北道；北道西逾葱岭则出大宛、康居、奄蔡焉。"当时中原出西域的南北两道，分别经由敦煌的阳关、玉门关前往，是故两关在中西交通史上占有极其重要的地位。依《汉书·地理志》，阳关、玉门关均位于敦煌郡龙勒县境，"皆都尉治"，它们雄踞丝路大道，一南一北，控扼西域门户。

（一）玉门关

约设于武帝元封四年（前107）"酒泉列亭障至玉门"之际。已如前述，笔者考得汉代最早的玉门关在今嘉峪关市石关峡，约太初年间李广利伐大宛后移至敦煌西北。至于敦煌西北汉玉门关的位置历来看法不尽一致，或指认今小方盘城，或认为应在小方盘城以西约11千米的马圈湾西，或认为应在小方盘城西侧150米处的南北长城线上。近年敦煌市博物馆又在小方盘城外西侧、南侧的灰堆中发现300多枚汉简，简文中记有"玉门置""玉置"，表明小方盘城亦为玉门置，则敦煌郡境内应设9个置，与悬泉简中"九置"记载合。同时在小方盘城正东115米处发现残存的南北走向坞墙，长75米，宽2—3米，残高30—50厘米；坞墙北端向西北延伸18米，南端亦向西延伸；城北50米处又有东西走向的坞墙，长40米；可见小方盘城周围尚有一个外城；[①] 并在小方盘城坞墙外东南角发现一小坞堡，正东250米左右有一土丘，为汉代遗址，可能又为一坞，在其南侧300米地高地上又发现汉代房屋遗址三座，应为三座汉代哨所。笔者粗略估算小方盘城外围坞墙范围以内及其他遗迹的占地规模，应不小于60000平方米，加以这一带所出大量的汉简（包括以前所出简牍）的印证，将玉门关考定在小方盘城一带还是颇有道理的。

从敦煌故城北出，沿党河干流西岸而行，至戴家墩古城（甘井骑置）

[①] 李岩云、傅立诚：《汉代玉门关址考》，《敦煌研究》2006年第4期。

18千米（合42汉里），再北行14千米（合33汉里）可抵西碱墩（中部都尉府），折为向西沿疏勒河南岸行进，经大月牙湖、东园湖、酥油兔、波罗湖、条湖、大方盘城（汉代粮仓）抵达小方盘城；亦可不经过中部都尉府，从戴家墩古城径取西北，经盐池、平湖、麻黄滩、七流水而至大月牙湖，与前道合。由此继续西行出玉门关，踏上前往西域的北路。

（二）阳关

约与玉门关同期而设，亦置于武帝元封四年（前107）左右。饱经历史的风风雨雨，阳关故址早已损毁无存。古阳关究竟在哪里？多年来不断有人对其调查探讨。《括地志》《元和郡县图志》《旧唐书·地理志》《太平寰宇记》《舆地广记》均谓，阳关在唐沙州寿昌县（汉龙勒县）西6里。其废址犹存，即今敦煌市城西南62千米的南湖乡南湖破城。南湖是河西走廊最西的一块绿洲，面积仅约100平方千米许。P.5034《唐沙州图经》卷五、《新唐书》卷四十三引贾耽《四夷道里记》则记，阳关在寿昌县西10里，较前云6里稍远，当取其约数而言。

敦煌南湖乡寿昌故城西6里、以至10里的地方，正是今古董滩。学者们曾于此多次查找，始终未能找到今仍墙垣耸立的城址，但也非一无所获。早在1972年酒泉地区文物普查队于古董滩第14道沙梁（新月形沙丘链，由东往西数）后发现成片夯筑墙基遗址，附近还有断续宽厚的垣基，面积约上万平方米。笔者于2000年8月19日，在距今绿洲西缘（南工村四组西）约1千米许，亦找到了一处墙垣遗迹分布较集中的地方。其地位于两道新月形沙丘链间，丘间地宽50米许，共残留大致呈东西方向的夯土垣基10条。其中6条垣基较完整，贯通于两侧沙丘间，4条垣基西端残断，长不足20米。垣基高出风蚀地面仅20—30厘米，残宽30—45厘米，每条垣基之间宽2.2—3米。其地南北向墙基不明显，当因其冲着主风向而被风蚀殆尽。这里应是一处大型的院落遗址。可见古董滩上墙垣遗迹集中分布的区域并不止一处，阳关古址即应位于其中一处。

由敦煌市城西出，沿党河（汉氐置水）北岸西南行，经党河总分水闸、南湖店至党河大拐弯处，继续西南行即可达南湖破城。该城与敦煌故城相距 60 千米（鸟道），合约 140 汉里，距离较远，其间肯定还应有邮驿机构（驿、骑置或亭）之设，只是因史料缺失，详情不明。估计今党河总分水闸口应设有相应站点，这里位处敦煌绿洲最西端，与绿洲最东端的遮要置遥相对应，位置亦很重要；其东距敦煌故城 15 千米，合 35 汉里；据 P.2005 等敦煌遗书，唐代此处称作马圈口，为当时敦煌迎送贵宾、举行赛神等活动的重要场所，汉代这里亦应为重要站点。

由党河总分水闸口向西又 15 千米为南湖店，该店始设于清代，直到 20 世纪 60 年代，一直为前往南湖及其以远的行旅提供吃住之所，想必汉代这里亦为重要站点。南湖店东距敦煌故城 30 千米，合 70 汉里，恰位于敦煌故城与南湖破城的中间，70 里也正好是一般行旅一天的行程，恰可在这里得到休整补充。由敦煌文书可知，唐五代时这里设有破羌亭，传说该亭即为汉代辛武贤所筑。P.0788《沙州地志》："破羌亭，（寿昌）县东六十五里。云汉破羌将军辛武贤破羌戎，于此筑亭，故曰破羌亭。"P.2691《沙州城土镜》《寿昌县地境》等亦有相似记载。寿昌县城东 65 里处正是今南湖店。同时这里还有一处重要的石窟群——全国重点文物保护单位西千佛洞，洞窟开凿在党河北岸崖岸上，始建年代不详，今存北魏至元代洞窟 19 窟。该石窟群的建造无疑亦与这里重要的交通位置有关。由南湖店再向西南约 30 千米即可到达汉龙勒县城。

（三）汉龙勒县

唐代改称寿昌县，今南湖破城，位于南湖乡北工村一队，已十分残破，多被流动沙丘埋压。南湖乡文物专干吴国义同志曾告诉笔者，城内原有石碑一块，上书"寿昌城"三字，并有碑文，后被打碎散失。东西北三面仅存断续墙垣，南垣仅见墙基，南北 270 米，东西 300 米许，总面积 83500 平方米。城内城周散落大量陶片、砖块、箭镞、石磨残块、断珠、黑白棋子、铜饰残件等汉唐遗物。由该城向西约 5 千米即为阳关遗址所在。由此西出，即踏上前往西域的大道，是为西域南道。[①] P.5034《沙州地志》记

---

① 详见李并成《河西走廊历史地理》，甘肃人民出版社 1995 年版，第 1391—134 页。

石城镇（今新疆若羌县）通往各地的 6 条道路，其中"一道南路，从镇东去沙州一千五百里，其路由古阳关向沙州，多缘险隘，泉有八所，皆有草。道险不得夜行，春秋二时雪涤，道闭不通"。

五　谷水（石羊河干流）段

汉代河西走廊交通，除东西走向的主方向外，还有两条重要的南北向通道，即谷水段和弱水段。河西北邻匈奴，南毗诸羌，由于地理条件的限制，绿洲河流沿岸水草地带和山区大河谷地往往成为民族往来、交易的主要通道，也是游牧民族前来骚扰的孔道。因而这些通道的交通、军事意义确很重要。早在太初元年（前 104）汉军伐大宛时，为防备匈奴乘隙而入确保后方安全，即分别在弱水下游和谷水中游以北置居延、休屠以为屏卫。[①]太初四年（前 101）又在谷水下游置武威县，"武威县、张掖日勒皆当北塞，有通谷水草"，[②]其军事、交通地位的重要显而易见。

谷水段南起汉武威郡治姑臧，沿谷水北行，经休屠、宣威、武威三县，通往漠南、漠北。姑臧一地，不仅有南北二道通往长安，而且还可沿谷水北去，诚为汉代河西东部的丝路枢纽重镇。

（一）休屠县

《水经注》卷四十：流经姑臧武始泽的泽水（即谷水），又"东北流，径马城东，城即休屠县之故城也"。表明休屠县故城位于姑臧城东北、谷水西岸。《元和郡县图志》卷四十："休屠城在（姑臧）县北六十里，汉休屠县也。"唐里约为今 540 米，60 里合今 32 千米有奇。今武威市城北（稍偏东）32 千米处的四坝乡三岔村恰有一座古城遗址，名三岔古城。其墙垣多已倾圮，墙基仅存三段，残高 2 米许；城址范围南北 400 米，东西 200

[①]《史记》卷一二三《大宛列传》，第 3176 页。
[②]《汉书》卷九六《赵充国传》，第 2978 页。

米许（步测）。城中曾掘出陶器、铜器、汉代钱币等物。笔者考得该城即汉休屠县城。① 休屠位处石羊河中游平原北部，径流丰盈，田土肥沃，自有立县建城的良好条件，且又控扼河谷通道，正由于其交通、军事地位的重要，汉代于此城设北部都尉，管辖这一带的塞防、军务。《汉书·地理志》："北部都尉治休屠城。"居延破城子出土42.6A简留有武威北部都尉"行塞"的记录。笔者曾在这一带发现汉长城遗迹。

（二）宣威县

由休屠县故址循石羊河干流北去，洪水河从东岸注入，接着穿过红崖山口，即进入其下游平原。汉代在下游平原沿河南北依次设有宣威、武威二县。《水经注》卷四十载，长泉水（今洪水河）东北注入马城河（石羊河）后，马城河"又东北径宣威县故城南。……又东北径武威县故城东"。这座位于马城河岸边的宣威县故城，乾隆《甘肃通志》卷二十三、道光《镇番县志》等皆认为即是唐代的明威戍。《元和郡县图志》卷四十与《新唐书·地理志》皆曰，明威戍在姑臧北180里。依此方位里距寻之，今武威城北180里许，即民勤县大坝乡文一农科队北部灌丛沙堆中恰可找到一座汉唐古城址，笔者将其命名为文一古城。甚为残破，墙垣大段坍成垄状，唯北墙被修筑明长城时所利用，保存较好。南北250米，东西280米，基宽约6米，墙体表面被风蚀成条条凹槽。东北、东南二角墩仍挺拔突兀，均残高9米许；西南角墩坍成圆丘状，被柽柳沙堆埋压。城内城周大量散落灰陶片、红陶片、碎砖块、残铁片等汉唐遗物，亦见明代的青瓷片等。该城位于武威市北93千米，与《水经注》《元和郡县图志》等书所记位置相符，该城即汉宣威县城、唐明威戍城。

（三）武威县

《汉书·地理志》："武威，休屠泽在东北，古文以为猪野泽"；又

---

① 李并成：《西汉武威郡诸县城址的调查与考证》，《历史地理》第10辑，上海人民出版社1992年版，第304页。

曰，"谷水北至武威入海，行七百九十里"。谷水所入的海即其终闾湖——休屠泽（猪野泽）。可见汉武威县位于谷水终闾湖西南。《水经注》卷四十："都（猪）野泽在武威县东北，县在姑臧城北三百里，东北即休屠泽也。"汉魏时的 300 里约合今 125—130 千米。即在今石羊河下游绿洲民勤县泉山镇西北约 10 千米的沙漠中可找到一座被称为连城的古城址，其大部墙段被沙丘埋压，但轮廓仍十分清晰，南北约 420 米，东西 370 米，夯土版筑，残高一般 2—3 米，最高 6 米。四壁各筑马面 2 座，西、南二垣各开 1 门，门阔 10 米许，均设瓮城。城址及周围地面暴露大量灰陶片、红陶片、蓝釉硬陶片、碎砖块、石磨残块等物。城内西门南侧铜甲、铁甲残片、铁箭头等物甚多，似为兵器库。城内东部铜质残渣集中，似铜器作坊。西南隅玛瑙碎片较多，似玛瑙作坊。城中还出土五铢、开元通宝币等。连城遗址位于今武威城北（略偏东）127 千米许，恰与《水经注》所记 300 里吻合，且正处于古休屠泽西南，城址大小又符合汉唐县城的一般规模，并保留有汉唐遗物，因而连城当为汉武威县城。

（四）三角城

由连城遗址继续沿石羊河北去，约 9 千米处又有一座汉代的城障遗址，名三角城，其南（略偏西）距民勤县城 50 千米许。整座城址筑于一座高 8.5 米的夯土台基上，台之东北部倾坍，使城垣看上去略呈三角形，该城因名之三角城。城垣东西长约 180 米，南北宽近 100 米，已大段倒塌，存者不足 1/3，残墙高出台面 2—4 米。城内及周围散落大量灰陶片（绳纹的居多）、红陶片、碎砖瓦等，多系汉代遗物，城中还曾发现汉五铢钱、漆木片、铜镞等物。三角城为谷水绿洲最北部的城垣遗址，正当防范匈奴之前哨，其地位的重要不言而喻。

三角城再往北数千米，即进入石羊河终闾湖区，由此再向北穿过茫茫沙区可与蒙古高原腹地连通；或由石羊河终闾湖区趋向东北，到达宁夏平原、河套平原等地。

六 弱水（黑河）段

弱水河谷，又为河西走廊通往蒙古高原腹地的一条要径。如汉武帝元狩二年（前121）夏霍去病率军再征匈奴，出北地，"涉钧耆，济居延，遂臻小月氏，攻祁连山，扬武乎鱳得"①。其进军路线即由今庆阳西北一带出发，绕行至黑河下游居延地区，再沿河挥师南下，直捣祁连山下匈奴腹地，出奇制胜。又如昭帝元凤三年（前78）春正月，匈奴右贤王、犁汙王四千骑循黑河河谷南来，分三队入日勒、屋兰、番和三县，汉张掖太守、属国都尉发兵击，大破之。② 汉代沿黑河河岸由南而北设有会水县、肩水都尉府、金关、悬索关、居延县城及居延都尉府，并在一些重要地段筑有长城护卫。

（一）会水县

由前考汉张掖郡昭武县（一度做过郡治）沿黑河北去，穿过今正义峡可进入黑河下游。然而此峡曲折陡峭，很不便行走。故而前去黑河下游多由酒泉而往。从酒泉出发，沿北大河（汉呼蚕水，黑河支流）东去，经汉绥弥县城（前考临水古城）折而东北行，穿过夹山子即进入该河下游，汉会水县即位于这里。《汉书·地理志》酒泉郡会水县条："呼蚕水出南羌中，东北至会水入羌谷。"说明北大河（呼蚕水）汇入黑河（羌谷水）一带为汉代会水县之地。笔者考得汉会水县城即今金塔县东沙窝中的西古城。③ 该城位于金塔乡五星二社西部，西南距金塔县城11千米。全城分作东西二城，西城南北80米，东西90米；东城南北80米，东西110米；全城总面积80×200平方米。墙垣多已倾圮，残高1.5—3米许，许多地段仅见残基。北垣部分墙体被红柳沙堆壅压，城西、城北亦有沙堆侵入。城内及城周仍可找到汉代灰陶片、红陶片、碎

---

① 《汉书》卷五五《霍去病传》，中华书局1962年版，第2480页。
② 《汉书》卷五四上《匈奴传》，第3783页。
③ 李并成：《西汉酒泉郡若干县城的调查与考证》，《西北史地》1991年第3期。

砖块等物，亦见后代的陶片、瓷片等。

（二）肩水都尉府

由汉会水县城继续沿北大河东北行约 65 千米，即今金塔县鼎新镇营盘村附近，北大河注入黑河干流。复沿黑河河岸继续东北行约 28 千米，有一座今名大湾的古城遗址，此即肩水都尉府城。大湾城位处黑河东岸，南北 350 米，东西 250 米，由外城、内城和障三部分组成。外城西垣已塌，北、南二垣仅见部分墙段，唯东垣较完整，残高 2—3 米。东南隅存烽台一座，残高 10 米。内城位处外城东北部，残高 1.5—2 米。障位于内城西北部，南北 90 米，东西 70 米，高 8.5 米。全城出土汉简 1500 余枚。

（三）金关

由肩水都尉府城继续沿黑河东北行约 15 千米（合 35 汉里），有一座今名地湾城的古城址。其平面正方形，每边约 100 米，曾出土汉简 2000 余枚，由简文知该城为肩水都尉府所辖的肩水候官城。该城以北 600 米许即为金关遗址。金关由关门、坞和烽燧几部分组成，坞在关门内西南侧，坞墙北长 36.5 米，南长 35.5 米，东残长 24 米，残高 0.7 米，坞内有房宅、马厩残址。坞西南角残存烽燧和方堡，堡内有居室、灶房、仓房和院落。金关先后共出土简牍 12000 多枚、实物 1300 多件。据其所出简文确知此处即金关，又名通道厩。诚如其名，金关正处在黑河东岸交通大道上，并仍存厩圈遗迹。金关以南还筑有两道汉长城夹黑河东西两岸延伸，两道长城分别自张掖郡北部和酒泉郡北部延伸而来，交汇于金关，金关再向北沿黑河至布肯托尼（汉悬索关）长约 130 千米内无塞墙遗迹，仅有烽燧罗置。因而金关地当张掖、酒泉北通居延以至漠南、漠北的咽喉门户，取名金关，当含有"固若金汤"之意。

（四）悬索关

位于金关以北约 130 千米的黑河东岸今额济纳旗布肯托尼，地当拱卫黑河下游居延绿洲东、北、西三面塞垣的南端点，诚为居延绿洲的南部门户。① 金关、悬索关遥遥相望，二关之间一河孤悬，烽燧连绵，形势险峻，为兵家必争要地，又是古居延绿洲的命脉所系。关名取为悬索，可谓名副其实。关城遗址今已无存，极有可能被沙丘埋压。

（五）居延县

《汉书·地理志》："居延，居延泽在东北，古文以为流沙。"所谓"古文"，指《尚书·禹贡》"道弱水，至于合黎，余波入与流沙"的记载。合黎即今河西北部的合黎山，流沙即指黑河尾闾今巴丹吉林沙漠一带。笔者考得古居延泽即今已干涸的黑河终闾湖泊京斯图诺尔和天鹅湖等处残迹，面积约 800 平方千米；古居延泽西南的居延县城即今位于额济纳旗城东南 34 千米、黑城遗址东略偏南 14 千米处的绿城遗址。② 该城多半坍塌损毁，平面略呈椭圆形，周长 1205 米，墙基残宽 3.5 米，残高最高 2 米。北垣东部开门，有瓮城。城内遗存丰富，多为汉晋时遗物。绿城地处居延古绿洲腹地，其周围垦区范围广大，渠道遗迹密集，房宅、寺庙、佛塔、烽燧、墓葬、砖窑等连片分布。

（六）居延都尉府

笔者实地查得，居延古绿洲范围约 1200 平方千米，古绿洲内古城址、遗址众多，位于绿城以北略偏东 17.5 千米处的 K710 城应为居延都尉府城。③ 城址略呈方形，南北二垣均 110 米，东垣 131 米，西垣 133 米，墙体遭受严重风蚀和自然风化，残高 0.5—1.2 米，城内散落大量汉代砖块、陶片、石磨残块等物。

由 K710 城北去约 45 千米，经黑河下游西侧支流终闾湖索果诺尔，再往北即可通向蒙古高原腹地。

汉代河西交通道路，为汉王室经营西域的极为重要的大通道，也是

---

① 李并成：《汉悬索关考》，《敦煌研究》2004 年第 4 期。
② 李并成：《汉居延县城新考》，《考古》1998 年第 5 期。
③ 李并成：《河西走廊历史时期沙漠化研究》，科学出版社 2003 年版，第 32—47 页。

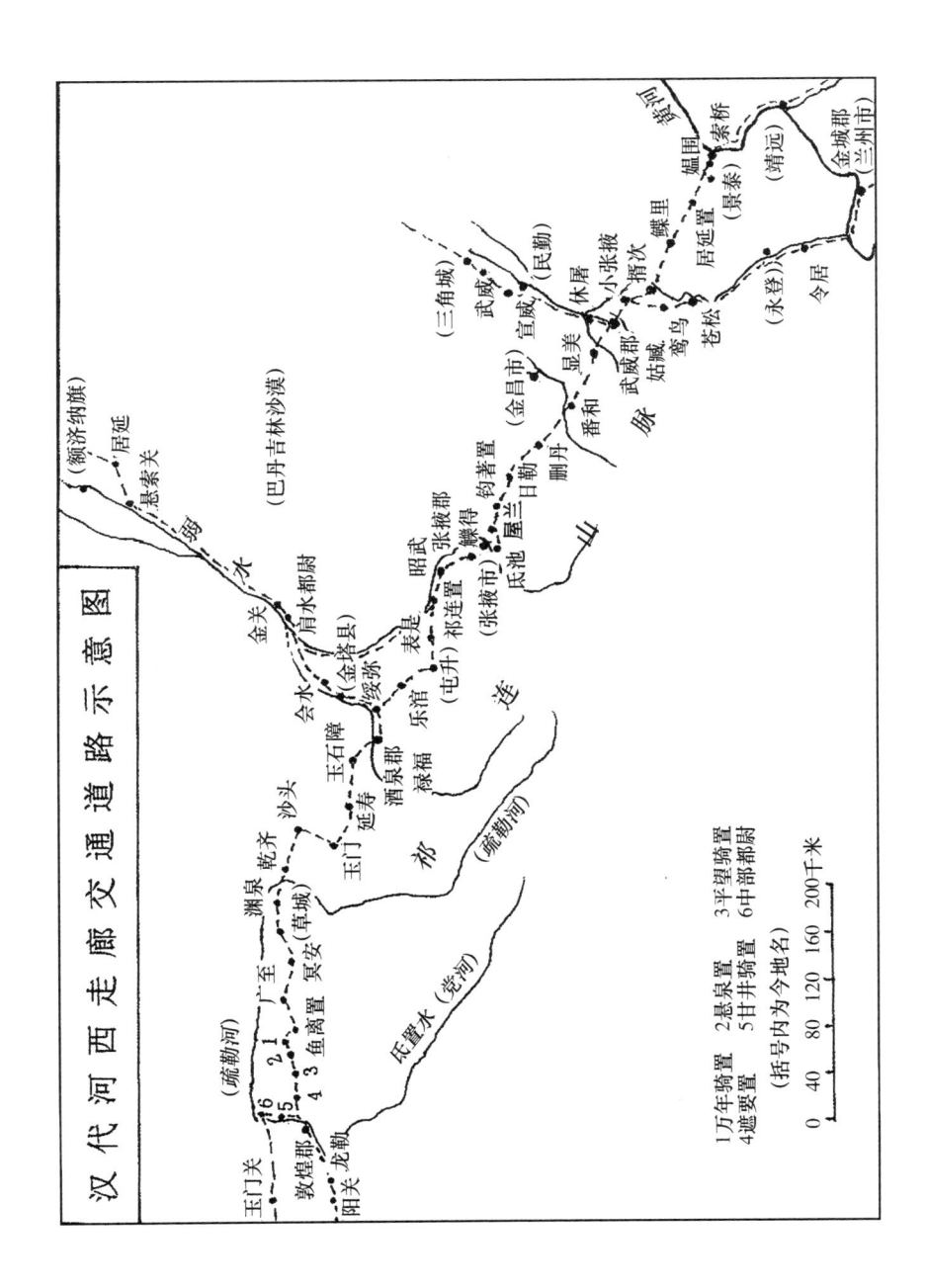

汉代丝绸之路河西段交通道路的调查与考证

发展东西方经济文化交流的国际大动脉。这条道路自汉代形成后，基本上为后代所沿袭，变化不大。只是西出敦煌玉门关、阳关前往西域的道路各代不尽相同，如汉代敦煌往西域的南北二道曹魏时增为三道，以后各代亦多取三道。《三国志·魏书》引《魏略·西戎传》："从敦煌玉门关入西域，前有二道，今有三道"，即新增敦煌径通高昌（今吐鲁番）、以至龟兹（今库车）以远的新北道。隋代裴矩《西域图记》记赴西域有北、中、南三道，但无论哪一道都"发自敦煌"，"总凑敦煌，是其咽喉之地"。于敦煌遗书及有关史料见，唐代以敦煌为中心即辟有 7 条道路（详拙作《唐代河西走廊交通道路考》）。出玉门关、阳关已进入西域，不在本文讨论范围内，从略。

汉敦煌郡境内的邮驿系统及其
置、骑置、驿等的位置考

一

一般认为，汉代邮驿系统内部设置有"置""驿""邮""亭"等机构。《后汉书》卷一一八《西域传》记，汉代"立屯田于膏腴之野，列邮置于要害之路。驰命走驿，不绝于时日；商胡贩客，日款于塞下"。邮置系统为汉王朝的兴盛和丝绸之路的繁荣发挥了极为重要的作用。

《汉书·文帝纪》："太仆见马遗财足，余皆以给传置。"师古注："置者，置传驿之所，因名置也。"《汉书·冯奉世传》："羌虏桀黠，贼害吏民，攻陇西府寺，燔烧置亭。"师古注："置，谓置驿之所也。"于居延、敦煌悬泉汉简等见，"置"为最高级别的邮驿机构，其人员较多，吏员有丞，丞下有置、厩、厨、仓啬夫及佐，还有负责传递文书、养马、驾车、值役与提供饮食等的各种日常人员，或徒，或卒，或一般平民。敦煌悬泉置即有官卒徒御凡37人（甘露二年，另一简记载为47人）、传马40匹、传车6乘（阳朔二年），多时可达15乘。"驿"和"置"则有所不同，功能有别。有学者认为，驿以驿马传递为主，置以传车接送为主并兼递部分邮件，有些置、驿又合而为一。置、驿以下最基层单位为亭。《汉书·高帝纪》师古注："亭，谓停留行旅宿食之馆。"敦煌郡邮路所设的亭，简文中可查知其名者近60个，如效谷亭、临泉亭、平望亭、甘井亭、万年亭、博望亭、鱼泽亭、破羌亭、冥安亭、渊泉亭、遮要亭、美稷亭、步广亭、常乐亭、安羌亭、广汉亭、双泉亭等。① 另有学者考得汉代邮驿系统中还有以传递重要和紧急文书为主的"骑置"，此为速度最快的一种传递方式，其地位介于置以下，一般设在两个置之间，骑置与骑置之间有亭。②

位居河西走廊西端的敦煌，地当西域门户，为中原西出西域故道上无可替代的咽喉枢纽。《汉书·西域传》记，出敦煌玉门关、阳关往西域有南北二道。《后汉书·郡国志》引《耆旧志》称，敦煌为"华戎所交，一都会也"。故而敦煌一地邮驿系统的建设颇受汉王室的重视，有关史料特别是出土于敦煌悬泉置等处的汉简中留下了汉敦煌郡境内邮驿系统设置、运行的许多记载，弥足珍贵。笔者不揣谫陋，拟运用这批史料，并通过反复实地考察，对于汉代敦煌郡境内置、骑置、驿以及若干亭的设置及其位置和所存遗址作一考证，以就教于学界。

悬泉置出土ⅡO214③：154简："□效谷、遮要、县泉、鱼离、广至、冥安、渊泉写移书到……"③ 县泉即悬泉，简文中均写作县泉。学者公认上引简中提到的7处地名皆为汉敦煌郡辖境内的置名，其顺序依次从西向东排列（如上引张德芳、张俊民等人大作），这为我们研究丝绸路上这些置的序次及其相互间的位置提供了第一手珍贵史料。其中效谷、广至、冥安、渊泉又为敦煌郡属县名，这4个置与县同名，表明上述县中亦设置。此外还有龙勒置和玉门置（详后），敦煌郡境内共有置9所。ⅡO114③：522简："甘露三年十月辛亥朔，渊泉丞贺移广至、鱼离、县泉、遮要、龙勒，厩啬夫昌持传马送公主以下过……"公主即解忧公主，甘露三年（前51）由乌孙返回长安。简中所提6处地名，亦为汉敦煌郡的置名，其顺序由东向西。又由悬泉简知汉敦煌郡境内除这9所置外，

---

① 胡平生、张德芳：《敦煌悬泉汉简释粹》，上海古籍出版社2001年版，第202页。
② 张经久、张俊民：《敦煌汉代悬泉置遗址出土的"骑置"简》，《敦煌学辑刊》2008年第2期。
③ 胡平生、张德芳：《敦煌悬泉汉简释粹》，上海古籍出版社2001年版，第51页。本文所引悬泉汉简，均见于此书或甘肃省文物考古研究所《敦煌悬泉汉简释文选》（《文物》2000年第5期）和上引张经久、张俊民大作，以下不再一一出注；简号标注依胡平生、张德芳大著的写法。

汉敦煌郡境内的邮驿系统及其置、骑置、驿等的位置考

还设 12 所驿：万年驿、悬泉驿、临泉驿、①平望驿、龙勒驿、甘井驿、田圣驿、遮要驿、效谷驿、鱼离驿、常和驿、毋穷驿。②在全部 17914 枚悬泉汉简释文中有 13 枚简提到"骑置"，其中效谷县有甘井骑置、遮要骑置、平望骑置、悬泉骑置共 4 个骑置，广至县有万年骑置等。骑置通常有吏 1 人、马 3 匹、驿骑 3 人。③

二

以下对于汉敦煌郡境内邮驿系统的这些置、骑置、驿以及若干亭的位置及其遗址，大体依自东向西的次序分别考证如下。

（一）渊泉置（县、亭）

渊泉为汉敦煌郡境内最东部的一县，县城内设渊泉置，亦设渊泉亭。笔者曾考得该县城址为今瓜州县河东乡四道沟村古城，南北长约 350 米，东西宽 240 米许，残高 1.5—2 米，城内发现汉五铢钱币等物。④另依悬泉Ⅱ0214①:130 简，由酒泉郡乾齐县西去渊泉县 58 里，合今约 25 千米。由汉乾齐县所在的今玉门市黄闸湾乡一带沿疏勒河干流西北行 25 千米，恰为四道沟村古城。渊泉县地处疏勒河干流大拐弯的内侧，地势较低，泉源旺盛，为疏勒河中游绿洲的精华地段。

（二）美稷亭

渊泉县往西为冥安县之地，值得注意的是，渊泉县西距冥安县所在的南岔大坑古城（详后）约 60 千米，合 140 汉里，里距较远，其间无疑还应设有邮驿机构，惜今已不知其名。考虑到汉敦煌郡的 9 所置均有其

---

① 依现已整理刊布的悬泉简所载各置、驿的序次来看，临泉驿似为悬泉驿的一度改名。
② 胡平生、张德芳：《敦煌悬泉汉简释粹》，上海古籍出版社 2001 年版，第 202 页。
③ 张经久、张俊民：《敦煌汉代悬泉置遗址出土的"骑置"简》，《敦煌学辑刊》2008 年第 2 期。
④ 李并成：《汉敦煌郡冥安、渊泉二县城址考》，《社科纵横》1991 年第 2 期。

所，这里很可能设有一所骑置或驿或亭。即在四道沟古城与南岔大坑古城中间，距二城均为 30 千米（合 70 汉里）的地方，今锁阳城镇桥子村长沙岭存留一座汉代城堡，今名草城，又叫半个城。平面基本方形，残长东西 26.4 米、南北 24 米，东西北三面存断续墙垣，夯筑，残高最高 5.5 米；南垣倒塌后用土坯修补。夯层、土坯层间均夹压红柳层，系典型的汉代建筑风格。南开一门。城中仍堆放着当年燃放烽火的积薪，由红柳、芦苇、胡杨树枝堆积而成，呈斜坡状堆放，长约 18 米，宽 4.5 米，最高处 4 米。因堆放大堆柴草，故该城称作草城。城内外随处可见散落的陶片等物，城南不远处发现许多墓葬，并见大片陶片分布区。城北 6 米许存土塔废址两座，城南 5 米处存烽燧遗址。由其位置、规模、遗物等可以认定草城应为汉代连接渊泉县与冥安县间的一所骑置或驿、亭。考虑到这里邻近汉长城宜禾都尉美稷候官所辖塞段，[①] 且悬泉简中又有美稷亭一名，因而草城可能即美稷亭废址。

（三）冥安置（县、亭）

笔者考得汉敦煌郡冥安县故址即今瓜州县锁阳城镇南岔大坑古城[②]，城内设冥安置，亦设冥安亭。该城东距草城（美稷亭）30 千米，西距锁阳城镇约 23 千米，西南距著名的锁阳城遗址 4.5 千米。城垣已十分残破，实测东垣 560 米、北垣 550 米、西垣 535 米、南垣 525 米，多数墙段残高不足 1.5 米，城内暴露许多汉代灰、红陶片等物。V1611③:39B 简：悬泉去"冥安二百一十七"里，合今约 91 千米，这恰与冥安县（南岔大坑古城）经广至县（踏实破城子，后考）、鱼离置（老师兔城，后考）而西至悬泉置（吊吊水）的距离相合，可见南岔大坑古城确为汉冥安县城，亦是汉冥安置、冥安亭的治所。

[①] 宜禾都尉美稷候官所辖塞段，笔者考得即今瓜州县九墩西至高皇庙、双塔水库、双塔农场段汉塞，位于草城以北。参见拙著《河西走廊历史地理》，甘肃人民出版社 1995 年版，第 212—213 页。

[②] 李并成：《汉敦煌郡冥安县城再考》，《敦煌研究》1997 年第 2 期。

（四）广至置（县）

冥安县西接广至县之地，笔者考得广至县故址即今瓜州县踏实破城子[1]，城内亦设置。该县东距汉冥安县所在的南岔大坑古城约32千米，合76汉里，东南距锁阳城镇8千米。城垣见在，损毁较轻，南北约280米，东西150米许，残高6.5米。城内遗落灰陶片、红陶片、碎砖块等物。广至位处榆林河下游绿洲，径流充沛，土地肥沃，农产丰饶，为此段丝绸路上的必经之地。

（五）鱼离置（驿）

由上引Ⅱ0214③:154简知，鱼离置为邻近广至西边、悬泉东边的一所置，该置并设鱼离驿。Ⅱ0214①:125："入西板檄二，冥安丞印，一诣乐椽治所，一诣府。元始四年（4）四月戊午，县泉置佐宪受鱼离置佐俩卿，即时遣即行。"由冥安县往西的板檄，悬泉置佐接受鱼离置佐的传递，继续西传，鱼离位于悬泉之东无疑。又Ⅱ0112②:119简记："出西书一封，廷尉章，诣西域都尉。二月戊子日下餔时受鱼离啬夫，即时立行。"这封钤有廷尉印章送往西域都尉的要件，由鱼离啬夫西传悬泉置，亦表明鱼离置位于悬泉置之东。由广至县城（踏实破城子）西去穿过榆林河洪积戈壁滩约28千米（合67汉里）处，有一处泉水出露的小村子——老师兔，村西花岗岩剥蚀残丘上残存一座古城址，南北33米，东西40米许，西、南二垣较完整，残高4—6米，残宽3.5米，东垣全部倾圮，北垣东段坍塌。东北角筑锋燧一座，残高10米许。城内散落碎陶片、砖块、铁片等汉唐时遗物。笔者考得该城在唐代为瓜沙二州间驿路上的黄谷驿，系当时一处十分重要的军防警讯之地，附近还有官马群的放牧。[2] 城中亦发现汉代遗物，该城无疑为汉代始筑，汉鱼离置即应置于城中。老师兔村位处榆林河洪积冲积扇西缘泉水出露带上，其地泉流

---

[1] 李并成：《汉敦煌郡广至县城及其有关问题考》，《敦煌研究》1991年第4期。
[2] 李并成：《唐代瓜、沙二州间驿站考》，《历史地理》第13辑，上海人民出版社1996年版，第93—101页。

众多，水草丰茂，今有三个泉、五个泉、木头泉、直路泉等泉源，为行旅补给的理想之地；且众泉中多见游鱼，这可能是其得名的缘故。除鱼离置、鱼离驿外，其地还有鱼离乡。Ⅰ0112③：124 简："入鸡一只，十二月壬戌厨啬夫时受鱼离乡佐逢时。"可见汉时老师兔村亦为鱼离乡的所在。鱼离置亦设有"厩"，并有羌御。御通驭，羌御即羌人驭手，专事驾驭车马之人，并兼作受付邮书之事。如Ⅱ0114④：82："鱼离厩普行"；Ⅱ0111②：21："元延二年（前11）二月乙卯，鱼离置羌御离吉受县泉置啬夫敞。"Ⅴ1511②：22 简亦提及"鱼离羌人"，恐该置有较多的羌人御、徒。

（六）万年骑置（驿、亭）

由简文知，万年骑置内并设万年驿、万年亭。如ⅥF13C②：10A："永初元年（107）十二月廿七日，夜参下餔分尽时，县泉驿徒吾就付万年驿。"此简为向东传递之书，县泉驿将文书付于万年驿，可见万年驿位于县泉驿之东。又如Ⅱ0115①：59A 简记，入东军书一封，"始建国二年（10）九月戊子日蚤（早）食时，万年亭驿骑张同受临泉亭长阳。""驿骑"或作"译骑"，指传递文件人员的身份，据之知亭亦有驿骑。向东传递的军书，万年亭驿骑接受临泉（悬泉）亭的传递，则万年必位于悬泉之东。由鱼离置西北行穿过今芦草沟口，再沿截山子西去即为著名的悬泉置遗址。悬泉置东距鱼离置约 31 千米，合 74 汉里许，万年骑置（驿、亭）即设于鱼离、悬泉二置之间。Ⅴ1411②：55 简："县泉置骑置，西到平望骑置五十里，东出广至万年骑置卌"。悬泉东去 40 汉里（合今约 17 千米）的万年骑置，其位置应在今火焰山芦草沟出山口东侧，其地今恰存汉代城址一座，今名芦草沟古城。该城向南穿过芦草沟口至鱼离置所在的老师兔城约 14.5 千米，合 34 汉里。城垣已不完整，南北残长约 30 米，东西近 20 米，夯筑，夯层厚 8—12 厘米，底部残宽 2 米许，顶宽 1.2 米。东开一门。城内偶见陶片碎块，瓜州县博物馆认定该城为汉代城址。城北里许存古道遗迹，残宽 3—4 米，低于现代地面约 0.8 米。城南约 120 米的山坡台地上存汉燧一座，平面正方形，底部每边长约 10

米，残高近 7 米，夯土夹压红柳、苇苇筑成，每层厚 8—12 厘米，系典型的汉烽构筑形制。烽周散见绳纹、素面陶片。万年骑置（驿、亭）故址当即该城。该骑置为广至县辖领，再往西即进入效谷县领地。Ⅰ0111②:24 简："万年驿骑喜付县泉驿骑奇。"此份文书由万年驿骑传给悬泉驿骑，传递方向是由东向西。Ⅱ0313②:52 简："年七月癸巳日下鋪县泉译骑充国受万年译骑傅。"悬泉译骑接受万年译骑的文书，其传递方向亦是由东向西的。Ⅱ0114③:199："敦煌大守上书一封，甘露元年（前 53）七月丙辰……付广至万年译骑。"敦煌太守上书经由万年驿骑传递，其方向自然是自西向东的。Ⅴ1612④:11A："皇帝囊书一封，赐敦煌太守。元平元年（前 74）十一月癸丑夜几少半时，县泉驿骑传受万年驿骑广宗，到夜少半时付平望驿骑……"囊书即装在囊囊中封缄的书信，此封皇帝赐予敦煌太守的书信经由万年驿骑西传悬泉驿骑，再西传平望驿骑，顺序自然是由东向西。Ⅱ0113③:65："上书二封。其一封长罗侯，一乌孙公主。甘露二年（前 52）二月辛未日夕时，受平望译（驿）骑当富，县泉译（驿）骑朱定，付万年译（驿）骑。"由西域东传的"上书"，经由平望传至悬泉，再传给万年，可证万年确位于悬泉置之东，而平望位于悬泉置之西。

（七）悬泉置（悬泉驿、临泉亭、悬泉邮）

悬泉置遗址南依火焰山（该山西延即三危山），北邻北沙窝盐碱滩，座落在源于火焰山北麓的吊吊水沟口，西去今敦煌市城 64 千米，东去今瓜州县城 60 千米。1990 年 10 月至 1992 年底甘肃省文物考古研究所连续 3 年对其发掘，收获颇丰。整个遗址包括坞院、灰区、马厩及附属建筑等，占地总面积 22500 平方米。遗址西北角叠压魏晋时烽燧残迹，其下层为汉代建筑。坞院长宽各约 50 米，墙基宽 1.5—2 米，残高 0.8 米，土坯砌成，其东北和西南转角处筑角楼，院内共有房屋 27 间。出土物以大量简牍、陶片、麻纸、皮革、丝织品和马、牛、鸡等骨骼为主，最引人注目的是发现简牍 35000 余枚，其中有字者 23000 多枚、帛书 10 份、纸文书 10 张和泥墙题记 1 幅。简牍纪年最早为西汉武帝元鼎六年（前 111），最晚为东汉安帝永初元年（107）。① 该遗址的发掘被评为1991年度和"八五"期间全国十大考古发现之一。悬泉置其名得自悬泉水，该水又名贰师泉，《十三州志》《凉州异物志》《元和郡县图志》《太平寰宇记》以及敦煌文书 P.3929《敦煌廿咏》、P.4792《两面杂书》、P.0788《沙州地志》、P.2691《沙州城土镜》、S.0367《沙州伊州地志》、S.5448《敦煌录》、P.2488《贰师泉赋》、P.2005《沙州都督府图经》等都对其有载。如 P.2005："悬泉水，右在州东一百卅里，出于石崖腹中，其泉傍出细流，一里许即绝。……侧出悬崖，故曰悬泉。"依其位置，该水即今吊吊水，又名掉掉水，沟水自火焰山山崖间渗出，径流细弱，出山数百米后即全部渗入砾石戈壁中，"悬泉""吊吊"之称可谓名副其实。别看该水细小，但对于行进在"路指三危迥，山连万里枯"、"涸困胡商，枯山赤坂"之地，周围数十千米范围内别无水草补给的行旅来说，这股细小的泉流就成了"能令士马苏"的救命之水，悬泉置设于这里正当其地，置内同时并设悬泉驿（临泉驿）、临泉亭和悬泉邮。由所出简文知悬泉置地理位置重要，内部机构设置众多，除悬泉置啬夫为主管官吏外，尚有置丞、厩啬夫、厩佐、厨啬夫、驿徒等，有传马、传车。如 V1610②：11—20 共10枚简即为悬泉厩啬夫上报的《传马名籍》；I0208②：1—10 为阳朔二年（前23）闰月壬申朔癸未县泉置啬夫尊移交的《传车亶（毡）辇簿》。该置传马多达40匹、传车6乘，多时可达15乘。置中官卒徒御凡37人（甘露二年，另一简记载为47人）。除官吏等外，置内有戍卒当值服役，出土兵器簿、铁器簿等，悬泉置具有邮政与军事合而一体的特点。V1612④：18："县泉置元平元年（前74）兵薄（簿）。"此为该置存放兵器的簿册。87—89C：6A 简："元康三年（前63）九月辛卯朔癸巳，县泉置啬夫弘敢言之：谨移铁器薄（簿）一编……"

（八）平望骑置（驿、亭）

II0216②：341 简："效谷平望骑置一所第四，马三匹，吏一人，小

---

① 甘肃省文物考古研究所：《甘肃敦煌汉代悬泉置遗址发掘简报》，《文物》2000年第5期。

未傅三人。"知平望骑置为效谷县境内所置的第四所骑置，有吏1人和小未傅3人、马3匹。所谓"小未傅"即不够傅籍年龄而服兵役者。Ⅴ1612④：11AB："皇帝玺书一封赐敦煌大守，元平元年（前74）十一月癸丑夜几少时，县泉译骑得受万年译骑广宗到夜少半付平望译骑。"由于是皇帝赐给敦煌大（太）守的玺书，其传递方向必然是由东向西的，即万年骑置递给悬泉骑置，悬泉骑置再递给平望骑置，显然平望位于悬泉之西。该简还明确规定了"得受"和"付"的时间，传递中不得违误。Ⅴ1310③：67："入上书一封，车师己校、伊循田臣彊。九月辛亥日下餔时，临泉译（驿）汉受平望马益。"此封自西域车师、伊循递往长安的"上书"，由平望传经临泉驿，可见平望确位于临泉（悬泉）之西。上引Ⅴ1411②：55简云，悬泉至平望骑置50里，合今约21千米。由悬泉置所在的吊吊水沟口沿火焰山北麓西行21千米处恰是今东水沟口。东水沟亦是从火焰山中流出的一股泉流，平均流量0.48立方米/秒，年出山径流量150万立方米，较吊吊沟水量大很多。20世纪80年代初，敦煌五墩乡农民在沟口建小型水库一座，拦蓄沟水，开种土地上千亩。该河沟出山后顺自然坡面流经11千米许至疙瘩井，其下游干河床可一直通往党河尾闾天然洼地—伊塘湖盐池。东水沟口亦是一处较重要的军事、交通道口，溯水沟南上，可穿越火焰山通往山南的东巴兔、浪柴沟等地。汉平望骑置设于该沟口不仅可得到水源补给保障，亦有军事方面的意义。由于水流冲刷、自然风蚀和人为破坏，今天这里已无遗迹可觅。

（九）遮要置（骑置、驿、亭）

悬泉简文中遮要之名多见。如Ⅱ0309③：37："神爵四年（前58）四月丙戌，太守守属领（悬）泉置移遮要置。"太守守属为郡太守的属吏，敦煌太守派其以史的名义监领悬泉置，又移监遮要置。Ⅱ0216②：241—244简为一册书，亦系敦煌太守派史监领遮要置的一组文书："监遮要置史张禹，罢"（241简）；"守属解敞，今监遮要置"（242简）。免去监遮要置史张禹的职务，任命解敞接替，敦煌太守同时行文效谷县，将此任免事项告知该县；效谷县又移书悬泉置，通告此事。由此可见遮要置

· 113 ·

地位的重要。该置亦"官卒徒御"兼具。如Ⅱ0216②：80就提到"遮要置驭杨武"。驭即前引简文中的"御"，即驭手。Ⅱ0114②：206："元始五年三月丁卯日入时，遮要马医王竞、奴铁柱付县泉佐马赏。"据之知该置还有专门的马医。Ⅱ0114②：165亦提到"遮要奴铁柱"。遮要置同时并置遮要骑置、遮要驿、遮要亭。Ⅴ1812②：103："效谷遮要骑置一所第三，马三匹，吏一人。"该骑置在效谷县境内排列第三。Ⅱ0214②：266A、Ⅱ0214②：267A二简均记有遮要驿之名（详后）。由上引悬泉简知，遮要置位于悬泉置和平望骑置以西。Ⅴ1812②：58记，送给乌孙大昆弥使者的粟三石、马十匹，"阳朔四年（前21）二月戊申，县泉啬夫定付遮要厩佐常"。此次运送的方向为自东向西，可见遮要置确位处悬泉置以西。Ⅴ1310③：135A："遮要以东写传至临泉。"临泉即悬泉，悬泉确在遮要之东。但遮要与悬泉、平望间的距离简文缺载。考虑到这一带置、骑置间多相距40—50汉里，如悬泉置东到万年骑置40汉里，西到平望骑置50汉里，那么平望骑置到遮要置的距离大概亦可取此约数。由平望骑置所在的东水沟口西行50汉里（合今约21千米），即今敦煌市莫高镇新店台村北1.5千米处，恰可找到一座汉唐时期的古城址，今名大疙瘩梁古城。残垣犹存，南北65米，东西56米，墙基宽6米，残高2—3米，唯东北角最高，可达4米，为烽燧残迹。该城西垣中段断缺，似为城门，宽7米。城址大小与汉唐时期置、驿的规模类似。城内发现灰陶片、碎砖块、瓦片等，多为唐代物品，亦可找到少许汉代的粗绳纹陶片等，该城应始建于汉，延续至唐。依其位置、规模、遗物等判断，该城即汉遮要置遗址。其东北角的残烽燧应为遮要隧，Ⅱ0114③：65简即记有"遮要隧"一名，"隧"通"燧"。笔者还考得该城亦为唐代的东泉驿。[①] 大疙瘩梁古城位处敦煌绿洲东部边缘，位置重要。城址以东3千米许为伊塘湖、新店子湖一带，这里系党河、东水沟、西水沟（流经莫高窟前的宕泉河）3条河流洪积冲积扇交汇之处，地势低洼，又处扇

---

① 李并成：《唐代瓜、沙二州间驿站考》，《历史地理》第13辑，上海人民出版社1996年版，第93—101页。

缘泉线分布带，潜流每每出露，积水成泊，唐代称其为东泉泽。P. 2005《沙州都督府图经》：东泉泽"在州东卅七里，泽内有泉，因以为号"。沙州故城东47唐里（约合今25千米）处正是这一带。同时唐代这里还有东盐池。P. 2005："东盐池水，右在州东五十里，东西二百步，南北三里。其盐在水中自为块片，人就水里漉出爆干，并是颗盐，其味淡于河东盐，东印形相似。"今天这里仍为湖沼区域，面积达10平方千米许，湖沼中仍有泉和盐池，因其盐体结晶完整（"并是颗盐"），质量好，不仅仍为远近乡亲们食用，而且还被开发成工业用盐。该古城因傍近湖沼，地下水位较高，各种杂草生长良好，水源取用方便，城址则筑于一高起的台地（即大疙瘩梁）上。

（十）效谷置（县、驿、亭）

前引ⅡO214③：154 简所记敦煌郡境内 7 置联合所写移书，其自东向西的排列顺序遮要置之后为效谷置；又由 ⅡO214②：239A、ⅡO214②：266A、ⅡO214②：267A 等简（详后）知，遮要置之西为甘井骑置，似乎遮要置之西既有效谷置又有甘井骑置。实际情况为效谷置位于遮要置北略偏西 7 千米（合约 17 汉里），而甘井骑置位于遮要置西北 18 千米（合约 43 汉里）处（详后）。效谷置应设在效谷县城，同时并设效谷驿、效谷亭。笔者考得，汉敦煌郡效谷县城即今敦煌市郭家堡乡墩湾村北的墩墩湾古城，该城墙垣已毁坏殆近，大段缺失，在东西长约 1000 米、南北宽 200 米的范围内散落大量灰陶片、碎砖块等遗物。[①] 该城南偏东距遮要置所在的大疙瘩梁古城 7 千米，西南距今敦煌市城 17 千米。效谷县管辖党河下游绿洲东部、东北部一带。

（十一）甘井骑置（驿、亭）

ⅡO115③：32："效谷甘井骑置一所第二，马三匹，吏一人，小未傅三人。"甘井骑置在效谷县境内排列第二，其人员、马匹配置亦与其他骑

---

① 李并成：《汉敦煌郡效谷县城考》，《敦煌学辑刊》1991 年第 1 期。

置同。由简文见甘井骑置并设甘井驿、甘井亭，与遮要置、遮要驿、玉门都尉等联系频繁。Ⅱ0214②：239A："入东军书一封，玉门都尉上，建平三年（前4）四月己未夜食时，遮要厩吏并受甘井驿苏利。"Ⅱ0214②：266A："入东军书一封，玉门都尉上，建平三年四月癸卯定昏时，遮要驿吏并受甘井驿音。"Ⅱ0214②：267A："入东军一封，使者解君上，建平三年闰月己癸鸡中鸣时，遮要驿吏并受甘井驿吏音。"以上3简均标明为"入东军书"，即向东递送的军情文书，其中两封为来自玉门都尉的"上书"。一般认为玉门都尉府治即今敦煌市城西北约90千米的小方盘城。这些文书均为遮要驿吏或厩吏"受"甘井驿吏之递，即经由甘井传至遮要，表明甘井位于遮要之西或西北。同时甘井骑置又要接收来自玉门都尉的军书，说明该骑置又位于玉门都尉之南或东南。Ⅱ0214②：268："平三年四月癸未桑树时，遮要驿吏并受甘井驿吏音。"亦表明甘井在遮要之西或西北。甘井骑置还充当敦煌太守府与玉门都尉、中部都尉间的重要联系站点。Ⅴ1210③：9A："出北书一封，大守章诣都尉府，七月壬申夜食时，甘井卒充付鄣门卒安。"Ⅴ1210③：10A："出北檄一，大守章诣都尉府，七月己巳平旦时，甘井卒充受鄣门卒忠。"Ⅴ1210③：95："亥时下餔时，甘井卒充受鄣门卒安。"太守无疑指敦煌郡太守，都尉府则可能指玉门都尉府，抑或中部都尉府。笔者考得中部都尉府即今西碱墩（T24），为一座周长约130米的鄣城，位处敦煌国营农场场部东北6千米、党河汇入疏勒河河口东南13千米处。从敦煌郡发往北部军防一线的"北书""北檄"亦须经由甘井骑置传递。可见这条以东西方向为主的驿道中，又分出一条敦煌北通北部军防一线的路线。至于"鄣门"所指，上引9A简记为"付鄣门卒"，应指玉门都尉府或中部都尉府的鄣门；而10A、95两简皆云"受鄣门卒"，则该鄣门当指敦煌太守府的鄣门。那么位于遮要置之西或西北、玉门都尉以南或东南、敦煌城以北的效谷县甘井骑置，究竟位于何处？笔者注意到，在今转渠口镇戴家墩村六队残存一座汉唐时的古城址，名戴家墩古城。笔者于1983年实地考察时见，其墙垣破损严重，仅余颓基，夯筑，南北114米，东西93米，墙基坍宽约10米，残高0.6—1.1米。四角向外突出，应为角墩残迹，唯西北角墩稍完整。南垣中部缺失，似为城门所在。城中偶见灰色绳纹、素面陶片、红色细绳纹薄胎陶片等物。因其地处党河尾闾，地下水位较高，城周一带多有草甸、盐碱滩分布。曾有学者认为该城为汉效谷县城，其实该城的规模远较汉代县城为小，其位置又与史料所记汉效谷县的方位、距离不符，不可能为汉效谷县城。戴家墩古城位于大疙瘩梁古城（遮要置）东北18千米（合43汉里）处，恰与这一带置、骑置间通常的距离吻合；南（略偏西）距汉敦煌郡城（沙州故城）亦约18千米，东（略偏南）距墩墩湾古城（汉效谷县城）12千米（合29汉里），北距西碱墩（中部都尉府）14千米（合33汉里），西（略偏北）距小方盘城（玉门都尉府）约70千米，这一位置正可符合甘井骑置的所在，因而戴家墩古城应为汉甘井骑置。敦煌市博物馆馆长李岩云认为："从置设置的里程上来看，在敦煌郡周围每约40千米左右就设有一置。依此推测从汉代敦煌郡城到玉门关（小方盘城）应设有两置，玉门置应为其中一置。由此看来余以为西汉敦煌郡所设置应超过9个。"① 确如其言，从汉敦煌郡城到玉门关距离过远，的确不可能仅设一个置，只不过是除玉门置外的另外一个并非置，而是骑置，即甘井骑置；骑置之数是不包括在敦煌郡9置总数内的，悬泉汉简记敦煌郡9置当无误。

由遮要置西去、甘井骑置南去，即可抵达汉敦煌郡城。学界公认敦煌郡城即今敦煌市城西、党河西岸的古城址，名敦煌故城或沙州故城。由敦煌郡城东去遮要置（大疙瘩梁古城）21千米（合49汉里），北去甘井骑置（戴家墩古城）18千米（合42汉里），西去汉龙勒县城（亦设龙勒置，今南湖破城）约70千米，经由甘井骑置西北去玉门都尉府约70千米。

（十二）玉门置（关）

玉门关约设于武帝元封四年（前107）"酒泉列亭障至玉门"之际。

---

① 李岩云：《1998年敦煌小方盘城出土的一批简牍涉及的相关问题》，《敦煌学辑刊》2009年第2期。

笔者曾考得汉代最早的玉门关在今嘉峪关市石关峡，约太初年间李广利伐大宛后移至敦煌西北。至于敦煌西北汉玉门关的位置历来看法不尽一致，或指认今小方盘城，或认为应在小方盘城以西约11千米的马圈湾西，或认为应在小方盘城西侧150米处的南北长城线上。至于玉门置，因悬泉简中未见玉门置之名，故有学者认为未有玉门置之设，其实并非如此。近年敦煌市博物馆在小方盘城外西侧、南侧的灰堆中发现300多枚汉简，简文中即记有"玉门置""玉置"。98DXT5：19简："玉门隧长□崇言军书到玉门置守啬夫庆卒赵欣。"98DXT6：08："□罚玉置。"[①] 玉置即玉门置的简称，表明小方盘城亦为玉门置，该置为汉敦煌郡境内所设9置之一。同时在小方盘城正东115米处发现残存的南北走向坞墙，长75米，宽2—3米，残高30—50厘米；坞墙北端向西北延伸18米，南端亦向西延伸；城北50米处又有东西走向的坞墙，长40米；可见小方盘城周围尚有一个外城，外城大体方形，每边长约80米。[②] 笔者赞同小方盘城为玉门都尉府、玉门置的看法，认为玉门关应设于其西侧外城。从敦煌故城北出，沿党河干流西岸而行，至戴家墩古城（甘井骑置）18千米（合42汉里），再北行14千米（合33汉里）可抵西碱墩（中部都尉府），折而向西沿疏勒河南岸行进，经大月牙湖、东园湖、酥油兔、波罗湖、条湖、大方盘城（汉代粮仓）可抵小方盘城；亦可不经过中部都尉府，从戴家墩古城径取西北，经盐池、平湖、麻黄滩、七流水而至大月牙湖，与前道合。由此继续西行出玉门关，踏上前往西域的北路。《汉书·西域传》："自玉门、阳关出西域有两道：从鄯善傍南山北，波河西行至莎车，为南道，南道西逾葱岭则出大月氏、安息；自车师前王廷随北山，波河西行至疏勒，为北道，北道西逾葱岭则出大宛、康居、奄蔡焉。"

（十三）破羌亭

由敦煌故城西去（略偏南）约60千米（合约140汉里），可达汉敦

[①] 以上两简均引自李岩云《1998年敦煌小方盘城出土的一批简牍涉及的相关问题》，《敦煌学辑刊》2009年2期，第132页。

[②] 李岩云、傅立诚：《汉代玉门关址考》，《敦煌研究》2006年第4期。

煌郡最西的一个置——龙勒置（位于汉龙勒县城，今敦煌市南湖破城），二者距离较远，其间肯定还应设有两三处邮驿机构（驿、骑置或亭），其中一处即为破羌亭。前引张德芳大作所云悬泉简文中可知其名者近60个亭中有破羌亭一名，笔者查得该亭直到唐、五代时仍存，其位置恰在今敦煌故城与南湖破城中间的南湖店。约撰于盛唐的《沙州地志》（P.0788）记："破羌亭，（寿昌）县东六十五里。云汉破羌将军辛武贤破羌戎，于此筑亭，故曰破羌亭。"撰于后晋天福十年（即开运二年，945）的《寿昌县地境》、后汉乾祐二年（949）的《沙州城土镜》（P.2691）等文书亦有相似记载。唐寿昌县城东65里（合今约70里）处正是今南湖店，其东距敦煌故城30千米（合70汉里），西距南湖破城（汉龙勒县城）亦30千米，恰位于二者中间，70里也正好是一般行旅一天的路程，行进一天后恰可在这里得到休整补充。而且这里靠近党河北岸，水源补充无虞。直到20世纪60年代，这里一直仍为敦煌城与南湖绿洲之间及其以远来往的行旅提供吃住之所，惜破羌亭址早已无存。同时这里还有一处重要的石窟群——全国重点文物保护单位西千佛洞，洞窟开凿在党河北岸崖岸上，始建年代不详，今存北魏至元代洞窟19窟。该石窟群的建造无疑亦与这里重要的交通位置有关。

（十四）龙勒置（县、驿）

前引记载甘露三年（前51）十月解忧公主由乌孙返回长安途径敦煌等地的Ⅱ0114③:522简，即明确记有龙勒置之名，该置无疑设于汉龙勒县城。汉龙勒县唐代易名寿昌县，其故址学界公认即今南湖破城。由敦煌市城西出，沿党河（汉氏置水）北岸西（略偏南）行，经党河总分水闸、南湖店至党河大拐弯处，继续西南行即可达南湖破城。该城位于今敦煌市南湖乡北工村一队，已十分残破，多被流动沙丘埋压。东西北三面仅存断续墙垣，南垣仅见墙基，南北270米，东西300米许，总面积83500平方米。城内城周散落大量陶片、砖块、箭镞、石磨残块、断珠、黑白棋子、铜饰残件等汉唐遗物。由该城向西约5千米即为阳关遗址所在的古董滩。由此西出，即踏上前往西域的大道，是为西域南道。

三

除上考汉敦煌郡境内邮驿系统的置、骑置、驿、亭而外，悬泉简中还有一些驿（田圣驿、常和驿、毋穷驿）和大多数亭，由于缺少相关方位的记载，加以大部分简文尚未刊布，目前尚难以考证其确切位置。笔者颇疑，毋穷驿很可能与唐代的无穷驿同在一地。《沙州都督府图经》（P.2005）："无穷驿，右在州东一百里，在无穷山置。"笔者考得，无穷山即今火焰山，即在敦煌故城东100唐里处有一条穿越火焰山南北的通道，今名汉峡，或称旱峡，行人车马均可畅通；该道西侧山丘上残存烽燧一座，残高4.5米，烽周尚见残墙遗迹和少许汉唐时期陶片，此即唐代无穷驿址。驿旁还有一泓崖壁上渗出的泉水，可供行旅取用。[①] 汉毋穷驿亦应位于这里。毋穷驿西去位于东水沟口的平望骑置约10千米（合24汉里），东去悬泉置12千米（合29汉里），恰可作为二者中间的连接站点。同时由毋穷驿穿过火焰山沿山南麓东去约32千米还可径抵老师兔城（鱼离置）。

至于悬泉简中所记众多的亭，实际上它们并非皆属于邮驿系统，除上考邮驿系统诸亭外，有些亭应属于治安系统，观其名称如西门亭、安乐亭、常乐亭、昌安亭、乐义亭、遮奸亭、卫泉亭、禁奸亭、异众亭、胡城亭等恐是；有的亭则属于军事防御系统，如远望亭、驷望亭、孤山亭、服羌亭、承塞亭、通关亭、安汉亭、安羌亭、鱼泽亭、步广亭、广汉亭等恐是。笔者推测，鱼泽亭应与汉宜禾都尉鱼泽障同在一地，其遗址为今瓜州县城西南约4千米的煨烟墩（T38a烽）；双泉亭应与唐双泉驿、双泉戍同在一地，为今瓜州县柳园镇西北约35千米的大泉遗址；常乐亭应与唐常乐驿、常乐县同在一地，为今瓜州县西南20千米处的六工破城；步广亭当与汉中部都尉府步广候官治所同在一地，即前述位于今

[①] 李并成：《唐代瓜、沙二州间驿站考》，《历史地理》第13辑，上海人民出版社1996年版，第93—101页。

汉敦煌郡境内的邮驿系统及其置、骑置、驿等的位置考

国营敦煌农场东北 6 千米的西碱墩；广汉亭应与汉宜禾都尉广汉候官治所同在一地，即今瓜州县桥湾火车站南 1.5 千米处的古城址。①

需补充说明，悬泉简中很少见到"邮"，前引张德芳大作写道，仅在东汉永平十五年（72）的纪年简中见到石靡邮、悬泉邮两处，可知西汉时称亭不称邮，只是到了东汉才有了邮的建置。此外，悬泉简还有"乡邮亭"（Ⅱ0314②：235）、"县及乡邮亭"（0215②：113）等记载，乡里之亭似亦兼传递邮件之事。

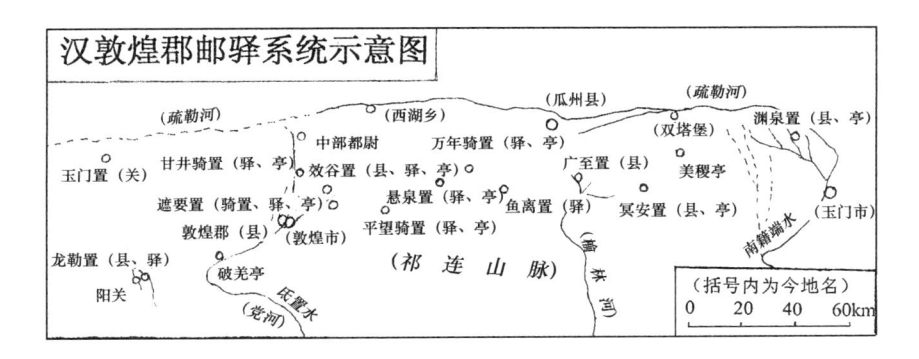

（原载《敦煌研究》2011 年第 3 期）

---

① 以上有关考证可参见拙著《河西走廊历史地理》（甘肃人民出版社 1995 年版）、《大漠中的历史丰碑》（甘肃人民出版社 2000 年版）等。

古丝绸路上一批丰厚的历史遗珍
——河西走廊遗存的古城遗址及其历史价值论略

河西走廊,位处东亚与中亚的结合部,自古以来就是我国东中部腹地通往西北边地乃至西方各国的天然走廊和必经孔道。从世界历史上来看,河西为古老的华夏文明与两河流域文明、古印度文明、地中海文明等的汇流之区;从中国历史上看,河西走廊又是我国率先对外开放的地区,堪称我国走向世界的第一条通道。

河西走廊依赖其南部祁连山脉发源的石羊河、黑河、疏勒河三大河流水系的滋润,沿线发育了连绵的片片绿洲,其自然和通行条件较之其北部的茫茫荒漠、南部高耸的青藏高原无疑要优越得多。河西北部伸入沙漠中的石羊河、黑河下游绿洲,自古又是通往宁夏、河套以至蒙古高原腹地的天然要径,南部穿越祁连山脉诸山口又可通往青藏高原腹地。因之河西自古以来就成为丝绸之路国际交通大动脉上最重要的路段之一。

在河西这条通道上,名胜遍地,文物荟萃,历史文化遗迹十分丰富,其中各类古城遗址遍布走廊沿线,其数量之多、分布密度之大,成为我国也是世界上少有的古代城址集中分布的地区,整个河西堪称一条罕有其匹的规模宏大的古代城址走廊。

由于河西气候干燥,降水鲜少,地表文物少受雨雪、地下水、盐碱等的侵蚀,人为活动的破坏也相应较轻,从而保存下来了各个历史时期的不同等第、规格、形制、规模的大量古城遗址。据笔者多年来的实地考察及相关文献考证，河西地区仅汉唐时期的城址就有 120 余座，至于宋元以迄明清的城寨堡邑、关铺驿递等，则为数更众，不下 200 余座。这些古垣旧墉今天虽然早已无声无息地退出了历史的舞台，但它们如同座座历史的丰碑，仍巍巍屹立在大漠戈壁上，向人们无声地倾诉着这里悠远的过去，昭示着丝绸之路永不磨灭的历史辉煌。这批古城址是我国古代文明具有权威性的历史标本，是古丝绸路上留存的一笔丰厚的历史遗珍，也是河西绿洲沧桑变迁的历史见证，具有十分重要的学术价值。

一　丰厚的历史遗珍

据笔者多年来的实地调查和考证，河西地区今天仍遗存的古城址主要有：

敦煌故城（汉唐敦煌郡、县城，唐沙州城）、小方盘城（汉玉门关）、悬泉置遗址（汉）、南湖破城（汉龙勒县、唐寿昌县城）、河仓城（汉仓储遗址）、大疙瘩梁城（汉遮要置、唐东泉驿）、三号桥古城（北魏平康县、唐平康乡城）、五棵树井古城（北魏、西魏东乡县城）、甜水井一号城（汉）、城湾农场二站古城（唐清泉驿、清泉戍城）、戴家墩城（汉甘井骑置）、甜涝坝城（唐悬泉驿）、黄墩堡（清）、成城湾城（汉晋）、五圣宫城（汉晋）、墩湾城（元明）、黄墩营城（清）、瓜州锁阳城（西晋晋昌郡城、唐至元代瓜州城）、南岔大坑古城（汉冥安县城）、六工破城（曹魏宜禾县、西凉凉兴郡、北魏常乐郡、唐常乐县城）、踏实破城子（汉广至县、唐五代悬泉镇城）、小宛破城（汉宜禾都尉治所昆仑障、西晋会稽县、西凉北魏会稽郡、五代归义军会稽镇城）、旱湖脑城（西凉新城郡、唐五代新城镇城）、四道沟古城（汉魏渊泉县城）、肖家地古城（西凉广夏郡、唐合河戍城）、巴州古城（曹魏寄理敦煌北界的伊吾县城）、沟北古城（汉唐）、老师兔城（汉鱼离置、唐黄谷驿）、芦草沟古城（汉万年骑置）、西沙窝一号城

· 123 ·

（汉）、西沙窝二号城（汉宜禾都尉宜禾候官城）、西沙窝三号城（唐甘草驿）、白墩子城（唐广显驿）、红柳园古城（唐乌山驿）、大泉古城（唐双泉驿）、草城（汉美稷亭城）、转台庄子（汉唐）、西湖古城（汉唐）、新沟古城（汉代）、鹰窝树城（汉）、马圈村古城（明代）、鹰窝树城（汉唐）、潘家庄城（汉魏）、马行井城（清代）、色勒屯城（明清）、桥湾古城（清代仓储）、布隆吉城（清安西直隶厅城）、百齐堡（清）、踏实堡（清）、双塔堡（清）、东巴兔堡（清）、五道沟堡（清）、头工堡（清）、二工堡（清）、三工堡（清）、四工堡（清）、五工堡（清）、九工堡（清）、安西旧县城（清安西直隶州城）、肃北石包城（唐五代雍归镇城）、党城（西晋昌蒲县、唐紫亭镇城）、明水古城（五个墩古城，汉魏）、玉门赤金堡城（汉唐玉门县、唐玉门军城）、比家滩古城（西汉池头县、东汉沙头县城）、花海北沙窝破城子（汉）、花海西沙窝破城子（汉）、上回庄古城（汉魏）、下回庄古城（汉至清代）、骟马城（东汉延寿县城）、惠回堡（清）、嘉峪关城（明）、石关峡堡（汉、明）、野麻湾堡（明）、新城堡（明）、塔儿湾堡（明）、双井子堡（明清）、十营庄子（明）、红泉堡（明）、酒泉下河清皇城（汉乐涫县城、唐禄福县城）、新墩子城（汉）、金佛寺堡（明）、清水堡（明）、两山口堡（明）、总寨堡（明）、紫金城（明）、下河清堡（明）、金塔大湾城（汉肩水都尉府城）、地湾城（汉肩水候官城）、金关（汉）、双城子（汉唐）、破城（唐威远守捉）、西古城（汉会水县）、火石滩城（汉唐）、西三角城（汉）、小三角城（汉）、一堵城（汉）、三角城（汉）、北三角城（汉）、下破城（汉）、王子庄城（十六国北朝）、双城（明）、西大湾城（明）、威虏城（清）、高台骆驼城（东汉表是县、前凉建康郡、唐建康军城）、许三湾城（汉唐）、羊蹄鼓城（唐祁连戍）、草沟井城（清）、黄沙湾城（汉表是县城）、正义堡（明清）、九坝堡（明清）、暖泉堡（明清）、深沟堡（明清）、双井堡（明清）、红崖堡（明清）、肃南明海子城（唐代）、皇城（元永昌王城）、张掖黑水国北城（汉张掖郡治觻得县城）、黑水国南城（唐驿、元西城驿、明小沙河驿）、东古城（汉屋兰县城）、秺侯堡（汉）、安家庄堡（清）、临泽明沙堡（明）、平川城（明）、民乐八卦营城（汉张掖属国城）、永固城（魏晋北朝祁连城）、南古城（十六国、清）、六坝城（明清）、五坝城（明清）、四坝城（清）、洪水城（明清）、山丹双湖古城（汉删丹县城）、五里墩城（汉日勒县城）、仙堤古城（晋）、峡口城（明清）、丰城堡（明清）、新河堡（明清）、暖泉堡（明清）、黑城堡（明清）、花寨堡（明清）、大湖古城（明清）、东乐古城（明清）、大马营城（明清）、肃南明海城（汉唐）、皇城（元）、瓦房城（元明）、南城子（明）、卯来泉堡（明）、西城子（明）、金昌三角城（沙井文化遗址）、高庙古城（唐武安戍）、永昌沙城子（唐嘉麟县城）、西寨古城（汉番和县城）、水泉子城（明清）、上房寨子城（汉）、南古城（汉唐）、北古城（汉唐）、红山窑城（十六国、北魏焉支县城）、六坝回归城（元）、者来寨城（清）、武威三摞城（西汉姑臧县城）、满城（清）、三岔村城（汉休屠县城）、王景寨城（汉张掖县城）、永昌堡（元永昌路城）、高沟堡（明清）、张义堡（汉、明）、大河驿城（明）、沙城（汉、明）、朵浪城（明清）、头墩营堡（汉、明）、二十里堡（明清）、双城（明）、炭山堡（明）、瓦罐滩城（西夏）、十墩庙城（汉、西夏）、民勤连城（汉唐武威县城）、三角城（汉）、文一古城（汉宣威县、唐明威戍城）、端字号柴湾古城（唐白亭军城）、红沙堡（明清）、东安堡（西夏、明清）、永安堡（西夏、明）、青松堡（明清）、南乐堡（明清）、沙山堡（明清）、黑山堡（明）、昌宁堡（明）、蔡旗堡（明清）、古浪土门堡（明清）、大靖堡（明清）、古城头城（汉扑䚄县、北魏魏安郡、北周白山县、唐白山戍城）、黑松驿城（汉苍松县城、清黑松驿）、三角城（汉）、老城墙（汉揟次县城）、干城（汉、西夏）、裴家营城（明）、天祝松山古城（明）、安远镇城（明清）、红石城（西夏）、岔口驿堡（明）、景泰吊沟古城（汉媪围县、唐新泉军城）、永泰城（明）、索桥堡（明）、兴泉堡（明）、三眼井堡（明）、小芦塘堡（明）、红水堡（明代军事城堡、民国红水县城），等等。①

　　河西走廊古城址不仅数量众多，历史悠久，而且朝代序列完整，保存情况相应较好，这不仅在我国是少有的，即使从世界上来看也是罕有所见的文化奇观。搞清它们的历史面貌及其兴废过程，不仅可以使河西

---

① 笔者对河西古城遗址的调查考证可参见下列论著：《河西走廊历史地理》，甘肃人民出版社1995年版；《石羊河流域汉代边城军屯遗址考》，《西北师大学报》1989年第2期，第86—90页；《唐代凉州（武威郡）诸县城址的调查与考证》，《敦煌研究》1990年第1期，第60—65页；《唐代瓜州（晋昌郡）治所及其有关城址的调查与考证》，《敦煌研究》1990年第3期，第24—31页；《汉敦煌郡冥安、渊泉二县城址考》，《社科纵横》1991年第2期，第50—53页；《汉敦煌郡效谷县城考》，《敦煌学辑刊》1991年第1期，第57—62页；《汉敦煌郡广至县城及其有关问题考》，《敦煌研究》1991年第4期，第81—88页；《西汉酒泉郡若干县城的调查与考证》，《西北史地》1991年第3期，第71—76页；《西汉武威郡诸县城址的调查与考证》，《历史地理》第10辑，第303—309页；《唐代河西戍所城址考》，《敦煌学辑刊》1992年第1—2期，第6—11页；《汉张掖郡昭武、骊靬二县城址考》，《丝绸之路》1993年第1期，第63—65页；《居延汉简里程简地理调查与考释》，《西北史地》1993年第1期，第15—21页；《白亭军考》，《西北师大学报》1994年第1期，第104页；《西汉酒泉郡池头、绥弥、乾齐三县城址考》，《西北史地》1995年第3期，第7—11页；《汉敦煌郡宜禾、中部都尉有关问题考》，《西北师大学报》1995年第2期，第93—96页；《北魏瓜州敦煌郡鸣沙、平康、东乡三县城址考》，《社科纵横》1995年第2期，第29—32页；《北朝时期瓜州建置及其所属郡县考》，《敦煌学辑刊》1995年第2期，第119—124页；《汉敦煌郡宜禾都尉府与曹魏敦煌郡宜禾县城考辨》，《敦煌学辑刊》1996年第2期，第94—98页；《唐代瓜、沙二州间驿站考》，《历史地理》第13辑，第93—101页；《东汉酒泉郡延寿县城考》，《西北史地》1996年第4期，第30—32页；《汉敦煌郡冥安县城再考》，《敦煌研究》1997年第2期，第41—44页；《归义军新城镇考》，《北京图书馆馆刊》1997年第4期，第80—82页；《归义军会稽镇考》，《敦煌吐鲁番研究》第3卷，第223—228页；《"西桐"地望考》，《西北民族研究》1998年第1期，第45—50页；《汉居延城新考》，《考古》1998年第5期，第82—85页；《晋金昌城考》，《西北师大学报》1998年第4期，第27—31页；《论丝绸之路沿线古城遗址旅游资源的开发》，《地理学与国土研究》1998年第4期，第52—54页；《晋河会城、缠缩城、清塞城考》，《中国历史地理论丛》1999年第4期，第171—178页；《大漠中的历史丰碑—敦煌境内的长城和古城址》，甘肃人民出版社2000年版；《汉玉门关新考》，《敦煌文献论集》，辽宁人民出版社2001年版，第129—139页；《唐玉门关究竟在哪里》，《西北师大学报》2001年第4期，第20—25页；《河西走廊历史时期沙漠化研究》，科学出版社2003年版；《魏晋时期寄理敦煌郡北界之伊吾县城考》，《敦煌研究》2003年第3期，第39—42页；《汉悬索关考》，《敦煌研究》2004年第4期，第85—87页；《甘肃省高台县骆驼城遗址新考》，《中国历史地理论丛》2006年第1期，第108—112页；《新玉门关位置再考》，《敦煌研究》2008年第4期，第104—108页；《唐代甘州"中府"钩沉》，《中国历史地理论丛》2009年第4期，第132—134页；《汉代河西走廊东段交通路线考》，《敦煌学辑刊》2011年第1期，第58—65页；《汉敦煌郡境内置、骑置、驿等位置考》，《敦煌研究》2011年第3期，第70—77页；《汉酒泉郡十一置考》，《敦煌研究》2014年第1期，第115—120页；《玉门关历史变迁考》，《石河子大学学报》2015年第3期，第9—16页；等。

历史上许多重大的政治、经济、军事、文化活动有了准确的空间概念，一些长期若明若暗的重大历史问题得以迎刃而解，而且对于我国城市建筑史和古代城垣建筑技艺的研究亦有重要意义。

例如，位于金昌市双湾乡尚家沟的三角城，系距今约2800年前的青铜时代沙井文化遗存的唯一城址，在全国来讲也是现存时代很早的古城。沙井文化的历史面貌如何，反映了什么样的社会经济形态，是当时什么民族、部族的遗存？这些问题的解决除依据有关墓葬出土物品外，三角城本身就成了可资依赖的十分重要的实物资料。经对该城及周围地面的发掘清理，出土各类文物600余件，据之并参照有关文献，许多学者认为该城反映出的是以游牧为主的社会经济生活，是游牧活动中一处相对固定的放牧点，且留存农业、手工业的痕迹。有学者直接指认沙井文化是月氏族的遗存。当时筑城方式亦颇为独特，城垣以泥巴垒砌，非如后代的夯土版筑。

又如，唐及归义军时期的瓜州城究竟在哪里？中外一些学者曾多有争论，这一问题的解决不单在于该城本身的定位，而且关乎与之相关的一批城址与地物的位置，如玉门关、阳关、常乐县、墨离军、百帐守捉、豹文山守捉、悬泉镇、雍归镇、会稽镇、新城镇、合河戍、大黄府、阶亭驿、悬泉驿、鱼泉驿、第五道、苦水、冥泽、长城堰、南山、拔河帝山等，进而又关系到这一带许多重大历史事件的发生地域、地望，以及古道走向、民族分布、古今水系改徙、绿洲变迁等问题，这些均是丝绸之路和西北史地研究中的紧要事项，可谓关乎大矣。笔者考得唐瓜州城即今瓜州县锁阳城，由此可进一步解决一系列相关问题，凸显了该城在古丝路上的重大意义。2014年6月22日，在卡塔尔首都多哈举行的联合国教科文组织第38届世界遗产委员会会议上，锁阳城被成功列入世界文化遗产名录。

二　权威性的历史标本

这些古城遗址种类多样，规模不等，形态各异，功能有别，呈现出丰姿丰色的斑斓色彩，从而为丝绸之路和我国古代历史的研究提供了一批真实可见的权威性标本。

依其种类而论，它们既有地方性割据政权的"都城"，又有州郡城、县城；既有乡城、里城、民堡，又有置、驿、骑置、站、亭、铺和递运所城；既有都尉府、候官城、军城、守捉城、卫城、千户所城，又有戍城、关城、障城、坞壁。举凡我国历史上的主要城址类型，除国都而外，大都可在这里找到，由此可构成一列完整的古代行政、军事城址序列。

依其规模而论，有的城址十分壮观雄伟，周长达几千米，面积数十万平方米，如锁阳城周长近3千米，面积约50万平方米；有的则较为小巧，周长仅有百十米。如著名的敦煌小方盘城（汉玉门都尉府治）周长102米。依其形制而言，有的城垣设置齐备，有瓮城、马面、角墩、雉堞、龙尾（马道），城周有羊马城、护城壕、弩台等，有的则仅存四壁，结构单调；有的城中有城，垣内套垣，构成二重、三重墙垣，形同"算盘形""回形""品形"等，结构复杂。如锁阳城由北、东、西三城组成，六工破城、羊蹄鼓城等由内城和外城两部分构成，骆驼城、旱湖脑城等由南、北二城构成。有的城址则构筑简单。依其平面形状来看，有的方方正正，十分规整，有的则富有变化，呈现出椭圆形、三角形、梯形、台阶形、不规则形等形状。整个河西走廊犹如一座巨大的光彩夺目的古代城址造型艺术博物馆，向我们展示了两千多年来风云变幻波澜壮阔的中华历史图卷，显现了丝绸之路千年沧桑的不朽风姿。

笔者认为，城址规模、结构、形制上的不同，体现了其等第、时代、功用等方面的差异，藉此以前一些搞不清楚或不大明确的问题即可得以解决。如唐代的驿站是什么样子，城有多大，形制如何？文献上没有记载，在我国东部地区也鲜有遗址可寻，但在河西地区却保存了一批唐代的驿址。如敦煌市东北61千米处有一座俗称甜涝坝的古城，城址平面呈菱形，每边长32米，残高1—2.2米，城内出土灰陶罐、棋子、铁箭镞、开元通宝币、石磨等唐代遗物，对照敦煌文书《沙州都督府图经》可以考得，此城即唐悬泉驿址。它如唐黄谷驿、东泉驿、清泉驿、阶亭驿、其头驿、甘草驿、新井驿、广显驿、乌山驿、双泉驿、第五驿、冷泉驿等等均有废址可考，由此使我们看到了实实在在的唐代驿址面貌。据之可总结出驿址平面呈四边形、每边长 30—70 米不等、面积 100—500 平方米、驿侧多有烽燧和驿、戍并置等唐代驿站的特点。

又如，在锁阳城高大城垣外侧 10 余米、护城壕内侧还遗存一道远较主垣低矮的残墙，绕城一周，残高 1.2—1.5 米，残宽 1.5 米许，部分墙段已成颓基或缺失。这种城垣外围的矮墙是一种什么建筑，起何作用？查《通典·兵典》等典籍知，此道矮墙原来是羊马城，它平时可用以安置羊马牲畜，战时为城厢加设一道防线。它是我国唐代城邑建筑中的一种重要设置。文献记载恰可与地表遗迹相印证。羊马城矮小单薄，易于破坏，在我国东部地区恐已很难寻觅。敦煌遗书中一份唐代天宝年间的会计帐上记载，唐沙州城亦置羊马城，但今已无存。此外，骆驼城、巴州古城外围亦存断续羊马城残垣。如此河西走廊的这几处遗址尤显得弥足珍贵，有可能是我国稀见的几处羊马城遗迹。

又如，锁阳城外西北约 40 米处，遗存小型土堡两座，当地惯称空心墩。二堡形制相似，墙垣厚实高大，基本方形，边长均约 30 米，高 14 米。令人奇怪的是两堡均未设门，未知人员如何出入，堡作何用？有人推测可能是用以关押战俘、罪犯的土牢。二堡规模甚小，且位处城外，显然不可能用作监牢，其实它们是唐代的弩台。《通典》卷一五二《兵五·守拒法附》："弩台，高下与城等，去城百步，每台相去亦如之。下阔四丈，高五丈，上阔二丈，下建女墙。台内通暗道，安屈胜梯，人上便卷收。中设毡幕，置弩手五人，备干粮水火。"对照锁阳城外二堡的形制，与上述记载颇为相似，故二堡应为弩台一类建筑，其进出上下当以屈胜梯（软梯）为之，堡内应有暗道与锁阳城通连。弩台为城邑防御系统向城外伸延出去的部分，它不仅可以为城邑多增加一道屏障，而且还能变消极防守为积极的进攻，城中兵卒通过暗道升至弩台，出其不意地与城邑共同夹击靠近城垣的敌军。锁阳城外的弩台，也是我们今天所能见到的为数极少的唐代弩台遗址实物。

再如，汉代郡县城究竟有多大，规模怎样？迄今亦无成说。笔者通过对整个河西众多古城遗址的系统考察研究得出，汉县城廓平面多为规整的方形或长方形，每边长度大多 250—300 米，周长多为 1000—1400 米。如敦煌郡渊泉县城周长 1180 米、龙勒县城周长 1140 米，武威郡休屠县城周长 1200 米、鸾鸟县城周长 1176 米、宣威县城周长 1060 米，张掖郡昭武县城周长 1120 米、删丹县城周长 1300 米、日勒县城周长约 1000 米、番和县城周长 1080 米，酒泉郡乐涫县城周长 1298 米、玉门县城周长 1150 米、池头县城周长约 1000 米等。至于汉代郡城则要较一般县城大出许多，周长多为县城的 2 倍以上，面积为县城的 4 倍以上。如敦煌郡治敦煌县城周长 3700 米，武威郡治姑臧县城周长达 4000 多米、酒泉郡治禄福县城周长 3160 米等。城址规模是确定城邑等第、判定城址性质的重要依据，规模较大的城址一般必然是等级较高的军、政机构驻所。如果较县城还要小出许多的城址，那就只能考虑为县级以下的乡、戍、驿一类的居址。

三　富有特色的选址布局

古代城址的选点、布局不会是偶然的，它是在一定历史条件下由特定的空间关系（自然的、经济的、政治军事的等）所规定的，河西古城遗址在地理布局上即是如此，呈现出若干有规律性的特点。揭示这些特点，并进而总结古代西北城镇居民点起源、布局、兴废的一般规律，这不仅在学术研究上是颇为重要的，而且还可为今天的城镇规划、布局和改造提供切实的历史借鉴。

即拿汉代河西郡县城址的布局来说，就具有如下特点：

首先，设县之处皆是发展农业生产自然条件较为优越，特别是水资源丰盈的地方，而一县的首府居地县城则多位于绿洲平原上自然条件最好的山前洪积冲积扇扇缘泉水出露带一线或主要河流近旁。因为绿洲县城的主要职能之一就是管理民户，组织农业生产，农业经济基础乃是决定其兴衰的主要制约因素，汉代如此，后代亦然。

河西绿洲是由疏勒河、黑河、石羊河三大内陆水系的几十条干、支河流冲积形成的一块块小绿洲联合而成，而汉代在河西所设的 30 余座县城大多是一块小绿洲上分布一个。如敦煌郡敦煌县位于党河绿洲中游，效谷县位于党河绿洲下游，龙勒县位于南湖绿洲，冥安县位于古疏勒河（冥水）绿洲，广至县位于榆林河绿洲，渊泉县位于疏勒河中游绿洲；酒泉郡玉门县位于石油河绿洲，延寿县位于白杨河绿洲，会水县位于北大河下游绿洲，乐涫县位于丰乐河绿洲；张掖郡居延县位于黑河下游绿洲，显美县位于东大河绿洲，番和县位于西大河绿洲；武威郡鸾鸟县位于西营河绿洲，姑臧县位于金塔河绿洲，苍松县位于古浪河绿洲等等。而这些县的县城则又多位于每一块小绿洲平原上自然条件最好的泉水出露带一线或较大河流近侧。这种分布规律在我国西北内陆河流域绿洲地区应是一个通例，河西的例子可以供西北其他地区古城考证和史地研究参考借鉴。

其次，河西多数县城地当沟通古代旧大陆三大洲的国际大通道丝绸之路沿线，且县城间一般相距30—60千米不等，使其成为丝路大动脉的中继站和补给地在所必然。沿走廊平原中部丝绸之路主要干道分布的汉代县城自西向东有：龙勒、敦煌、效谷、广至、冥安、渊泉、乾齐、池头、玉门、延寿、禄福、绥弥、乐涫、表是、昭武、屋兰、氏池、删丹、日勒、番和、显美、鸾鸟、姑臧、张掖、苍松、扑䴗等等。另外，沿石羊河和黑河干流南北向通道（可视为丝绸之路的支线），又分别设有休屠、宣威、武威、居延等县。这些县城的盛衰与丝绸之路的兴颓可谓息息相关，河西绿洲的开发史与丝绸之路的发展史往往是紧密联系在一起的。

再此，河西走廊北邻匈奴，南毗诸羌，由于地理条件的限制，绿洲河流沿岸水草地带和山区较大河流的谷地往往成为民族往来、交易的主要通路，也是游牧民族前来骚扰的孔道。在这些道口，特别是在较大河流的出山口处设县置城具有重要的军事和经济等方面的意义。如早在太初元年（前104）李广利征伐大宛时，为防备匈奴趁机而入确保后方安全，即于走廊北部重要道口设置居延、休屠二县以作屏蔽。太初四年（前101）又在今石羊河北部置武威县，"武威县、张掖日勒皆当北塞，有通谷水草"，其军事地位的重要显而易见。

上述这种城址分布格局，不单反映了自然条件对于置郡设县和绿洲开发的制约作用，是汉代河西绿洲开发地域范围的标识，而且亦是汉室将河西作为"以通西域，鬲绝南羌、匈奴"之重要基地来从事经营的政治战略在地理布局上的反映。

同时，河西汉代县城遗址附近其至城内往往分布有新石器遗址，附近又有汉代墓群，有的城址周围还不止一处，如姑臧、鸾鸟、武威、张掖、媪围、宣威、觻得、氐池、禄福、乐涫、会水、池头、龙勒、冥安、广至等。汉代县城很可能与这些新石器遗址有着渊源关系。因为不论是石器时代的原始公社，抑或后代的文明社会，人们总是要选择一个地区中地理条件理想之处设置居民点，特别是大的居民点。

城邑作为人口的聚居之地，其周围必然会分布有同时代的墓葬，一般情况下墓葬，尤其是成片墓群当不会距死者生前居址太远。如汉龙勒县城周围数千米内分布有山水沟墓群、西头沟墓群和双墩子滩墓群，出土大量汉代陶器、五铢币以及汉代以后的一些遗物。又如汉冥安县城周围分布有锁阳城墓群和黑水河墓群，总墓数达8000座以上，分布在长约30千米、宽5—8千米的范围内，其结构有砖室和洞穴墓两种，为瓜州县境内规模最大的古墓群，被列为省级文物保护单位。再如汉渊泉县城附近数千米内残存五道沟八队汉墓群、六道沟四队北三棵树汉墓群、桥湾魏晋墓群等。依据汉墓群的分布来探查汉代县城位置，或根据汉县城址来寻索汉墓群的分布，这对于田野考古和城市起源的研究均有参考意义。

河西汉县城址周围还多见较小的卫星式城堡的拱卫，由此形成一组组等第有序、排布有致的城址群落。小城堡面积一般在900—2500平方米，约为主城面积的1/100—1/20，它们或为乡城，或为里城，或为置、驿，或属级别较低的军事驻所。如汉觻得县城周围有小城堡7处，分别位于其西南、南、东南和东部；会水县城周围有小城堡10余座，即西三角城、北三角城、小三角城、三角城、一堵城、下长城、下破城、西窑破庄、三个锅桩城等；效谷县城周围分布有三道蒙古包古城等小城堡；汉广至县城南有新沟古城；汉敦煌县故城西北有三号桥古城；汉冥安县城周围有转台庄子、半个城等。由河西的例子可以推见，主城周围环列小城堡当为我国古代城邑布局的又一特点。

四 沧桑变迁的历史见证

由于历史上人为的、自然的原因所引起的环境变迁，河西不少古城遗址今天已深处荒漠之中。昔日壮观的伟墙高垒，今日已成颓垣残堞；昔日繁华殷庶的绿洲，今天成了沙浪滚滚的瀚漠。置身其间，足以观沧海桑田的历史变迁。

如位于敦煌南湖绿洲东部的龙勒故城，已成为新月形沙丘的处所；位于瓜州县古冥水下游的锁阳城、冥安故城，红柳灌丛沙堆遍布城址内外；位于石羊河下游的武威故城和宣威故城，今已成为巴丹吉林沙漠东部边缘西沙窝的一部分；位于黑河下游的居延故城、黑城等及其周围的古绿洲，已被茫茫沙海悉数吞噬；位于北大河下游的西古城、东古城、一堵城等，已处于东沙窝的重重包围之中；大湾城、地湾城、沙城子、"黑水国"城、武威高沟堡城等，均沙堆遍布城址内外，甚或流沙高于城垣。城址周围废弃的大片耕地、阡陌、渠道的遗迹大都历历在目，昔日的繁华与今天的荒凉恰成鲜明对比。块块古绿洲的成片分布，成为河西地域文化的又一显著特点。

研究这些古城址的兴废及其地理环境的历史变迁，无疑具有重要的学术价值，同时对于今天绿洲地区的开发整治、防沙治沙和可持续发展亦有积极的史鉴意义。

[本文原载《丝绸之路·图像与历史》（论文集），东华大学出版社2011年版，第74—81页]

汉居延县城新考

居延，是汉武帝驱逐匈奴后在河西所设的边县之一，属张掖郡。它的位置因其和历史上许多重大政治、军事活动之间的联系而一直为国内外考古学家、历史地理学家所关注和寻觅。笔者曾于1987年9月、1991年3月、1993年7月三次在黑河下游内蒙古额济纳旗一带作过实地考察。今就考察所得，结合有关文献资料，对这一问题作一新的探讨，以求教于学界。

《史记·大宛列传》："太初三年（前102）置居延、休屠以卫酒泉。"居延县当设于是年。《汉书·地理志》："居延，居延泽在东北，古文以为流沙。都尉治。莽曰居成。"据此，居延县的东北有居延泽，即"古文"所谓的流沙之地。该县应位于居延泽的西南。所谓"古文"，当指《尚书》而言。《尚书·禹贡》云："道弱水，至于合黎，余波入于流沙。"弱水，古今书籍都认为即黑河，一名黑水，又名张掖河；有时又专指黑河主要支流之一的山丹河。《山海经·海内西经》："流沙出钟山，西行又南行昆仑之虚，西南入海，黑水之山。"郭璞注："今西海居延泽。《尚书》所谓'流沙'者，形如月生五日也。"流沙形如月生五日，当指随风流动的沙丘呈新月形，这是河西走廊北部巴丹吉林沙漠和腾格里沙漠的主要地貌景观。《水经注》卷四十："流沙地在张掖居延县东北。……弱水入流沙。流沙，沙与水流行也。亦言出钟山，西行极崦嵫之山，在西海郡北。"据《晋书·地理志》，西海郡为献帝兴平二年（195）武威太守张雅请置，治所在居延县城。《元和郡县图志》卷四十："居延海，在（张掖）县东北一千六百里。即居延泽，古文以为流沙者，风吹流行，故曰流沙。"可见《尚书·禹贡》所谓流沙当指今黑河下游的沙漠地区（属巴丹吉林沙漠的一部分）。

由《汉书·地理志》"流沙"的地望可推，汉居延县位于今黑河下游内蒙古额济纳旗域内，古居延泽则在其东北。居延泽又名居延海，即黑河之终端湖。《汉书·地理志》张掖郡觻得县条："羌谷水出羌中，东北至居延入海，过郡二，行二千一百里。"关于觻得县城的位置，学者认为即今张掖市西北的"黑水国"古城①，笔者亦此看法。②羌谷水即黑河，自源头八宝河至终端湖全长820多千米，约合（415.8米/里）2000汉里，合（540米/里）1520唐里③，与《汉书·地理志》《史记正义》所载大体相合。"过郡二"当指张掖、酒泉二郡。朱震达、刘恕等先生指出，14世纪中叶以前的古居延泽在今额济纳旗人民政府驻地达兰库布镇以东三四十千米处进素图海子一带，由东海、西海和北海三部分组成，历史上的最大面积可达800平方千米，现已大部干涸，仅残留湖岸线10—14条。进素图海子即是西海遗迹的一部分④。近年景爱先生在《额济纳河下游环境变迁的考察》一文中亦持相似看法，认为古居延泽平面略作肺叶形，面积为726平方千米。⑤京（进）素图淖尔及其东南下湿地为其西半部。

《史记·匈奴列传》正义引《括地志》云："汉居延县故城在甘州张掖县东北一千五百三十里。有汉遮虏障，强弩都尉路博德之所筑。李陵败，与士众期至遮虏障，即此也。《长老传》云障北百八十里，直居延之西北，是李陵战地也。"《史记·李将军列传》正义引《括地志》云："居延海在甘州张掖县东北［千］六十四里。"《元和郡县图志》卷四十

---

① 王北辰：《甘肃黑水国古城考》，《西北史地》1990年第2期；谢继忠等：《西汉张掖郡治觻得考辨》，《张掖师专学报》1990年第2期。
② 李并成：《河西走廊历史地理》，甘肃人民出版社1995年版。
③ 汉、唐里折合为今里，笔者依据科学出版社出版的《历史自然地理》附录《历代度量衡换算简表》、上海人民出版社出版的《中国历代户口、田地、田赋统计》等有关资料换算。
④ 朱震达等：《内蒙西部古居延—黑城地区历史时期环境的变迁与沙漠化过程》，《中国沙漠》1983年第2期，第3—4页。
⑤ 景爱：《额济纳河下游环境变迁的考察》，《中国历史地理论丛》1994年第1期，第47页。

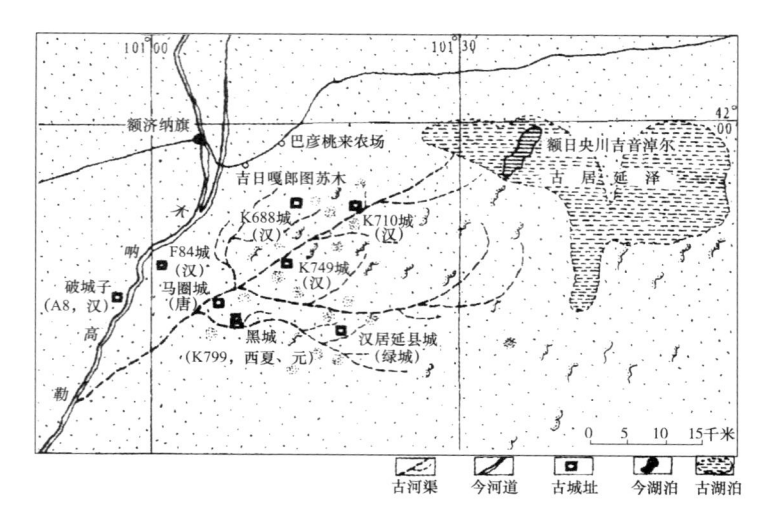

图1 古居延绿州及汉居延县城位置示意图

载居延海在张掖县东北1600里。《太平寰宇记》卷一五二："居延海在（张掖）县东北一千六百里，即古之流沙泽也。"前引各史籍所载居延海至张掖县之间的距离，或云千六十四里，或云一千六百里，参差不一。《括地志辑校》（中华书局1980年版）认为，上云千六十四里之"十四"或为"百"字之烂文，千六百里之说对。额济纳旗破城子（A8，汉甲渠候官遗址）EPT50：10简："居延鸣沙里，家去大守府千六十三里。"大（太）守府即汉张掖郡治解得城。对照前文，此处"十三"亦可能是"百"字之烂文，"千六十三里"疑即千六百里之误；也有可能脱一"百"字，为千六百十三里之误。《读史方舆纪要》卷六十三载汉居延城在甘州卫（今张掖市）西北千二百里，与上引《括地志》《元和郡县图志》《太平寰宇记》等所记差异较大，当误。诚如上云，则汉居延故城当在唐张掖县（据考证即今张掖市①）东北1530里（唐里，下同）处，居延海当在唐张掖县东北1600里处，汉居延故城在古居延海西南70里处。

对汉居延县城位置的最确切记载，还得从居延汉简中来找。

---

① 参见谭其骧主编《中国历史地图集》等。

EPT59∶104："延城甲沟候官第十三队长……居延阳里，家去官八十里，属延城部。"EPT3∶3："……居延肩水里，家去官八十里。"EPT52∶137："……居延昌里，家去官八十里。"《居延汉简释文合校》89∶24："……居延中宿里，家去官七十五里，属居延部。"以上简牍均出自汉甲渠候官驻地的破城子（A8）。破城子位于黑河下游纳林河与伊肯河之间的戈壁滩上，城垣犹存（图1）。所记居延阳里、肩水里、昌里、中宿里，有可能距破城子不远。简中所云"官"当指居延县城。80汉里合今33千米许，75汉里合今31千米许。在破城子东北33千米处恰有一座汉代城址，编号K710；破城子东北31千米处又有一座汉代古城，编号K688。二城为目前居延古绿洲所见汉代城址之中较大的两座。是否其中之一为汉居延县城呢？曾来这一带做过考察的瑞典学者贝格曼（Folks Bergman）认为，K710为汉居延县城。1961年陈梦家撰《汉居延考》一文，亦推测K710为汉居延城，并指出K688可能是遮虏障[①]。其后，薛英群[②]、景爱等均指认K710城为汉居延城。

根据笔者的实地考察，K710城位于旗政府东南约24千米处，略呈方形，南、北垣各长120、东垣长131、西垣长133米。城墙为版筑，夯层厚13—17厘米。墙体因遭受风蚀和自然风化，残损严重，尤以北、南二垣为甚，呈断续块状。墙基宽4米，残高0.5—1.2米。南垣开一门，宽6米。东垣亦有一宽6米的豁口，可能也是城门。城内地面因风蚀比原地面低0.2—0.4米，四角置角墩，角墩底基宽6、长8米。城中高阜处发现数处零散房址。城垣内外散落大量的汉代残砖、灰陶片（菱形纹、绳纹、素面）、红陶片、石磨盘和五铢钱等。城东1千米处为墓葬区，多为小型砖室墓，大多被盗。城东南500米处有一窑址，地面可见烧结物、砖块和陶片等。城周围发现风蚀弃耕地遗迹，其上遍布汉代的绳纹、素面灰陶片和碎砖块等，并可见少量的宋代及元代瓷片。

K688城，位于K710城西略偏北约4千米处，平面呈方形，长130、

---

① 陈梦家：《汉简缀述》，中华书局1980年版，第224页。
② 薛英群：《居延汉简通论》，甘肃教育出版社1991年版，第34—37页。

宽 127 米。城墙残宽 4 米许，残高 1.5—2 米。夯筑，夯层厚 10—12 厘米。墙体因风蚀破坏严重，但东南角保存稍好，残高 3.5 米。城内外可见汉代的灰陶片、夹砂红陶片、瓦片、残砖块、铜箭头和残铁片等。城东、南约 1000 米处有汉代的墓群。

笔者认为，两座城址的规模仅及一般汉代县城城址的 1/4 左右。根据笔者的考察，河西汉代的县城城址一般呈矩形，周长约 1100—1300 米左右，面积约 8—9 万平方米，如汉休屠县城（武威市三岔古城）周长 1200 米；张掖县城（武威市王景寨古城）周长 1200 米；扑𤠔县城（古浪县古城头）周长 1350 米；宣威县城（民勤县文一古城）周长 1060 米；昭武县城（临泽县昭武村古村）周长 1120 米；删丹县城（山丹县双湖古城）周长 1300 米；骊靬县城（永昌县南古城）周长 1400 米；番和县城（永昌县西寨古城）周长 1080 米；乐涫县城（酒泉市皇城）周长 1298 米；玉门县城（玉门市赤金堡）周长约 1150 米；渊泉县城（安西县四道沟古城）周长 1180 米；鸾鸟县城（永昌县沙城子）周长 1176 米；龙勒县城（敦煌市南湖破城）周长 1140 米，等。如属郡城则规模更大，如汉武威郡治姑臧城（武威市三摞城）周长约 4000 米；酒泉郡治禄福县城（酒泉市西半城）周长 3160 米；敦煌郡治敦煌县城（敦煌市敦煌故城）周长 3700 米，等[①]。而周长小于 800 米的汉代县城城址至今未有发现。城址的规模是确定城址等级、判定城址性质的重要依据。规模较小的城址只有可能是等级较低的军事驻所或乡、置一类驻地，而不会是县城。贝格曼等人不辨城址规模大小，贸然指认 K710 为汉居延县城，未免失之偏颇。

其次，K710、K688 二城位置偏处居延古绿洲北部，易受流沙的侵袭，自然环境和农耕条件较差，也不适合于县城选址。

那么，汉居延县城究竟位于何处呢？笔者注意到，在居延古绿洲的

---

① 李并成：《西汉武威郡诸县城址的调查与考证》，《历史地理》第 10 辑；《西汉酒泉郡若干县城的调查与考证》，《西北史地》1991 年第 3 期；《汉敦煌郡冥安、渊泉二县城址考》，《社科纵横》1991 年第 2 期；《居延汉简里程简地理调查与考释（一）》，《西北史地》1993 年第 1 期。

腹地，西夏至元代黑城遗址的东略偏南 14 千米处有一座俗称绿城的古代城址。城址平面略呈方形，周长 1205 米，符合汉代县城的一般规模。城垣夯土版筑，夯层厚 11—14 厘米。墙基残宽 3.5 米，残高 2 米许。北垣东部开门，有瓮城。城内西部有一座覆钵式的喇嘛塔，已残。瓮城内亦见坍塌的类似土塔的残址。南垣内侧有一渠道穿城而过。城内文化层堆积可分为上、下两层。上层为西夏至元代层。下层的包含物有灰陶片、砖瓦碎块和绳纹、旋纹、水波纹、垂幛纹及素面陶片等，主要为汉晋时期的遗存。可见，该城当始建于汉代，一直沿用到西夏和元代。

绿城座落在一片比较开阔的台地上，周围多有沙丘分布。沙丘之间有大片的古弃耕地，东西 10.5、南北 5.5 千米，面积约 60 平方千米，远大于 K710 和 K688 周围的古垦区，是居延古绿州范围内古垦区中面积最大的一块。这里农田最为平广，渠道最为密集，建筑遗址最为集中，作为整个居延古绿州统治中心的居延县城，设于这里的可能性自然也应最大。首先，西汉河西县城的主要职能之一是管理移民，组织农业开发，以建立制匈奴、通西域的根据地，因而农业生产乃是决定其兴废的重要因素。绿城周围范围广阔的古垦区正为汉居延县城的建立和发展提供了优越的农业条件；其次，绿城西略偏北距破城子（A8）31 千米，与前引汉简之汉里 75—80 里之数相合；其东北 70 里处又恰为居延泽洼地，又与前考居延城和居延海间的距离吻合；第三，该城又为居延古绿洲中面积最大、唯一符合汉代县城规模的汉代城址，理当是汉代居延县最高行政首脑的驻地。综上而论，笔者认为绿城当为汉代的居延县城。

至于 K710、K688 二城，笔者认为显系军事用途的城堡。二城规模较小，远非县城可比，且位置偏北，接近弱水尾闾，临近冲要之地。其北数千米至十数千米处即为居延都尉辖殄北候官所属的烽塞示警系统，由 A1 障（宗间阿玛，31 米×32 米）、A10 亭（6.5 米×6.5 米）、A11 烽、K681 烽、T28 烽、T29 烽、F30 障（36 米×36 米）、A12 烽、A13 烽等和断续的东西向塞垣组成，从纳林河东岸一直延伸至古居延泽的西岸，形成一道拱卫古居延绿洲的弧形屏障；K688 城西部十数千米处为居延都尉辖甲渠候官所属的烽塞示警系统，由 A2—A7、A9、T3—T11、

T14，、T21、P9 等 26 座烽隧和 A8 障（破城子，甲渠候官治所）以及南北向的塞墙组成，长约 40 千米，在纳林河与伊肯河之间的砾石滩地上，构成了拱卫古居延绿洲的西部屏障。古居延绿洲南部，即绿城以南 20 余千米又有卅井候官所辖的烽塞遗迹，东部则为古居延泽。种种迹象显示二城应属军防城堡。其中 K688 城，距离北、西两道烽塞防御系统更近，便于对其统辖指挥，也便于及时传递警讯，部署兵力，当为汉居延都尉府城。而 K710 城则有可能是路博德所筑的遮虏障。《资治通鉴》卷十九、汉纪十一元狩二年注："（武）帝开置居延县，属张掖郡，使路博德筑遮虏障于其北。" K710 城恰好位于绿城北稍偏东 17.5 千米处，有无可能为遮虏障？存疑。

（原载《考古》1998 年第 5 期）

古阳关及阳关绿洲沙漠化的调查研究

阳关，为古丝绸路上的著名关口。依《汉书·地理志》，阳关与另一要口玉门关，均位于敦煌郡龙勒县境内，"皆都尉治"，它们雄踞丝路大道，一南一北，控扼西域门户，"东则接汉，厄以玉门、阳关"。当时中原与西域交通莫不取道于此，是故两关在中西交通史上占有极其重要的地位。

阳关古址位于今甘肃省敦煌市城西南65千米的南湖乡。南湖是河西走廊最西端的一块绿洲，面积仅100平方千米许。其位处祁连山脉与阿尔金山山脉交界处的当金山口北麓，东、北、南三面被党河洪积扇大戈壁包围，西面连接茫茫的白龙堆，即今库姆塔格沙漠。于卫星影像上看，南湖绿洲犹如一条大尾巴鲤鱼，孤游在瀚海大漠中。降水极为稀少，年降水量仅有20毫米左右，堪称我国最为干旱的一隅。绿洲水源主要来自党河河床的渗漏补给。党河源于祁连山脉北麓西段，流入敦煌绿洲，全长约390千米，出山口（党城湾）年径流量3.53亿立方米。该河汉代名氐置水，唐称甘泉水，自古就为敦煌绿洲的生命之源。其沿程大段穿越洪积砾石戈壁，河水大量下渗，部分潜流在南湖边缘出露，汇成涓涓泉溪，丰腴的南湖绿洲正是在这股泉水的滋育下发育形成的。

南湖南部有一带南北狭长的洼地，为党河洪积冲积扇西南边缘的一处天然凹陷，潜流于此大量涌出，泉源多发，较大的泉有大泉、车轱辘泉、亩半泉等，聚水成湖，这即是南湖绿洲的主要河流大沟河的源地。这片湖沼，亦即相传著名的出"天马"的地方，汉代名渥洼池，唐代叫寿昌海。1938年于此筑坝拦水，建成一座水库，名黄水坝水库，多年平均入库径流量 0.804 亿立方米。除此而外，南湖绿洲东西两侧还有两条水沟，均顺自然地势由东南流向西北，与大沟河流向略相平行。东边的一条叫山水沟，西边的一条名西头沟，流量分别为 0.37 立方米/秒、0.2 立方米/秒。虽流量不大，但沟谷下切较深，沟岸壁立，沟蚀强烈。今天南湖绿洲约有居民 5500 人，耕地 1000 公顷，林木 2000 余公顷。

据笔者近年来多次实地考察，发现南湖绿洲历史上形成的沙漠化土地有东西两大片。西片即为人们常常提及的古董滩，阳关遗址即位于此。东片则鲜有人知。此外在古董滩西 10 余千米处另有一片小绿洲。这 3 片古绿洲面积合计约 40 平方千米，笔者将其统称为古阳关绿洲。

一　古董滩古绿洲

古董滩，位于今南湖绿洲西边，为一片被新月形沙丘吞噬的古绿洲，因其地暴露有许多古代遗物得名。1943 年向达先生来这里考察，看到"今南湖西北隅有地名古董滩，流沙壅塞，而版筑遗迹以及陶片遍地皆是，且时得古器物如玉器、陶片、古钱之属，其时代自汉以迄唐宋皆具。古董滩遗迹迤逦而北以迄于南湖北面龙首山俗名红山口下，南北可三四里，东西流沙埋没，广阔不甚可考"。又云："红山口两山中合，一水北流，往来于两关者在所必经。阳关适在口内，可以控制西、北两路。口西山峰上一汉墩翼然高耸，自敦煌赴南湖未至四十里，即见此墩。阳关设于口内，而以此墩为耳目，盖可想而知也。"[1] 龙首山为横亘于南湖绿洲北部的一条剥蚀残丘，东西长约 4 千米，南北宽 1 千米许，相对高度仅 10 余米。山体由古生代花岗岩构成，多含正长石，颜色发红，故有红山口之谓。南湖绿洲的主要河流之一大沟河从该山中部切过，将山体劈作东西两段。东段名龙头山，海拔 1312 米，

---

[1] 向达：《两关杂考》，《唐代长安与西域文明》，生活·读者·新知三联书店 1957 年版，第 374—375 页。

西段称墩墩山，海拔1322米，因山上"汉墩翼然高耸"得名。此墩今名墩墩山烽燧，以红色粘土夹芦苇逐层夯筑而成，残高5.3米，底部南北9.2米，东西7.5米；上部南北8.4米，东西6.3米，为今天阳关地区最醒目的标志性建筑。

诚如向达先生所言，今天古董滩的状况仍大体如此。笔者自1983年起，曾先后11次来这里考察，所见其地悉被新月形沙丘占据，由于受主风向西北风的作用，新月形沙丘链呈EN—WS向排列，共有沙丘链约40余道。沙丘一般高7—8米，丘间地宽25—60米，暴露大片风蚀古耕地。其间田垄遗迹甚为清晰，一排排，一行行，齐整有序，于航空照片上亦可显见。其上散落素面、绳纹灰陶片、红陶片、夹砂红陶片、碎砖块、铜器铁器残片、磕石甚多，并有陶纺轮、铁锤、铁锛、石磨、石臼等器具，亦可找到五铢钱、半两钱、开元通宝钱等钱币，遗物多为汉至唐五代时期物品，其地因之俗名古董滩。笔者查得，这片古董滩东靠今绿洲农田，西抵西土沟，北到墩墩山，南达南滩，南北长5.5千米，东西宽2—3.5千米，面积约16平方千米。其地略呈盆地状，地势由东南向西北倾斜，海拔1270—1290米，较今南湖绿洲低约15—20米。由其暴露遗物的时代推测，古董滩的沙漠化当发生在唐后期至五代之时，至北宋以后彻底废弃。

古董滩西侧西头沟西岸分布大片古墓群，多为汉唐时墓葬。古董滩北侧到墩墩山之间还有一片东西走向的四坝文化遗址（距今3900—3400），曾出土石斧、石镰、石球、夹粗砂红陶片、陶杯等。可见早在汉代以前这里就有人类活动。

二　古董滩西小绿洲

鲜为人知的是，古董滩以西10余千米的青山梁以北的流动大沙梁间，还有一小片古绿洲，其地曾开有渠道、农田，并有城堡建筑。

俄藏敦煌文书《唐天宝年代敦煌郡田薄残卷》（Φ.0366）载录了当时寿昌县部分农户的受田亩数，曰："一段叁亩，寿昌城西三十里，东刘通，西荒，南刘永安，北渠。一段贰亩，寿昌城西三十里，东渠，西永安，南渠，北渠。"① 寿昌城即今南湖破城（详后），该城西30里，已远远超出古董滩的范围，早已深陷沙海中。敦煌文书《寿昌县地境》："西寿昌城，（寿昌）县西北五里，汉武八年创置。"然而《唐沙州志》（S.0788）则记：西寿昌城，"县西廿五里，武德八年置"。疑前云"县西北五里"，当系"县西廿五里"之误；"汉武八年"系武德八年（625）之误。另一件敦煌文书《沙州城土镜》（P.2691）亦曰："西寿昌城，县西二十五里。"向达先生认为，西寿昌城为唐代阳关的另一称谓。但据敦煌文书等史料知，西寿昌城与阳关古址并不在一地，一在寿昌县西25里，一在寿昌县西10里，二者非属一地。西寿昌城的方位、里距与Φ.0366所载农户受田的地域接近，应在同一块小绿洲上。访之当地乡亲，云南湖西30里一带确有废弃的田园遗迹，有一小股泉水于此露头，西出阳关者可于此得到补充，但未见古城遗址。恐西寿昌城早已被沙丘埋没。

《唐沙州图经卷五》（P.5034）："无卤涧，阔五十步，崖口（深）一丈五尺，水阔八尺，深三尺。右源出古阳关城西南，至县西南十里，北流至石门烽西，正西入寿昌古城界下，廿里，百姓用溉田亩。其水无卤，故以为号。"以所记方位，笔者考得无卤涧正是今西土沟。② 该沟发源于阿尔金山北麓，顺山坡而下，途经古董滩西侧，西北流至今南湖国营林场水尾，逐渐没入戈壁，全长约百余千米，平时仅有若干露头泉水补给，汛期往往成为山洪的排洪沟道。20世纪60年代在其中部鄂博头泉向东北方向新开红泉渠一道，引沟水浇灌阳关村农田。石门烽即今墩墩山烽燧。所云"寿昌古城界下"显然非指寿昌县城，而应指西寿昌城，石门烽正西20里，恰恰是古董滩西的这片小绿洲，因知该绿洲亦引用无卤涧水灌溉。

---

① 本文所引敦煌文献分别见于《俄藏敦煌文献》，上海古籍出版社1992—2001年版；《英藏敦煌文献》，四川人民出版社1990—1995年版；《法藏敦煌西域文献》，上海古籍出版社1994—2005年版。依学界惯例所引敦煌文献只标出名称与卷号，以下不再一一出注。

② 李并成：《唐代敦煌绿洲水系考》，《中国史研究》1986年第1期，第164页。

该片小绿洲面积仅 4 平方千米许，其废弃沙漠化当与古阳关绿洲同期。

三　关址寻觅

饱经历史的风风雨雨，阳关故址早已损毁无存。古阳关究竟在哪里？《括地志》《元和郡县图志》《旧唐书·地理志》《太平寰宇记》《舆地广记》均谓，阳关在唐寿昌县西 6 里。《唐沙州图经卷五》（P.5034）、《新唐书》卷四十三引贾耽《四夷道里记》则记，阳关在寿昌县西 10 里，较前云 6 里稍远，当取其约数而言。

敦煌南湖乡寿昌故城西 6 里，以至 10 里的地方，正是今古董滩之地。学者们曾于此多次查找，但始终未能找到今仍墙垣耸立的城址，但也非一无所获。早在 1972 年，酒泉地区文物普查队于古董滩第 14 道沙梁（新月形沙丘链，由东往西数）后发现成片夯筑墙基遗址，附近还有断续宽厚的垣基，面积约上万平方米。笔者于 2000 年 8 月 19 日，在距今绿洲西缘（南工村四组西）约 1 千米许，亦找到了一处墙垣遗迹分布较集中的地方。其地位于两道新月形沙丘链间，丘间地宽 50 米许，共残留大致呈东西方向的夯土垣基 10 条。其中 6 条垣基较完整，贯通于两侧沙丘间，4 条垣基西端残断，长不足 20 米。垣基高出风蚀地面仅 20—30 厘米，残宽 30—45 厘米，每条垣基之间宽 2.2—3 米。其地南北向墙基不明显，当因其冲着主风向而被风蚀殆尽。周围暴露风蚀古耕地遗迹，散落各种陶片、砖块等物较多。这里应是一处大型院落遗址。可见古董滩上墙垣遗迹集中分布的区域并不只一处，阳关古址即应位于其中一处。

四　阳关沿革探考

阳关，早自汉武帝开拓河西时即与玉门关一同设置。《史记·大宛列传》：虏楼兰、破姑师后"封恢为浩侯。于是酒泉列亭障至玉门矣"。《集解》引徐广曰："捕得车师王，元封四年封浩侯。"知是年（前 107）

修筑酒泉至玉门间长城，玉门关当随之而设。《汉书·地理志》敦煌郡龙勒县条："有阳关、玉门关，皆都尉治。"阳关与玉门关并列，其始置恐亦在汉元封四年之际。汉龙勒县，即唐代寿昌县，故址即今南湖破城（详后）。

阳关之设，东汉曹魏因之。据《晋书·地理志》西晋时升格为阳关县，属敦煌郡。《元和郡县图志》卷四十：阳关，"以居玉门关之南，故曰阳关。本汉置也，谓之南道，西趣鄯善、莎车。后魏尝于此置阳关县，周废"。知北魏亦置阳关县，北周县废，关存。隋唐时仍设阳关。据《大唐西域记》，贞观十九年（645）著名高僧玄奘自天竺求经归来，即是由阳关进入内地的。约武周时关址已见破坏。敦煌遗书 P.5034《沙州图经卷五》："阳关，东西廿步，南北廿七步。右在（寿昌）县西十里，今见破坏，基趾（址）见存，西通石〔城〕、于阗等南路。以在玉门关南，号为阳关。"此卷文书有武周新字，而无涉武周以后事，因断其纂成于武周时期。据之知当时阳关虽遭破坏，但关址犹存，仍作为通往石城镇（今新疆若羌）、播仙镇（今新疆且末）、于阗（今新疆和田市）及其以远的阳关道上的西出关口。此卷"无卤涧"条还明确提到了阳关城，可见阳关城址亦存；卷中还记载了石城镇往沙州的南道："一道南路，从镇东去沙州一千五百里，其路由古阳关向沙州，多缘险隘，泉有八所，皆有草，道险不得夜行，春秋二时雪深，道闭不通。"《新唐书》卷四十三引贾耽《四夷道里记》亦载阳关道路："又一路自沙州寿昌县西十里至阳关故城，又西至蒲昌海南岸千里。自蒲昌海南岸，西经七屯城，汉伊修（循）城也。又西〔百〕八十里至石城镇，汉楼兰国也，亦名鄯善，在蒲昌海南三百里，康艳典为镇使以通西域者。又西二百里至新城，亦谓之弩支城，艳典所筑。又西经特勒井，渡且末河，五百里至播仙镇，故且末城也。……五百里至于阗东兰城守捉，又西经移杜堡、彭怀堡、坎城守捉，三百里至于阗。"蒲昌海即今罗布泊。可见当时西出阳关的道路，也即所谓的西域南道，为东西交通的一条十分重要的通道，可经由罗布泊南岸、石城镇（若羌）、播仙镇（且末）等地，到达于阗及其以远。

约五代之际，阳关被彻底废弃了，阳关道路亦鲜有往来者。撰于后晋天福十年（即开运二年，945）的《寿昌县地境》和后汉乾祐二年（949）的《沙州城土镜》（P.2691）均未记载阳关。似阳关这样重要的地物在当地方志上绝不可能漏载，合理的解释只能是当时阳关已废。P.3929《敦煌古迹廿咏·阳关戍咏》："万里通西域，千秋尚有名。平沙迷旧路，甃井引前程。马色无人问，晨鸡吏不听。遥瞻废关下，昼夜复谁扃？"甃井即废井，扃，门上的插关。此诗约作于晚唐，知当时阳关已废，阳关道路断绝，被流沙掩迷的古道只能依靠途中废弃的水井辨认路径；当年关城下胡汉互市、检验马匹毛色的盛况已成烟云；黎明时分也不再有关吏闻鸡鸣而放行客旅，昼夜间还有谁再来开闭关门？此后阳关就逐渐被风蚀沙埋，其关址亦阒而无闻。

五　南湖破城考

南湖破城，位于今南湖乡政府驻地东北2千米、北工村一组北端、东古董滩西缘。已十分残破，平面呈矩形，东西北3面仅存断续墙垣，各有马面2座，残迹尚可辨认。南垣仅见墙基，其西段被现代水渠用作渠堤。城垣皆就地取红色粘土、胶泥（湖相沉积物）夯筑而成，基宽5—6米，顶宽约2米，残高2—4.5米。北垣长300米许，东西二垣各长270米，全城总面积83500平方米。东垣似有瓮城残迹。城垣内外遍布新月形沙丘，沙丘峰脊高于墙垣。丘间地上有琐琐、骆驼刺、芦苇、红柳、碱蓬等生长。该城有多次重修的痕迹，夯土中夹杂不少汉魏时代的灰、红陶片。城内城周亦散落大量陶片、砖块，亦有断珠、箭头、铜饰、石磨残片、白瓷片、开元通宝钱币等汉唐时代遗物。并多见黑、白两色纽扣般大小的扁圆石子，即围棋子。其两面中凸，四周较薄，有光滑细腻的成品，也有半成品，还有黑色和白色的碎石堆，夹杂若干刚打制的粗样。城外东南70米处存古窑址1座。城外沙丘间有大面积风蚀弃耕地。城址东南约4千米的戈壁滩上存汉唐墓群，名山水沟墓群。城东5千米双墩子一带亦有古墓群，双墩子即墓园入口处的双阙。

· 147 ·

《汉书·地理志》记，敦煌郡辖有龙勒县。《元和郡县图志》卷四十："寿昌县，中下。东至（沙）州一百五里。本汉龙勒县，因山为名，属敦煌郡。……武德二年（619）改置寿昌，因县南寿昌泽为名也。"知唐寿昌县即汉龙勒县。《新唐书·地理志》更具体地记为："寿昌，……治汉龙勒城。西有阳关，西北有玉门关。"《沙州城土镜》（P.2961）："寿昌县，西北去州一百二十里。"《寿昌县地境》亦云："西北去州一百二十里。"对照《元和郡县图志》所载方位，"西北"应是"东北"之讹。S.0788《唐沙州志》曰："寿昌县，下，东北去州一百二十里。"由上引敦煌文书对照，《元和郡县图志》之"东至州一百五里"，"五"当为"廿"之讹，因字形相近致误。《太平寰宇记》卷一五三则曰："寿昌县，（沙州）西南一百五十里。"方位同上，距离稍远。

由汉唐沙州故城（位于今敦煌城西党河西岸）向西南120唐里（约合今65千米），正是今南湖绿洲的所在，汉龙勒县、唐寿昌县无疑应置于此绿洲上，因为除此绿洲外，其周围数十乃至数百千米之外均为茫茫沙海戈壁，根本没有建县的可能。南湖绿洲上唯一具有县城规模的汉唐故城址即南湖破城。《唐沙州图经卷五》（P.5034）："寿昌海，右出寿昌县东南十里，去州一百廿里。"前已云及寿昌海即今黄水坝水库，恰位于南湖破城东南10里。该城形制（筑有马面、瓮城等）具有典型的唐城风格，所存遗物又主要为汉至唐五代时物品（以唐五代的为多），因之该城系汉龙勒县城、唐寿昌县城无疑。由《新唐书·地理志》和《敦煌市博物馆藏唐地志残卷》（敦博58号）知，唐时沙州土贡棋子，即围棋子，这正与南湖破城发现的遗物吻合。又由敦煌文书见，唐寿昌县境内还有大渠、长支渠、令狐渠、龙堆泉、大泽、石门涧、无卤涧、龙勒泉、曲泽、黑鼻山、姚阅山、龙勒山、西紫亭山、破羌亭等地物，其位置笔者均已考出。[①] 由这些地物与县城的相关位置亦可推得，汉龙勒、唐寿昌县城确为今南湖破城。

于敦煌遗书P.5034、S.0788、P.2691、《寿昌县地境》等知，唐五

---

① 李并成：《〈沙州城土镜〉之地理调查与考释》，《敦煌学辑刊》1990年第2期。

代寿昌县城内建有县学、社稷坛、永安寺等，今均无存。其中永安寺，于吐蕃占领敦煌之辰年（788）前后有僧 11 人（据 S.2729），至戌年（818）有主客僧 36 人（S.0525），且有寺户为其供役（S.0542），五代后唐同光间（923—926）僧、沙弥增至 38 人（P.2550），并于后唐至北宋太平兴国年间设有寺学（S.0214、P.2483），教授僧俗生徒。敦煌文书还存有该寺《戊寅年（918）三月十三日算会历》（P.0474），从中略可窥见其经济收支状况。寺僧还热心于开窟造像，莫高窟 40、108、390 窟存该寺寺主庆安等供养像和题名。当年寿昌城繁华之况从中依稀可见。

六 东古董滩古绿洲

除古董滩外，南湖一地还有另一片面积更大、遗物更多的"古董滩"，即南湖破城与山水沟之间的古绿洲。这片古绿洲因位处南湖绿洲之东，为与绿洲西部的古董滩区别起见，笔者姑以东古董滩称之。过去这里较少被人注意，未见有人对其作过调查考证，因而长期以来不为人们所知。笔者于 1983 年、1988 年、1999 年三次对其仔细踏查，摸清了有关情况。[1]

东古董滩位于南湖破城的东、北、西三面，遍布流动的新月形沙丘和沙丘链，亦因当地盛行西北风的作用，沙丘和沙丘链亦呈 EN—WS 向排列，沙丘高度一般为 2—3 米，尤以南湖破城内和城周的沙丘最高，峰脊可达 5 米以上，高于城垣。相邻沙丘间的间距约 40—70 米。沙丘上无任何植被覆盖，任凭风魔肆虐，黄沙漫卷。正如同 P.2005《沙州都督府图经》所描述的敦煌一带的风沙景观："流动无定，峰岫不恒。"

在一条条新月形沙丘、沙丘链间，暴露大片弃耕地，尽管风蚀严重，但垄陌、堤堰遗迹仍约略可辨，各类遗物随地散落，触目即见，尤以陶片和砖块为多。有灰陶片、夹砂红陶片、夹砂黑色陶片、黄白色陶片、黑红夹层陶片等。较大一些的陶片可明显看出圜底、口沿、罐腹、瓶颈

---

[1] 李并成：《古阳关下的又一处"古董滩"》，《敦煌研究》1999 年第 4 期。

等器形，但未找到完整的器物。此外还见到一些未烧透的半成品或残次品陶片，无疑这里应有烧制陶器的陶窑。陶片纹饰绝大多数为绳纹和素面，亦见雨点纹、篮纹、水波纹、垂幛纹等。

  所见砖块以黑色的居多，也有灰色、灰白色者，叩之声响清脆，有如金属之音。弃耕地上还找到几块石磨残片，均如巴掌般大小，其上磨纹清晰，磨齿规整，与河西其他汉唐古绿洲上所见的石磨残片类似。其地还遗留不少残铁片、铜饰件残片、料珠碎片等。以上遗物的类型、形制与西古董滩遗物十分相似，当属同一时代即汉至唐五代时期的遗存。散落在这里的还有大小不等的一些卵石，直径多为10—30厘米，表面较光滑，当为山洪暴发时携来。以往人们于南湖破城中所见黑、白两色似纽扣般大小的扁圆石子，即唐代沙州土贡的围棋子，即应取料于此种卵石。

  东古董滩的范围，西起今南湖绿洲东缘的南湖破城，东至山水沟，北抵洪积戈壁边缘，南达黄水坝水库东北不远处的多垄沙地，东西宽约3—3.5千米，南北长6千米许，面积近20平方千米，较西古董滩稍大。山水沟位处东古董滩东部，平时以石盆、碱泉子等处涌出的泉水补给为主，溪流潺潺；其上源与发源于祁连山脉北麓最西端的长草沟、五个泉沙沟和洪沟相通，汛期沿山麓而下的洪水咆哮而至，泄入沟内，严重时可冲决堤堰，毁弃农田，故沟水难以利用。山水沟以东亦见零星陶片散落，可能亦有小块废弃农田。东古董滩地势较黄水坝水库低数米至十数米，较今南湖绿洲腹地高约3—5米。

  考之敦煌文书，曾几何时东古董滩一地渠道贯穿，水流潆洄，垄亩连陌，颇为兴旺。前引作于武周时期的《唐沙州图经卷五》（P.5034）载，寿昌县东南十里有寿昌海，方圆可一里□，深浅不测，地多芦苇。其水分流二道，一道入寿昌县南溉田，一道向寿昌县东溉田。旧名渥洼水。寿昌海（今黄水坝水库）自古就为南湖绿洲的主要灌溉水源，其水入寿昌县东所溉之田正是今东古董滩之地，入县南溉田亦涉及东古董滩南部一些地块。P.5034又记，寿昌县主要灌溉渠道有两条，一为大渠，一为长支渠，二渠即上云由寿昌海水分流的两道。"大渠，长十五里，阔八尺，深五尺。右在县南十里，从渥洼海畔穿渠，用溉县东田亩，其水派流支散。因以为名。长支渠，右在县南十里，从海畔穿渠，用溉县东田亩。县界渠中最大，因以为号。"渥洼海即渥洼水、寿昌海。池田温《沙州图经略考》认为，所云大渠"其水派流支散"一句当属于长支渠条，而长支渠条"县界渠中最大"句则应属于大渠条。① 其说甚是。李正宇认为，大渠"溉县东田亩"，"东"应为"南"之误，若大渠与长支渠皆溉县东田亩，则城南及城西南和城西岂无农田及灌渠？② 其说亦当。大渠所溉县南的田亩，当在今东古董滩南部一带；长支渠溉县东田亩，无疑应流贯今东古董滩地域，其"派流支散"，应为东古董滩的主要灌溉渠系。二渠之名亦见于他卷敦煌文书。唐光启元年（885）抄写的《沙州伊州志》（S.0367）："大渠，县南十里，源自渥洼水。长□（支）渠，□□（县南）十里。"后晋开运二年《寿昌县地境》："大渠，县南十里，从渥洼池内穿入渠。"后汉乾祐二年《沙州城土镜》（P.2691）："大渠，县南十里。"

唐寿昌县的两条主要灌溉渠道均流灌东古董滩，因知其地当为唐代寿昌县绿洲的主要农田所在地。据前引俄藏《唐天宝年代敦煌郡田薄残卷》（Φ.0366），登录当时寿昌县民户所受田亩，其中于寿昌城北一里、二里、三里、五里、七里、十里计31段，共受田120亩；寿昌城东一里、二里、三里、五里计21段，共受田107亩；寿昌城南一百步、一里、二里、三里、五里、十里计35段，共受田165亩。合计东古董滩（含寿昌城北、东、南地域）共受田392亩。自然这仅是该残卷所录居于东古董滩古绿洲部分民户的受田亩数，而远非整个东古董滩的农田面积。据该卷又可得知，该古绿洲农田范围北至寿昌城北十里，东至城东五里，南至城南十里，其南北延伸至少在20里以上，东西宽度不少于5里，这与前述笔者实测的古绿洲范围大致吻合。如该

---

① ［日］池田温：《沙州图经略考》，载《榎博士还历记念东洋史论丛》，东京山川出版社1975年版，第88—89页。

② 李正宇：《古本敦煌乡土志八种笺证》，台北新文丰出版公司1998年版，第168—169页。

卷载:"一段肆亩,寿昌城北十里";"一段捌亩,寿昌城东五里";"一段拾壹亩,寿昌城东五里";"一段陆亩,寿昌城南十里";"一段壹亩,寿昌城北十里"等等。

流注东古董滩绿洲的还有令狐渠。Ф.0366载王守志户受田:"一段肆亩,寿昌城东一里,东渠,西渠,南路,北令狐渠。"该渠恐为长支渠的一条子渠。

此外,东古董滩南面的石门涧水亦可被其引灌。《沙州图经卷五》(P.5034):"石门涧,阔七十三步,崖深一丈五尺,水深三尺。右源出县东南三里,于县城南五步向西出,入石门谷,众水合流,可行卅里,百姓堰水以溉田,因山为号。"P.2691和《寿昌县地境》亦载此涧,皆云其源自"县东南三里",S.0367则谓"源自县南三里",里数同,方向近之。李正宇考得石门谷即今红山口,石门山今墩墩山,石门烽今墩墩山烽。[1] 源于寿昌城东南不远,又从石门谷流出的这道涧水,正是流经今南工坝、北工坝,西北汇入大沟的泉水,其上源水流可引灌东古董滩南部。

寿昌城东还有一处"大泽"。P.5034:"大泽,东西十里,南北十五里。右在(寿昌)县南七里,水草滋茂,百姓牧放,并在其中。因□(号)大泽。"该泽水草生长良好,可供百姓放牧,说明其应系沼泽性的草甸、草滩,而并非寿昌海那样的水湖。位于寿昌"县南七里",当为县东七里误,由上考知县南七里应是寿昌海水系大渠的引灌农田区,不应有大泽。《寿昌县地境》:"大泽,县东七里。水草滋茂,牧放六畜,并在其中。"P.2691亦记:"大泽,县东七里。"由此方位里距考之,大泽正是今东古董滩东边的山水沟中段石盆之地。山水沟上源为洪沟和沙沟,均源自当金山口东侧的黑石头及附近一带,为南山洪水冲流而成,短暂洪水期过后即成干沟,平时仅有些许地下潜流从沟底露头。山水沟中部石盆一地,则为一处洪水冲刷而成的宽阔的沟槽洼地,泉流大量涌

---

[1] 李正宇:《古本敦煌乡土志八种笺证》,台北新文丰出版公司1998年版,第168—169页。

出，遂成大泽。20世纪60年代末，青海石油管理局于此开置农场，拦蓄沟水，垦田浇灌。1996年又于山水沟下游构筑拦蓄大坝一道，遂使石盆水量大聚，其东西宽3千米许，南北顺沟延长6千米多，俨然成了一座容量不菲的水库，已非唐时的沼泽草甸。这里还新建了度假村，湖面上开辟了快艇游览等项目。

七 古阳关绿洲沙漠化发生的时间及原因考

综上可见，整个南湖地区古绿洲沙漠化面积约有40平方千米（含古董滩、东古董滩、古董滩西小绿洲凡3片）。前已提及，其沙漠化出现的时代据古绿洲遗存物品推断当在唐后期至五代之际，至北宋以后彻底废弃，敦煌文献中的有关记载亦可印证这一推断。前引五代后晋天福十年（即开运二年，945）州学博士翟奉达抄送寿昌县令张某的敦煌文书《寿昌县地境》和撰于后汉乾祐二年（949）的《沙州城土镜》，均已无阳关的有关记载，可见关城当已废弃。《敦煌古迹二十咏·阳关戍》（P.3929）称其为"平沙迷旧路"的"废关"，知其确已废置，沙漠化的出现在所难免。然而阳关的废弃并不意味着阳关所在的整个西古董滩绿洲的彻底废弃沙漠化。《寿昌县地境》明确记载了大渠、石门涧等灌溉渠道，则知五代时东古董滩亦未废，寿昌城更未废弃，仍作为归义军政权治下的沙州属县。《沙州城土镜》亦记载了寿昌县的大渠、石门涧等，并记载有西寿昌城，可见该城亦未废。归义军政权灭亡（1036）后，东、西古董滩的有关记载就从史籍上销声匿迹了，由此推知整个古阳关绿洲的彻底废弃沙漠化应在宋初归义军政权灭亡之后。可见古阳关绿洲的沙漠化当始于唐后期五代之际，完成于宋初，经历了大约一个多世纪的时间。

对于古阳关绿洲废弃沙漠化的原因，业师侯仁之先生有过精彩论述，[①] 对笔者启益良多。侯先生认为，历史上的沙漠化过程与现代沙漠

---

① 侯仁之：《敦煌南湖绿洲沙漠化蠡测》，《中国沙漠》1981年第1期。

化过程是分不开的，可由现代过程而推溯其历史演变。就现代来看有两方面的问题十分值得重视：一是 30 年来天然植被已遭到严重破坏，二是强烈的沟蚀发育还在活跃地进行中。山水沟、西头沟（即西土沟）等每遇大水暴发，就会携带大量泥沙顺流而下。一出沟口洪水漫溢，泥沙沉淀，随地散布在戈壁滩上，烈日曝晒之后，又被盛行的西北风吹回到龙首山以南，由于地形的影响，很快地沉落下来，在大沟的东西两面形成条条大沙垄。落在大沟里的流沙又被水流携至下游。这一泥沙往返搬运的过程，应是造成南湖绿洲两侧沙漠化的一个重要原因。再加上强烈的风蚀，沙质的耕土在没有植被覆盖时，容易就地起沙。龙勒和寿昌废墟、阳关故址，就被掩埋在如此形成的大沙垄中。

诚如侯先生所论，笔者实地所见，阳关遗址西侧的西土沟（唐无卤涧）流经地段均为疏松的沙土，水流对沟壁的侵蚀非常活跃，其年均流量虽仅 0.8 立方米/秒，平时只有一股十分微弱的细流，但其切深却超过 20 米，沟口更宽达 40 米许，如遇洪水可很快将沟谷刷深拓宽，而把沟中泥沙携往低洼处沉积。南湖绿洲东面的山水沟亦如之，笔者在当地了解到 1967 年 7 月那次大洪水使山水沟大队 500 多亩耕地被冲毁废弃，200 多人被迫搬迁（迁往敦煌城湾农场），洪水所携泥沙又接连湮埋了新工坝和营盘两个大队农田，水流过后田间积沙厚达 70—80 厘米，不得不耗用大批人力移沙。

在侯先生的启发下，笔者认为古阳关绿洲沙漠化的成因可从以下几个主要方面考虑：其一，考虑到政治军事方面，归义军以后这里迭经回鹘、党项等民族占领，动乱频多，恐在很长一段时期内绿洲农田无人经理，任其风蚀侵凌，流沙湮埋，从而招致沙漠化的发生。其二，考虑到自然环境方面，其地环处沙海，绿洲面积甚小，生态条件极为脆弱。其地表物资组成主要为河湖相沉积的疏松的粉沙、沙土，极易被吹起扬沙，并且沟蚀活跃，况且当地风力强盛，大风日数较多，弃耕农田很快会成为风沙的源地，由沟蚀带往下游沉积的大量泥沙亦不断提供流沙来源，这些泥沙复经盛行西北风的吹扬搬运，又会堆积在绿洲田园。更加以自汉代长期开发以来，绿洲边缘植被大量破坏，这又很容易诱发周边库姆塔格沙漠等的流沙入侵。其三，考虑到其地沙漠化的表现形态方面，主要为新月形沙丘和沙丘链对绿洲的吞噬，则其沙漠化作用的主要途径当为流沙入侵，以及就地沙源物资的吹扬壅积（如侯先生所论的那样，经水冲、沟蚀、吹扬搬运、湮埋，反复作用）。正是在以上几方面因素的共同作用下，千古阳关绿洲终成绝唱。

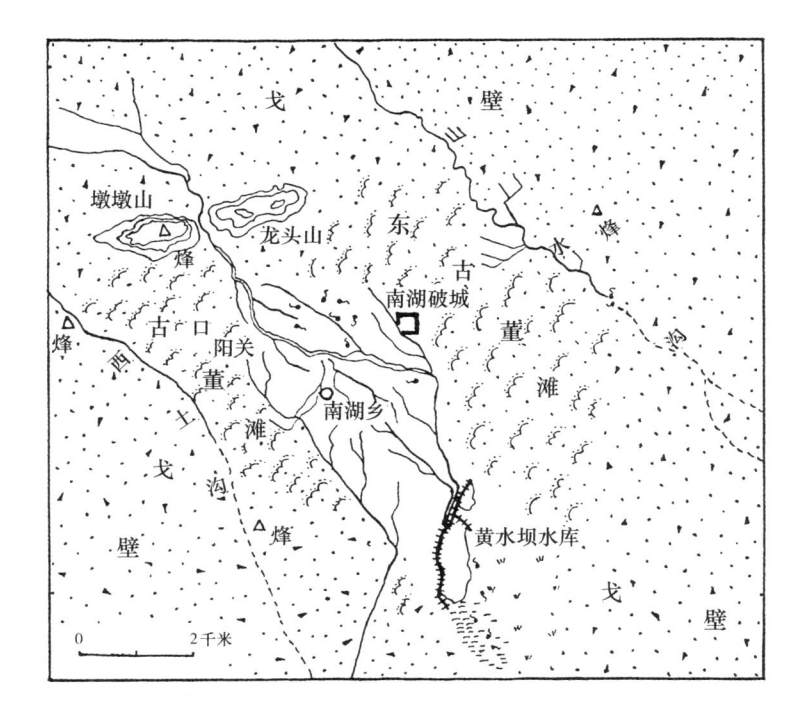

图 1　敦煌古阳关绿洲示意图

汉酒泉郡十一置考

一般认为,汉代邮驿系统内部机构设置,有"置""驿""邮""亭"等。《后汉书》卷一一八《西域传》:汉代"立屯田于膏腴之野,列邮置于要害之路。驰命走驿,不绝于时日;商胡贩客,日款于塞下"。邮置系统为汉王朝的兴盛和丝绸之路的繁荣发挥了极重要的作用。于居延汉简、敦煌悬泉汉简等史料见,"置"为最高级别的邮驿机构,其人员较多,吏员有丞,丞下有置、厩、厨和仓啬夫(佐),还有负责养马、驾车、传递文书与提供饮食的各种日常人员,或徒或一般平民。敦煌悬泉置即有官卒徒御三、四十人之多、传马四十匹、传车多时可达十五乘。

1990—1992年于敦煌市甜水井东南3千米的汉代悬泉置遗址,出土了一枚珍贵的里程简,即Ⅱ0214①:130简:

……仓松去鸾鸟六十五里,鸾鸟去小张掖六十里,小张掖去姑臧六十七里,姑臧去显美七十五里。……(A第一栏)

……氐池去觻得五十四里,觻得去昭武六十二里府下,昭武去祁连置六十一里,祁连置去表是七十里。……(A第二栏)

……玉门去沙头九十九里,沙头去乾齐八十五里,乾齐去渊泉五十八里。右酒泉郡县置十一·六百九十四里。(A第三栏)……①

---

① 甘肃省文物考古研究所:《敦煌悬泉汉简释文选》,《文物》2000年第5期,第33页;又见于胡平生、张德芳《敦煌悬泉汉简释粹》,上海古籍出版社2001年版,第56页。本文引用悬泉简文皆见于以上二著,以下不再一一出注。

该简记载了汉代河西四郡境内交通路线及其里程，简文虽不很完整，但其所记路线可东西相连，走向清楚，从而为我们研究汉代河西丝路交通提供了绝好的第一手史料，弥足珍贵。简中所记酒泉郡、县设有置 11 所，其里程为 694 汉里。笔者不揣谫陋，在反复实地考察及考证有关文献资料的基础上，拟对汉酒泉郡 11 置的设立及其位置作一考证，以就教于学界。

上引简文 A 面第二栏提到觻得、昭武两处地名，检《汉书·地理志》知，张掖郡辖有觻得、昭武等十县，其中觻得列为首县，当为郡治。简文中的这两处地名即应指此二县。笔者曾考得，汉张掖郡郡治觻得县故址位于今张掖市城西北约 17 千米的"黑水国"北古城，悬泉Ⅴ1611③：39A 简云，悬泉去"张掖千二百七十五"里，合今约 530 千米，距悬泉置 530 千米之处正是今"黑水国"之地。位于觻得 62 汉里（合今约 27 千米）的昭武县即今张掖市临泽县昭武村村部东北 1 千米许黑河岸边的古城址（"学大寨"运动中被毁）①。由昭武再向西，即为祁连置，当已进入酒泉郡界内，汉酒泉郡十一置，应自祁连置始。以下笔者即依汉简所记从东自西的顺序，对这十一处置一一加以考证。

一　祁连置

依上引悬泉Ⅱ0214①：130 简，昭武西去祁连置 61 汉里，合今约 26 千米。由昭武古城西去 26 千米许，为今临泽、高台二县交界处的渠口堡一带。该堡地处黑河南岸、芦湾墩水库西测，南望祁连山脉，今属高台县巷道镇辖。渠口指黑河进入高台县境后从南岸引出的三清渠之分水口，该渠流灌高台县东部及城周一带绿洲田野。此处地势较周围略高，黑河干流从其北侧切穿而过，恰为理想的分水之处。同时这里也是黑河渡口及交通路口之所经，从张掖沿黑河南岸西行，经临泽绿洲进至渠口堡，继续向西可抵今高台县城周一带绿洲及骆驼城；由此渡过黑河，沿该河

---

① 李并成：《河西走廊历史地理》，甘肃人民出版社 1995 年版，第 53—58 页。

北岸西北行，经五坝、六坝、七坝、八坝、九坝、十坝等堡（皆为明代屯堡）、胭脂堡、罗城、天城等地，穿过合黎山口正义峡，可达黑河下游鼎新绿洲，以至居延绿洲；从这里渡河东去，可达四坝、三坝、平川、板桥等黑河北岸绿洲。渠口一地实属这一带交通的重要道口、渡口，祁连置设于此处恰当其位。查有关史料知，直到唐代这里仍为交通、军事要口，其地改设为祁连戍，该戍当即沿袭汉之祁连置而来。唐诗人岑参当年赴西域途中曾留下"昨夜宿祁连，今朝过酒泉"的诗句，祁连即指祁连戍，今渠口堡。敦煌文书《太平颂》（P.3702）："昨闻甘州告捷，平善过□祁宁（连）。"甘州（张掖）报捷前往敦煌亦经祁连戍要地。至于渠口堡，系清代所筑屯堡，又名渠口铺，其地置烽墩，清时这里仍为通道所经。清乾隆二年《重修肃州新志·高台县》："渠口铺墩，离城一十五里。"又云："三清湾，地在高台县城东南一十五里。雍正十一年开（屯田）……共地一万六千二百三十二亩七分六厘。"大规模屯田的开辟，致使其地的古堡旧垒今已荡然无存。

二　表是县（置）

依悬泉 Ⅱ 0214①：130 简，祁连置西去表是县 70 汉里，约合今 30 千米。由渠口堡西去 30 千米之地正是今高台县骆驼城遗址。骆驼城系全国重点文物保护单位，为我国现存规模较大、颇有影响的一座古城址。该城位于高台县城西略偏南 21 千米处的骆驼城乡，城垣犹存，分作南北两半城。南城较大，南北 494 米，东西 425 米。北城较小，南北 210 米，东西亦 425 米。全城南北通长 704 米，总面积 299200 平方米。夯筑，夯层厚 10—15 厘米。墙基残宽 6 米许，顶宽 1.8 米，残高 5—8 米。四角筑角墩，南北二城隔墙两端亦筑墩台，东南角墩顶部存敌楼残迹。东西二垣又各筑马面 3 座。南城开东、西、南 3 门，皆筑护门瓮城。北城仅开南门，以与南城相通，亦筑瓮城。骆驼城东南 1 千米许发现前凉墓葬，出土木板纪年墓志一通，记："建兴二十四年三月癸亥，朔，二十三日乙酉，直执凉州建康表是县显平亭部前任闰领拔周振，妻、孙阿惠得用。

今岁曰道通,葬埋太父母以后入蒿里……"建兴二十四年即公元336年,亦即前凉张骏太元十三年;墓主人周振为凉州建康郡表是县显平亭闰领拔(即副领把)。由此墓志可以证明,前凉建康郡表是县城正是今骆驼城遗址。《后汉书·五行志》亦记,光和三年(180)"自秋至明年春,酒泉表氏(表是)地八十余动,涌水出,城中官寺民舍皆顿,县易处,更筑城郭"。西汉始筑的表是县城因东汉光和三年的地震毁弃,只好易地重建城郭,这一重筑的表氏(表是)县城即应为前凉建康郡表是县所沿袭的城郭,即今骆驼城。笔者还考得骆驼城在唐代为建康军城。[①] 表是县城无疑应设有表是置,如同效谷、广至、冥安、渊泉、龙勒等县均设有与县同名的置那样(参见悬泉ⅡO214①:154等简)。

三 ××置(今屯升雉家庄)

由表是县再往西,为汉酒泉郡乐涫县辖地。刘兴义先生考得,汉乐涫县城为今酒泉市下河清乡的皇城遗址。[②] 甚是。该城地处丰乐河下游,东与骆驼城直线距离为59千米(约合137汉里),相距较远,其间肯定还应设有另一个置,惜汉简缺载。考之其所经地点,骆驼城往西约33千米许(约合77汉里)为今酒泉市屯升乡雉家庄,该庄位处马营河下游天然河道东岸,系祁连山北麓的又一处小绿洲。这块小绿洲沿河岸分布,面积虽仅约10余平方千米,但却是沟通黑河绿洲与酒泉丰乐河绿洲间的必经之地,因舍弃其地而外,黑河绿洲与丰乐河绿洲间长达百余里之地皆为洪积戈壁滩,沿途无水源补给,不便通行。若由骆驼城(汉表是县)途经雉家庄再到皇城(汉乐涫县城),总距离约63千米,较骆驼城径往皇城的直线距离向南绕行了约4千米,但中途恰可得到雉家庄这块小绿洲水源、粮草等的补给,故而雉家庄一地实为这条道路上的必经之处,今兰新铁路和312国道亦从雉家庄附近通过。今天在雉家庄附近虽

[①] 李并成:《甘肃省高台县骆驼城遗址新考》,《中国历史地理论丛》2006年第1期。
[②] 刘兴义:《酒泉县下河清乡皇城遗址考》,《敦煌学辑刊》1986年第2期。

已无汉代遗址可觅，但这里仍保存有明代残烽燧。明人李应魁撰《肃镇华夷志》卷三记："河滩墩，（肃州）城东南一百五十五里。"依此位置河滩墩正是今雒家庄残烽燧。笔者实地查之，该烽多半边已倒塌，残高约2米许，其外层夯筑，内核亦夯筑，但其年代显然更早，该烽很可能为汉代始筑，明代重新补修利用。据之笔者判断酒泉市屯升乡雒家庄一地无疑应有汉置之设，惜今已无存，更不知其名，姑以"××置"名之。

四　乐涫县（置）

前已云及，该县城为今酒泉下河清皇城遗址，由雒家庄再往西北约30千米（约合70汉里）即可达此城址。《元和郡县图志》卷四十："福禄县，中下。西至（肃）州一百里。本汉乐涫县，属酒泉郡。"《太平寰宇记》卷一五二亦云："福禄县，肃州东一百里。……唐武德二年于乐涫古城置福禄县。"唐肃州（酒泉郡）城即今甘肃省酒泉市城，其东100里处正是今皇城遗址，汉代于此设乐涫县及乐涫置，唐代改称福禄县。今城垣尚存，南北298米，东西351米，残高3—7米。皇城遗址地处丰乐河下游，水源丰盈，沃野平畴，具有发展灌溉农业的优越条件，并且地当东西交通大道，实为设县立置的理想之地。

五　绥弥县（置）

《汉书·地理志》记，酒泉郡有绥弥县。据《后汉书·郡国志》，绥弥改曰安弥。该县魏晋因之。《资治通鉴》卷一一四义熙二年（406）条："沮渠蒙逊袭酒泉，至安珍。（李）暠战败，城守，蒙逊引还。"胡注：安珍即汉酒泉郡安弥县也，后人从省书之，以"彌"为"弥"，传写之讹又以"弥"为"珍"。时酒泉为西凉李暠的都城，立都张掖的北凉沮渠蒙逊袭酒泉自然是由东向西进军，先至安弥，可见安弥位于酒泉之东。《晋书·凉武昭王李玄盛传》：建初二年（406）"且渠蒙逊来侵，至于建康（今高台骆驼城），掠三千户而归。玄盛（李暠）大怒，率骑追之，及于安弥，大败之，尽收所掠之户"。亦说明安弥在酒泉以东，且位于酒泉东通建康、张掖的大道上。《宋书·氐胡传》亦载，义熙"二年（406）九月，蒙逊袭李暠，至安弥，去城六十里，暠乃觉，引军出战，大败退还，闭城自守，蒙逊亦归"。去城60里指西距西凉都城酒泉60里，这一带为酒泉市临水乡之域。即在今临水乡北的古城村，残存一座古城废墟。城址略呈方形，长宽各200米许，残高1—2.5米，开东、西二门，地面散落灰陶片、黑陶片、碎砖块等物。该城周围分布大量汉晋时期墓葬，如古城村九社北面双墩子地区汉墓散布在沙丘与沙沟间，分为梁家山汉墓群和毛家山口汉墓群两大片。该城东北约10千米的鸳鸯村二组有百余座汉至西晋、前凉时期的墓葬，出土木牛车、木骆驼、五铢钱、丝织品、谷种和各种陶质明器。该城西距酒泉26千米，恰合60汉里；东距皇城遗址（汉乐涫县）31千米，合约72汉里。汉绥弥县、绥弥置即设于此城中。

六　禄福县（置）

禄福县为汉酒泉郡治，今酒泉市城。据《汉书·地理志》，该城始建于武帝太初元年（前104），为河西设立最早的郡、县城，迄今两千多年来其城址一直未有迁改。明万历四十四年（1617）修《肃镇华夷志》、清乾隆二年（1737）《重修肃州新志》均记，明洪武二十八年（1395）于旧城东城外展筑新城，"今日之鼓楼，乃昔日之东门也"。鼓楼今仍存，屹立在酒泉市城中心。由此看来汉酒泉郡治禄福城当为今酒泉城的西半部，东半部则为明代新辟。1954年拆除酒泉南城墙时还发现墙中旧南门遗址（今军分区院内），为汉晋时的禄福县之南门。酒泉位处北大河、洪水坝河洪积冲积扇缘泉水出露带西南侧，地势平衍，地表地下径流均很充沛，具有发展农垦、置郡设县的优越条件。该城不仅地当贯通走廊平原的丝绸之路东西向主干道，而且沿北大河、黑河河谷北上又可直趋蒙古高原腹地，这条河谷水草地带每每成为匈奴南下的天然孔径。酒泉正位居这东西、南北两条交通要道的交汇点上，具有交通、军事等方面极为重要的意义，禄福置设于该城无疑。

七　玉石障（置）

由酒泉往西，穿过数十千米的北大河洪积戈壁滩，则进入一片绵延的剥蚀残山地带，今称之为黑山，为黑河流域与疏勒河流域的分水界山。山体相对高度约200—500米，山体南部有一条东西向延伸的天然峡谷，长约10千米，宽100米许，今名石关峡或黑山峡。峡内有大道，可通车马，成为古代由酒泉西出之要口。峡中有一股泉流由西向东流出，今名红柳沟，这股泉水遂为穿越石关峡的沿途行旅提供了良好的补给水源。古代在干旱戈壁地区行进，沿途人畜水源补给为最重要的问题之一。该峡东口距酒泉城32千米，合75汉里许，恰为一天的行程。由酒泉西行一日恰可得到红柳沟泉水的补给，因而石关峡也就成为十分理想的必经通道。笔者考得，石关峡东口为最早所设的玉门关，武帝元封四年（前107）"酒泉列亭障至玉门"时，就在这里设玉门关。太初四年（前101）李广利伐大宛获胜后玉门关随之西迁敦煌西北，石关峡遂改置为玉石障，亦为玉石置，为汉酒泉郡十一置之一，五代宋初又于这里复置玉门关。[①]《太平寰宇记》卷一五二肃州条："玉石障，按《十三州志》云，延寿县在（酒泉）郡西，金山在其东，至玉石障，亦是汉遮虏障也。"《元和郡县图志》卷四十肃州玉门县条："金山，在县东六十里。出金。"汉唐玉门县城即今玉门市赤金镇古城（详后），由该城向东60里，正是黑山余脉之所在。延寿县，东汉置，故址为今玉门市清泉乡骟马城（详后）。《十三州志》所云金山之东的玉石障恰恰正是今石关峡。关即是障，名称不同，所指

---

① 李并成：《石关峡：最早的玉门关与最晚的玉门关》，《中国历史地理论丛》2005年第2期。

属一。石关峡之所以曾有玉门关、玉石置、玉石障之称，想来一是由于西域向中原贡玉的孔道经由此峡，二是当地自古产玉早有玉石山之名。今天闻名遐迩的酒泉夜光杯所用部分玉石即采自是山。

八　延寿县（置）

由玉石障（置）再往西即为东汉所置的延寿县，该县应设有延寿置。《后汉书·郡国志》延寿县条刘昭注引《博物记》："县南有山，石出泉水，大如筥篚，注地为沟。其水有肥，如煮肉洎，羕羕永永，如不凝膏，然之极明，不可食，县人谓之石漆。"石漆即石油，指明延寿县位于山之北麓、天然石油流出的沟谷近旁。《太平寰宇记》卷一五二玉门县条引阚骃《十三州志》："延寿县，在（酒泉）郡西，金山在其东，至玉石障。"可见延寿县在玉石障（置）之西。今玉门一带有两条天然原油溢出的沟道，一条今名石油河，一条今名白杨河，二河均源出祁连山西段北麓。石油河即《元和郡县图志》卷四十玉门县条所记的"石脂水"，出山后流经老君庙（原玉门市城），折而西北，经赤金镇（汉唐玉门县），又东北流注入花海（延兴海）。白杨河则位于石油河以东15—30千米处，出山后流经玉门市清泉乡、骟马村等地，没入戈壁，该河即应为《博物记》所记流经延寿县的"石漆"水，延寿县即位于该河近侧。即在今白杨河西岸的清泉乡骟马村东头恰有一座古城遗址，俗称骟马城，其南距国道312线仅800米。城址分为内外二城。内城位于外城东北隅，存北西南三面墙体，东垣坍入骟马河（白杨河下游支流）中；南北63米，东西58米；外城墙垣多毁，南北230米，东西280米，城内大部地面被辟为农田，田间地头散落灰陶片、红陶片、碎砖块、石磨残块等汉唐遗物，亦见明代的青瓷片等物。笔者考得该城即东汉延寿县城，其东北隅的内城为明代重修，作为当时茶马互市的"骟马"之所。[①] 骟马城位处石关峡东口以西约36千米，合84汉里，恰为一天的行程。另需指

[①] 李并成：《东汉酒泉郡延寿县城考》，《西北史地》1996年第4期。

出，延寿县虽为东汉所设，但位于其地的置应自西汉时就已设立运行，这里水源丰沛，又为东西交通的必经之处，正是设置的理想之地，很可能东汉延寿县就是在西汉置的基础上发展而来的。不过西汉时的置名已不可考，东汉时应称作延寿置。

九　玉门县（置）

由延寿县再往西即为玉门县，笔者曾考得其故址即今玉门市赤金古城。该城位处骟马城以西约31千米，合72汉里，恰为一天的行程，玉门置应设于该城。《旧唐书·地理志》："玉门军，在肃州西二百里。"唐之玉门军即汉以来的玉门县，天宝十四载（755）又改军置县。《太平寰宇记》卷一五二亦云玉门县位于肃州西二百里。由酒泉向西200里正是今玉门市赤金绿洲之地，石油河流贯其间，地土沃饶，自古就为交通要道和重要的农垦屯田之处。这里遗留东西相连的新旧两座古城址，东为旧城，略呈方形，仅余部分墙段，残高0.5—3米，为汉唐时的玉门县、唐玉门军废址。西为新城，为清康熙年间所筑的赤金卫城。

十　沙头县（置）

依悬泉Ⅱ0214①:130简，玉门去沙头99里，合今约43千米。从赤金绿洲沿石油河北去，穿过赤金峡即进入该河下游的花海绿洲。笔者发现在今花海绿洲的西部还有一片废弃的古绿洲，其面积约310平方千米，古绿洲上残存多座古城遗址，其中最大的比家滩古城为西汉池头县、东汉沙头县城。该城位于玉门市花海乡政府西略偏北13.5千米、恰在赤金古城北43千米处，与汉简记载合。城垣因20世纪70年代"学大寨"运动而几被夷平，今实地所见城址仅余两座残土墩和长约30余米的一段土埂，系东垣颓基，残高1.5米许。访之当地，知此城原来甚高大，每边长约300米。城址内外到处可见各种陶片，亦有残铁片、石磨残块等物。

当地群众说，当年推土平地时城中曾推出不少陶罐、陶碗一类的东西。《汉书·地理志》记酒泉郡辖池头县，但对照《后汉书·郡国志》无池头县而出现了沙头县，沙头县无疑是东汉时池头县的改称。由此也证明该枚悬泉简的时代当为东汉。沙头置应设于沙头县内。

十一　乾齐县（置）

依悬泉Ⅱ0214①:130 简，沙头西去乾齐 85 里，约合今 37 千米。由比家滩古城沿南石河（疏勒河中游东向支流）南岸西行 37 千米许，为玉门市黄闸湾乡东部一带，地处今玉门镇绿洲腹地。由于人类活动频繁，今天这里已无古城址可觅，但乾齐县位于这一绿洲腹地应无疑义。其地附近的北沙梁至今还存留古墓群 3 处，地表散落不少灰陶片等物。乾齐县应设有乾齐置。

以上所考即为悬泉Ⅱ0214①:130 简所记的"酒泉郡县置十一，六百九十四里"。由东向西排列，十一置为祁连置、表是县（置）、失名置（今屯升雒家庄）、乐涫县（置）、绥弥县（置）、郡治禄福县（置）、玉石障（置）、延寿县（置）、玉门县（置）、沙头县（置，西汉名池头县）、乾齐县（置），恰为数十一；东汉 694 里合今约 298 千米，这一里数应指从表是县至乾齐县的距离，恰为 694 汉里。

又依Ⅱ0214①:130 简，乾齐西去渊泉县 58 里，合今约 25 千米，渊泉为敦煌郡最东部的一县。由乾齐县（置）所在的今玉门黄闸湾乡沿疏勒河干流西北行 25 千米，为今瓜州县河东乡四道沟村一带。该村残存古城址一座，南北长约 350 米，东西宽 240 米许，残高 1.5—2 米，城内曾发现汉五铢钱币等物。笔者考得该城即汉渊泉县城。该县地处疏勒河干流大拐弯的内侧，地势较低，泉源旺盛，为疏勒河中游绿洲的精华地段。渊泉县应设有渊泉置。

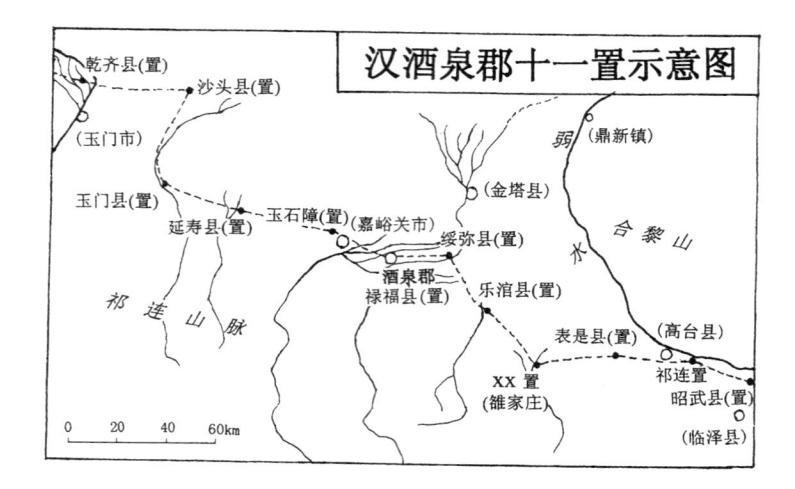

（原载《敦煌研究》2014 年第 1 期）

古丝路上的悬索关考

悬索关，为汉代在丝绸之路主干道河西走廊所设的四座关隘之一。这四座关隘即玉门关、阳关、金关和悬索关。它们皆置于通驿大道要口，且靠近长城塞垣内侧，在中西交通史上均占有重要地位。依《汉书·地理志》，玉门关、阳关位于敦煌郡龙勒县境内，"皆都尉治"，控扼西域门户，"东则接汉，厄以玉门、阳关"。其位置分别为今敦煌市城西北约80千米的小方盘城（及其附近）和市城西南约70千米的南湖乡古董滩一带。金关，据考古发掘位于今甘肃省金塔县天仓乡北约25千米的黑河东岸、汉张掖郡肩水都尉肩水候官治所地湾城（A33）北部600米处，遗址犹存[①]。至于悬索关的所在则长期以来扑朔迷离，不为人们确知。考古工作者虽曾苦苦寻索，但始终未能找到关址。1991年，中央电视台《望长城》剧组在实地拍摄中又一次前来探觅，尽管动用了直升飞机等许多现代手段，然而仍无所获。笔者自1987年9月起，曾先后6次来到居延一带考察，亦未能如愿找到该关。悬索关究竟在哪里，是毁坏荡尽，还是被流沙所掩？至今仍是一个谜。

悬索关，据文献记载属汉张掖郡居延都尉辖。居延汉简又作"县索关"。《居延汉简释文合校》206.2简：

> 吞远候史李赦之……三月戊寅，送府君至卅井县索关，因送御

---

① 李并成：《河西走廊历史地理》，甘肃人民出版社1995年版，第243—245页。

史李卿居延，尽庚辰，积三日不迹①。

出土于破城子（A8，甲渠候官遗址）的74EPF16：1—17《塞上烽火品约》：

匈奴人渡三十井县索关门外道上燧，天田亡失，举一烽，坞上大表一，燔二积薪；不失亡，毋燔薪，它如约。匈奴人入三十井诚势北隧，县索关以内举烽，燔薪如故。三十井县索关诚势隧以南，举烽如故，毋燔薪②。

由此知悬索关为居延都尉的三十井候官所辖，其关门外有道上燧、天田，附近又有诚势燧和诚势北燧，该关诚为一处侦候匈奴举动、通达警讯的要隘重关。天田，为汉塞上常用的一种巡察手段，通常于塞垣内侧掘一堑壕，壕内铺以细沙，以此徼巡越塞者的足迹。据考古调查，三十井候官所辖长城塞垣斜亘于古居延绿洲东南部，其主体部分从今内蒙古自治区额济纳旗的布肯托尼（A22）斜向东北至博罗松治（P9），长约60千米，存断续塞墙和32座烽台③。悬索关无疑应位于此段塞垣域内。

金关遗址所出15.19简：

永始五年（前12）闰月己巳朔丙子，北乡啬夫忠敢言之，义成里崔自当自言为家私市居延。谨按：自当毋官狱征事，当得取传，谒移肩水金关、居延县索关，敢言之。闰月丙子，麟得丞彭移肩水金关、居延县索关，书到如律令。掾晏、令史建④。

---

① 谢桂华、李均明等编：《居延汉简释文合校》，文物出版社1987年版，第319页。
② 甘肃省文物考古研究所等编：《居延新简》，文物出版社1990年版，第469页。
③ 甘肃省文物工作队：《额济纳河下游汉代烽燧遗址调查报告》，《汉简研究文集》，甘肃人民出版社1984年版，第70—74页。
④ 谢桂华、李均明等编：《居延汉简释文合校》，文物出版社1987年版，第24—25页。

觻得县为汉张掖郡郡治，笔者考得其遗址为今甘肃省张掖市"黑水国"北古城；居延县城遗址则为今额济纳旗绿城遗址①。由上引简文知，觻得县批发给该县北乡义成里崔自当去居延县市场做买卖的"传"（过所），经由肩水金关而至居延悬索关，则悬索关必位于肩水金关之北（往居延县方向），且又扼守居延县的南大门，入得此关才能进入居延县内市场。

由今日所见考古遗迹观之，布肯托尼一地恰可称得上汉居延县的南部门户。布肯托尼位于额济纳旗人民政府驻地达来库布镇西南 70 千米处、黑河（额济纳高勒）下游支流东支伊肯河东岸约 500 米处，河西岸 1 千米为额很查干牧场场部，恰处于古居延绿洲的南端点。其地又位于两道塞垣的交汇处：河西汉塞从张掖沿黑河向北伸出，延至金关塞墙终止，由金关沿河继续北至布肯托尼间约 130 千米，无塞垣遗迹，仅有烽燧绵延罗列；而由布肯托尼起则塞墙复现，且塞墙于此始分作两道，一道向东北延伸约 60 千米，包抄古居延绿洲东南部边缘，此即前云三十井塞，另一道则自布肯托尼向北略偏东沿伊肯河岸延伸，护卫古居延绿洲西部边缘，名为甲渠塞，长约 40 千米，现存半数左右塞墙和 26 座烽燧。布肯托尼则位于两条塞墙南端交点，作为古居延绿洲的南部门户，诚系咽喉重地，并与其南部的金关遥遥相望。二关之间一河孤悬，烽燧连绵，形势险峻，为兵家必争之地，又是古居延绿洲的命脉所系。该关名为"悬索"，真可谓名副其实。切断悬索关与金关之间的联系，居延地区就会孤悬在外，遭受来自北、西、南几个方向的打击，并进而威胁到河西走廊腹地的安全。因而该关具有重要的战略地位。

破城子出土 135.13 简："□自言，行道道县索关。寄一匹练绔□"② 亦知悬索关位于交通大道上。地湾（A33）所出 248.8 简："□井县索随车道东北□"③ "车道"应指车马行走通道，由今布肯托尼朝向东北可进入居延绿洲，亦知悬索关确应在布肯托尼一带。博罗松治（P9）所出

---

① 李并成：《汉居延县城新考》，《考古》1998 年第 5 期。
② 谢桂华、李均明等编：《居延汉简释文合校》，文物出版社 1987 年版，第 224 页。
③ 谢桂华、李均明等编：《居延汉简释文合校》，文物出版社 1987 年版，第 415 页。

421.8 简："必行加慎毋忽，督烽掾从殄北始度，以□□到县索关☒。"①殄北即指居延都尉殄北候官辖域，该候官驻地为今宗简阿玛城障（A1）②，位于古居延绿洲最北部。笔者于 2003 年来这里考察，所见遗址犹存，测得该城障位置为 42°09.109′N，101°14.054′E。该候官所辖塞垣界于额济纳河支流纳林河于古居延泽北岸之间，对古居延绿洲形成一道略呈弧形的屏障。督烽掾应为督察烽火燃放的属吏，该掾"加慎毋忽"，不敢轻疏懈怠，从绿洲最北部的殄北塞一直巡察到绿洲最南端的悬索关，可谓尽职尽责。破城子所出 264.40 简："此酒，县所下饮酒两杯，从迹尽界还。谓忠曰，为候长酒。"③ 该候长不避辛劳，"从迹尽界"归来，终于还至悬索关下，饮酒两杯，以洗征尘劳顿。

悬索关一名还见于如下简文。破城子出土 52.20 简：

县索四里二百一十步，县索二里五十步，币绝反□币☒④

破城子 EPT59∶6 简第 3 栏：

县索三行一里卅六步，币绝不易负十算，积薪絜皆不土恶负八算，县索缓一里负三算⑤。

此两则简文似为计算悬索关有关军防设施修缮开销之事，所谓"四里二百一十步""三行一里卅六步"等，可能是指该关一带设置的"天田"或"虎落"的长度。

除上引简文而外，肩水金关由于距悬索关较近，两关相邻，近年出版的《肩水金关汉简》1—5 册中多有悬索关的记录，而尤以出入关及悬

---

① 谢桂华、李均明等编：《居延汉简释文合校》，文物出版社 1987 年版，第 558 页。
② 薛英群：《居延汉简通论》，甘肃教育出版社 1991 年版，第 53 页。
③ 谢桂华、李均明等编：《居延汉简释文合校》，文物出版社 1987 年版，第 441 页。
④ 谢桂华、李均明等编：《居延汉简释文合校》，文物出版社 1987 年版，第 90 页。
⑤ 甘肃省文物考古研究所等编：《居延新简》，文物出版社 1990 年版，第 359 页。

索关与金关相互间人员往来的记录为多。如73EJF3∶116A简："□建国六年二月甲戌朔庚寅，肩水城尉毕移肩水金关、居延三十井县索关☑。"① 73EJH2∶26简："☑县索金关出入敢言之"②。73EJF3∶441简："居延县索写移，如律令……"③ 73EJF3∶117A简："始建国元年二月癸卯朔乙巳，橐他守候孝，移肩水金关、居延三十井县索关吏所葆家属私使名县爵里年始牒书到，出入尽十二月。令史顺"。④ 73EJF3∶120A简："□建国元年正月癸酉朔戊寅，橐他守候孝，移肩水金关、居延卅井县索吏葆家属私县爵里年姓如牒书到，出入尽十二月，如律令。"⑤ 73EJF3∶334A简"始建国二年七月乙丑朔庚午，甲渠塞尉忠将领右部转移卅井县索、肩水金关遣就人车两粟石头人名，如牒书到，出入如律令。"⑥ 73EJC∶292简："如县索关，有居延都尉。"73EJC∶449简："☑☑移肩水金关、居延☑☑县索关助☑……书到出入如律令☑。"⑦ 73EJC∶446A简："☑强守丞普移卅井县索、肩水金关，鱳得男子赵☑。"⑧ 73EJF3∶322A简："☑井县索吏所葆名县爵里年姓名，如牒书到，出入如律令。"⑨ T4H72简："☑十井县索使☑。"⑩ 73EJD∶165简："☑关居延县

---

① 《肩水金关汉简》第5册，中西书局2016年版，第10页。
② 甘肃简牍研究保护中心、甘肃省文物考古研究所等编：《肩水金关汉简》第4册，中西书局2015年版，第133页。
③ 甘肃简牍研究保护中心、甘肃省文物考古研究所等编：《肩水金关汉简》第5册，中西书局2016年版，第33页。
④ 甘肃简牍研究保护中心、甘肃省文物考古研究所等编：《肩水金关汉简》第5册，中西书局2016年版，第10页。
⑤ 甘肃简牍研究保护中心、甘肃省文物考古研究所等编：《肩水金关汉简》第5册，中西书局2016年版，第12页。
⑥ 甘肃简牍研究保护中心、甘肃省文物考古研究所等编：《肩水金关汉简》第5册，中西书局2016年版，第25页。
⑦ 甘肃简牍研究保护中心、甘肃省文物考古研究所等编：《肩水金关汉简》第5册，中西书局2016年版，第113页。
⑧ 甘肃简牍研究保护中心、甘肃省文物考古研究所等编：《肩水金关汉简》第5册，中西书局2016年版，第113页。
⑨ 甘肃简牍研究保护中心、甘肃省文物考古研究所等编：《肩水金关汉简》第5册，中西书局2016年版，第27页。
⑩ 甘肃简牍研究保护中心、甘肃省文物考古研究所等编：《肩水金关汉简》第5册，中西书局2016年版，第50页。

索关写移书☐。"① 73EJT6∶45A 简："☐☐月己丑，昭武长谭移肩水金关、居延县索关写移☐。"② 73EJT6∶91 简："☐之移居延卅井县索关门，遣从史宪归取衣用居延乘轺。"③ 73EJT7∶22A 简："十月丁未，居延宾丞忠移卅井县索、肩水金关书到☐。"④ 73EJT37∶30 简："☐金关、居延县索关出入毋苛留敢言之。"⑤ 73EJT37∶191 简："☐居延县索关出入毋苛留止敢言之☐☐。"⑥ 73EJT37∶451 简："☐☐安守长丞忠移过所，肩水金关、居延县索关，冥安☐。"⑦ 73EJT37∶67 简："四月丁酉，觻得☐丞彭移肩水金关、居延县索关出入毋☐。"⑧ 73EJT37∶975 简："……官者都年爵如牒，毋官狱征事，当得取传，谒移肩水金关、居延县索关河津，毋苛留出入，敢言之……"⑨ 此简言及悬索关"河津"，表明悬索关一地位于黑河岸边，且有渡口。

　　据当地牧民言，他们在布肯托尼的茫茫沙海中确曾看到过废城遗址，大略方形，每边长十余丈，高约米许，当时并未在意，但以后却再未能找到。此城应即悬索关址，很可能已被沙丘埋没。流沙无定，或许哪天关址又会被风刮出，复见天日，拨开笼罩在其上的迷雾。

　　布肯托尼最南端的 A22 烽燧，可能即前揭简文所云悬索关门外的道

---

① 甘肃简牍研究保护中心、甘肃省文物考古研究所等编：《肩水金关汉简》第 5 册，中西书局 2016 年版，第 67 页。
② 甘肃简牍研究保护中心、甘肃省文物考古研究所等编：《肩水金关汉简》第 1 册，中西书局 2011 年版，第 66 页。
③ 甘肃简牍研究保护中心、甘肃省文物考古研究所等编：《肩水金关汉简》第 1 册，中西书局 2011 年版，第 70 页。
④ 甘肃简牍研究保护中心、甘肃省文物考古研究所等编：《肩水金关汉简》第 1 册，中西书局 2011 年版，第 79 页。
⑤ 甘肃简牍研究保护中心、甘肃省文物考古研究所等编：《肩水金关汉简》第 4 册，中西书局 2015 年版，第 16 页。
⑥ 甘肃简牍研究保护中心、甘肃省文物考古研究所等编：《肩水金关汉简》第 4 册，中西书局 2015 年版，第 27 页。
⑦ 甘肃简牍研究保护中心、甘肃省文物考古研究所等编：《肩水金关汉简》第 4 册，中西书局 2015 年版，第 43 页。
⑧ 甘肃简牍研究保护中心、甘肃省文物考古研究所等编：《肩水金关汉简》第 4 册，中西书局 2015 年版，第 60 页。
⑨ 甘肃简牍研究保护中心、甘肃省文物考古研究所等编：《肩水金关汉简》第 4 册，中西书局 2015 年版，第 82 页。

上燧。该燧体积较大，已坍成圆丘状，倒塌范围 20 米见方，燧东南有房屋遗迹，周围布掘坑多处。可以想见其地昔日的设防当甚为迩密。该燧取名"道上"，形象地表明了其军防位置的显要。

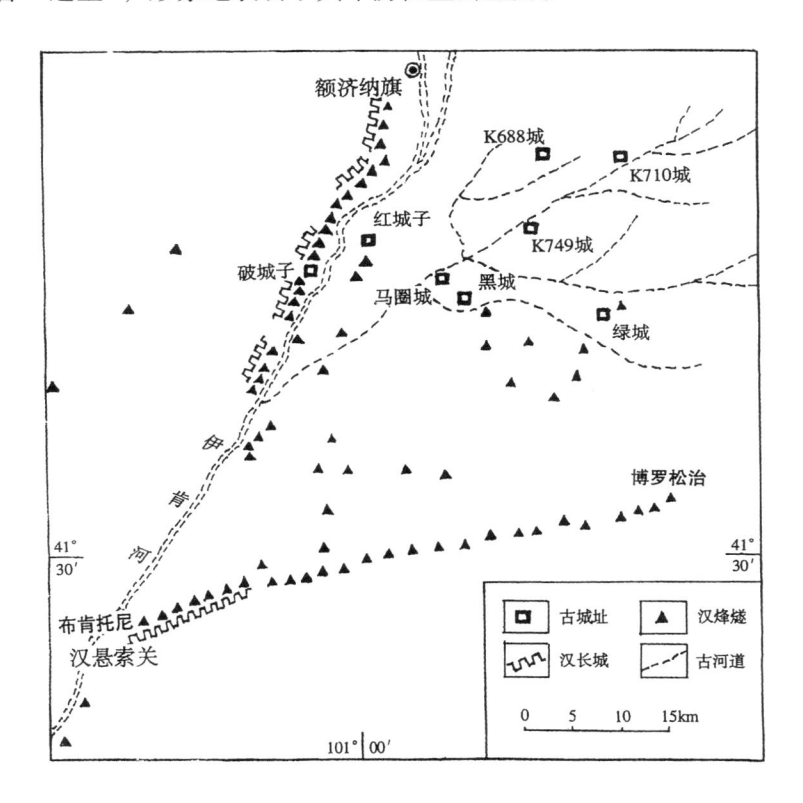

图 1　汉悬索关位置示意图

（原载《敦煌研究》2004 年第 4 期；辑入本书中有增补）

古丝绸路上的大海道

大海道为沟通吐鲁番与敦煌之间的丝绸之路古道，今天虽然早已阒然无闻，但曾几何时红尘走马，华饰韶传，发挥过重要的历史作用。敦煌遗书 P.2009《唐西州图经》记，西州（今吐鲁番）通往各地有 11 条道路，即赤亭道、新开道、花谷道、移摩道、萨捍道、突波道、大海道、乌骨道、他地道、白水涧道、银山道。其中大海道为东通中原必经的要路之一，"大海道，右道出柳中县界，东南向沙州一千三百六十里，常流沙，人行迷误，有泉井咸苦，无草，行旅负水担粮，履践沙石，往来困弊"。西州柳中县，位于今吐鲁番市东约 20 千米的鄯善县鲁克沁、火焰山南麓，古城犹存；沙州即敦煌。所谓"大海"，意指大沙海，瀚海戈壁。《元和郡县图志》卷四十"西州柳中县"条："大沙海，在县东九十里。"以其位置即指今噶顺戈壁一带。这是一片方圆约 500 千米的残积—洪积戈壁滩，并多有流动沙丘，石碛渺渺，沙浪滚滚，除少数几处苦涩的露头泉水外，地表几无径流，且人易迷向，又不便车马，其路途之艰险困苦自可想见。然而该道较为顺直，行程较短，可由吐鲁番直接到达敦煌，无须向南绕向蒲昌海（今罗布泊），或向东经伊州（今哈密），再折至敦煌。

大海道的开辟可上溯至曹魏时期。《魏略·西戎传》："从敦煌玉门关入西域，前有二道，今有三道……从玉门关西出，发都护井，回三陇沙北头，经居庐仓，从沙西井转西北，过龙堆，到故楼兰，转西至龟兹，至葱岭，为中道。从玉门关西北出，经横坑，辟三陇沙及沙堆，出五船北，到车师界戊己校尉所治高昌，转西与中道合龟兹，为新道。"龟兹今库车，葱岭今帕米尔高原，戊己校尉治所高昌，即后来的唐西州城，今吐鲁番高昌故城，犹存。在汉代已有的"中道"基础上开辟出的敦煌至高昌的"新道"，即大海道。吐鲁番出土的北凉后期文书中多次提到"守海"，所守之"海"即大沙海。如哈拉和卓91号墓所出北凉《建平某年兵曹下高昌、横截、田地三县符为发骑守海事》两次记载布置七骑"往海守十日"；同墓所出《兵曹条次往守海人名》为北凉高昌郡兵曹通知田地县（唐时改置为柳中县）前往"海守"的人名。"守海"实际上是派士兵守卫大海道，使之通达安全。

迨及北朝、隋代，大海道沿而未废，但因其路途过于艰辛，为稳妥计，商旅往来多有绕经伊吾（今哈密）而至敦煌者（取道伊吾路）。《周书·高昌传》："自敦煌向其国，多沙碛，道里不可准记，唯以人畜骸骨及驼马粪为验。又有魍魉怪异，故商旅来往多取伊吾路。"《北史·高昌传》亦有相似记载，不赘。《隋书·裴矩传》载其所撰《西域图记》："自高昌东南去瓜州一千三百里，并沙碛，乏水草，人难行。四面茫茫，道路不可准记，惟以六畜骸骨及驼马粪为标，检以知道路。若大雪即不得行，兼有魑魅，以是商贾往来多取伊吾路。"隋代瓜州即唐之沙州，所谓"魑魅""魍魉"，乃由于古人不理解广袤戈壁沙漠中一些奇异的自然现象，产生恐惧之感的想象。其途中的艰险辛劳由是可观。《隋书·高昌传》云："从武威西北有捷路，度沙碛千余里，四面茫然，无有蹊径，欲往者寻有人畜骸骨而去。路中或闻歌哭之声，行人寻之，多致亡失，盖魑魅魍魉也。故商客往来，多取伊吾路。"所记武威西北应为敦煌西北之误。大海道虽途程艰辛，较少使用，但毕竟里距较短，仍不失为一条重要通途。裴矩《西域图记序》云："发自敦煌至于西海，凡为三道，各有襟带。北道从伊吾经蒲类海……。其中道从高昌、焉耆、龟兹、疏勒度葱岭，又经䥽汗苏对沙那国、康国、曹国、何国、大小安国、穆国至波斯，达于西海。其南道从鄯善、于阗……。故知伊吾、高昌、鄯善并西域之门户也。总凑敦煌，是其咽喉之地。"通往高昌的中道即大海道，当时仍为要途。焉耆，今焉耆回族自治县；龟兹，今库车县；疏勒，今喀什市；葱岭，今帕米尔高原。

· 175 ·

唐代以降，有关该道的记载仍屡有所见。除上引《西州图经》所记外，撰成于开元二十四年（736）的张守节《史记正义》亦载此道（《史记·大宛列传》"盐水中数败"下引）。《元和郡县图志》卷四十"西州"条："东南至金沙州一千四百里。""金"系衍字，所云西、沙州间距离与《西州图经》所载完全吻合（柳中县东南至沙州 1360 里，该县西至西州又约 40 里），较《西域图记》所记 1300 里略远。敦煌遗书 P.2691《沙州城土镜》（撰于后汉乾祐二年，即 949）曰："西北至西州一千三百八十里。"以上记载均指直接连通西、沙州间的大海道。《太平寰宇记》卷一五六"西州柳中县"条亦记该道，但将其称作"柳中道"，当为大海道的另一称谓。

见于史载，北朝隋唐时大海道除平时使用外，若逢伊吾路上"遭贼动乱"或出现紧急军情时，还每每作为通往敦煌以至中原的另一条径路而发挥其特殊的作用。如北魏时柔然曾几次逼近、占据伊吾，隋时突厥兴兵伊吾，均迫使伊吾路断，大海道无疑当取而代之，担负起更为重要的交通职责。吐鲁番阿斯塔那 188 号墓所出西州都督府牒文："北庭大贼下，逐大海道"，此事约发生在开元二年（714）前后，北庭大贼恐指西突厥。《西州图经》"新开道"（西州通伊州的南道）条："今见阻贼不通"，此约发生在乾元（758—760）之后，"贼"当指吐蕃。伊州路阻，大海道即成了西域通向敦煌的唯一道路。

北宋以后，大海道就从史籍上销声匿迹了，当已废弃。

（原载《光明日报》2000 年 2 月 18 日 C4 版"历史周刊"）

从汉唐玉门关到明代嘉峪关

玉门关，为古丝绸路上最重要的关隘之一。2014年6月22日，我国与哈萨克斯坦、吉尔吉斯斯坦联合申报的"丝绸之路：长安—天山廊道的路网"，成功列入世界文化遗产名录。这项遗产中"敦煌玉门关"赫然在目。实际上，随着历史的演进与丝路交通的发展，玉门关曾有过几次变迁，汉唐时期曾先后设在今嘉峪关市、敦煌市、瓜州县境内，五代以后又重新回到嘉峪关一带。明代所设的嘉峪关，即是古玉门关的延续。

一 嘉峪关市石关峡为最先设置的玉门关

笔者发现并撰文考得，敦煌西北的玉门关，并非是历史上最早的玉门关，最早的玉门关是在今甘肃省嘉峪关市区西北约10千米的石关峡，同时这里也是设置最晚的玉门关。[①] 2013年7月28—29日，受嘉峪关市委托，笔者与刘欣先生共同组织一批学者参加"寻找最早的玉门关考察调研活动"，获得若干新发现。2015年笔者又撰文《玉门关历史变迁考》[②]，对于历史上玉门关的几次变迁过程及其原因作了综合性的考证。兹结合以上的考证及进一步挖掘有关史料，对于从汉唐时期的玉门关到明代的嘉峪关，作一系统性的探讨。

---

① 李并成：《五代宋初的玉门关及其相关问题考》，《敦煌研究》1992年第2期；《石关峡：最早的玉门关与最晚的玉门关》，《中国历史地理论丛》2005年第2期。
② 李并成：《玉门关历史变迁考》，《石河子大学学报》2015年第3期。

(一) 文献方面的证据

石关峡为历史上设置最早的玉门关，笔者在汉唐时期有关文献记载中找到了 5 条相应的证据，胪列分析如下。

证据之一：笔者认为，玉门关作为汉长城的西起点，是伴随着河西汉长城的逐次修筑而设立的，其始筑年代应在"筑塞西至酒泉"① 的汉武帝元鼎六年（前 111）。据《史记·大宛列传》，太初二年（前 103）贰师将军李广利率军首次西伐大宛失利后，还至敦煌，"使使上书言：'道远多乏食，且士卒不患战，患饥。人少，不足以拔宛，愿且罢兵，益发而复往。'天子闻之，大怒，而使使遮玉门，曰军有敢入者辄斩之！贰师恐，因留敦煌"。可见当时的玉门关应设在敦煌以东，贰师将军恐于汉武帝的敕令，不敢进入玉门关，只好留军在关西的敦煌。王国维《流沙坠简·序》②、劳干《两关遗址考》③、方诗铭《玉门位置辨》④ 等均持这一观点，认为太初二年以前的玉门关不在敦煌西北，而在敦煌以东，是年以后才改置在敦煌西北的小方盘城一带。然而，夏鼐《太初二年以前的玉门关位置考》⑤、向达《两关杂考》⑥、陈梦家《玉门关与玉门县》⑦、马雍《西汉时期的玉门关和敦煌郡的西境》⑧ 等则持不同看法，认为汉玉门关自始置至终汉之世俱在敦煌西北，不存在迁徙问题。赵永复《汉代敦煌郡西境和玉门关考》则认为："玉门关在太初时有迁移之说，还

---

① 《汉书·张骞传》注引臣瓒语。
② 王国维：《流沙坠简·序》，《观堂集林》卷 17，中华书局 1959 年版，第 819—827 页。
③ 劳干：《两关遗址考》，《中央研究院历史语言研究所集刊》第 11 本，1943 年，第 287—296 页。
④ 方诗铭：《玉门位置辨》，《西北通讯》创刊号，1947 年，第 41—45 页。
⑤ 夏鼐：《太初二年以前的玉门关位置考》，《中央日报·文史周刊》第 70 期，1947 年 12 月 1 日。
⑥ 向达：《两关杂考》，《唐代长安与西域文明》，生活·读书·新知三联书店 1957 年版，第 373—392 页。
⑦ 陈梦家：《玉门关与玉门县》，《汉简缀述》，中华书局 1980 年版，第 195—204 页。
⑧ 马雍：《西汉时期的玉门关和敦煌郡的西境》，《中国史研究》1981 年第 1 期。

不能完全予以否定，不过其迁徙时间未必是太初二年。"① 笔者赞同上述王国维、劳干、方诗铭、赵永复等人的意见。因为无论是传世文献还是出土简牍中，迄今找不到此时期玉门关位于敦煌以西的任何记载或可供推测的相关史料，焉能轻言玉门关不存在迁徙问题！除上引《史记·大宛列传》外，《汉书·李广利传》亦载此事，更明确地记为，天子使使遮"玉门关"（增一"关"字），贰师恐，"因留屯敦煌"。由此观之玉门关分明位于敦煌以东，贰师将军绝不敢违抗武帝敕令，而东入玉门关，只好留屯在玉门关西的敦煌，以备再战。

同时笔者还注意到，上引史、汉二书均记，贰师将军留屯敦煌约休整一年后，得到大量人员和物质的补充，"益发恶少年及边骑，岁余而出敦煌者六万人，负私从者不与。牛十万，马三万余匹，驴骡橐它以万数。多赍粮，兵弩甚设，天下骚动，传相奉伐宛，凡五十余校尉"。此次从敦煌出军者达6万人之众，而且这还不算"负私从者"。所谓"负私从者"，师古注："负私粮食及私从者，不在六万人数中也。"则其从敦煌出军伐宛的总人数无疑超过6万人，而且还有牛10万头、马3万匹、驴骡骆驼1万头随行，以及携带大量的粮秣辎重。如此规模的人员、役畜均屯留敦煌，其兵员总数远远超过当时敦煌郡的人口总数。据《汉书·地理志》，西汉末敦煌郡的户口人数为"户万一千二百，口三万八千三百三十五"。限于敦煌郡（当时敦煌郡的范围主要包括今敦煌、瓜州二市县）有限的环境容量（绿洲规模有限、水资源较少），加之一些军用物质，如部分粮食、饲料、燃料等肯定也要在敦煌当地筹集，如此仅敦煌郡一地的环境容量、人口规模恐就很难承受、负担得起。由此推测当时出军伐宛的屯留地应不限于敦煌郡一地，很可能向东延伸至酒泉郡西部的今疏勒河、讨赖河（黑河支流）流域，即今玉门市、嘉峪关市等地。如此看来武帝使使所遮的玉门关应在敦煌郡以东的酒泉郡西部一带。

证据之二：唐初僧人道宣《释迦方志》卷上《遗迹篇第四》载，大

---

① 赵永复：《汉代敦煌郡西境和玉门关考》，《历史地理》第2辑，上海人民出版社1982年版，第91页。

唐使印度有三道,"其中道者,从鄯州东川行百余里,又北出六百余里至凉州,东去京师二千里,从凉州西而少北四百七十里至甘州,又西四百里至肃州,又西少北七十五里至故玉门关,关在南北山间。又西减四百里至瓜州,西南入碛,三百余里至沙州,又西南入碛,七百余里至纳缚波故国,即娄兰地,亦名鄯善"。这段记载所述路线清晰,各地间相互位置准确,与实际行程皆合。值得注意的是,云肃州(今酒泉市)西少北75里有"故玉门关",并且将此记载列入《遗迹篇》中,知书中"故"字当非衍文,这里确应有故玉门关。道宣为唐初名僧,据《宋高僧传》卷十四本传等知,其生卒年代为公元596年至667年。所撰《释迦方志》一书亦在唐代开国不久,系当世人记当时之事,可信度无疑很高。唐时玉门关早已东移至今瓜州县双塔堡附近(详后),"故玉门关"无疑应指唐以前,即汉代所置的玉门关。

证据之三:道宣同书卷上《中边篇第三》又记,蒲昌海"东面少北,去玉门一千三百里,又东北去阳关三百里"。蒲昌海学界公认即今罗布泊。道宣将玉门与阳关并称,这里的玉门无疑应指所谓的"故玉门关"。由今罗布泊东而少北1300唐里恰是今酒泉市城西不足百里的一带地方,这与《遗迹篇》所记故玉门关在酒泉西少北75里、瓜州(今瓜州县锁阳城)东400里的位置十分吻合,亦与上考武帝"使使遮玉门"的酒泉郡西部一带位置相合,这几条史料可相互印证。只是以上记蒲昌海"东北去阳关三百里"不确,事实是东去阳关六百里。依上云"故玉门关"的方位、里距求之,酒泉城西略偏北75里、锁阳城东400里的地方正是今甘肃省嘉峪关市区西北约10千米处的石关峡。

证据之四:《太平寰宇记》卷一五二引北魏阚骃《十三州志》:"延寿县,在(酒泉)郡西,金山在其东,至玉石障。"笔者曾考得汉延寿县故址即今玉门市清泉乡骟马城,[①] 则该县之东的"金山"无疑指今嘉峪关黑山,因除此山外这里别无他山,则"玉石障"正是今石关峡。"玉石障"和"玉门关"二名,含义颇为接近,当属一地,只不过为前

---

① 李并成:《东汉酒泉郡延寿县城考》,《西北史地》1996年第4期。

后时代叫法上的不同。

由上考看来，汉代最早建立的玉门关，亦即道宣所谓"故玉门关"应在今天的石关峡。它确曾位于敦煌以东，约武帝元鼎六年始筑，至太初二年李广利首次伐宛后不久，随着武帝西方战略的需要，遂西迁至敦煌郡西北，汉玉门关确有西迁之举。西迁前名玉门关，西迁后这里改置障城，遂名玉石障。当时之所以有"玉门""玉石"之名，一方面无疑由于西域向中原贡玉的孔道经由此峡，二是当地自古亦产玉石（硬玉，质地次于昆仑山北麓所出透闪石质软玉），早有玉石山之名。清乾隆二年刊《重修肃州新志》第二册："嘉峪山在酒泉西七十里，即古之玉石山，以其常出玉，故名之。"该山即石关峡所在的嘉峪关黑山，今天闻名遐迩的酒泉夜光杯所用部分玉材仍采自是山。

证据之五：《汉书·地理志》玉门县条师古注、《太平寰宇记》卷一五二引《十三州志》、《元和郡县图志》卷四十肃州玉门县条皆云，汉罢玉门关屯，徙其人于此，故曰玉门县。笔者曾考得，汉玉门县城即今玉门市赤金镇古城，位于石关峡西68千米处。[①] 所云玉门关，应指最早的玉门关——今石关峡。这里自有流水，可供屯田，今黄草营村即昔之玉门关屯田区。汉罢此关后，其人自然是就近徙于赤金绿洲（为石关峡西最近的一块绿洲），因以置县，名玉门县。有的学者不解此理，以为"汉罢玉门关屯"的玉门关是指敦煌西北的玉门关，误。一是敦煌西北的玉门关距赤金绿洲过于遥远，其间距离约400千米，合汉里近千里，若敦煌西北玉门关罢屯，其人何不就近安置在本郡的龙勒、敦煌、效谷……等县，而要远涉酒泉郡的赤金绿洲？二是此与汉代移民的大方向相反，汉代移民的大方向是自东向西的，敦煌一带本来就人口稀少，边地空虚，已如上述，西汉末年敦煌郡人口仅有38335人，不足河西其他三郡各郡人口的一半左右，较之内地各郡人口差之更殊，由敦煌向酒泉移民殆无可能，更无任何记载。三是敦煌西北的玉门关一带地处疏勒河下游湖沼盐碱之地，不便于农业利用，即是直到今天这里也未有寸土开

---

① 李并成：《河西走廊历史地理》，甘肃人民出版社1995年版，第94—96页。

垦，汉代更不可能于此屯田。

（二）考古遗迹方面的证据

证据之一：前已述及，玉门关是于汉武帝元鼎六年之际伴随着修筑令居至酒泉间的长城而设立的，既然石关峡为最初的玉门关，那么该峡一带是否也相应地找到了汉长城遗迹呢？该峡是否仍存留汉代关址呢？这是不容回避的问题。今天在石关峡一地已无任何长城塞垣可觅，所见塞垣遗迹是于该峡以北约 65 千米处的金塔县生地湾农场北部穿过，呈壕堑状，此即汉酒泉郡北部都尉所辖塞段，史书中又称作"酒泉北塞"。如此，石关峡就不可能为玉门关址。然而笔者又注意到，在今酒泉、嘉峪关、金塔一带，除上述那条塞垣外，其南部 60 千米许还有一条汉塞遗迹，中间已大部缺失，仅存东、西两大段。20 世纪 90 年代初笔者实地考察所见，其东段遗迹起自黑河岸边的高台县罗城乡天城村正义峡山嘴墩（汉燧），与沿黑河南北延伸的张掖至古居延间汉塞遗址中段（汉肩水塞）相接，由此西延，经高台县盐池乡北、双井子北、营盘、界牌墩，入酒泉市界，继续西行，复经碱泉墩、芦鼓堆滩、徐家、于家，西止于讨赖河东岸的临水乡暗门八社。在上述东段遗迹之西略偏北约 60 千米，即石关峡西北 25 千米许的红柳沟下游（断山口河）今金塔县南部瓜塘子沙窝，即见西段遗迹，为夯土筑垣，已十分残破，高不及米许，残长约 5.5 千米。东西两段遗迹遥相呼应，可连为一线，中间因后来绿洲农田的垦辟而被破坏隔断。这两段遗迹的连线恰可通过石关峡东口北侧，并向其西北方向延伸 20 余千米，以对关口形成护卫态势。则当年石关峡一地，筑有汉塞墙垣当无疑义。今日其地不见塞垣，乃由于历史上的破坏而成。

写到这里，可能不免有人要问，既然石关峡之地筑有长城塞垣，何故在其北部约 65 千米许又要另修一条汉塞（酒泉北塞）呢？其实这是由于河西汉塞因时分段而筑造成的结果。笔者考得，河西走廊的汉塞是随着武帝西方战略的拓展实施和河西地区的逐步开发而渐次修筑的。第一次于元鼎六年（前 111）由令居"筑塞西至酒泉也"；即构筑令居至酒泉间的长城；太初三年（前 102）由张掖筑塞至居延泽；约在此年或稍后又修筑了西至敦煌西北的塞垣。笔者考测，在建造西至敦煌西北塞垣时其起点并未始自石关峡，而是向北移至与张掖居延间塞垣（汉肩水塞）上的今高台县正义峡山嘴墩连结，这样其防线可北推60余千米，与其南部酒泉至石关峡塞段相比，不仅可径与敦煌西北的塞垣取直，避免迂回，而且还把讨赖河下游绿洲括于其内，扩大了河西的农业区域，汉于是在这里新设会水县（金塔县西古城）①。由此酒泉石关峡间塞段亦被括于其内，变成了一段"内长城"，玉门关则随之由石关峡西迁至敦煌西北。又由此可以推得，玉门关西迁的年代当在太初三年（前102）或稍后，亦即李广利二次伐大宛之际。据《史记·大宛列传》太初二年岁余李广利再伐大宛，"而出敦煌者六万人"，至太初四年得胜回师"军入玉门者万余人"。此处不言军入敦煌，当玉门关已移于敦煌西北。可证玉门关西迁的年代确应在李广利二次伐宛尚未归来的太初三、四年际。石关峡作为最早的玉门关大约存在了10年许，即从元鼎六年（前111）或其稍后延至太初三年（前102）或稍后。

玉门关虽自石关峡西移，但该峡作为丝绸之路大道的通衢要口，又有红柳沟水可供行旅补给，其重要的交通地位并未降低，并还多了一段"内长城"的屏蔽，故而此后这里又有玉石障之设。

证据之二：石关峡内今仍保存古城堡遗迹，名为石峡堡，又名石关儿营。据明万历四十四年（1616）李应魁《肃镇华夷志》、清乾隆二年（1737）黄文炜《重修肃州新志》等记载，石关儿营"在嘉峪关西北，离城七十五里……嘉靖三十五年（1556）兵备副使行菴陈其学筑一营以备西北山口，有御寇矣"②。该堡虽为明代所筑，但其"旧有石关儿口墩一座"，是在原有旧址的基础上修筑的。2013年7月，笔者再一次来到这里，并与刘炘、马德、高启安、高荣、刘再聪、沙武田等以及当地学者张晓东等一行实地考察。所见，今堡墙于红柳沟南北两侧断续存留，

---

① 李并成：《西汉酒泉郡若干县城的调查与考证》，《西北史地》1991年第3期。
② （明）李应魁撰，高启安、邰惠莉点校：《肃镇华夷志》，甘肃人民出版社2006年版，第177页；又见（清）黄文炜撰，吴生贵、王世雄等校注《重修肃州新志校注》，中华书局2008年版，第56—57页。

用片石、夯土夹柴草筑成，为典型的汉代筑城方式，表明早在明代以前这里就有城堡。其中北侧墙体残存18米长的一段，残宽12米，以泥土、石块夹红柳、芨芨等筑成，残留4层柴草和泥土，残高3米许。该段墙体以上2米许的崖壁上，留有明代摩崖石刻"北漠尘清"四字。其南侧墙体破毁更甚，仅见贴近山根高约米许、长不足2米的一段，亦以泥土、石块夹柴草而筑。

此外，在石关峡西口今存双井子堡（木兰城），该堡虽为清代城堡，但考古工作者杨惠福（曾先后任嘉峪关市文物局局长、甘肃省文物局局长）等曾在其东南、东北两处墙基下发现一米多厚的红烧土堆积，其中杂有兽骨、夹砂陶片、粗瓷片等物。城墙夯土中也杂有大量红烧土、汉代夹砂陶片等。表明早在汉代这里亦有相应的建筑，为重要的军事防御之地，清代的双井子堡应是在汉代建筑的基础上重修的。

证据之三：石关峡以北约10余千米的常山子山（嘉峪关黑山余脉，为嘉峪关市与金塔县的界山）山梁上，自东向西筑有8座烽燧：钵和寺后墩、钵和寺西墩、居中墩、野麻湾后墩、冰草坡墩、马路山墩、梧桐墩、东岗梁墩等，并一直向东延至金塔县境内，与金塔汉长城遗迹相望。这些烽燧虽为明代烽燧，但从其构筑方式（夯土夹柴草，或土墼夹柴草）及其周围散落的汉代陶片等遗物来看，均系汉代始筑，明代当在汉烽原有的基础上补筑而成。如钵和寺后墩，笔者考察时见，该烽位于后墩河以北的沙岩山丘顶上，相对高度百米许，站在烽上，周围一带的山丘、烽燧历历在目。该烽有三次修筑的痕迹，最外侧用较小的土坯垒砌，中层用大土坯砌筑，内层用夯土夹柴草筑成。显然该烽应始筑于汉代，后经两次维修，明代为最后一次修缮。烽周除散落较多明清时期的瓷片外，还找到了几块汉代绳纹灰陶片，亦有唐代灰陶片、元代粗瓷片等。杨惠福等于1984年、1987年的考察中，即认为这几座烽燧均为汉代修筑，一直沿用到明代，此看法也得到考古学家吴礽骧先生的肯定。[①] 这

---

① 吴礽骧：《酒泉、嘉峪关北部汉代长城遗迹探索》，载武军斌主编《嘉峪关历史文化研究论文集》，第126—127页。

些烽燧对于石关峡口以及酒泉通石关峡的道路可起到有效的屏蔽、防护等作用。可见石关峡确为汉代极重要的关口。

(三) 自然地理方面的证据

石关峡的位置完全符合上考各种古籍所云"故玉门关"的方位、里距。石关峡又名水关峡、黑山峡，位于嘉峪关黑山南部。嘉峪关黑山系河西走廊北山向南突出的一片剥蚀残山，山体平地拔起，横亘于走廊平原之上，相对高度200—500米，最高峰达坂顶海拔2799米。山体南部有一条东西向延伸的天然峡谷，即石关峡，长约10千米，贯通整个山体南部，宽百米许，南北两侧山体高耸，形势险峻，正可谓"关在南北山间"。峡内有大道，可通车马，成为古代由酒泉西出的要口。峡中还有一股溪流由西向东流去，溪水自南北两山崖间渗出，汇为水流，今名红柳沟。今在峡内南侧山坳筑坝建库，拦蓄溪流，名黑山湖水库，浇灌峡口以东黄草营村的土地。这道溪水遂为穿越石关峡的沿途行旅提供了良好的补给水源。古代在干旱戈壁地区行进，沿途人畜水源补给为首要问题之一。由肃州西行七八十里（约一日行程）恰可得到红柳沟溪水的补给，因而石关峡也就成为十分理想的必经通道，峡口的所在无疑为要隘重关。

石关峡扼守由酒泉西行的必经要口，距酒泉恰为一天行程之处，且峡中又有水流可供行旅补给，作为丝绸之路的重要通道形势显然。若舍此峡选择它途西行，要么翻越峡北高峻陡峭的嘉峪关黑山，要么绕行黑山南面干燥无水长达百余千米的戈壁滩，均十分艰难，殆不可行。因而石关峡就成为古代行旅无可选择的必经之地，玉门关（后为玉石障）设于这里势之必然。

二 敦煌西北的玉门关

已如前考，汉代最早设置的玉门关应在今石关峡，设关时间约在西汉元鼎六年（前111）或稍后，是年由令居（今永登县境内）"筑塞西至

· 185 ·

酒泉",则玉门关随之设在今石关峡;随着汉长城继续由酒泉西延敦煌,约在西汉太初三年(前102)李广利第二次伐大宛之际或其稍后,玉门关遂西迁敦煌西北一带,石关峡原址改置为玉石障。

对于敦煌西北玉门关的关址,历来看法不尽一致。1943年于敦煌西北80千米许的小方盘城附近出土"玉门都尉"等汉简,不少学者因之认为此城即汉玉门关。另有学者认为,小方盘城并非玉门关关址,而应为玉门都尉治所,关口当在其西。如陈梦家认为小方盘城就其地势而言,北、西两面皆在长城,恰当入关后的口内,最适合作玉门都尉的治所,关口则应在其西门外正西或西北。1981年甘肃省博物馆《敦煌马圈湾汉代烽燧遗址发掘简报》[①],通过对敦煌境内汉长城烽燧的全面实地调查和所出汉简资料的考证,初步考定小方盘城西11千米的马圈湾遗址为西汉玉门候官治所,玉门关为玉门候官所辖,置啬夫和佐治理,其确切位置似在马圈湾遗址西南0.6千米处,即马圈湾与羊圈湾之间的高地上,位于东经93°45′,北纬42°21′。驿道由高地中间穿过,但关城遗址尚未找到,或已毁坏无存。

就小方盘城的规模而论,笔者感觉实在是太小了点。该城近乎正方形,夯土版筑,夯层厚9—10厘米,从城外量得其南北长26.4米,东西24.4米,底宽约5.5米,顶宽3.6米,开西、北二门,北门宽2.5米,西门宽2.1米,其城内面积仅约400平方米,还不及今天一座大一点的教室面积大,较之汉代敦煌悬泉置面积(包括主体建筑、灰区、马厩及其附属建筑,共占地22500平方米,仅其坞院就达2500平方米[②])亦小了太多。这尚且是一座"置"的规模,自然不能与玉门关这样一座位置显要、人流车流往来频繁、名垂千古的雄关的规模相比,这样的话小方盘城怎么可能是玉门关呢!因而笔者疑惑,若小方盘城果为玉门关的话,那么它的周围一定还应有其他建筑遗迹。笔者从1982年起,到小方盘城一带考察不下十余次,每每仔细观察该城周围一带的地势及若干似条状

---

① 甘肃省博物馆:《敦煌马圈湾汉代烽燧遗址发掘简报》,《文物》1981年第10期。
② 甘肃省文物考古研究所:《甘肃敦煌汉代悬泉置遗址发掘简报》,《文物》2000年第5期。

延伸的土垄，感觉该城周围确应有其他遗迹。

欣喜的是，近年来敦煌市博物馆就在小方盘城周围发现若干墙垣、灰坑遗迹及一批新的汉简。① 他们发现小方盘城正东115米处，残存南北走向的坞墙，长75米，宽2—3米，残高0.3—0.5米，坞墙北端又向西北延伸18米，南端向西延伸。在东坞墙地面采集到了汉代的鞋、取火器，并发现汉简一枚，汉代遗物极为丰富，总面积约12000余平方米。小方盘城北又有东西向的坞墙，长约40米，北、西两面坞墙内均有大面积的文化层，均遭严重破坏。可以十分明显地看到小方盘城周围形成一个外城，小方盘城被包围在这个外城之中。并在小方盘城坞墙外东南角发现一小坞堡，可能是瞭望哨；正东250米左右有一土丘，为汉代遗址，可能又为一坞，在其南侧300米地高地上又发现汉代房屋遗址三座，应为三座汉代哨所。小方盘城西南300米有支线长城一道，残高50厘米，宽2米，向南经芦草井子沿二墩绿洲一直向阳关延伸，中间并有烽燧4座，与阳关形成犄角之势，相互照应。由此认为在这一带军事系统中地位如此重要者，应为此系统中最高军事长官居所——玉门都尉府，而玉门关址则在小方盘城西侧150米处的长城线上。此次出土的汉简达百余枚，有出入关、关啬夫和关佐等的记录。如Ⅱ98DXT1∶26简："下使乌孙使者以下出关诏致甲辰封己西旦到府积五日留迟。"Ⅱ98DXT2∶18简："故玉门关佐孙相兄赏读。"Ⅱ98DXT4∶13简："闰月戊寅入东门即时出。"Ⅱ98DXT4∶08简："龙勒柱车二两吴充等二人二月甲辰出东门。"② 小方盘城没有东门，简文所记的"东门"当为该城东坞墙北端之障门，可见坞墙内的地面即属玉门关的所在。由此笔者认为，敦煌市博物馆这次的发现颇为重要，笔者粗略估算小方盘城外围坞墙范围以内及其他遗迹的占地规模，应不小于60000平方米，加以这一带所出大量的汉简（包括以前所出简牍），将玉门关考定在这里还是颇有道理的。

---

① 李岩云、傅立诚：《汉代玉门关址考》，《敦煌研究》2006年第4期。
② 参见《敦煌研究》2006年第4期图版18之12、15、7、8号简。

另需指出，约在东汉明帝永平十七年（74），随着由瓜州径通伊吾的伊吾道的开通，玉门关东移至今瓜州双塔堡附近。尽管如此，敦煌西北的玉门关仍在使用，并未废弃，史籍上名之为"故玉门关"。特别是在唐代敦煌文书所见，稍竿道（敦煌向北径至伊州的道路）兴起，与第五道交替通行，稍竿道必经"故玉门关"而往。①

三　瓜州县双塔堡附近的玉门关

东汉中期以迄唐代，玉门关关址又由敦煌西北迁至敦煌以东的瓜州晋昌县境内。《大慈恩寺三藏法师传》记，唐玄奘西行求经，于贞观三年（629）九、十月间抵达瓜州晋昌城（今瓜州县锁阳城②），在当地询问西行路径，有人告知：从此北行50余里有一瓠𦄂河，"下广上狭，洄波甚急，深不可渡。上置玉门关，路必由之，即西境之襟喉也"。玄奘遂在瓜州找了一位胡人向导，于半夜三更到达河边，遥见玉门关。"乃斩木为桥，布草填沙，驱马而过。"瓠𦄂河即今流经河西走廊西部的疏勒河。此处标明瓜州晋昌城以北50余里的瓠𦄂河上置有玉门关。《隋书·西突厥传》《元和郡县图志》等亦记载玉门关在瓜州晋昌县界。笔者就此问题撰成《唐玉门关究竟在哪里》一文③，考得这一玉门关应在瓠𦄂河（疏勒河）岸边，应置于遍设烽燧的山峦间，关外西北还有沿线烽燧，关址应设在汉长城昆仑塞上，为伊吾路的起点，应距隋唐晋昌城不远，应在敦煌以东三、四天行程处，其位置恰在今双塔堡附近。这里正处于当时东西、南北交通的枢纽之地，东通酒泉，西抵敦煌，南连瓜州（锁阳城），西北与伊州（今哈密）相邻，且傍山带河，形势险要。其四周山顶、路口、河口要隘处今仍存古烽燧11座，如苜蓿烽、乱山子七烽等。1958年建成双塔水库，古关遗址被淹。

笔者认为，东汉中期至唐代玉门关之所以由敦煌西北迁至瓜州双塔

---

① 李并成：《东汉中期至宋初新旧玉门关并用考》，《西北师大学报》2003年第4期。
② 李并成：《唐代凉州（武威郡）诸县城址的调查与考证》，《敦煌研究》1990年第1期。
③ 李并成：《唐玉门关究竟在哪里》，《西北师大学报》2001年第4期。

堡附近，其最主要的原因即在于约在东汉明帝永平十七年（74）伊吾道的开通。该道从瓜州（今锁阳城）出发，出玉门关跨过瓠𬬻河，然后径向西北穿越800余里的戈壁、沙漠（莫贺延碛），直达伊州（今哈密）。《元和郡县图志》卷四十"伊州"条："东南取莫贺碛路至瓜州九百里。"该道将瓜、伊二州直接连接起来，路途顺直便捷，较之由瓜州西至沙州（瓜、沙相距300里许），再由沙州西北至伊州的道路（沙、伊相距700里，此道唐代称为稍竿道）缩短驿程约百里。然而伊吾道要穿越数百里的莫贺延碛，极乏水草，路况险恶，行走十分艰辛。

例如，据《大慈恩寺三藏法师传》卷一记，贞观三年（629）高僧玄奘西行求法，即取莫贺延碛道而往。该路在瓜州以北50余里的瓠𬬻河上置有玉门关，"路必由之，即西境之襟喉也。关外西北又有五烽，候望者居之，各相去百里，中无水草"；"沙河阻远，鬼魅热风，遇无免者。徒侣众多，犹数迷失"；玄奘孤游沙漠，"惟望骨聚马粪等渐进。……莫贺延碛长八百余里，古曰沙河，上无飞鸟，下无走兽，复无水草。是时顾影唯一，心但念观音菩萨及《般若心经》……"足见其行程艰畏之况。

伊吾道又可称作莫贺延碛道，敦煌唐人写卷中又称之为"第五道"。《后汉书·明帝纪》载，永平十七年"遣奉车都尉窦固、驸马都尉耿秉、骑都尉刘张出敦煌昆仑塞，击破白山虏于蒲类海上，遂入车师"。笔者考得，昆仑塞为汉敦煌郡境内长城的重要区段之一，属宜禾都尉辖，其遗迹正是位于今双塔堡以北一带的塞墙。[①] 白山即指横亘于今哈密市北境的天山东段，蒲类海又称蒲类泽，即今哈密以北约140千米天山北麓的巴里坤湖，车师在今吉木萨尔县境（车师后王治务涂谷，今吉木萨尔南）。《后汉书·耿秉传》亦记此役："十七年夏，诏秉与（窦）固合兵万四千骑，复出白山击车师。"《后汉书·窦固传》则记，是年"复出玉门击西域，诏耿秉及骑都尉刘张皆去符传以属固。固遂破白山，降车师。"此处"玉门"无疑指玉门关，可见此时的玉门关位于汉昆仑塞上，窦固等率军所出昆仑塞，实际上是从玉门关发兵的，所走的路线即是由

---

① 李并成：《河西走廊西部汉长城遗迹及其相关问题考》，《敦煌研究》1995年第2期。

这一玉门关径向西北直趋伊吾（哈密）、车师的伊吾路，也即唐之莫贺延碛道（第五道）。又由此知，早在东汉永平十七年（74）今双塔堡一带就设有玉门关。李正宇先生即认为，伊吾路的开通肇始于东汉明帝永平十六年（73），而新玉门关的出现是在永平十七年，[①] 这是颇有道理的。伊吾路的开通使瓜州与伊州直接连通起来，无须再绕行敦煌以往，缩短了驿程，玉门关自然亦随之东徙瓜州。

《后汉书·西域传》载，敦煌太守张珰于延光二年（123）上书："北虏呼衍王常展转蒲类、秦海之间，专制西域，共为寇钞。今以酒泉属国吏士二千余人集昆仑塞，先击呼衍王，绝其根本……"此处集昆仑塞、击活动于蒲类、秦海（今博斯腾湖）间的匈奴呼衍王，亦应是自瓜州玉门关发兵的。这一新玉门关每每作为向西域进军的集结地和出发点。

《后汉书·车师王后传》曰，阳嘉四年（135）春，"北匈奴呼衍王率兵侵后部。帝以车师六国接近北虏，为西域蔽扞，乃令敦煌太守发诸国兵及玉门关候、伊吾司马和六千三百骑救之，掩击北虏于勒山，汉军不利"。此处的玉门关候无疑亦指常常作为大军集结和出发地位处昆仑塞上的瓜州玉门关的关候。

《北史·西域传》记，北魏太延（435—440）中遣散骑侍郎董琬等使西域，琬等还京后具言所见所闻："其出西域，本有二道，后更为四：出自玉门，度流沙，西行二千里至鄯善，为一道；自玉门度流沙，北行二千二百里至车师，为一道……"其中至车师这道是出玉门"北行"（实应为西北行），非"西行"，其距离又远达2200里，无疑该玉门应即瓜州玉门关，所行道路当为伊吾路。

《资治通鉴》卷一八一隋大业四年（608）十月条："帝以右翊卫将军河东薛世雄为玉门道行军大将，与突厥启明可汗连兵击伊吾，师出玉门，启民不至。世雄孤军度碛。伊吾初谓隋军不能至，皆不设备；闻世雄兵已度碛，大惧，请降。世雄乃于汉故伊吾城东筑城，留银青光禄大夫王威以甲兵千余人戍之而还。"薛世雄由玉门（显然指玉门关）度过砂碛（莫贺

[①] 李正宇：《新玉门关考》，《敦煌研究》1997 年第 3 期。

延碛）直接兵抵伊吾，出其不意，攻其不备，不战而胜，则其所走正是伊吾道，亦即玉门道，所出之玉门即今双塔堡附近之玉门关。

于敦煌文书中见，依路途情况的变化，伊吾道还常常与稍竿道交替使用。《沙州都督府图经》（P.2005）："唐仪凤三年（678）闰十月，奉敕移稍竿道，就第五道莫贺延碛置，沙州百姓越界捉。奉如意元年（692）四月三日敕，移就稍竿道行，至证圣元年（695）正月十四日敕，为沙州遭贼，改第五道来往。"同卷又载："又奉今年二月廿七日敕，第五道中总置十驿，拟供客使等食，付王孝杰并瓜州、沙州审更检问。令瓜州捉三驿，沙州捉四驿。"所云今年，即万岁通天元年（696）。瓜州负责经管供应（"捉"）的3所驿为新井、广显、乌山；沙州越界经管供应的4所驿为双泉、第五、冷泉、胡桐。10驿中另有3驿（赤崖等驿）当由伊州"捉"。诸驿大抵皆置戍，以护卫交通大道的畅通。于《唐天宝年代敦煌郡会计牒》（P.2862v）等可考知所置的戍有：广明戍（原名广显戍，避中宗李显讳改）、乌山戍、双泉戍、第五戍、冷泉戍、赤崖戍等，戍名与驿名同。

四　五代宋初的玉门关——嘉峪关市石关峡

石关峡这一最早的玉门关址迨及五代宋初，又被重新利用，重设玉门关。

证据之一：敦煌遗书《西天路竟》（S.0383）："灵州西行二十日至甘州，是汗王。又西行五日至肃州。又西行一日至玉门关。又西行一百里至沙州界，又西行二日至瓜州，又西行三日至沙州。"黄盛璋考得，该文书为北宋乾德四年（966）诏遣行勤等157人西行求法中之一沙门行记，与同次赴印之《继业行程》及《宋史》《佛祖统记》所记行勤等路程皆合。[①] 行勤等由肃州西行一日可抵玉门关，此玉门关当为石关峡。由此玉门关西行至沙州界（即当时沙州归义军政权所控制域界）尚有百里，至瓜州（今锁阳城）则需百里再加二日，约三天的路程。瓜州位于

---

① 黄盛璋：《〈西天路竟〉笺证》，《敦煌学辑刊》1984年第2期。

肃州西约400里，则距上云玉门关约300里许，恰合三天行程。由瓜州至沙州又需西行三日，而沙州恰位于瓜州西300里。可见S.0383所记行程及玉门关的相对位置无误。

证据之二：宋人曾公亮《武经总要》前集卷十八肃州酒泉郡下记，肃州"西至玉门关七十里"；同卷河湟甘肃瓜沙路下记："肃州又九十里渡玉门关，又四百二十里至瓜州，又三百里至沙州。"肃州西至玉门关70里，渡玉门关90里（渡，当为渡过、穿过之意，可见玉门关长约20里，这恰与石关峡的长度10千米相符，此亦可证前考石关峡为最初所置玉门关无误），均为一天的路程，与S.0383所记合。可证宋初的玉门关确位于肃州城西一天行程之处。

证据之三：五代后晋高居诲《使于阗记》载，由肃州"渡金河，西百里出天门关，又西百里出玉门关，经吐蕃界"。金河，即源出祁连山北麓，流经嘉峪关城南、酒泉城西、城北的讨赖河，下游名北大河，汉时谓之呼蚕水，唐、五代唤作金河。考之史籍，肃州附近从未设过天门关，所记天门关在肃州西百里，百里系取成数，其位置相当于上引史籍中的玉门关，"天门关"当为"玉门关"之误，因字形相近或字体漫漶致误。顾祖禹《读史方舆纪要》卷六十三早就指出，此处的天门关即玉门关。至于所记肃州渡金河西二百里的玉门关，实则为当时玉门县的治所，而非玉门关，即今玉门市赤金古城。

综上考知，汉代最早的玉门关址石关峡，在五代宋初又重新设关，玉门关从隋唐时的关址——今瓜州双塔堡附近东迁400里许，又返回到最早的关址石关峡。五代宋初玉门关为何又要东移呢？笔者曾考得这主要有两方面原因：一方面从当时河西一带的政治军事形势来看，石关峡的位置正当东面的甘州回鹘与西面的瓜沙归义军政权的天然分疆之地，正处在由一个政权辖地进入另一政权辖地的关口，因而势必成为沟通东西交通的必经要口；另一方面还与当时瓜州直通伊州的伊吾道的废弃，以及沙州社会长期稳定、沙州通伊州的稍竿道的畅行有关[①]。

---

① 李并成：《五代宋初的玉门关及其相关问题考》，《敦煌研究》1992年第2期。

五 明代嘉峪关即是古玉门关的延续

五代宋初的玉门关存在了约130年，自北宋仁宗景祐三年（1036）西夏占领整个河西走廊后，玉门关就从史籍上消声匿迹了。玉门关约自西汉元鼎六年或其稍后设置以来，伴随着中西交通的发展历时1140余年；关址最早设在今石关峡，太初三、四年际李广利二次伐宛时西迁至敦煌西北，东汉中期又东徙至今瓜州县双塔堡，五代宋初进一步东徙，重新回到石关峡。玉门关在丝绸之路发展史上留下了辉煌的一页。

事实上，石关峡为故玉门关址直到明清时期在当地仍有传闻。明永乐十二年（1414）陈诚、李暹受遣出使哈烈国，撰《西域行程记》一书。书中写道，是年正月十七日"过嘉峪关，关上一平岗，云即古之玉门关，又云榆关，未详孰是。关外沙碛茫然，约行十余里，至大草滩沙河水水边安营"[①]。明嘉峪关位于今嘉峪关市城西约5千米、石关峡东口南6.5千米处。关上一平岗，即明嘉峪关城楼所在之山岗，远望是山，登临其上为平岗。平岗向西北方向延伸，其北缘群峰突起，正是石关峡所在的嘉峪关黑山，亦名嘉峪山。陈诚经此还写下了纪行诗《嘉峪山》："朝离酒泉郡，暮宿嘉峪山。孤城枕山曲，突兀霄汉间。戍卒夜振铎，鸡鸣角声残。朔风抢白草，严霜冽朱颜。流沙远漠漠，野水空潺潺。借问经行人，相传古榆关。西游几万里，一去何时还。"陈诚、李暹路经此地即闻这里为古之玉门关，说明玉门关故址沿及明代民间仍有传言。明嘉峪关与古玉门关地域相近，岗峦相连，在一定意义上也可以说嘉峪关即是古玉门关的延续。

考之嘉峪关一带的地形地貌，不仅石关峡地势险峻，就整个嘉峪关市来看，南枕祁连、红山，北倚嘉峪山、黑山，处于河西走廊西部蜂腰之地，自古就为"诸夷入贡之要路，河西保障之襟喉"。初唐诗人员半千《陇头水》吟道："路出金河道，山连玉塞门。旌旗云里渡，杨柳曲

[①] 杨建新主编：《古西行记选注·西域行程记》，宁夏人民出版社1987年版，第263页。

中喧。……将军献凯入，万里绝河源。"① 金河即讨赖河，金河道即途经酒泉的丝路大道。由上引唐诗见，该道的畅通与否甚或关乎到整个西北一带的战局。明万历四十四年李应魁撰《肃镇华夷志》卷一载：肃州"地势险要，西南北三面插入虏穴，止东一面通于甘州"；而"嘉峪关，设在临边极冲中地"。清康熙三十六年梁份著《秦边纪略》卷四《肃州卫》："四郡去河东，肃州独远，三面受敌，通呼吸于一线者，独肃为危"；又云："明收河西地，而以嘉峪为中外巨防，此河西之极西，而譬诸吐舌之末也。……明以哈密主西域贡，古西域出入咸在嘉峪。"因而自汉迄明，从最早的玉门关、东汉至北魏的玉石障、五代宋初的玉门关，直到明代嘉峪关，一直于这一带设置关口，作为军防及交通要隘，诚不可废也。

据有关史料，嘉峪关正式建关始于明洪武五年（1372），初筑土城。《重修肃州新志》："明初宋国公冯胜略定河西，以此关为限，遂为西北极边，筑以土城。"以后又逐渐修筑了关城，以及附近的长城、烽燧、堡城、外壕等设施，形成了一个完整的防御体系，今天成为世界文化遗产万里长城和丝绸之路的标志性胜迹。

玉门关与嘉峪关一脉相连，绵延两千多年，据之我们可以说，嘉峪关的历史绝不仅仅限于明代，应可追溯到西汉元鼎时期。

六　附　论

由于嘉峪关市石关峡与瓜州县双塔堡均曾为历史上的玉门关址，既然玉门关已于2014年进入世界文化遗产名录，那么有理由认为除敦煌玉门关外，其余这两处玉门关址亦应进入世界文化遗产名录。由于受限于凯恩斯规定，一个国家一年最多只能申报一项文化遗产进入名录，但对于遗产保护的"扩展"则无此限定。因而建议嘉峪关市与瓜州县应积极运作，进一步做好宣传与保护工作，争取尽快通过"玉门关遗产扩展"

---

① 王秉钧等选注：《历代咏陇诗选》，甘肃人民出版社1981年版，第36页。

的方式，将石关峡与双塔堡纳入世界文化遗产名录。这样一来嘉峪关市和瓜州县除现有的"万里长城嘉峪关城楼"与"锁阳城"外，又各自多拥有一项世界文化遗产。一个市、县拥有两项世界文化遗产，这在全国其他市县中是极为罕见的，由此也可为"一带一路"和甘肃省华夏文明传承创新区建设以及当地经济文化的发展增添异样的光彩。

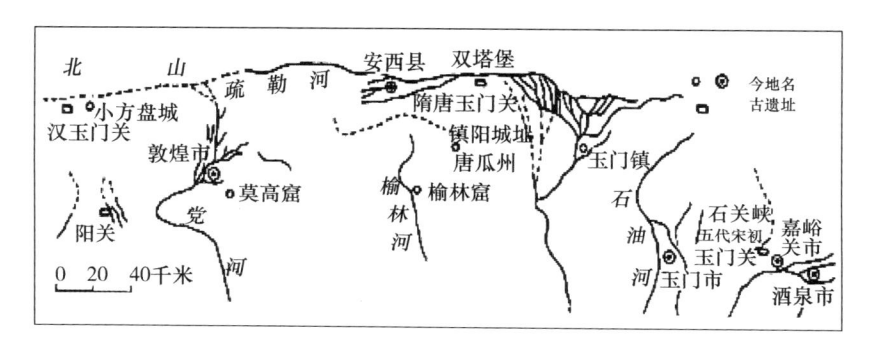

图1 历史上三处玉门关位置示意图

唐代河西走廊交通道路考

河西走廊，因位于黄河之西，且又夹处在青藏高原北缘的祁连山脉与蒙古高原南缘隆起的走廊北山之间，形成一条长约1000余千米、宽达数十至百余千米的狭长地带，形似走廊而得名。由于其特殊的地理位置以及与周围地理环境的特定关系，这条走廊历史上曾是中原通往西域、中亚、西亚以至非、欧的必经孔道，是闻名于世的丝绸之路最重要的干线路段之一，也是我国走向世界的第一条通道。东西方文明在这里交流荟萃，民族交往十分频繁，同时又是屏蔽关陇的门户和中原王朝势力强盛之时所锐意经营的西进道路上的重要中继站，具有十分重要的战略地位。

唐代是我国封建社会高度发展的时期，政治、经济、文化诸方面均开创了前所未有的盛大局面。为了维系大一统国家的正常运转，保证中央王朝在全国范围内实施有效的统治，开辟了前所未有的庞大的交通通讯路网，构建了高速高效的馆驿系统。位处丝绸之路干线和战略要地的河西走廊，其交通道路的辟建更是规模空前，令人称道。

一 横贯走廊的东西交通大道

横贯河西走廊的东西大道，为唐代通往西域、中亚的主干线，其关乎唐代政治、外交、军事进退，以及国际贸易、文化交流诸方面甚巨。有关该道的走向、馆驿设置等问题，不少学者曾有论及。尤应提到是严耕望先生所撰《唐代交通图考》第二卷《河陇碛西区》①，对其作了颇为系统翔实的考证，实足称道。但美中不足的是，严先生未经实地踏查，所用地形图又系民国时的旧本，因而不免有所疏误。笔者拟吸收前人有关成果，结合自己多年来在河西走廊实地考察、史地考证等方面的工作，对这条道路考实如下。

严先生首先考察了凉州以东的交通路线。《通典》卷七述开元时国内交通状况："东至宋（今河南商丘）、汴（今开封），西至岐州（今陕西凤翔），夹路列店肆待客，酒馔丰溢，每店皆有驴赁客乘，倏忽数十里，谓之驿驴。南诣荆（今湖北江陵）、襄（今湖北襄阳），北至太原、范阳（今北京），西至蜀川、凉府（武威），皆有店肆以供商旅。远适数千里，不持寸刃。"足见其时交通之盛。河西节度治所凉州，为自陇以西最重要之政治军事商业交通中心。凉州东南至长安，或取兰州，或取会州（笔者考得唐代会州，今甘肃白银市平川区柳州古城②）而往，有南北两道。《元和郡县图志》卷四十凉州条："东北至上都，取秦州路二千里，取皋兰路一千六十里。""北"为"南"之讹。取秦州路者，经兰、临（今临洮）、渭（今陇西）、秦（今天水）、陇（今陕西陇县）5州及凤翔府（今凤翔），而至长安，计程2000里。"皋"为"乌"之讹，里数亦夺误。乌兰路者，乌兰县置乌兰关，与会宁关西东对夹黄河，具舟50艘待行旅，为西北极大津渡处，故应名乌兰路。路经乌兰关及会、原（今固原）、泾（今泾川）、邠（今彬县）4州至长安，行程约1800里，非1060里。两道皆置驿。

严先生考证南道驿程：发长安都亭驿西出开远门，经临皋驿、望贤宫、咸阳县、温泉驿、始平县、马嵬驿、望苑驿、武功县、扶风县、龙尾驿、岐山县、横水驿、岐州，至凤翔府治所雍县。凤翔府为京西重镇，府南有驿道通汉中与剑南，府西有驿道通秦州、凉州至安西。凤翔又西经汧阳县（今千阳县），西循汧水河谷而上至陇州治所汧源县（今陇

---

① 严耕望：《唐代交通图考·河陇碛西区》，《"中央"研究院历史语言研究所专刊》第83卷，1985年。

② 李并成：《唐代会州故址及其相关问题考》，《中国历史地理论丛》2016年第3期。

县）；又西经安戎关、大震关，越小陇山分水岭，西经弓川寨、清水县，至秦州治所上邽县（今天水），馆驿甚宏壮。自陇州以西过大震关越分水岭道，古称陇坻大坂道，盛唐时西出陇右者取此道为多。秦州向西略循渭水而上，经伏羌县（今甘谷）、洛门川、陇西县、渭州治所襄武县、渭源县，西北至临州、临洮军治所狄道县（今临洮）。由此北行，略沿洮水河谷而下，经长城堡，越沃干岭，折入阿干河谷，而北至兰州治所五泉县。又北渡河出金城关，正北微西略循逆水河谷（今庄浪河）而上，行 220 里至广武县（今永登南），又约 200 里至昌松县（今古浪西），又西北越洪池岭，凡 120 里至凉州治所姑臧县（今武威）。兰、凉间凡置 20 驿，皆无考，而沿途汉晋以来故城堡则颇多可指。

严先生这里有一处疏误。先生据《通鉴》胡注、《读史方舆纪要》《大清一统志》等所记"姑臧东南有洪池岭"，认为该岭在武威东南、古浪县以北。事实上古浪县以北即进入走廊平原地带，古浪与武威之间平原坦荡，并无山岭。笔者考得，洪池岭即今乌鞘岭[①]。该岭位于今武威市东南约 85 千米、古浪县南 30 千米。西接祁连山，余脉向东延至景泰县境。东西横亘，屏蔽天成，为黄河流域与内陆河流域的分水岭。雄居河西走廊东端，控扼我国东南半壁通往西北半壁的襟喉之地，历来被称作古丝路大通道上的"金关铁锁"，军事、交通地位十分重要。

严先生接着考证了北道（乌兰道）驿程：由长安西北行亦经临皋驿、咸阳县驿，又经醴泉县，至奉天县（今乾县东）。奉天当西北通道之要，唐代中叶西北有事常置重兵于此。由奉天北出，经永寿县、麻亭驿、新平县，又西北循泾水河谷上行，经藁邱堡、宜禄县（今长武），折而西行经长武城、泾州治所安定县、连云堡、阴盘县，至平凉县旧治阳晋川。又西北行经胡谷堡，入弹筝峡，经瓦亭故关，向西南逾陇山关即六盘关，西北行经汉萧关故地，至原州治所平高县（今固原）。由原州西北行经石门关、河池，至黄河东岸的会州治所会宁县（今平川区柳州古城），再略沿黄河东岸西北行 180 里至会宁关。渡河而西至乌兰关，

---

① 李并成：《河西走廊历史地理》，甘肃人民出版社 1995 年版，第 48—49 页。

为乌兰县治,此为西域大道之重要关津。元和中吐蕃建乌兰桥于河上,李益诗有乌兰戍,均疑此处。

严先生所云会宁关,笔者考得,即今扼守黄河渡口的甘肃省靖远县双龙乡北城滩古城,与会宁关"夹岸并置"的乌兰关位于其西南四里黄河对岸,关址无存。[①] 笔者由居延新简 EPT59∶582 等史料所记有关里程考出,早在西汉时期长安通往河西、西域交通大道的北线就于此附近的索桥渡口(北城滩古城南 10 千米处)渡河。这一带河床不宽,水流较平稳,两岸虽群峰陡立,但均有沟谷可做通道。索桥渡口东岸通道为小口子,西岸通道为大沙沟。延及唐代会宁关成为重要津渡。敦煌文书开元《水部式》(P.2507):"会宁关有船五十只,宜令所官差强了官检校,著兵防守,勿令北岸停泊。自余缘河堪渡处,亦委所在州军严加捉搦。"《唐六典》卷七"水部郎中"条:"其大津无梁,皆给船人,量其大小难易,以定其差等。"其中会宁、龙门、合河 3 关各置船 3 艘,船数仅次于白马津和渭水冯渡各四艘,而其余各津船均只一二艘。渡子之数,"会宁船别五人",仅次于蕲州江津等三渡口船别六人,其余津渡则船别三四人。《唐六典》所载会宁关船数与《水部式》大异,严先生认为恐因二书反映的时期不同所致。即依《唐六典》所记已可知会宁关津在诸关津中之地位。若依每舟渡子 3—5 人计,则《水部式》代表之时期该关津渡子可达 250 人之多,每日所渡行旅起码在千人以上,盛况的确非同一般。

渡河后西北行经 420 余里亦至凉州治所姑臧县(今武威)。北道较之南道路途缩短约 200 里,但平凉以西段较险峻。南道虽迂,但较平坦,且沿途较富庶。故唐人行旅似取南道者为多。凉州为唐代西北地区政治军事经济文化中心,极为繁荣。由此西行 5000 里即达唐安西都护府(今库车),为当时中央政府控制西域之总部。其间通道为当时国际交通之第一重要路线,全程皆置驿。

[①] 李并成:《唐代会宁关及其相关问题考》,《历史地理》第 34 辑,上海人民出版社 2017 年版,第 240—252 页。

严先生又考得，由凉州西北行 180 里至天宝县（今永昌西），又西北越删丹岭，西经汉日勒故城，凡 200 里至删丹县（今山丹）。又西 120 里至甘州治所张掖县。甘州南经大斗拔谷通鄯州，可至吐蕃，北达居延至回鹘衙帐，为河西重镇之一，刺史兼充河西节度副使，且置张掖守捉，管兵 6500 人。又西行 190 里至建康军，管兵 5200 人，或以甘州刺史兼充使职。又西道出崆峒山北，盐池（今明海湖）之南，110 里至福禄县（盖今新桥堡、龙兴关地区），又西北 100 里至肃州治所酒泉县。又由甘州略循弱水即张掖河西北行 300 余里至福禄县界之盐池烽，盖在盐池之东，又西 230 余里亦至肃州。《释迦方志》云，肃州西少北 75 里至故玉门关，关在南北山间，约在今嘉峪关西至黑山下。又西约 120 里至玉门县（今县东颇远，盖赤金峡、赤金堡地区），唐代前期设玉门军，以肃州刺使兼领，管兵 5200 人。五代时置玉门关。又西经沙头故城（今玉门县西），约 300 里至瓜州，盖今苦峪城，俗名锁阳城，亦可能在布隆吉城。唐初玉门关在州西北 50 里之瓠𤃩河（今疏勒河或窟窿河）上，后迁至瓜州城近处。瓜州置墨离军，统兵 5000 人，称为四镇之东门，例以刺史充使，盖在瓜州城或西北不远处。又西 300 里至沙州（今敦煌）。

严先生所论上述途经地点，笔者曾反复实地踏勘，对其均有考证。考得唐天宝县即位于今永昌县西 12 千米的焦家庄乡水磨关西寨古城①，汉日勒故城（日勒都尉府城）即今山丹县峡口古城洼古城，唐建康军城即今高台县西略偏南 21 千米处的骆驼城②；盐池并非严先生所指明海湖（该湖非咸水湖），而应是高台县城西北约 60 千米的盐池乡北之盐池。自汉迄清，张掖西出傍黑河行至高台县罗城乡附近折而向西，经盐池、双井子、临水而至酒泉，始终为一条交通大道。唐福禄县（应为禄福县）本汉乐涫县，即今酒泉市东南 50 千米下河清乡皇城古城③。《释迦方志》

---

① 李并成：《唐代凉州（武威郡）诸县城址的调查与考证》，《敦煌研究》1990 年第 1 期，第 63 页。
② 李并成：《河西走廊马营河、摆浪河下游的古城遗址及沙漠化过程初探》，《北京大学学报》"历史地理专刊"，1992 年，第 95—97 页。
③ 李并成：《西汉酒泉郡若干县城的调查与考证》，《西北史地》1991 年第 3 期。

所记酒泉西少北75里的故玉门关，即位于今嘉峪关市西北约10千米许的石关峡①。唐玉门军确在今玉门市赤金一带地方，为赤金堡古城②，但这里并非五代的玉门关，五代玉门关亦在石关峡。沙头故城即今玉门市花海乡比家滩古城③，唐瓜州确为今锁阳城④，非布隆吉城（该城为清代安西厅城）。唐代的玉门关确在瓠𬬻河（今疏勒河，非窟窿河）岸，为今安西县双塔堡一带地方⑤。

另，盛唐时张掖附近还置有巩笔驿，严先生漏。《旧唐书·王君㚟传》：开元十五年（727），"会吐番使间道往突厥，君㚟精骑往肃州掩之，还至甘州南巩笔驿，护输伏兵突起……，遂杀君㚟"。《资治通鉴》卷二一三亦载其事，胡注："甘州张掖县西南有巩笔驿。"《新唐书·地理志》则云，张掖县"西有巩笔驿"。王北辰先生考得，驿名应为巩笔驿，"笔"即粮囤之意，"巩笔"即粮囤巩固，或固若粮囤的意思。⑥该驿方位《旧唐书》记在张掖南，《新唐书》记在张掖西，《通鉴》亦记在南，胡三省则折中二说记在张掖西南。依王君㚟进军方向，此驿应在甘州通往肃州的路上，即应在唐张掖城（今张掖市城）的西偏北。乾隆十四年（1749）修《甘州府志》："今黑水西岸有古驿址，俗曰西城驿者，或云即巩笔驿，或云元西城驿，或云明小沙河驿。"王北辰认为唐巩笔驿、元西城驿、明小沙河驿即在今张掖市黑水国南古城，南古城内的坊巷遗迹乃是元、明时期的建筑遗迹。笔者赞同其说。该古城位于张掖市城西偏北约17千米处的西城驿沙窝中，即国道312线2744千米南1.5千米处，城址已残破，残垣周围多被沙淤，南北222米，东西248米，墙基坍宽8米，顶宽2.5米，残高3—6米。夯土版筑，夯层厚15—20厘米。门一，东开，有瓮城。城内建筑无存，地表遍布碎砖块、石磨残片、瓷

---

① 李并成：《五代宋初的玉门关及其相关问题考》，《敦煌研究》1992年第2期。
② 李并成：《西汉酒泉郡若干县城的调查与考证》，《西北史地》1991年第3期。
③ 李并成：《西汉酒泉郡池头、绥弥、乾齐三县城址考》，《西北史地》1995年第3期。
④ 李并成：《唐代瓜州（晋昌郡）治所及其有关城址的调查与考证》，《敦煌研究》1990年第3期。
⑤ 李并成：《唐玉门关究竟在哪里》，《西北师大学报》2001年第4期。
⑥ 王北辰：《甘肃黑水国古城考》，《西北史地》1990年第2期。

片、粗缸瓷片等物。城址中部有一条东西向街道遗迹,城内北部、西垣正中还残留建筑台基。

经由河西走廊连接唐都长安与安西都护府的这条道路,不但为唐室控制西域、中亚之大通道,亦为国际贸易、文化交流之大动脉,其交通价值之高,对于唐与西域、中亚、西亚之政治外交关系、经济供求、文化交流作用之大,诚如严先生所言无愧为当时中国第一重要之国际交通路线。

二 大斗拔谷道、白亭河道、居延道

与上述这条横贯东西的交通大道相交汇,唐代还有若干条略呈南北向的大道,将河西走廊与周边一些地区连接起来。

(一)大斗拔谷道

由张掖斜向东南,沿洪水河、童子坝河河谷穿越祁连山脉垭口扁都口(大斗拔谷),可直抵湟水谷地,将河西走廊与青海高原直接连接起来,其走向与今国道 227 线(西宁至张掖)略当。

后秦姚兴弘始二年(400)高僧法显、慧景等西行求法,即是翻越大斗拔谷,由该道进入河西而西去的。[①] 隋大业五年(609)炀帝西巡,亦是穿过大斗拔谷到达张掖的。《资治通鉴》卷二一三开元十五年(727):"去冬,吐蕃大将悉诺逻寇大斗谷,进攻甘州,焚掠而去。"走的亦是这条道。近年青海省东部都兰县发现吐谷浑贵族墓葬,出土了数量众多的丝织品,其中 112 种为中原织造,18 种为中亚、西亚织造。西方织锦中独具浓郁风格的粟特锦最引人注目,一件织有钵罗波斯文字锦,是目前世界上所发现的仅有的一件 8 世纪波斯文字锦。此外还有波斯金银器、玛瑙珠、玻璃珠、铜香水瓶等出土[②]。由此表明途径青海东部,

---

[①] 章巽校注:《法显传校注》,上海古籍出版社 1985 年版,第 3 页。
[②] 李永平:《西北地区重大考古发现与丝绸之路研究》,《丝绸之路》1999 学术专辑,第 18 页。

连接中原与河西、西域、中亚、西亚的交通道路曾在历史上发挥过十分重要的作用，特别是从北朝晚期至中唐时期此条路段成为丝绸之路的重要干线和东西方经济文化交流的主要通道之一。

严耕望先生认为，唐末吐蕃内乱，其落门川镇将论恐热西攻鄯州节度使尚婢婢，又西北掳掠甘、肃、瓜等州，亦是经由此道，与炀帝西巡之路线略当。

除大斗拔谷道外，沟通祁连山脉南北还有一些通道，但均较次要。如唐代前期由山南的吐谷浑地北出肃、瓜、沙、玉门即有道路，高宗龙朔三年（663）吐谷浑国被吐蕃所灭，余众诣凉甘肃瓜沙等州降，即是从这些通道进入河西的。不赘。

（二）白亭河道

由武威向北，沿石羊河（其下游唐五代名白亭河）北行，经唐白亭海（今石羊河终端湖白碱湖一带），穿越腾格里沙漠北部可直抵黄河岸边。后晋天福三年（938）张匡邺、高居诲一行即是由此道前往于阗的。他们自灵州（今宁夏灵武市）渡过黄河西行，经细腰沙、神点沙、三公沙、黑堡沙、沙岭等地（均为腾格里沙漠之地），"渡白亭河至凉州"[①]。该道为河西走廊通往河套、北京乃至华北平原、东北平原的一条捷径。唐五代以后依然兴盛，当地称之为包（头）绥（远）道。

（三）居延道

由张掖北出，沿黑河北行，经古居延绿洲（唐于此设宁寇军），可深入蒙古高原腹地，亦可由此东接阴山、河套，西连天山南北。《新唐书·地理志》甘州张掖郡条："北渡张掖河（黑河），西北行出合黎山峡口，傍河东壖屈曲东北行千里，有宁寇军，故同城守捉也，天宝二载为军。军东北有居延海，又北三百里有花门山堡，又东北千里至回鹘衙帐。"所记即此道路。同书瓜州晋昌郡条：瓜州"东北有合河镇，又百

[①] 《新五代史》卷七四《四夷附录三》。

二十里有百帐守捉，又东百五十里有豹文山守捉，又七里至宁寇军，与甘州路合"。甘州路亦即此道。对于居延古道，王北辰先生曾有细致的考论①，于此不赘。

三 以敦煌为中心的交通道路

位处西域门户、丝路喉襟的敦煌，盛唐时仍是政治上军事上联结中原与西域的枢纽和东西方经济文化交流的荟萃之地，并且随着国力的空前强盛和丝绸之路交通的繁荣，其地位更形重要。于敦煌遗书及有关史料可见，盛唐时敦煌可东通中原，北通伊吾（稍竿道），西北通高昌（大海道），西通焉耆、龟兹（大碛道），西通鄯善、于阗（于阗道）；又由敦煌西南行，过马圈，越今当金山口，经西桐（今苏干湖）可通吐谷浑和吐蕃地（奔疾道，又名把疾道）；又由敦煌东面的瓜州城出玉门关，西北可通往伊州（莫贺延碛道，又名第五道）。可见敦煌一带实处于东西、南北交通的十字路口，成为当时交通馆驿网络颇为密集的地区之一，很值得深入研究。

（一）瓜沙道

唐代瓜、沙二州间的交通道路、驿站及其变迁，敦煌遗书《沙州都督府图经》（P.2005）所记最为详确。该卷专列"十九所驿、并废"一节，记载了瓜沙二州间的14所驿站和第五道的几所驿站，至为珍贵。前揭严耕望先生大作利用该史料，勾勒了二州间的基本路线走向和驿次。但严氏未来过这一带，未能将文献记载与实地地理状况及所存路、驿遗址对照起来，因而不免粗疏。笔者经实地反复踏勘，对于瓜、沙二州间诸驿的位置及其驿路变迁状况做过系统考察，撰成《唐代瓜、沙二州间驿站考》一文。②

---

① 王北辰：《古代居延道路》，《历史研究》1980年第3期。
② 李并成：《唐代瓜、沙二州间驿站考》，《历史地理》第13辑，上海人民出版社1996年版，第93—101页。

笔者考得，唐代连接瓜、沙二州间的驿路曾使用过新、旧两道，其中旧道又先后有过山（常乐南山，今截山子）南、山北两条路线。高宗永淳二年（683）前，道由沙州东行，经州城、东泉、其头、无穷、空谷、黄谷、鱼泉7驿（截山子南麓），至瓜州常乐驿，再东抵瓜州；是年奉敕废无穷、空谷、黄谷3驿，而于山北置悬泉驿，由其头驿东经悬泉驿、鱼泉驿至常乐驿，或由悬泉驿直取常乐驿，再到瓜州；是为旧道山南、山北两种走法。至武后天授二年（691），"以旧道石碛山险，迂曲近贼，奏请近北安置"，于是于旧道之北改置新道：由沙州东北行，经州城、清泉、横涧3驿，又北行至白亭驿、东北行至长亭驿、东行至甘草驿、东南行至阶亭驿，再东行达常乐驿、瓜州。新道多因烽戍置驿，旧道诸驿遂废。

新道诸驿中，州城驿位于唐沙州城，即今敦煌市城西党河西岸的沙州故城址；清泉驿位于今敦煌城湾农场二站古城，该城亦是唐清泉戍；横涧驿位于今咸水沟旁（地理坐标：X 16663.9，Y4466.4），驿侧有烽；白亭驿位于东碱墩烽正南1.5千米处（地理坐标：X16663，Y4477），驿侧有烽；长亭驿位于白亭驿东北21.5千米处（地理坐标：X16683，Y4481.3），今遗存两座残墩；甘草驿位于西沙窝北端的北路井；阶亭驿位于北路井东南13千米（地理坐标：X16706.3，Y4480.3），驿侧存残高9米的烽燧一座，即唐阶亭烽，其地还建有阶亭坊，为唐时一大型车坊；常乐驿设于唐常乐县城内，即今安西县南岔乡六工破城。

旧道之常乐南山北麓诸驿：东泉驿位于今敦煌市五墩乡新店台村北的大疙瘩梁古城；其头驿位于今二道井附近；悬泉驿位于今吊吊沟口北9千米的甜涝坝古城；由此可向东南越常乐南山达鱼泉驿，或径向东直抵常乐驿。常乐南山南麓诸驿：鱼泉驿位于今谢家圈滩北部土墩子一带（地理坐标：X16718，Y4467.5）；无穷驿位于常乐南山中的旱峡（地理坐标：X16690.1，Y4453.3），空谷驿位于无穷驿东15千米处（地理坐标：X16703.4，Y4457.1）；黄谷驿位于今安西县老师兔古城，由此向东北约12千米可到鱼泉驿，与前道接。

于敦煌文书见，唐代对于丝路交通大动脉瓜沙地区的驿馆建设备为重视，每条驿道乃至每所驿站的开置废弃，均须经由州刺史奏请皇廷，然后奉敕施行，驿路的选线、开辟、变迁既受地理条件（主要是水资源）的制约，又受当时政治军事形势的影响。今天不少驿址仍存残垣断堉、驿侧烽燧或军戍遗址。驿址多呈方形，每边长约30—70米不等，面积约100—500平方米。有的驿址周围还发现古渠道、古耕区遗迹，反映了古今地理环境的变迁。今天全国保存的唐代驿址已很稀见，因而瓜沙地区的这些古驿址在我国考古学以及古代交通通讯史的研究上具有重要意义。

（二）稍竿道

为沙州向北直达伊州（今新疆哈密）的道路，又名伊吾路。《沙州都督府图经》（P.2005）在新井等驿条下记："奉如意元［年］四月三日敕，移就稍竿道行。至证圣元年正月十四日敕，为沙州遭贼少草，运转极难，稍竿道停，改于第五道来往。"随着路况安全等方面的变故，有唐一代稍竿道与第五道（后考）往往交替通行。

稍竿道的得名因伊州南有稍竿馆而来。《太平寰宇记》卷一五三伊州条："正北微东取稍竿馆路至沙州七百里。"所记正北应为正南之误。敦煌遗书S.0383《西天路竟》载，出沙州"又西行三十里入鬼魅碛，行八日出碛至伊州"。所记正是稍竿道。该路段上可考之地点还有碱泉戍。《通典》卷一七四敦煌郡条："北至故碱泉戍三百三十六里，与伊吾郡分界。"敦煌研究院藏《唐敦煌县给碱泉戍粟牒》，记载由县司食用给碱泉戍粟102石。

陈国灿先生曾撰《唐五代敦煌四出道路考》，对于稍竿道走向论之："以今航测图观之，敦煌北去土窑墩80余里，再北约90里至青墩，再北至明水井约70余里，再北抵水沟子井约90里。水沟子井今又名甜水井，其地南距敦煌330里，当是唐碱泉戍所在地。……碱泉戍至伊州城尚有300余里，稍竿馆在碱泉戍以北，相距或为一二日程。再西北，很可能与第五道之赤崖驿合，再西北经罄亭等驿而达伊州。"[1]严耕望先生前揭

---

[1] 陈国灿：《唐五代敦煌四出道路考》，《敦煌学国际研讨会文集》，辽宁美术出版社1995年版，第216—236页。

文认为："稍竿道者，由沙州州城驿西北行，一百一十里至兴胡泊，又一百三十二里至河仓城（今大方盘城），又折北行盖六十六里至碱泉戍。"所考路线似乎向西绕行太多，事实上敦煌直北略偏西可径达伊州。

（三）第五道（莫贺延碛道）

由唐瓜州向北 50 余唐里，出玉门关，折向西北经约 800 里的莫贺延碛至伊州（今哈密），又称莫贺延碛道。《元和郡县图志》卷四十伊州条："东南取莫贺碛路至瓜州九百里。"唐瓜州、玉门关，即前考分别在今安西县锁阳城、双塔堡之地。该道将瓜、伊二州直接连接起来，较之绕行沙州（瓜、沙相距 300 里许），再取稍竿道至伊州（700 里）的道路缩短驿程约 200 里。然而第五道要穿越数百里的莫贺延碛，极乏水草，路况险恶，行走十分艰辛。

《大慈恩寺三藏法师传》卷一记，贞观三年（629）高僧玄奘西行求法，即取莫贺延碛道而往。该路在瓜州以北 50 余里的瓠𦊈河（今疏勒河）上置有玉门关，"路必由之，即西境之襟喉也。关外西北又有五烽，候望者居之，各相去百里，中无水草"；"沙河阻远，鬼魅热风，遇无免者。徒侣众多，犹数迷失"。玄奘孤游沙漠，"惟望骨聚马粪等渐进。……莫贺延碛长八百余里，古曰沙河，上无飞鸟，下无走兽，复无水草。是时顾影唯一，心但念观音菩萨及《般若心经》……"足见其行程艰危之况。

《沙州都督府图经》（P.2005）："唐仪凤三年（678）闰十月，奉敕移稍竿道，就第五道莫贺延碛置，沙州百姓越界捉。奉如意元年（692）四月三日敕，移就稍竿道行，至证圣元年（695）正月十四日敕，为沙州遭贼，改第五道来往。"第五道与稍竿道往往相替使用。同卷又载："又奉今年二月廿七日敕，第五道中总置十驿，拟供客使等食，付王孝杰并瓜州、沙州审更检问。令瓜州捉三驿，沙州捉四驿。"所云今年，严耕望考为万岁通天元年（696）。瓜州负责经管供应（"捉"）的 3 所驿为新井、广显、乌山；沙州越界经管供应的 4 所驿为双泉、第五、冷泉、胡桐。10 驿中另有 3 驿（赤崖等驿）当由伊州"捉"。诸驿大抵皆置戍，以护卫交通大道的畅通。于《唐天宝年代敦煌郡会计牒》（P. 2862 背）等可考知所置的戍有：广明戍（原名广显戍，避中宗李显讳改）、乌山戍、双泉戍、第五戍、冷泉戍、赤崖戍等，戍名与驿名同。

笔者考察中见，该道唐瓜州城至玉门关的一段今仍有古道留存。自锁阳城向北略偏东沿疏勒河洪积冲积扇扇缘，经兔葫芦村直达双塔堡附近（唐玉门关）有一条宽约 3—6 米，较今地面低 1—1.4 米许的古道，今仍断续相连，尤以兔葫芦遗址沙丘北部草滩、青山子胡杨林至吴家沙窝（长约 14 千米）等路段保存较好，部分路段今仍作为乡间道路使用。该道穿越扇缘泉水出露带的地段为防止湿陷翻浆，路基用芦苇、柽柳等物夹砂土垫压。当地乡亲们管该路叫作唐道，说"这是唐家手里老先人走过的路"。据该道陷入现代地面以下的深度知其年代已颇久远。

严耕望认为，明清大道及今日汽车、火车道大抵即循莫贺延古道而行。陈国灿亦认为，由于受沿途泉水的制约，第五道大体与今安西县至哈密的公路线相近。笔者曾于1992 年 2 月、1999 年 5 月、2000 年 8 月、2004 年 9 月、2007 年 10 月几次循此古路实地考察，探明了若干情况，获得若许收获。笔者大致同意严、陈二先生的看法，初步考为唐第五道约与今国道 312 线安西至哈密段走向近之，唐广显驿（广明戍）即今安西县城西北约 50 千米处的白墩子城，乌山驿（戍）即今安西县柳园镇西南约 7 千米的红柳园古城，双泉驿（戍）即今柳园镇西北约 35 千米的大泉遗址，第五驿（戍）约在今大泉北 30 余千米处的马莲井一带，冷泉驿（戍）约在马莲井西北 30 余千米的星星峡一带，胡桐驿约为今哈密市沙泉子遗址，赤崖驿约在今哈密苦水之地。进一步的细致考察有俟来日。

（四）大海道

为唐代沙州径通西州（今吐鲁番）的交通大道。敦煌遗书 P. 2009《唐西州图经》记，西州通往各地有 11 条道路，其中大海道为东通中原必经的要途之一。"大海道，右道出柳中县界，东南向沙州一千三百六十里，常流沙，人行迷误，有泉井咸苦，无草，行旅负水担粮，履践沙石，往来困弊。"西州柳中县，"西至州三十里，贞观十四年（640）置，当驿路，城极险固"①。笔者曾实查，该县城位于今吐鲁番市东约 20 千米的鄯善县鲁可沁、火焰山南麓，城址犹存，东西长近千米，南北宽约 400 米，基宽 5 米许，顶宽 3 米，残高最高 12 米，城内残留部分建筑台基②。所谓"大海"意指大沙海，瀚海戈壁。《元和郡县图志》卷四十西州柳中县条："大沙海，在县东南九十里。"以其位置即指今噶顺戈壁。这是一片方圆约 500 千米的残积——洪积戈壁滩，并多有流动沙丘，石碛渺渺，沙浪滚滚，除少数几处苦涩的露头泉水外，地表几无径流，且人易迷向，又不便车马，路途亦很困苦艰险。然而该道较为顺直，行程较短，可由沙州径向西北，经兴胡泊（沙州西北 110 里，今哈拉淖尔）③、玉门故关（沙州西北 160 里）、白龙堆、大沙海、柳中县而达西州，无须绕经伊州（今哈密）而往。

笔者考得，大海道的开辟可上溯至曹魏时期，北朝、隋代相沿未辍，唐代成为通往西域的主道之一，北宋以后废弃④。撰成于开元二十四年（736）的张守节《史记正义》引裴矩《西域记》曰，西州高昌东南去敦煌 1300 里，"并沙碛之地，四面危，道路不可准记，行人唯以人畜骸骨及驼马粪为标验"。《元和郡县图志》卷四十西州条："东南至金沙州一千四百里。""金"系衍字。所云西、沙州间距离较《西域记》所记略远，与《西州图经》的记载则完全吻合（柳中县东南至沙州 1360 里，该县西至西州又约 40 里，合计恰为 1400 里）。敦煌遗书 P.2691《沙州城土镜》："西北至西州一千三百八十里。"《太平寰宇记》卷一五六西州柳中县条亦记该道，但将其称作"柳中道"，当为大海道的另一称谓。

见于史载，北朝隋唐时大海道除平时使用外，若逢伊吾路（即第五道）上"遭贼动乱"或出现紧急军情时，还每每作为通达西域的一条捷径而发挥其特殊作用。如北魏时柔然曾几次逼近、占据伊吾，隋时突厥

---

① 《元和郡县图志》卷四十《陇右道》下。
② 季成家、王尚寿、胡小鹏、李并成等：《丝绸之路文化大辞典》，红旗出版社 1995 年版，第 855 页。
③ 《沙州都督府图经》（P.2005）："一所兴胡泊，东西十九里，南北九里，深五尺。右在州西北一百一十里。其水咸苦，唯泉堪食，商胡从玉门关道往还居止，因以为号。"
④ 李并成：《古丝绸路上的大海道》，《光明日报》2000 年 2 月 18 日 C4 版"历史周刊"。

兴兵伊吾，均迫使伊吾路断，大海道则取而代之，担负起更为重要的交通职责。吐鲁番阿斯塔那 188 号墓所出西州都督府牒文："北庭大贼下，逐大海道"，此事约发生在开元二年（714）前后，北庭大贼当指西突厥。《西州图经》新开道（西州通伊州的南道）条："今见阻贼不通"，此事约发生在乾元（758—760）之后，"贼" 当指吐蕃。伊吾路阻，大海道就成了中原通向西州的唯一道路。

（五）于阗道

出敦煌阳关，沿阿尔金山北麓西南行，经若羌、且末等地，再沿塔里木盆地南缘西达于阗（今新疆和田市）及葱岭以西。该道早自西汉即已开辟，为当时通往西域的南道（《汉书·西域传》），唐代仍在沿用，严耕望漏考。《新唐书·地理志》引贾耽《四道记》："又一路自沙州寿昌县西十里至阳关故城，又西至蒲昌海南岸千里。自蒲昌海南岸，西经七屯城，汉伊修（循）城也。又西〔一百〕八十里至石城镇，汉楼兰国也，亦名鄯善，在蒲昌海南三百里，康艳典为镇使以通西域者。又西二百里至新城，亦谓之弩支城，艳典所筑。又西经特勒井，渡且末河，五百里至播仙镇，故且末城也。……五百里至于阗东兰城守捉，又西经移杜堡、彭怀堡、坎城守捉，三百里至于阗。"所述即为于阗道。

敦煌唐代文书对该道亦多有记载。约作于盛唐时的《沙州地志》（P.5034）记石城镇通达周边的 6 条道路，其中东去沙州的就有北南二路，可见其间交通的重要。"一道北路，其路□□□（东去屯）城一百八十里，从屯城取碛路，由西关向沙州一千四百里，总有泉七所，更无水草。其镇去沙州一千五百八十里"；"一道南路，从镇东去沙州一千五百里。其路由古阳关向沙州，多缘险隘，泉有八所，皆有草，道险不得夜行，春秋二时雪涤，道闭不通"。"西关" 之名，于 S.0788《唐沙州图经》和《寿昌县地境》亦见，依其位置应在石城镇之东的屯城（汉伊循城）左近。北路需向北绕道，行经阿尔金山山前洪积冲积扇戈壁、沙丘地带，途中几无水草，但路况较平坦易走，且能全天候通行。南路则沿阿尔金山北麓行进，靠近山根，水草条件较好，且较为顺直，距离较短，但路况较为险峻,不能夜行和全天候通行。行旅可依据具体情况选择路线而往。

P.5034 又记,由石城镇继续向西,"从镇西去新城二百四十里,从新城西出取傍河路向播仙镇六百一十里。从石城至播仙八百五十里,有水草"。S.0367 与《寿昌县地境》均载,播仙镇,古且末国,隋置且末郡,上元三年(676)改名播仙镇。即今新疆且末县。石城西去播仙所傍的河应即且末河,今车尔臣河。由且末继续西行,可达于阗及其以远。

(六)大碛道

唐代由敦煌西北行,穿过白龙堆(今库姆塔格沙漠)北部,经罗布泊北岸,再沿孔雀河而上,西抵焉耆及其以远,名大碛道。《旧唐书》卷一九八《西戎传·焉耆》:"其王姓龙氏,名突骑支。……贞观六年(632),突骑支遣使贡方物,复请开大碛路,以便行李。太宗许之。自隋末罹乱,碛路遂闭,西域朝贡者皆由高昌。及是,高昌大怒,遂与焉耆结怨,遣兵袭焉耆,大掠而去。"《新唐书·西域传》与《资治通鉴》亦有相似记载。大碛路不经由高昌,它的开辟直接影响到高昌在丝路交通上的地位和利益,高昌因之出兵攻掠焉耆,以致这后来成了唐朝讨伐高昌的原因之一。郑炳林先生对该道的开辟及通行状况有考证,[①] 此不赘。

根据这一带沿途地形状况,该路的具体走向当由敦煌径向西北,经兴胡泊、玉门故关,然后傍疏勒河下游古河道而行,西抵罗布泊北岸;再溯孔雀河谷西北行,直抵焉耆。该道将敦煌和焉耆直接连接起来,途中无须向北绕行,并可由焉耆直接西达龟兹(唐安西都护府驻地,今新疆库车)及其以远,虽然路况艰辛,须穿越大片的戈壁以及疏勒河下游和罗布泊北部的风蚀雅丹地貌区,但沿程多傍河谷,水草条件较好,因而早在隋代以前就被人们利用,唐代更趋兴盛。

[①] 郑炳林:《试论唐贞观年间所开的大碛路》,《兰州大学丝绸之路研究论文集》,兰州大学出版社 1992 年版,第 44—52 页。

另据前引《沙州地志》（P.5034）所记石城镇六条道路中，其中"一道北去焉耆一千六百里，有水草，路当蒲昌海西，度计戍河"。计戍河应即孔雀河。该路为敦煌前往焉耆的又一条通道，但须绕经石城镇（今若羌），虽路途更远，但中途有石城镇绿洲粮草、水源的补给，故亦有取此道而往者。如前引《法显传》记，法显西出敦煌"行十七日，计可千五百里，得至鄯善国，……复西北十五日到焉耆国"。鄯善国即唐石城镇，当年法显所走即此道路。

（七）奔疾道

出敦煌城西沿党河（唐甘泉水）河谷西南行，经黑山咀（唐马圈口）、西千佛洞、党河大拐湾处（存唐山阙烽残址），折而南行，经沙枣园、沙山子、沙山沟、阿克塞哈萨克族自治县城、长草沟，逾当金山口（祁连山脉与阿尔金山山脉分界隘口，有唐南口烽），复经苏干湖盆地（唐五代名西同），直抵柴达木盆地（唐五代名墨离川）及其以远。其路径与今国道215线大体吻合。该道将敦煌与青藏高原直接连接起来，亦是沟通蒙新与青藏的大通道之一，亦在历史上发挥过重要作用。严耕望先生前揭大作漏考。

该道又名把疾道，或可称其为南山道。《通典》卷174述敦煌郡四至："南至故南口烽二百五十里，烽以南吐谷浑界。"P.2005《沙州都督府图经》曰，甘泉水（党河）出子亭镇（今肃北蒙古族自治县党城遗址）"又西北流六十里至山阙烽，水东即是鸣沙流山"。依其位置山阙烽即今仍残存在党河大转湾处（今建为党河水库）西侧山头、鸣沙山西端的唐代烽燧，残高2.7米。同卷又记："马圈口堰，右在州西南廿五里，汉元鼎六年造，依马圈山造，因山名焉。"其地正是今黑山咀，唐代为甘泉水诸引水干渠的总分水口，今天党河的总分水闸亦在此附近。山阙烽和马圈口，均为奔疾道上所经的重要地点。P.2555《佚名氏诗五十九首》（作于安史之乱后），吟诵了敦煌陷落吐蕃后诗作者被押往青海临蕃城（今湟源县）一路上的见闻和感受。诗作有《冬出敦煌郡入退浑国，朝发马圈之作》《至墨离海奉怀敦煌知己》《青海卧疾之作》《夜度赤岭

· 212 ·

怀诸知己》《晚次白水古戍见枯骨之作》《晚秋至临蕃被禁之作》等。赤岭即今日月山,唐白水军戍在今青海省大通回族土族自治县西北。诗人所走路线即奔疾道。

作于晚唐时期(约9世纪后期)的P.2692《张议潮变文》:"诸川吐蕃兵马还来劫掠沙州,奸人探得事宜,星夜来报仆射:'吐浑王集诸川蕃贼欲来侵凌抄掠,其吐蕃至今尚未齐集。'仆射闻吐浑王反乱,即乃点兵,銮凶门而出,取西南上把疾路进军。才经信宿,即至西同近侧,便拟交锋。其贼不敢拒敌,即乃奔走。仆射遂号令三军便须追逐。行经一千里已来,直到退浑国内,方始趁趃。仆射即令整顿队伍,排比兵戈,……决战一阵,蕃军大败。……生口细小等活捉三百余人,收夺得驼马牛羊二千头匹,然后唱《大阵乐》而归军幕。"同卷唱文中又云:"忽闻犬戎起狼心,叛逆西同把险林。星夜排兵奔疾道,此时用命总须擒。"仆射即指张议潮,其出敦煌向西南过西桐的进军路线正是奔疾道。"西同"又名"西桐",笔者考得为今苏干湖盆地①。"信宿"即连宿两

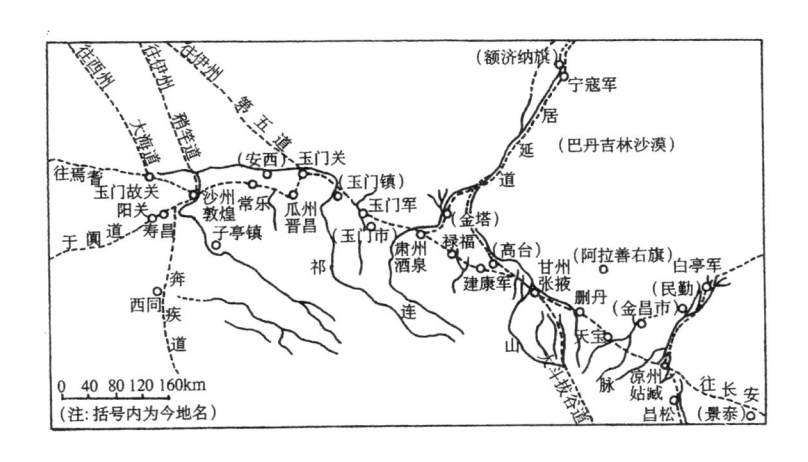

图1 唐代河西走廊交通道路示意图

---

① 李并成:《"西桐"地望考》,《西北民族研究》1998年第1期。

夜。《诗·豳风·九罭》："公归不复，于女信宿。"毛传："再宿曰信；宿，犹处也。"由敦煌取道西南再向南至西桐（今苏干湖盆地），约150余千米，恰需要两夜三天可以抵达，可证所走确为奔疾道。由此亦可得悉，奔疾道是可以通到青海纵深地区的。

（原载《唐代地域结构与运作空间》，上海辞书出版社2003年版，第60—82页）

唐代瓜、沙二州间驿站考

唐代是我国封建社会高度发展的时期，政治、经济、文化诸方面均开创了前所未有的盛大局面。与之相适应，为维系大一统国家的正常运转，保证中央王朝在全国范围内实施有效的统治，唐代全国交通通讯体系亦达到完备的程度，高速高效的馆驿系统益趋完善。在唐代贯通中原与西域地区的交通通讯道路上，敦煌的位置显得十分重要。早在西汉建郡时起敦煌就已作为中西交通的重镇和枢纽，隋代这里即被称作"西域门户"，"发自敦煌，至于西海，凡为三道，各有襟带。……总凑敦煌，是其咽喉之地"[1]。迄及唐代，敦煌仍是政治上军事上联结中原与西域的枢纽和东西经济文化交流的荟萃之地，并且随着国力的空前强盛和丝路交通的繁荣，敦煌的地位更形重要，因而敦煌及其周围地区的道路、驿站建设备受重视。

于敦煌遗书及有关史料见，唐代敦煌可东通中原，北通伊吾（稍竿道），西北通高昌（大海道），西通焉耆、龟兹（大碛道），西通鄯善、于阗（鄯善道，或曰于阗道）；又由敦煌西南行，过马圈，越今当金山口，经墨离海（今苏干湖）可通吐谷浑及吐蕃地（奔疾道，又名把疾道，据 P.2962）；又由敦煌东边的瓜州城（今安西县桥子乡南 8.2 千米处的锁阳城[2]），出玉门关，西北亦可通往伊州（莫贺延碛道，又名第五道）。可见敦煌一带实处于东西、南北交通的十字路口，成为当时交通馆

---

[1] 《隋书》卷 67《裴矩传》，中华书局 1973 年版，第 1580 页。
[2] 李并成：《唐代瓜州（晋昌郡）治所及其有关城址的调查与考证》，《敦煌研究》1990 年第 3 期。

驿网络十分密集的地区之一，很值得深入研究。

唐代敦煌及其周围的驿站，以敦煌遗书《沙州都督府图经》（P.2005）所记最为详确。该卷专列"十九所驿、并废"一节，记载了瓜沙二州间的 14 所驿站和第五道的几所驿站，至为珍贵。笔者近年多次前往这一地区实地考察，期间对于古代驿站亦甚留意。今就 P.2005 所记，结合考察所见，并参照该地区航空影像等资料，对唐代瓜沙二州间诸驿的位址及其驿路变迁状况予以探讨。

据 P.2005，唐代连接瓜沙二州间的驿路曾使用过新旧两道，其中旧道又先后有过山（今截山子）南、山北两条路线。高宗永淳二年（683）前，道由沙州东行，经州城、东泉、其头、无穷、空谷、黄谷、鱼泉 7 驿（截山子南麓），至瓜州常乐驿；是年奉敕废无穷、空谷、黄谷 3 驿，而于山北置悬泉驿，由其头驿东经悬泉驿、鱼泉驿至常乐驿，或由悬泉驿直取常乐驿；是为旧道山南、山北两种走法。至武后天授二年（691），"以旧路石碛山险，迂曲近贼，奏请近北安置"，于是于旧道之北改置新道：由沙州东北行，经州城、清泉、横涧 3 驿，又北行至白亭驿、东北行至长亭驿、东行至甘草驿、东南行至阶亭驿，再东行达常乐驿。新道多因烽戍置驿，旧道诸驿遂废。兹就各道诸驿分考如下。

一　瓜沙新道诸驿

（一）1. **州城驿**

P.2005："右在州东二百步，因州为名，东北去清泉驿卅里。"州城即指唐沙州城，据考古工作者的探查分析，该城即今敦煌市城西、党河西岸的沙州故城址，其始建于西汉元鼎六年（前 111 年，参见 P.2691 背等），为汉代敦煌郡、县城，唐代又进行过加固维修。城址呈矩形，南北 1132 米，东西 718 米，今存南北西三面断续残垣，东墙已被党河冲圮，城西北角墩突兀，残高 16 米。唐州城驿即设于此城州衙东 200 步处。又于敦煌文书见，当年州城内街巷纵横布列，划分为若干坊，其中有"乘安坊"一名（P.3636 背），顾名思义州城驿或许置于该坊中。

（二）清泉驿

P.2005："右在州东北卅里，去横涧驿廿里。……其驿置在神泉观庄侧，故名神泉驿。今为清泉戍，置在驿傍，因改为清泉驿。"神泉观为唐代敦煌著名道观，其名称于文书中多见（P.2371、P.2417、P.2602、P.2806、P.2861、P.3141、P.3669、甘博017等），其地有三处：P.2417、P.3669"敦煌郡敦煌县神沙乡阳沙里神泉观"；甘博017"沙州敦煌县平康乡修武里神泉观"（据P.2822、大谷2836v等平康乡位于敦煌县西北，又据S.2174、P.2153等推测神沙乡位于敦煌县南），这两处神泉观似都与P.2005之神泉观无涉，州东北应另有一处神泉观。唐里约合今540米[①]，"州东北卅里"则合今21.6千米；驿道所经又多取直线，以求便达，尤其是绿洲平原上的驿路既无地形障碍，又无须绕道就水草，自然更取直道。由沙洲故城径向东北约22千米处，即今敦煌市城湾农场二站队部东1千米处，恰可找到一座古城遗址。其城垣多已倾圮，东垣断续残长约95米，南垣残长70米许，残高1.5米左右，西、北二墙仅见残垒，城中部又有一道东西断续延伸的残垣将全城隔为南北二部。城内及城周约方圆1千米范围内，到处散落着灰陶片、碎砖块、残铁片等遗物。敦煌市博物馆的工作人员还在城中掘出过开元钱币，并发现了一些汉代的东西。该城位处党河下游绿洲东部边缘，绿洲农田灌溉回归水在这一带出露，因而周围泉渊多发，唐代的神泉、清泉即应在此。今天这些泉泽已趋干涸，城周景观多为已趋干枯的盐渍草甸，间有零星小沙丘分布，城内亦见沙丘，并在城西暴露有成片的风蚀弃耕地以及废渠道遗迹，于航空照片上亦可显见，应系当年垦种之处。从该城距州城方位、距离、形制、出土遗物、周围环境等看，当为唐清泉驿和清泉戍无疑；全城分南北二部，一应为驿，一应为戍，并且在汉代可能亦为置或驻军之所。

[①]《中国自然地理·历史自然地理》附录《历代度量衡换算简表》，科学出版社1980年版。

（三）横涧驿

P.2005："右在州东北六十里，北去白亭驿廿里。刺史陈玄珪为中间迁曲奏请，奉证圣元年（695）十二月卅日敕置。驿侧有涧，因以为名。"依所记方位、距离求之，在前考城湾农场二站古城（清泉驿）东北 9 千米处（鸟道）正有一条自东南流向西北的水沟，地形图上无名，因其水质苦咸，笔者拟名为咸水沟。该沟系党河冲积扇东缘诸多回归出露泉水汇流而成，沟长 20 千米以上，宽 3—7 米，切深 1.5—4 米，沟尾没入戈壁，沟水为季节性水流，符合"涧"的特点。此沟应即唐之横涧，之所以以"横"名涧，大概是因其流向与党河下流诸支流恰成垂直横交，亦与通往东北方向的道路横交之故。即在沟东侧约 500 米处，今残存一座烽燧遗址，地理座标 X：16663.9，Y：4466.4，底座基本方形，每边长约 8 米，残高 3.7 米，其形制与河西地区常见的唐烽燧相似，烽侧今仍有农家大车道横穿咸水沟而过。北图姜字 73 号文书《大般涅槃经节钞》行间夹写："牌十三日张加妻送横涧烽其日便苏瓠烽"一句，则此烽应即唐横涧烽。这里地下水位较高，今埋深不足 2 米，可资饮用。横涧驿当置于横涧烽附近。该驿的设置较新道诸驿晚了 4 年，可能原来的驿路是避开咸水沟及其周围的沼泽，绕道沟尾而往白亭驿的，中间迁曲，故刺史陈玄珪奏请，于证圣元年奉敕设立，使驿道直接越沟而过。

（四）白亭驿

P.2005："右在州东北八十里，东北［去］长亭驿卅里，同前奉敕移。为置白亭烽下，因烽为号。"驿设于烽侧，又可见于其后提到的长亭驿、阶亭驿等，因按唐制，烽堠和馆驿大约均三十里一置，为就水草，故常设一地，同地又容易同名。由前考横涧驿顺咸水沟而下，径向北约 10.5 千米，即在汉长城沿线东碱墩烽燧（斯坦因编 29 号）正南 1.5 千米处，亦可找到一座烽燧遗址，地理座标 X：16663，Y：4477，烽台底基方形，每边长 7.5 米，残高约 6 米。该烽燧位于汉烽燧线之南，且形制亦与常见的唐烽燧同，与横涧驿的方位、距离同 P.2005 所记又皆合，故应即唐代的白亭烽,白亭驿即置于其侧,惜驿站遗址今已破毁无存。其地亦处党河冲积扇尾间,地下水位较高,可资行旅取用。于航空影像上观,这一带盐渍、风蚀现象较明显,一些较低洼的地段泛碱发白,这大概即是"白亭"之名的来历吧。又横涧驿至白亭驿这段驿程,为就水草一直傍咸水沟向北行进,而并非取道东北径趋长亭驿,路途略绕。

(五) 长亭驿

P.2005:"右在州东北一百廿里,东去甘草驿廿五里,同前奉敕移。为置在长亭烽下,因烽为号。"由前考白亭驿向东北方向一线,正处于疏勒河南部的砾质戈壁与三危山—截山子北麓的东水沟、吊吊沟、芦草沟等水流形成的洪积扇裙边缘盐沼地带的接触之处。沿这一线行进,既可选择便于行走的硬戈壁地面作为道路,又靠近盐渍水草地带,沿途还有一些小股淡水泉流出露,如头道井子、二道井子等,可资行旅补给。今天虽盐渍多已干涸,但这些井子仍有泉流,局部地段还保留着零星灌木疏林。因而这一线可以说是一条较为理想的通道。在此线上白亭烽东北21.5千米处,有两座残存的夯土墩,一座残高2米,一座残高2.6米,地理座标 X:16683,Y:4481.3。二墩位于汉长城烽燧线南3.5千米处,其中一墩很可能即是唐长亭烽,另一墩或许是长亭驿的角墩。

(六) 6. 甘草驿

P.2005:"右在州东北一百卅五里,东南去阶亭驿廿五里。前刺史李无亏为中间路远,兼有沙卤,奏请,奉敕置。驿侧有甘草,因以为号。"长亭驿东约8千米处,横亘着一片南北长约15千米,东西宽约4—5千米的流沙地段,当地称之为西沙窝,通行困难,因而驿路只能绕其北端而过。恰在该沙窝北端,即长亭驿东约12千米处,有一眼露头的淡水泉源,今称之为北路井。访之当地知,该井正位处解放前安西通往敦煌的北路(南路沿截山子走),故以北路名之,为该路上一处重要的补给水源,今天井侧仍有直通安西四工农场及其以远的农家车道。该井周围一带地下水位较高,且土质含沙疏松,故甘草生长旺盛。由此可以认定甘

·219·

草驿当位于井侧，惜驿址今亦无存。这条北路的一些地段早在唐代即应为大道。甘草驿的设置较该道他驿为晚。原来的驿路是由长亭驿东行，绕过西沙窝北端径趋阶亭驿的，驿程较长，达 50 唐里，又兼有流沙，行程艰难，因而前刺史李无亏奏请奉敕增设甘草驿，从而缩短了供给距离，便利了交通。又由前引 P. 2005 知，证圣元年增设横涧驿时沙州刺史已为陈玄珪，则前刺史李无亏所置甘草驿必在天授二年（691）之后，证圣元年（695）之前。

（七）阶亭驿

P. 2005："右在州东一百七十里，东去瓜州常乐驿卅里，同前奉敕移。为置在阶亭烽侧，因烽为号。"由北路井径向东南约 13 千米处，恰有一座颇为高大的烽燧，地理座标 X：16706.3，Y：4480.3，东距清代百齐堡废址 8.8 千米；烽台底基亦方形，每边长 8 米，下部夯筑，上部大土坯垒砌，其上还见房屋遗迹，残高 9 米，于十余里之外即可显见，形制亦系唐烽常见的形制。该烽当即唐阶亭烽，阶亭驿即置其侧，驿址今亦无存。阶亭驿位于安西县中部绿洲尾闾，于航片上判析，其周围古河道、古渠道遗迹甚多，这里不仅安西中部绿洲的水流可以抵达，而且芦草沟（唐之苦水）北流的沟水亦可流至。P. 2005 云：苦水"北流至沙州阶亭驿南，即向西北流，至廉迁烽西北廿余里，散入沙卤"。该驿位处芦草沟下游汉唐古绿洲，笔者查得此片古绿洲面积近 200 平方千米，地表暴露有成片的风蚀弃耕地，散落灰陶片、碎砖块、石磨残片等物。[①]又 P. 2005 "古长城"一节亦言及阶亭烽，云："古长城，……右在州北六十三里，东至阶亭烽一百八十里，入瓜州常乐县界。"这里的"州北"实为州西北，《沙州城土镜》（P. 2691v）载："长城，州北西六十三里。"此段古长城即敦煌西北部今圆湖子一带保存较好的汉长城遗址，正东至阶亭烽约 90 千米，与 P. 2005 之 180 唐里近之。又《唐天宝时代敦煌郡会计帐》（P. 2862v、P. 2626v）列有阶亭坊的帐目，"坊"即车坊，系唐

---

① 李并成：《瓜沙二州间一块消失了的绿洲》，《敦煌研究》1994 年第 3 期。

代中央政府及州县官府为运送粮食、建材、官禄等物质所设的递运机构。该坊以阶亭命名，恐其亦置于阶亭烽侧。阶亭坊有车 137 乘、牛 130 头、牛犊 22 头、驼 12 头、驴 48 头，为一典型的大型车坊；坊中还存放广明等五成牲口料 1900 硕，并为其代养函马。由上可见，阶亭一地今日虽早已满目龙荒，然而在唐代却是一处沟渠纵横、牛马滋育的绿洲，并在交通上、军事上占有重要地位。

（八）常乐驿

不在沙州 19 所驿之数，属瓜州管辖。驿名常乐，必置于常乐县城无疑，如同州城驿置于沙州城内一样。常乐县为唐代瓜州领县之一，笔者根据《元和郡县图志》、《太平寰宇记》、P.2005、P.2691 等文献记载和考古资料，并通过实地踏察，考得其城址即今安西县城西南 20 千米处的南岔乡六工破城[①]。该城残垣犹存，南北 360 米，东西 280 米，城东南角呈折线形曲折，城东北部又连接边长约 80 米的正方形小城一座，城内散落着许多红陶片、灰陶片、碎砖块以及"五铢""开元"钱币等汉唐遗物。该城西距阶亭烽 15 千米，与 P.2005 之 30 里亦合，由此亦可反证前考阶亭烽、驿的位置无误。又 S.2703v（刘铭恕、黄永武均拟名《唐令》）所载天宝八载（749）一件提及河西道长行坊、驿的牒文中，记有"常乐馆"一名。唐制，馆的等第低于驿，驿设于主要交通干道，馆则置于一些次要的交通通讯线上。《通典》卷三三乡官条："三十里置一驿。"杜佑注："其非通途大路则曰馆。"这里称作常乐馆，表明至迟在天宝八载常乐驿已降等，改置为馆了。改置的原因待考。

这条新道上共设上述 8 驿，连结沙州城与瓜州常乐县城，总长计 200 唐里，其开置的年代及原因前已述及。开置之初（天授二年）仅有 6 驿，为减少中间迂曲，缩短驿距便利交通，不久即添置甘草驿，证圣元年又增设横涧驿。从整个驿路走向观之并非很顺直，先是由沙州向东北，再向北、

[①] 李并成：《唐代瓜州（晋昌郡）治所及其有关城址的调查与考证》，《敦煌研究》1990 年第 3 期。

向东北、向东，然后折向东南，中间朝北绕道。考其原因不外乎为了绕过西沙窝避开地形障碍，并选择平坦坚硬易于行走且又靠近水草的地带行进，以保证水源补给；同时也是为了距离祁连山较远，以避免山区中一些部族对行旅的袭扰。驿间距离20—40里，基本符合唐驿30里一置的规定。其实这条驿路与安敦公路未通车前安西、敦煌间往来的北路大体一致，即使今天该路的一些段落仍在使用，因为无论古今，尤其是在干旱荒漠地区行进，人们总要选择平坦易走且水源条件较好的地段。

二　瓜沙旧道诸驿

旧道为连接瓜沙二州的南路，曾先后使用过截山子南北两条驿道。

（一）截山子北麓驿路诸驿
1. 东泉驿

P.2005："右在州东卅里，东去其头驿廿五里，刺史李无亏为其路山险迂曲，奏请就北安置。奉天授二年五月十八日敕移就北，其驿遂废。"依所记方位、里程，在沙州古城东略偏北20.5千米的地方，即今敦煌市五墩乡新店台村北1.5千米处，正好亦可找到一座唐代古城址，今名大疙瘩梁古城，地理座标X：16660.8，Y：4453。其残垣犹存，南北65米，东西56米，墙基6米，残高2—3米，唯东北角可达4米。西垣中部断缺，似为城门，宽7米。城内发现灰陶片、碎砖块、瓦片等物，多系唐代遗存。据此可断该城当为唐东泉驿驿址。驿名"东泉"，显然得自其东部的东泉泽。P.2005载，东泉泽"在州东卅七里，泽内有泉，因以为号"。州东47里，地当今新店台村东之伊塘湖、新店子湖一带，这里系党河、西水沟（宕泉河）、东水沟3条河流洪积冲积扇交汇之处，地势低洼，又处扇缘泉线分布带，因而潜流每每出露，积水成泊。至今仍为沼泽区域，面积达10平方千米以上，中有泉流和盐池（唐之东盐池）。大疙瘩梁古城周围亦地下水位较高，各种杂草生长良好，水源取用便利，城址则筑于一高起的台地（即大疙瘩梁）之上。

2. 其头驿

P.2005：" 右在州东六十五里，西去东泉驿廿五里，东去悬泉驿八十里，同前奉敕移废。" 由大疙瘩梁古城向东略偏北，沿东水沟洪积扇缘行进，约行13千米可见一眼泉水露头，今名二道井，能供百余人饮用，为这方圆数十里内唯一可资饮用的水源。依其方位距离，其头驿当置于这里，惜驿址亦无存。今天由新店台村向东仍有一条直通二道井及其以远的农家大车道，应原为唐代驿路。

3. 悬泉驿

P.2005："右在州东一百卅五里，旧是山南空谷驿，唐永淳二年（683）录奏，奉敕移就山北悬泉谷置。西去其头驿八十里，东去鱼泉驿卅里，同前奉敕移废。" 悬泉驿之名得自悬泉谷、悬泉水。P.2005："悬泉水，右在州东一百卅里，出于石崖腹中，其泉傍出细流，一里许即绝。……侧出悬崖，故曰悬泉。" 该水又名贰师泉。《十三州志》《凉州异物志》《元和郡县图志》《敦煌廿咏》（P.3929等），《两面杂书》（P.4792）、《沙州地志》（P.0788₂）、《沙州伊州地志》（S.0367）、《敦煌录》（S.5448）、《沙州城土镜》（P.2691）、《贰师泉赋》（P.2488、P.2712）、《太平寰宇记》等史籍亦载该水，且所记位置与P.2005略同。依此位置求之，学界公认悬泉水即今源于截山子北麓的吊吊沟，又名掉掉水、滴滴沟。沟水自山崖中渗出，径流细弱，出山数百米后即全部渗入砾石戈壁中。悬泉驿既以悬泉名之，自当置于此沟附近。即在沟口西侧今见废址一墟，残存石砌墙台，灰土层堆积颇厚，发现铜箭镞、王莽"大泉五十"币及隋五铢币等，但无唐代遗物，显然非唐悬泉驿址。撰于唐末或五代初的S.5448《敦煌录》载，贰师泉侧曾置贰师庙，久废，但有积石驼马，行人祈福之所。因知这一废址原为贰师庙，早在唐代以前即已废弃。那么唐悬泉驿究竟应位于何处？庆幸的是在吊吊沟口正北9千米处恰有一座唐代城址，地理座标X：16697.5，Y：4477。城址呈菱形，每边长约32米，敦煌市博物馆曾在城内发现灰陶罐、铁箭头、铜饰件、石磨、开元通宝币等许多唐代遗物。该城西距其头驿直线距离30千米，因此段驿路须沿东水沟洪积扇扇缘行进，并要绕行西沙窝南端，故实际驿程约 40 千米左右，这与 P.2005 之 80 里近之。由此可以判定此城即唐悬泉驿址。该城所在之地今名甜涝坝，涝坝系西北方言，意即聚水之地。这里正处芦草沟、吊干沟洪积冲积扇西缘，泉流出露，且水质好，今仍有五棵树儿井等泉源。并由航空影像上显见，城周围还有古河道遗迹与芦草沟相连，昔日芦草沟的沟水亦流贯此处。这一带又正处在安西和敦煌两大绿洲间的戈壁沙漠地带，除甜涝坝外，周围数十千米内几无水源可供补给，正所谓"路指三危迥，山连万里枯"，"涸困胡商，枯山赤坂"的地方，因而为就水草驿距也不得不拉长达 80 里之遥，大大超过 30 里一置的定制，成为该驿路上最为艰苦的一段。

另需指出，吊吊沟虽亦有一些水流，但自崖间滴出，径流颇微，远不及其北边的甜涝坝水量丰盈，且该沟位处洪积扇顶端，砾面粗糙参差，行走不便，加之渗漏严重，有限的水流更显得细弱，尤其是大队行旅过往难以敷其所用。因而悬泉驿并未置于沟口，而是选择在水源和路况条件较好的甜涝坝。

据 P.2005，悬泉驿东去鱼泉驿 40 里，而鱼泉驿设于常乐山（截山子）南麓，处于山南驿路；事实上由悬泉驿到常乐驿可以径达，并不总是需要绕经鱼泉驿。悬泉、常乐二驿直线相距 25 千米许，驿程不算过远，且沿途平坦易走。如由悬泉驿绕行鱼泉驿而抵常乐，则总驿程增至 85 里，且需两次翻越常乐山，但每一驿站间距离可相应缩短，并且山南鱼泉驿一带水草丰茂，便于行旅补给。还需提及，唐代瓜沙地区曾置悬泉府，为守捉城，亦即章怀太子所言县泉堡，曹氏归义军时又改置为悬泉镇。有的学者根据名称的相同判定该悬泉府（堡、镇）与悬泉水有着密切关系，府或即置于水侧，见陶葆廉《辛卯侍行记》卷五、严耕望《唐代交通图考》（史语所专刊 83 号）、黄盛璋《于阗文〈使河西记〉的历史地理研究》等。其实这里的悬泉府（堡、镇）并非设于悬泉水侧，而是置于悬泉水东 50 千米（鸟道）处的安西县踏实乡西北破城子，陶葆廉等人说法误。此问题笔者已有另文专论，[①] 此不赘。

---

① 李并成：《汉敦煌郡广至县城及其有关问题考》，《敦煌研究》1991 年第 4 期。

截山子北麓驿道共设上述州城、东泉、其头、悬泉、常乐 5 驿，总长约 195 唐里（如绕行鱼泉驿总长则 230 唐里），开置于高宗永淳二年（683）。该道大体与今安敦公路走向一致，比较顺直，绕路不多，但需穿越百余里的洪积戈壁地带，沿途水草较少，行旅补给困难。尤其是其头驿至悬泉驿一段途中几无水源，最为艰辛，驿距也不得不拉长达 80 里之遥。并且该道靠近南山，易受山中一些部族的袭扰。因而刺史李无亏奏请，奉天授二年（691）五月十八日敕遂废此道，而于其北改置新道。

（二）截山子南麓驿路诸驿

1. 鱼泉驿

P.2005："右唐咸亨四年（673）刺史李祖隆奏奉敕置，去州东一百八十五里，东去瓜州常乐卌五里，西去悬泉驿卌里。同前奉敕移废。"该驿为唐瓜沙地区有明确记载设置最早的驿站，据此可以推测截山子南麓驿路当开置于咸亨四年或其以前。P.2005"苦水"条亦提及鱼泉驿位置，云苦水自源头流至常乐南山南后，"又西行卅里，入沙州东界，故鱼泉驿南，西北流十五里，入常乐山"然后穿山而过，北流至阶亭驿南，折而西北流去。可见鱼泉驿位于常乐南山（截山子）南麓，苦水（芦草沟）北岸，又西北距苦水入山口 15 里许；这一位置正是今谢家圈滩北部的土墩子一带。这一土墩地理座标 X：16718，Y：4467.5，残高 5 米，很可能即是唐鱼泉驿址残留的一座角墩，亦可能是置于鱼泉驿侧的一处唐烽燧遗址。由该土墩向西北顺芦草沟穿越截山子，再向东至前考悬泉驿约 22 千米，合唐里 40 里许；由土墩子东去至牛桥子，再向北越截山子达坂抵常乐驿约 17 千米，考虑到山路的起伏迂曲实际路程当在 20 千米以上，亦合唐里 40 余里。这些里程均与上引 P.2005 记载相符，可见鱼泉驿确位于这一带，从而又可反证上考悬泉、常乐二驿位置无误。又截山子达坂南北两端山口均有烽燧遗迹，南山口烽燧残高 5 米许，北山口烽燧残高 4 米许，可见昔日穿越达坂的这条道路确很重要，今天仍为沟通山南北的大路。鱼泉驿的所在确有泉泽，芦草沟由昌马河、榆林河洪积冲积扇缘出露的泉水汇聚而成，流至截山子南麓后因受山体阻挡，水流呈滞缓状态，由此这一带形成许多泉沼，如株坡泉、大疙瘩泉、石头泉、芨芨泉、坑坑泉、台台泉、刺窝泉、祁果泉、拐弯泉等等。尤其是当西流至谢家圈滩一带时，北、西、南三面分别为截山子、乱山子、老师兔山阻隔，形成一处天然聚水洼地。洼地东西长约 7 千米，南北宽 5 千米，今名之平湖坑、盐池槽，仍为湖沼盐泽地带，昔日其水乡泽国的情形可以想见。鱼泉即此泽也。

2. 无穷驿

P. 2005："右在州东一百里，在无穷山置，西去其头驿卅五里，东去空谷驿卅里。唐永淳二年奏移就北行，其驿遂废。"无穷山显然亦为今截山子（该山又名火焰山）。其头驿位于州东 65 里，无穷驿又在其东 35 里，恰合百里。即在这一距离处，有一条穿越截山子南北的通道，今名汉峡，或称旱峡，路宽坡缓，行人车马均可畅通。该道中的山丘上残存唐代烽燧一座，地理座标 X：16690.1，Y：4453.3，残高 4.5 米，近旁还有一泓崖壁上渗出的泉水，可供行旅取用。这一烽燧西距其头驿 19 千米，恰合 35 唐里，又置于截山子中，可以肯定无穷驿当设于其侧，惜驿址今亦无存。

3. 空谷驿

P. 2005："右去州东一百卅里，在空谷山南置，西去无穷驿卅里，东去黄谷驿卅里。为同前移道，其驿遂废。"空谷山亦即今截山子。穿越汉峡沿截山子南麓东去，平荡无阻，今仍有大道可直通老师兔村及其以远，空谷驿即置于该道上。依其距无穷驿里程推之，该驿当位于今标高为 1299.7 米的一处三角测量标志附近，地理座标 X：16703.4，Y：4457.1。该标志即筑于一座古烽燧之上，其北侧约 4 千米的山顶上亦存残高 2.9 米的古烽燧一座。这里又正好位处悬泉水泉源的南部，且与北部的悬泉驿隔山遥遥相望，这与前引 P. 2005 悬泉驿条有关记载亦相符，空谷驿位于此三角标志近侧无疑。

4. 黄谷驿

P. 2005："右在州东一百七十里，东去鱼泉驿廿五里。为同前移道，其驿遂废。"由空谷驿沿截山子南麓大道继续东行 40 里许，为今老师兔村一带地方。这里泉流众多，水草丰茂，今有三个泉、五个泉、木头泉、直路泉等泉源，为行旅补给的理想之地。即在老师兔村西今残存一座古城址，城址位于花岗岩剥蚀残丘上，矩形，南北33米，东西40米许，西、南二垣较为完整，残高4—6米许，残宽3.5米，东垣全部坍塌，北垣东段倒塌。城垣夯筑，夯层厚6—7厘米。城内发现碎陶片、砖块、铁片等唐代遗物，亦有唐代以前的一些东西。该城东北角筑烽燧一座，兼作角墩，基宽5米见方，残高10米许。据此可以认定老师兔古城即唐黄谷驿址。由黄谷驿径向北20余里可达鱼泉驿（土墩子），二驿间距离与P.2005所记同，只是P.2005记为"东去"，实则北去。

《唐大历七年（772）都游奕等请马牒案》（P.3945）亦记"黄谷"之名。云："黄谷路巡，状上：当巡欠巡奕马壹匹，众备立马壹匹。右在巡欠上件鞍马，今春防是得，界内现有马群□□（放牧），恐晨夜急疾警用，□候有阙，伏望□□□马，庶济公要，请……牒件如前，谨牒。"所云黄谷路，显然指行经黄谷驿之路；众备，即《唐天宝年代敦煌郡会计帐》（P.2862v、P.2626v）所载之众备戍，该戍地当黄谷路上。可见黄谷实为一处十分重要的军防警讯之地，且其附近还有官马群的放牧。又由该文书知，黄谷驿虽于永淳二年（683）废置，但黄谷路的重要军事地位不减，直到瓜州临近陷蕃的大历七年仍为巡奕警讯要道。

截山子南麓驿道设上述诸驿，在山南的总驿程计95唐里，由无穷驿出山可西连其头驿，由鱼泉驿出山可东北接常乐驿。该道设于高宗咸亨四年（673）或其以前，废于永淳二年（683），唯鱼泉驿继续存在，以作为山北麓悬泉、常乐二驿间的中继站。该道基本上沿山南水草地带行走，避免了穿越山北百余里戈壁沙漠无流区之苦，可称之为"水路"，且驿距较近，25—40唐里，便于行旅马匹休整补给。但绕道过多，比山北麓驿路约多走45唐里，并须两次翻越截山子，亦易遭受南山部族袭扰，因而仅通行了10年即形废弃。另需说明，此驿道空谷驿东至鱼泉驿直线距离仅18千米，似可径达，但由于鱼泉这一面积颇广的湖沼阻隔，故不得不绕行该泽南、东两岸，经黄谷驿以赴。

上述诸驿路P.2005均记其抵达常乐驿，而由常乐至瓜州城驿路则不载，当属瓜州捉管供奉。吐鲁番阿斯塔那 509 号墓所出开元二十年（732）《瓜州给西州百姓游击将军石染典过所》（73TAM509：8/13）载，是年三月十四日瓜州开给该氏过所，不日西行，"三月十九日，悬泉守捉官高宾勘西过。三月十九日，常乐守捉官果毅孟进勘西过。三月廿日，苦水守捉押官辛五用勘西过。三月廿一日，盐池戍守捉押官健儿吕楚珪勘过"。1965 年敦煌莫高窟出唐天宝七载（748）《敦煌郡给某人残过所》载，是年某人由沙州东行，"六月二日，东亭守捉健儿王显（？）逸勘过。六月三日，苦水守捉健儿［徐］□□□。六月四日，常乐勘过守捉官索（？）怀。六月五日，悬泉勘过守捉官镇将靳崇信。六月八日，晋昌郡……"以上各守捉官的押署和"勘西过""勘过"的批语，意指关津人员勘验过所放行。"勘西过"即向西放行。由上可见，从常乐东行，当天或翌日可达悬泉府（即"悬泉守捉官高宾"之府，今踏实西北破城子），然后可抵瓜州（晋昌郡）城（锁阳城）。其驿路大体沿今安敦公路东行，至十工口子越过截山子，再沿今通往桥子乡的公路东南行，经破城子、踏实堡以至锁阳城。

又，上引两件文书所云苦水守捉，位于常乐西一日行程的地方，依其位置应置于悬泉驿。悬泉驿址位于前述芦草沟下游，笔者考得今芦草沟即是 P.2005 所记唐之苦水[①]，故该守捉遂以"苦水"名之。至于位于苦水守捉西一日行程地方的盐池戍守捉，依其名称和位置，应置于东泉驿。这里靠近东泉泽，又有东盐池水。P.2005："东盐池水，右在州东五十里。" S.0788、P.2691 亦如是记载。《元和郡县图志》与《新唐书·地理志》亦记："盐池，在（敦煌）县东四十七里。"此亦指东盐池。考之今地，盐池仍存，位于伊塘湖（唐东泉泽）中，有南北并列两池，总长度三里，宽约 300 米，与 P.2005 和 S.0788 所云东盐池水"东西二百步，南北三里"的记载完全相符。位于池近侧东泉驿址中之戍以"盐池"名之，可谓名副其实。莫高窟出天宝七载残过所之"东亭守捉"，可能亦

---

① 李并成：《唐代瓜州（晋昌郡）治所及其有关城址的调查与考证》，《敦煌研究》1990 年第 3 期。

即东泉驿址中之盐池戍守捉,当属同地异名。由上可知常乐驿、悬泉驿、东泉驿三驿并置守捉,东泉驿还并置盐池戍。

综上所考,唐代位处丝绸之路交通大动脉的瓜沙地区的驿站建设备受重视且甚有成效,每条驿道乃至每所驿站的开置废弃,均须经由州刺史奏请皇廷批准,然后奉敕施行。驿路的选线、开辟、变迁既受地理条件(主要是水资源)的制约,又受当时政治军事形势的影响。今天仍保留有驿址墙垣的驿站有清泉、东泉、悬泉、黄谷、常乐等驿。驿址多呈方形,每边长约30—70米不等,面积约100—500平方米,多已很残破。驿侧仍保留有烽燧的驿站有横涧、白亭、长亭、阶亭、无穷、空谷、黄谷等。有的驿站周围还发现古渠道、古耕区遗迹,反映了古今自然环境的显著变化。今天全国保存的唐代驿站遗址已很稀见,因而瓜沙地区的这些古驿址在我国考古学以及古代交通通讯史的研究上具有重要价值,同时对于探讨绿洲环境变迁,以史为鉴,从而为今天本区的开发和生态环境建设服务亦有重要的现实意义。

(原载《历史地理》第13辑,
上海人民出版社1996年版,第93—101页)

唐代瓜州（晋昌郡）治所及其
有关城址的调查与考证
——与孙修身先生商榷

《旧唐书》卷四十《地理志》云："瓜州，下都督府，隋敦煌郡之常乐县。武德五年置瓜州，仍立总管府，管西、沙、肃三州。八年罢都督，贞观中复为都督府。天宝元年为晋昌郡。乾元元年复为瓜州。"唐代瓜州（晋昌郡）治所位于何处？学界对此历来看法不一。向达《两关杂考》[1]、阎文儒《河西考古杂记》[2]、齐陈骏《敦煌沿革与人口》[3]和吴礽骧、余尧《汉代的敦煌郡》[4]等主张其位于今安西县桥子乡南8千米的锁阳城废墟，《明一统志》卷三十七、《大清一统志》卷二一三、陶保廉《辛卯侍行记》卷五、王仲荦《北周地理志》卷二等则谓其位于安西县东，《甘肃通志》卷二十三、《重修肃州新志》、《安西采访录》等则认为其位于安西县城西南，王北辰先生《甘肃锁阳城的历史演变》则又指认今安西县南的桥子乡所在地可当于唐瓜州城址。诸说各有其见，言人人殊。

近年，孙修身先生又撰文《唐代瓜州晋昌郡郡治及其有关问题考》[5]，对这一问题提出了新的见解，谓唐代瓜州晋昌郡的治所和晋昌县的治所不在一地，前者当为今安西县布隆吉乡驻地南的肖家地古城址，

---

[1] 向达：《两关杂考》，《唐代长安与西域文明》，生活·读书·新知三联书店1987年版，第373—392页。
[2] 阎文儒：《河西考古杂记》（下），《社会科学战线》1987年第1期。
[3] 齐陈骏：《河西史研究》，甘肃教育出版社1989年版，第57—72页。
[4] 吴礽骧、余尧：《汉代的敦煌郡》，《西北师院学报》1982年第2期。
[5] 孙修身：《唐代瓜州晋昌郡郡治及其有关问题考》，《敦煌研究》1986年第3期。

后者当为今安西县桥子乡南岔大坑的古城址，二地相距 80 里，县治在西南，郡治在东北。孙先生多方引用典籍．并且还重视考古资料的运用，注重实地考察，注重地理环境的分析，因而提出了一些颇有启发性的意见。然而孙先生在考论中却不无疏误之处，由此得出的结论就不免失之偏颇。笔者曾于 1983 年 8 月和 1988 年 9 月两次前往安西县进行历史地理考察，现就实地调查结果并对照文献和考古资料，对这一问题提出一些不同的意见与孙先生商榷，并就教于专家和同行。

一

孙先生文中首先将瓜州晋昌郡治和晋昌县治考为不在一地，并列举了三条理由。笔者对此持有异议。其一，孙先生谓北周武帝时业已将冥安县并入凉兴县（郡）中，但晋昌郡依然存在，因而认为唐瓜州晋昌郡的治所不在汉置冥安县，即唐晋昌县县治中。这里孙先生显然是以北周的晋昌郡来比定唐晋昌郡，将二者混为一地了。关于北周晋昌郡的来由及其治所，王仲荦先生《北周地理志》一书中论之甚明，毋庸引证。王先生谓北周晋昌郡是由西凉侨置的会稽郡改置的，至周武帝时又改名为永兴郡，治所会稽县，位今玉门市西北赤金堡附近（《北周地理志》第 288—230 页）。这与唐晋昌郡治所不在一地。

其二，孙先生引用《元和郡县图志》卷四十（以下简称《元和志》）记述唐瓜州晋昌郡"八到"时谓"南至大雪山二百四十里"和记述晋昌县山川时谓"雪山，在县南一百 六十里，积雪夏不消"的记载，认为雪山和大雪山当属一事，又由此得出晋昌郡、县不在一地的推论。依《元和志》所记方位距离，雪山当指今野马山，此山系祁连山支脉，东西横亘，峰顶达 4000 米以上，终年积雪。大雪山则指祁连山西段的主脉，今仍名之为大雪山，呈东南—西北走向，二山实非一事。至于孙先生提到的《元和志》中的"合河戍"，其位置的误载之处，中华书局该书新版的校勘记中已有辨误，不赘。

其三，孙先生引用《元和志》晋昌县条记载："晋昌县，中下，郭下。本汉冥安县，属敦煌郡，因县界冥水为名也。晋元康中改属晋昌郡，周武帝省入凉兴郡。隋开皇四年改为常乐县，属瓜州，武德七年为晋昌县。"认为既是"改属"，那么西晋晋昌郡的治所就并非冥安。这属于理解上的偏误。事实上从上述记载中并不能得出晋昌郡的郡治不在冥安的结论。《旧唐书》卷四十《地理志》云："晋昌，汉冥安县，属敦煌郡。冥，水名，置晋昌郡及冥安县……"十分清楚地指出西晋晋昌郡与冥安县同治一地，即郡治当为冥安。《大清一统志》卷二一三亦曰："晋昌故城，在（安西）州东，汉置冥安县，属敦煌郡。晋咸康五年置晋昌郡。"亦认为晋昌郡治于冥安县。

由上可见，孙先生所谓唐瓜州晋昌郡郡治与晋昌县治不在一地的论断是不能成立的。《通典》卷一七四《州郡典》明确指出："瓜州，今理晋昌县。"《太平寰宇记》卷一五三（以下简称《寰宇记》）亦曰："瓜州，晋昌郡，今理晋昌县。"《元和志》亦云，唐武德五年"别于晋昌置瓜州"。《读史方舆纪要》卷六十四"瓜州城"条亦曰："唐武德五年置瓜州，治晋昌县。"无须多引，以上记载均十分明确地说明了唐瓜州（晋昌郡）即治于晋昌县中。

孙先生所考定的唐瓜州（晋昌郡）和晋昌县所在的古城址亦属误断。

其一，《通典》卷一七四《州郡典》》"晋昌郡"条下云："西至敦煌郡二百八十里。"同书"敦煌郡"条下亦云："东至晋昌郡二百八十里。"《寰宇记》亦如此记载。《元和志》"瓜州"条下则云："西至沙州三百里。"同书"沙州"条下亦云："东至瓜州三百里。"《沙州城土镜》（P.2691背）则记曰，沙州"东至瓜州三百一十九里"。沙州即敦煌郡，其故城址学界公认为今敦煌城西、党河西岸的沙州城址。上引文献所记瓜、沙间里程虽互有一些差异，但大体相去不远，可以互证，即瓜州（晋昌郡）位于沙州（敦煌郡）之东280里至319里处，取其整数大约为300里。然而由沙州故城至孙先生所考定的肖家地古城取其直线距离远达355里，如果考虑到道路迂曲，二城之间的距离无疑会更大，这与上述文献记载相差太远。并且肖家地故城位于沙州故城东北，而不在其正东。

其二，《大慈恩寺三藏法师传》卷1记云，玄奘法师西行求经于贞观三年九、十月间抵达瓜州晋昌城，在当地询问西行路程，"或有报云：从此北行五十余里有瓠𤧫河，下广上狭，回波甚急，深不可渡。上置玉门关，路必由之．即西境之襟喉也。关外西北又有五烽，候望者居之，各相去百里，中无水草。五烽之外即莫贺延碛，伊吾国境"。玄奘遂在瓜州找了一位胡人向导，"于是装束，与少胡夜发。三更许到河，遥见玉门关，去关上流十里许，两岸可阔丈余，傍有梧桐树丛。胡人乃斩木为桥，布草填沙，驱马而过。"这里标明瓜州城以北五十余里为瓠𤧫河（今疏勒河，后考），其上置玉门关，即是说瓜州城是在唐玉门关所在的疏勒河以南50余里之外。唐玉门关的位址学界公认在今双塔堡附近（向达、阎文儒等），孙先生亦持此种看法。然而肖家地古城则是位于疏勒河南约10千米处，而且并非在唐玉门关南，而是在其东略微偏南的约30千米（鸟道）处，这亦与上述记载相差太多。为圆其说，孙先生遂将上文"从此北行五十余里"误作"西行"，又将瓠𤧫庐河比作今疏勒河支流葫芦河，皆误。

其三，《沙州都督府图经》（P.2005）卷三"苦水"条云："苦水，右源出瓜州东北十五里，名卤涧水，直西流至瓜州城北十余里，西南流一百廿里，至瓜州常乐县南山南，号为苦水。又西行卅里，入沙州东界，故鱼泉驿南，西北流十五里，入常乐山。又北流至沙州阶亭驿南，即向西北流，至廉迁烽西北廿余里，散入沙卤。"由上可见瓜州城是位于苦水南十余里处。但考之肖家地古城周围的水系状况却与上述记载大相径庭，肖家地古城向西里许为十道沟，向东里许为九道沟，这些沟道皆自昌马河洪积—冲积扇上分出，皆自南向北流，且皆系淡水，非卤水，流至故城以北约10千米注入疏勒河。这一水系状况与苦水毫无共同之处，因而可以认定肖家地古城决非唐瓜州（晋昌郡）治所。唐代的苦水既不是今九道沟，又非十道沟，而是源于锁阳城东北10余里的今黄水沟（后考）。苦水对于确定唐瓜州城的位址具有关键性的意义。孙先生虽引用了莫高窟130窟供养人题记等一些实际上与瓜州城位址并无多大关系的敦煌资料，但却未用 P. 2005 这一极为重要的文书，因而不免误断。

其四，今天残存在安西县境内的保留有大量唐代遗物的几座故城址，肖家地古城为规模较小的一座。请看，锁阳城南北468.72米，东西565米．总面积达27万平方米以上；南岔乡六工破城南北360米，东西280米，总面积亦达10万平方米以上；踏实乡破城子南北256.6米，东西147.7米，总面积约3.6万平方米；而肖家地古城南北约180米，东西143米，总面积仅约2.5万平方米（以上数字采自《酒泉地区文物概况》，笔者亦曾实测过这些故城），不足锁阳城的1/10、六工破城的1/4.比起踏实破城子也小了许多。瓜州城系州、郡治所，为当地最高的行政设置，怎能不置于大城之中，却偏偏蜷缩于小城之内？再者，从唐代河西地区其他州郡城的规模来看均在数十万平方米甚至数百万数千万平方米以上。如沙州（敦煌郡）城南北1132米，东西718米，总面积达81万余平方米；凉州城分为七城，周长45里，总面积达2千万平方米以上，哪里能找到面积仅2.5万平方米的州郡城？肖家地古城依其规模只能属于县级以下的军政设施的城址。笔者认为，城址规模是确定城市等级，判定城址性质的重要依据。

其五，笔者在工作实践中体会到，唐代河西县级以上的城址在形制上有几个重要特征。首先，全城结构多为二城或多城并列，如唐沙州城分为罗城与子城两部分，罗城位于子城东北面（李正宇《敦煌古城谈往》[1]）；唐凉州城分为七城（《资治通鉴》卷二一九），唐武威县城（笔者考得为今民勤县泉山镇西北的连城遗址）分东西二城，[2]唐西受降城（笔者考为临河市八一乡连丰六社破城）分南北二城，唐瓜州常乐县城（六工破城，后考）亦分为二城，保留有大量唐代遗物的锁阳城亦分为东西二城。城分二部，分别作为百姓和官署驻所，多城则其职能的区分当更为复杂，唐代城址结构的这种变化是城市历史发展的结果，是城市功能日趋繁复多样、日趋完善的标志。然而肖家地古城和南岔大坑古城

---

[1] 李正宇：《敦煌古城谈往》，《西北史地》1988年第2期。
[2] 李并成：《唐代凉州（武威郡）诸县城址的调查与考证》，《敦煌研究》1990年第1期。

却无这种结构上的划分，形制单调，显然肖家地古城属于等第较低的城址，而南岔大坑古城则不属于唐城（详后）。另需提及，唐代城址的这种结构不见于明代，如河西地区大部分县的县城系明代重建或新建，未见有此结构。孙先生文中将锁阳城断为始建于明代，而不察该城仍保留着唐代城址的基本面貌，误。其次，唐代较大的城址（一般县级以上）马面、瓮城的设置齐备，如上述连城、锁阳城、六工破城等等，但肖家地古城却未见这些设置。第三，唐代较大城址的外围还往往环以羊马城，《通典》卷一五二《守拒法附》云："城外四面濠内，去城十步，更立小隔城，厚六尺，高五尺，仍立女墙，谓之羊马城。"即是在城濠内侧和城墙外侧加修一道较矮一些的隔墙，绕城一周，平时可用以安置羊马牲畜，战时为城厢加设一道防线。羊马城系典型的唐代建筑形制，亦不见于明代。《唐天宝年代敦煌郡会计帐》（P. 2626）即记有敦煌郡城垣四周环以羊马城。笔者考察中见，锁阳城城垣外围羊马城的遗迹亦历历在目，犹以东、南二墙之外显见，其残高约 1—1.5 米，远低于主城城垣的高度（约9米），距城垣约二三十米，多断续分布。这亦表明锁阳城在明代重修中并未整修其外垣的羊马城．锁阳城唐代的基本建筑格局今仍保存齐备，岂可臆断为明代始建？相反，肖家地古城却完全无羊马城的这些设置。

其六，实践证明，判定一座城址的年代除观其形制、规模外，最重要的要看其所保存的遗物。孙先生将南岔大坑古城定为唐晋昌县治，并云在城中多见汉唐时代的红灰陶片、细绳纹陶片、饰有绳纹的片砖等。这一观察结果与实际情况并不完全相符。笔者考察时见南岔大坑大小两座故城址中散落着大量的灰陶片（绳纹、水波纹、垂帐纹、素面）、红陶片、陶纺轮、灰黑色的碎砖块等，并且捡到了铜箭镞。这些遗物全为汉代以至魏晋时期的东西，而无唐代物品。安西县博物馆李春元同志告诉笔者，他们曾几次于该城进行清理，均未发现任何唐代遗物。如此，岂可将其妄断为唐晋昌县城址？与此相反，孙先生却又仅据清代初年纂《肃州新志》等记载，将今天仍保存有大量唐代遗物的锁阳城断为明代始建，这实难令人信服。孙先生还提到在安西县汉代塞垣以南的戈壁、

· 235 ·

湖滩中，灰红各色陶片无处不有，连片十几里，乃至几十里，并以此为论据来否认锁阳城为唐代故城。实际情况与孙先生所言不尽相同。笔者考察所见，安西县的陶片等古物分布区主要为昌马河洪积—冲积扇边缘一带，起自踏实乡西破城子，东经锁阳城，折而东北，经南岔大坑古城、半个城、鹰窝树遗址、兔葫芦遗址、肖家地古城，至四道沟古城，长约80千米，宽3—5千米，另外在汉长城沿线的一些地段和瓜州、南岔二乡西部的一些地方亦有较多的遗物分布，而并非如孙先生所说的陶片无处不有。就是在这条陶片分布带中古物亦非均匀散布随处可捡，而是集中在锁阳城等几处城址之内及其周围。这些陶片集中的地区无疑为当时人口聚集、人们活动频繁的区域，于这里所建的城址，其时代理当追溯到与其遗物的同一时期。

由上可见，孙先生误定了唐瓜州城与晋昌县城的位址。

二

那么唐瓜州晋昌郡及其所治的晋昌县的治所究竟在哪里呢？笔者赞同向达、阎文儒等先生的观点，即为今锁阳城。认为锁阳城为唐瓜州治者还曾有一些学者，但均未曾系统地提出过相应的论据。笔者的论证如下。

其一，锁阳城位于沙州故城之东约138千米处（鸟道），正与前引《通典》和《寰宇记》所记280里合，如考虑到道路迂曲，亦可言其位于沙州东300里许，这又与《元和志》和P.2691背所载位置合。

其二，锁阳城北距疏勒河南岸的双塔堡约32千米，较《大慈恩寺三藏法师传》之50余唐里（1唐里合今540米）略远。50余唐里系"或有报云"的估略之数，当然不可能精确，但亦与疏勒河与锁阳城间的实际距离近似。今天在河西乡间询问里数亦多言概数，且所云里程往往比实际距离偏小，笔者在河西生活多年，此种体会颇深，这种估算里程的习法想必由来已久。又，玄奘一行系策马而往，赶路心切，故而可以"夜发，三更许到河"。又笔者考察中见，自锁阳城向北沿昌马河洪积—

冲积扇扇缘，经兔葫芦村直达双塔堡，有一条宽约 6 米，较今地面低 1—2 米的大道，今虽已残破，但亦可断续相连。该道穿越扇缘泉水出露带的部分地段，为防湿陷翻浆，路基用芦苇、柽柳、罗布麻等夹砂土垫压，今日仍可见。当地乡亲管此路叫唐道。唐道之名虽难考起自何代，但据其陷入现代地面以下的深度知其年代已久，并曾长期使用。锁阳城既然有大道与唐玉门关相连，则在唐代无疑为一重要城址。

又，《大慈恩寺三藏法师传》所记之瓠𤢌河，按其所述情势以及行程路径来看当指今疏勒河干流，而非如阎文儒先生（《敦煌史地杂考》）和孙先生所谓今天的葫芦河（又名东河）。今葫芦河系由布隆吉乡兔葫芦村南 4 千米许的昌马河洪积—冲积扇边缘泉水出露带的泉水汇成的小河，其上源名店子河，自南向北流经兔葫芦河、上三户村，经双塔堡村东注入疏勒河，河流全长仅约 13 千米。笔者考察中见，该河因系泉水小河，故而水流平缓，清流一碧，径流量甚小，仅能浇溉三个小村的千把亩耕地，河水深不足一米，几乎随处都可徒步淌水过河，根本无"淌波甚急，深不可渡"的情景，更毋庸"斩木为桥，布草填沙"而过。诚然，唐代的水流情势与今天并非没有差别。由于唐代开发规模所限，农田引灌水量较今日为小，因而河流中所聚的水量应较今稍大。但由葫芦河泉源水文地质条件所决定，该河中径流量又不可能比今日大出多少。徐松曾于清嘉庆末年来此河考察，他写道："余驻马河干，溯洄半晌，河宽三丈，深碧无涔。询之土人，言每夏溉田河则尽涸，并无淤穴，惟滥觞处往往有潭。"[①] 这一情形与 170 年后的今日亦无多大差别。因而今天的葫芦河决非唐之瓠𤢌河。与此相反，疏勒河干流的情势则与瓠𤢌河极为相似。疏勒河系河西走廊三大内陆河之一，其年均出山径流量在昌马峡站即达 10.57 亿立方米，当其流经双塔堡村北部切穿乱山子（又名十工山、截山子）时，河床束于两山之间，在山峡间要流行五六千米，故而水势汹涌，激流跌宕，正可谓"涸波甚急，深不可渡"，在这里过河才需要"斩木为桥，布草填

---

① 徐松：《西域水道记》卷三《哈喇淖尔所受水》。

沙"。在其上流双塔堡以东的王家槽子、野麻岗一带曾繁育着成片的胡杨树丛，《西域水道记》卷三记为："其地峰回路转，河水弯环，林木葱菁，徘徊瞻眺，顿涤尘襟。"今天在这里仍可看到残林，这一情形亦与《大慈恩寺三藏法师传》所记合。再者，由所记玄奘行程观之，过瓠𬬻河后即为玉门关外西北五烽，自此踏上赴伊州之大道。如果以瓠𬬻河指今葫芦河，则无论是自西向东，还是由东而西穿过葫芦河，仍在疏勒河干流南岸徘徊，仍然没有越过疏勒河，这又如何能前趋伊州呢？又玉门关外西北五烽，笔者已考得其第一烽，即今石板墩烽燧。该烽以石板垒砌，中间夹以芦苇，因以为名，今仍高9米，底边长8.4米，宽8米，甚雄伟。位于安西县城通往石板墩车站的简易公路以西约700米处，烽下有泉，今可供百人饮用。石板墩烽恰好位于双塔堡水库西北100里，与文献记载合之若契。由此亦可证明唐玉门关确在双塔堡附近，如果仅以名称读音相近，而不辨情由，就必然贸指。

其三，P.2005之苦水，由其所述源头及河流流行情形观之正当今天的黄水沟，其下游称作芦草沟。该河源自锁阳城东北约8千米处的疏勒河洪积—冲积扇边缘泉水出露带，自西向东流经今锁阳城北约5.5千米处的张家庄北侧、平头树国营牧场以北，穿过乱泉湖、银湖、西大湖，沿程接纳诸多泉流，水势渐大，至天生泉、拐弯泉折而西南行，沿十工山（即唐之常乐南山）南麓经石板盐池、八龙墩、营盘泉、牛桥予、土墩子，至锁阳城西北70千米许的谢家圈折而西北流，又行约7千米切穿十工山，从十工山北麓流出，继续西北流，约行10余千米没入沙砾之中。这一流程情势与P.2005所记之苦水完全吻合。又P.2005"苦水"条提及的鱼泉、阶亭二驿，查同卷"一十九所驿"一节知，鱼泉驿位于沙州东185里，阶亭驿位于沙州东170里，依此方位、里数标之，前者当位处今谢家圈北部至土墩子附近。这一土墩亦为烽燧遗址，残高5米，很可能唐之鱼泉驿即置于此烽燧之下；后者当位于今黑沙梁一带。黄水沟与鱼泉、阶亭二所故驿的相对位置亦与P.2005所载合。又黄水沟流经的地段，因其北部十工山的阻挡，自南部昌马河、榆林河扇缘出露的泉水不易排泄，常呈滞缓状态，因而这一带泉沼较多，唐之"鱼泉"即其一也；又加之其地下水位较高，水体含盐颇多，水味苦涩，唐因名为"苦水"，今之亦然。由P.2005之苦水足可证明唐瓜州城为今锁阳城无疑。

其四，锁阳城南距野马山（唐之雪山）80千米许，南距大雪山（唐亦名大雪山）120千米许，与《元和志》所记瓜州之"八到"和晋昌县的山脉合，这亦可证明锁阳城即为唐瓜州治所和晋昌县城。

其五，锁阳城虽经过明成化年间的整修补建，但仍保留着典型的唐代城址的形制，如城分东西二部，马面、瓮城、羊马城的设置齐备，而且规模居安西境内唐代故城址之冠，并与河西走廊其他唐代州郡城址规模可比，因而锁阳城当属这一地区唐代最高行政机构的治所——瓜州（晋昌郡）城。

其六，锁阳城中及城周围遗存的汉唐时代的遗物在诸城址中最多，也最为集中。笔者考察中见，该地到处散落着灰陶片（绳纹、素面）、红陶片、白陶片、陶纺轮、铁箭头、碎砖块、石块、石磨残块、残铁片等汉唐遗物。另据安西县博物馆的调查报告知，城中还发现了"五铢""开元通宝""熙宁元宝""皇宋通宝"等钱币，墙垣夯土中亦发现有灰陶片、石磨等物，证明该城确为经过后代整修的故城。城中还有晚期的毛褐残片等物。考古学家阎文儒、吴礽骧、余尧等先生正是根据这些遗物以及有关文献的记载认定锁阳城（明代名苦峪城）是于汉唐遗址上建造的。这一结论是有充分科学依据的。这里，笔者同意孙先生之唐晋昌县与汉冥安县是治于一地的看法，认为锁阳城在汉代当为冥安县治，在唐代为瓜州（晋昌郡）治。

其七，锁阳城处于四路汉唐烽燧线的辐合之地。四路烽燧为：一路由锁阳城沿昌马河洪积—冲积扇边缘趋向东北，经半个城、长沙岭、肖家地古城、四道沟古城一线直至酒泉；一路由锁阳城向北，经兔葫芦村、双塔堡村，越疏勒河干流折而西北，直趋哈密；一路由锁阳城向西，沿十工山麓直趋敦煌；一路由锁阳城向南，沿榆林河谷趋石包城以远。这些烽燧在不小于1/200000的地形图上均有标绘，安西县博物馆的同志们经过辛勤工作已摸清全部情况。由锁阳城烽线辐辏的史实可以推知，该城在当时为十分重要的政治、军事中心，居于枢纽地位。唐瓜州治于这里正可谓"介酒泉、敦煌之间，通伊吾、北庭之路，俯临沙漠，内拱雄关，宽平闿爽，节镇名区"①。孙先生曾以肖家地古城东西均有相连的烽燧来作为判定该城系唐瓜州治所的论据之一，其不知肖家地古城只是这条交通警讯线上的一所普通小城，远非该线的枢纽。

其八，由锁阳城东约1千米处的塔尔寺中掘出的唐代断碑碑文中知，唐大中年间张议潮收复瓜、沙后，曾在这里"大兴屯垦：水利疏通，荷镭如云……"可见唐代锁阳城周围一带曾有过兴盛的农业经营，这与今天这里沙丘起伏，满目沙荒的景象迥然不同。优越的农业基础为我国封建时代城市选址的最重要的条件之一。唐代锁阳城周围一带繁庶的农业区实为设城的理想之地。

由上述的论证可以肯定，唐代瓜州（晋昌郡）暨晋昌县的治所为今锁阳城。

三

孙先生所论的肖家地古城，已如前考非唐代瓜州（晋昌郡）治所，它实际上是唐代置于晋昌县境内的合河戍（镇）。这一古城规模较小，城垣无马面、瓮城、羊马城等设施，城内及城周则散落有不少汉唐时期的灰陶片、红陶片、白陶片、碎砖块等物，孙先生还在城内捡到了"五铢"和"开元通宝"币，证明该城系汉唐时期的遗址。《新唐书》卷四十《地理志》载，晋昌县"东北有合河镇"。《元和志》则记得更为详确："合河戍，在（晋昌县）东北八十里。"肖家地古城恰位于锁阳城东北80里，又地处唐瓜州通往肃州的大道上，由此观之，该城当为唐合河戍（镇）。

孙先生所论的南岔大坑古城，并非汉冥安县、唐晋昌县城。已如前述，这里全无唐代遗物，说明早在唐以前即已废弃。该城位处锁阳城东

---

① （清）黄文炜：《重修肃州新志·安西卫·形胜》，乾隆二年（1737）修，线装本。

北 4.1 千米处,有大小二城,墙垣均残破已甚,大城长宽各约 110 米许,门一,南开,由城门向南又接一条长 89 米的廊道,廊道端口起双阙,阙高 3 米许;小城东西 65 米,南北 60 米,亦向南开门,残墙高 3—5 米,基厚 3.5 米,顶宽 1 米。二城规模甚小,在汉代有可能为一处较小的军政驻所。

唐瓜州(晋昌郡)除辖晋昌县外,还领常乐县。《元和志》载:"常乐县,中下。东至州一百一十五里。本汉广至县地,属敦煌郡。魏分广至置宜禾县,后魏明帝改置常乐郡。隋于此置常乐镇,武德五年置常乐县也。"《旧唐书》卷四十《地理志》所载亦大体同上。可知唐常乐县置于汉广至县境内,其城址曾为曹魏的宜禾县、北魏的常乐郡、隋的常乐镇的治所。一般认为,汉广至县城为今安西县踏实乡破城子村破城子(陶保廉《辛卯侍行记》卷五,向达、阎文儒、齐陈骏、黄盛璋等先生均持此看法),唐常乐县城当距此不远。《汉书》卷二八《地理志》"广至县"条下记云:"宜禾都尉治昆仑障"。曹魏的宜禾县即置于汉宜禾都尉治所昆仑障中。《寰宇记》卷一五三即云:"宜禾故城,汉宜禾都尉所居,城在(晋昌)县西北界。"知这一古城位于锁阳城西北。吴礽骧、余尧二位先生根据安西县境内汉长城的调查结果,认为故昆仑障应在安西县城南或西南、汉长城与十工山之间。又 P.2005"苦水"条提到"常乐县南山"一名,依其所记位置,该山为今十工山。既然十工山称为常乐县南山,则置于汉昆仑障的唐常乐县当然位于今十工山之北,这又与吴礽骧等先生调查结果合。又《后汉书·盖勋传》李贤注云,广至故城位于"常乐县东"。知唐常乐县当在汉广至县城(踏实乡破城子)之西。《通典》卷一七四《州郡典》亦云:"常乐,汉广至县地,故城在东。"亦指明唐常乐县位于广至故城西。这些记载指出了常乐县的大体方位。上引《元和志》载,常乐县"东至(瓜)州一百一十五里"。明确标出了常乐县的位置。《寰宇记》亦云:"常乐县,百十五里。"依此位置求之,唐常乐县城恰可当于南岔乡六工破城。又 P.2005 云,阶亭驿东去常乐驿卅里,由阶亭驿所在的黑沙梁东去卅里亦恰为六工破城。该城居于锁阳城西北约 55 千米处，且又位处十工山北麓 3 千米许，汉长城南 10 千米许，其位址与上引各种记载全合。该城规模已如前述，其城垣残高最高 8 米，四垣各开一门，皆有瓮城，每垣有马面 3 —4 座。城东南角呈折线形曲折，城之东北部又连边长约 80 米的正方形小城一座。该城形制保存着典型的唐代风格。城内散落有灰陶片（绳纹、垂帐纹、素面）、碎砖块、红陶片等汉唐遗物。另据《酒泉地区文物概况》记载，于城中还发现了"开元通宝"币。今天的六工破城周围则为成片的白板硬质弃耕地面，较平坦，有风蚀现象，其间渠道、田埂的遗址亦可辨认。由其位置、规模、形制、遗物等观之，六工破城为唐常乐县城无疑，亦为汉昆仑障、曹魏宜禾县、北魏常乐郡、隋常乐镇的治所。又由上引 P. 2005 所记唐常乐驿的里程可知，该驿亦设于此城内。

四

综上所考，可得出如下结论：

1. 唐代瓜州（晋昌郡）暨晋昌县的治所为今安西县桥子乡南的锁阳城，该城亦为汉代冥安县的治所。

2. 唐代瓜州（晋昌郡）所领常乐县的治所为今安西县南岔乡六工破城，该城亦为汉昆仑障、曹魏宜禾县、北魏常乐郡、隋常乐镇的治所。

3. 唐代瓜州（晋昌郡）之合河戍（镇）的治所为今安西县布隆吉乡驻地南的肖家地古城。

4. 唐代瓜、沙二州间驿道上的鱼泉驿位于今安西县十工山南的谢家圈北部至土墩子附近，阶亭驿位于今安西县与敦煌市交界处的黑沙梁一带，常乐驿位于唐常乐县治所今六工破城内。

5. 唐代玉门关（位于今安西县双塔堡附近）关外西北五烽的第一烽为今石板墩烽燧（位于安西县正北 42 千米处）。

6. 唐之瓠䕉河为今疏勒河干流。

7. 唐之苦水为今黄水沟，其下游今名芦草沟。

8. 唐代瓜州南部的雪山为今野马山，唐之大雪山今亦名大雪山。

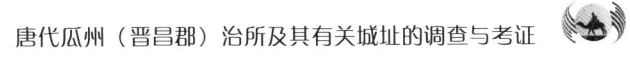

9. 唐之常乐南山即今十工山（又名截山子）。

10. 今安西县桥子乡南的南岔大坑古城可能为汉代的一处县级以下的等第较低的军政驻所。

（原载《敦煌研究》1990 年第 3 期）

唐代会州故址及其相关问题考
——兼谈对于古代城址考察研究的些许体会

"会州，为四会之地"，控扼黄河渡口，为丝绸之路上重要的交通枢纽。会州故址在哪里？历来看法不一。许多工具书（如杨志玖等主编《中国历史大辞典·隋唐五代史》、赵文润等主编《两唐书辞典》、夏征农主编《辞海·历史地理分册》、史为乐主编《中国历史地名大辞典》、谭其骧主编《中国历史地图集》等）均记载或标注会州在今靖远县或即靖远县城。我在对这一地区未做实地考察和专门研究之前，亦曾采用过工具书上的"靖远县城"一说，这种看法其实是不确切的。另有一些论著认为唐代会州在靖远县东北（如臧励龢等编《中国古今地名大辞典》等），指出了其大致方位。

尤应提到的是，严耕望与刘满二位先生在此方面的工作，他们征引大量史料，对于唐代会州故址及其相关问题作了颇为认真系统的探讨。严先生《唐代交通图考》认为，会州城址应在今甘肃省靖远县陡城堡地区或其稍东、黄河东岸。[1] 刘满先生据《元和郡县图志》《通典》《太平寰宇记》等史籍所记会州与原州（今宁夏固原，西北去会州390里，或记曰400里）、兰州（今兰州市城关区，东北去会州380里，或记曰420里）、河池（今宁夏海原盐池乡，西去会州120里）的方位距离等材料考得，会州即在今白银市平川区水泉乡陡城村的陡城。[2] 严、刘二位先

---

[1] 严耕望：《唐代交通图考》卷2《河陇碛西区》，载台北《"中央"研究院历史语言研究所专刊》之83号，1985年，第411—413页。

[2] 刘满：《白银地区黄河古渡考》，载颜廷亮主编《景泰与丝绸之路历史文化》，甘肃人民出版社2008年版，第47—54页。

生考论细致，所得结论也大体相近。惜严先生未能亲履实地踏察，虽准确地考出了唐会州所应在的区域，但未能指出其确切位置。刘先生文中所言陡城村附近3座古城（缠州城、柳州城、陡城堡）的材料主要引自《定西文物概况》和《中华人民共和国地名大辞典》二书，而缺少对这些古城址规模等方面的考察，所得结论不免有失偏颇。近来兰州大学敦煌学研究所博士研究生史志林先生又撰文，赞同刘满先生的意见，亦认为唐会州州治在今平川区陡城堡，并宣称文中补充了陡城堡是唐会州州治的两条证据（史先生又称其为"标准"），还要"就学术界关于唐会州州治问题存在的一些错误认识和看法进行'破除'，矫正其失"[①]。

　　唐会州故址究竟在哪里？2008年下学期，我给硕士研究生开设"自然历史地理与生态环境变迁"课程，其中就如何对古城遗址进行考察研究作为讲授的重要内容。我指导的硕士生孙长龙（白银市人）学习了本课后，赴家乡白银市平川区一带实习考察，撰写了《关于唐代会州的几个问题》的课后作业。随后孙长龙又就此方面的一些问题撰文《唐会州及其属县、关口考》。这两篇论文中考得唐会州治所会宁县为今平川区的柳州城遗址，会宁关为今靖远县双龙乡北城滩遗址。对于他得出的这些观点我表示赞同。二文经我看过后做了一些修改，分别发表在《兰州教育学院学报》和《丝绸之路》杂志上[②]。史志林先生前揭大作中指责此种观点误（第37页注⑦）。为什么误？未作半句说明，我很想知道史先生对此观点如何进行"破除，矫正其失"，然而仅用一个"误"字就将其否定，让人觉得是否有点轻率和武断？当然作为硕士研究生的习作，肯定有一些不尽完善、论证不够充分之处，对于唐会州治所等问题完全可以继续深入探讨，也欢迎其他学者一起来研究。2013年5月14日，我与刘再聪教授、张连银副教授、王新春副教授等带领本校文博考古专业硕士研究生来平川区从事考古实习，实地考察了柳州古城、缠州古城、陡城堡、黄湾墓群等遗址。在2014年7月4—6日于白银市召开的"开

[①] 史志林：《关于唐会州州治的几个问题》，《中国历史地理论丛》2015年第1期。
[②] 孙长龙：《关于唐代会州的几个问题》，《兰州教育学院学报》2009年第3期；《唐会州及其属县、关口考》，《丝绸之路》2009年第16期。

拓与守护：丝绸之路上的白银"学术研讨会上，我发表了《关于白银地区若干历史地理问题的研究》一文，进一步阐释了"西魏至唐代的会州及州治会宁县城应是今平川区水泉镇柳州城"的观点。① 会后再次考察了柳州古城、缠州古城等遗址，又有一些新的收获。今撰此文，拟对于唐代会州治所及其相关的一些城址等，做进一步的探讨，并对于如何考察研究古代城址，结合唐会州城址等考证的实例，谈一点自己工作中很不成熟的体会，以就教于学界。

一 唐代会州治所为今平川区柳州古城

史料显示，会州始建于西魏，隋置会宁镇，唐复设会州。《隋书》卷二十九《地理志》"平凉郡会宁县"条："会宁，西魏置会州，后周废，开皇十六年（596）置县。"《元和郡县图志》卷四关内道"会州"条记之更详："周太祖为西魏相来巡，会师于此，土人张信馨资饷六军，太祖悦，因命置州，以'会'为名。周武帝保定二年（562）废州，改为会宁防。隋开皇元年（581）改防为镇。武德二年（619）讨平李轨，置西会州。贞观八年（634），以此州仓储殷实，改为粟州，其年，又为会州。天宝元年（742）改为会宁郡，乾元元年（758）复为会州。"领会宁、乌兰二县，州治会宁县。《旧唐书》卷三十八《地理志》亦曰："会州，上。隋会宁镇。武德二年讨平李轨，置西会州。天宝元年改为会宁郡。乾元元年复为会州。永泰元年（765）升为上州。"《通典》卷一七四《州郡典》"会州"条、《新唐书》卷三十七《地理志》"会州会宁郡"条、《太平寰宇记》卷三十七"会州"条所记与以上大体相同，不再一一引出。《唐会要》卷七十《州县分望道》亦载："新升上州，会州，永泰元年十一月升。"

关于唐会州的具体位置，前引严耕望、刘满、孙长龙，以及史志林

---

① 李并成：《关于白银地区若干历史地理问题的研究》，载《"开拓与守护：丝绸之路上的白银"学术研讨会论文集》，第134页。前引史志林大作中最后一个注（第44页）亦引用了此论文集。

等的论文中已经引用了相当多的史料，如会州与原州、兰州、河池、凉州、灵州等的方位里距（里距只记到十位数），对于这些材料笔者不拟再一一列出和考辨，以省篇幅。就各种史料所指来看，会州故址就在今白银市平川区水泉镇陡城村及附近一带，这是没有问题的，但会州故址并非刘满、史志林所说的陡城堡，而确应为水泉镇的另一座古城遗址——柳州古城。

柳州古城位于水泉镇牙沟水村北1.3千米处，西南距陡城村亦1.3千米许，西距今黄河河床2.5千米，位处黄河东岸一处宽阔的黄土台地上，城址北面约150米许沙河（黄河东岸支沟）流过。城垣保存较完整，墙体基本相连，少有间断。城址平面大体呈方形，南北340米，东西360米，周长约1400米。由于受台地地形影响，东西二垣各向东偏斜约30°，南北二垣各向南偏斜30°。所见墙基坍宽约15米，顶宽1.5—2米，大多墙段残高3—5米，最高处11米。夯土版筑，夯层厚0.12—0.19米。南垣外侧紧贴墙根开有现代农渠一道，该渠以水泥预制板衬砌，口宽0.6米，从柳州城南垣外侧绕到西垣外侧，然后从西垣中部穿洞进入城内，浇灌城中的农田。四角筑圆台形角墩，四垣均设马面，北垣3座，其余三垣各有4座。马面宽7米许，突出主墙外约8米，每座马面间距约80米。北垣有两处人为挖开的豁口，分别宽约45米、20米，前者可能原为城门。东垣偏南处与西垣偏北处又各开城门一座，均设瓮城，瓮城长宽皆30米许。城址西北角外约50米处残存四棱台体烽燧1座，烽燧底基每边长12米，残高11.5米。城内因全部辟为现代农田，留存遗物较少，散见少许砖瓦残块、灰陶片、黑釉和白釉瓷片、铁箭头等，多为唐时物品。

该城何以名"柳州古城"？检索有关史料，这一带从未设过"柳州"。前引《元和郡县图志》卷四"会州"有一条记载："会宁县，上。本汉鹯阴县地，周太祖置会宁县，属会州，隋大业二年（606）改为凉川县，武德二年（619）又改为会宁。"《旧唐书·地理志》"会州"条亦曰："会宁，隋凉川县，武德二年改为会宁。"《新唐书·地理志》"会州会宁郡"条亦记："会宁，上。本凉川，武德二年更名。开元四年（716）别置凉川县，九年省。"据之有人认为，会宁县在隋代曾改名为凉川县，唐代又一度别置凉川县，因凉、柳音近，故称为柳州，以免与武威的凉州相重。也有人认为沿黄河这一带岸边柳树较多，或许人们以此就将该城称作柳州古城了。

该城面积较大，为白银市境内现存最大的古城遗址，其规模符合唐代州郡一级城池的规模（详后）；其位置亦符合刘、史二先生列出的《元和郡县图志》《通典》《太平寰宇记》《武经总要》等史籍所载会州与原州、兰州、河池、凉州、灵州等相对位置的6条或8条证据（亦即史先生所说的"标准"），且所存遗物多为唐代物品，因而该城当为西魏、唐代的会州及州治会宁县城遗址，同时亦是西魏会州、北周会宁防、隋代会宁镇的驻所。该城地处黄河东岸富庶的旱坪川中，旱坪川为白银市境内最大的一处黄河冲积而成的盆地状河谷地带，南北长约30千米，东西宽18千米许，地势较平坦，有大片的冲积平原，间有少许低缓的黄土残丘和台地，大片土地黄河及其支沟沙河等水流可以引灌，因而成为这一带最为富庶的一方土地，也是人口相对聚集之域，唐贞观时之所以一度改名粟州，且永泰元年升为"上州"，州治会宁县为上县，其原因即应在于其农产丰饶、人口较多之故。

柳州古城往西北方向靖远县石门乡小口子黄河古渡口沿线，分布有墩墩岘烽火台（水泉村北1千米）、弯弯坡烽火台（石门乡弯弯坡村东）、小口子烽火台（石门乡小口子村西北5.7千米）等，该城向东、东南以至今宁夏固原一带，亦有连续的烽燧遗址分布，表明这是一条重要的古代交通、通讯路线，柳州古城正位于这一重要通道上。柳州城址周边数十里一带还分布有黄湾墓群（平川区水泉镇中村东南900米，即柳州古城西北约10千米处）、老庄墓群（平川区共和镇老庄村西北）、马台墓群（靖远县石门乡马台村西）、庙岘山墓群（靖远县石门乡路家庄村西北）、论古墓群（靖远县永新乡论古村南500米）等。[①] 田野工作表明，城址（特别是较大的州县一级城址）附近一带往往分布有相对较

[①] 参见国家文物局主编《中国文物地图集·甘肃分册》（上），测绘出版社2011年版，第154—157页。

多的墓葬或较集中的墓群，人口长期集聚、生活之地附近不可能没有较多较集中的墓地分布（当然有的墓地和墓群迄今尚未被发现），因而周边是否有较多较集中的墓地、墓群分布，也应是考察、研究古代城址所应关注的一个方面。

二　陡城堡应是明代一处军事驻所

前引刘满先生大作认为唐代会州城为今陡城的一个重要依据是，《元和郡县图志》卷四"会州会宁县"下的一条记载："黄河堰，开元七年（719），河流渐逼州城，刺史安敬忠率团练兵起作，拔河水向西北流，遂免淹没。"《新唐书·地理志》"会州会宁郡"条亦曰："有黄河堰，开元七年刺史安敬忠筑，以捍河流。"刘先生论道，这条记载说明会州州治会宁县城在黄河边上，所以河水才会"渐逼州城"，对州城形成威胁，刺史安敬忠才在州城临河的地方修建堤堰，逼使黄河水西北流，使州城免遭淹没，因此是否濒临黄河，这里的黄河是否西北流，就成为考证会州城时必须要考虑的条件之一。刘先生还说，缠州城和柳州城都在离黄河河岸四五里以外的台地上，远离黄河，且地势较高，自古及今黄河水都没有流经这两座古城附近的地方，当然也就不会对之形成威胁，仅此一点就充分说明缠州城和柳州城不是唐会州城，而陡城雄踞于黄河边的高台上，陡城之下即为黄河岸边的低地和河道，这与唐人"渐逼州城"的记载是相符的，且陡城上下的黄河是自东南流向西北的。史志林的论文中也重点重复了这一看法。

刘、史二先生很注意河水"渐逼州城"的记载，这条记载自然是不容忽视的，然而我们还应注意到，柳州古城其实并未远离黄河，西距今黄河河床东岸仅 2.4 千米，虽居台地之上（作为州城为安全计，也应该选择岸边较高的台地筑城），但其东侧即为黄河河谷地带，北侧紧临黄河支流沙河河谷，黄河的河水、特别是其汛期河水完全有可能冲到河谷地带的，以形成"渐逼州城"之势。况且现在的黄河较 1000 余年前当已明显下切，加之今平川区一带黄河的上游修筑了引大通河（黄河支流）入

· 249 ·

秦王川、引大夏河（黄河支流）入北塬，以及刘家峡、龙羊峡、八盘峡、盐锅峡等一批大型引水灌溉及水力发电工程，如今这里的黄河水势肯定已不可与昔日相比，不宜简单地拿今天的黄河水势而论昔日水势。再则，据竺可桢先生等的考证，盛唐时期正处于我国气候上的温暖期，相应地位于季风气候带的黄河上游处于湿润期，黄河来水相应较多，这就更有可能河水"渐逼州城"。退一步说，即便河水到不了州城近前，但本身柳州城就距河床不远，河水上涨逐渐靠近柳州城，这当然也可以说是"渐逼州城"，需要修筑堰堤加以防范，迫使冲到近前的河水朝向西北流入主道。

2013年5月，笔者与刘再聪教授等带领硕士研究生考古实习时，专到陡城堡进行考察。该堡位于柳州城西南约1.3千米处，筑于黄河东岸一处高起的红砂岩台地上，台地较河谷平川高出20米许，属黄河冲刷留下的一处"离堆"，面积约万余平方米，突兀陡立，故有陡城之名。据道光《靖远县志》记载，明代万历九年（1581）筑陡城堡。笔者实地所见，该堡仅残留三、四段墙体，每段残长12—20米许，夯筑，残高7—8米。东垣开门，门道残址尚存，门道墙基下砌有长约0.7米、宽0.3米的大石条。访问当地村民得知，该堡原为方形，堡墙完整，堡内原有两个社，有六七十户人家，因其地势高生活不大方便，大多农户已经搬走，现仅剩十余户了。受台地本身面积所限，陡城堡面积较小，缺少发展空间。笔者找到堡址墙基步测，每边长约150米，周长600米许，仅就其大小而言，距离一座州城所应具有的规模差之甚远。

笔者曾对河西走廊、内蒙古西部及新疆南部部分地区遗存的百余座古城遗址做过多次实地考察研究，从大量田野工作的实例中总结得出："城址规模是确定城邑等第、判定城址性质的重要依据，规模较大的城址必然是等级较高的军、政机构驻所，如果较县城还要小出许多的城址，那就只能考虑为县级以下的乡、戍、驿一类的居址。"[①] 汉代县城遗址平面多呈方形或长方形，每边长度多为200—300米，周长一般超过千米，

---

① 李并成：《河西走廊历史地理》，甘肃人民出版社1995年版，第150—151页。

至于州郡一级城址规模无疑应较县城更大，唐代县、州级城址规模亦与汉代同级城址规模近似。陡城堡周长仅有 600 米许，面积不足一般县城面积的 1/3 或更小，绝不可能是县城遗址，更不可能为一座州城（尤其是上州州城）所在。史志林先生前揭论文中闭口不提陡城堡的规模，也不提陡城堡散落、出土遗物等状况。须知城址规模的大小以及出土物的种类和时代是考察研究古代城址绝对不可忽视的因素，否则就有可能得出错误的结论。

另外，陡城堡距黄河河床仅约里许，实在是太靠近黄河了，不仅仅是"开元七年河流渐逼州城"，而是黄河天天就在该城近侧，很容易受到河流洪水的威胁，作为一座州城不可能设在如此靠近黄河的地方。况且陡城堡与黄河河床间又多为河漫滩与滩涂湿地，前引刘满先生文中也说："陡城之下即为黄河岸边的低地和河道，现已辟为稻田和鱼塘"，唐时这里更应是潮湿、泥沼、草泽之地，刺史安敬忠恐很难在这么狭窄且遍布泥淖的地方"起作"能够"拔河水向西北流"的堤堰。同时，陡城堡内从未发现过明代以前的遗物，前引《靖远县志》明确记其筑于明万历九年，1976 年定西地区文化局编《定西文物概况》亦记其"明代于此筑堡，因建在高地上，周围坡陡，故名陡城"；近 20 年来 3 次文物普查均未在这里找到过早于明代的任何物品，就从这一点来看也绝不能判定其为唐代城址。陡城堡居高临下，俯视黄河，易守难攻，无疑应是明代一座雄踞于黄河岸边的军事驻所（前引孙长龙文中亦此看法），当然亦有可能明代以前这里就有军事驻所的设置。

三　缠州古城为西汉鹑阴县、东汉鹯阴县故址

柳州古城东北 420 米处，即在今平川区水泉镇陡城村东北约 1.6 千米许的水头社、黄河东岸约 3.3 千米许，另有一座古城遗址，今名缠州古城。实地考察见，城垣破损严重，大段墙体坍塌缺失，但其基本轮廓仍可辨识。城址平面略呈长方形，形制较单调，无马面等设置。黄土夯筑，夯层厚 0.1—0.12 米。西垣保存稍好，残高 0.8—2.5 米，坍宽 8—

12 米，其内侧靠墙根处辟有一条现代农渠，渠口宽 0.8 米，水泥板衬砌，水渠北段直接开在西垣上。北垣尚可断续相连，残高 0.7—1.1 米，残宽 3—5 米。南垣仅中部残存约 30 米的一段，残高 3—5 米。东垣中部残存约 20 米的一段，残高 5—7 米。整个城垣遗迹东西长 305 米，南北宽 270 米许，周长约 1150 米，南垣中部开有城门，当地乡亲们说此处原有瓮城，后来被毁。城垣外侧四周开挖有护城壕，今虽已大多被平为农田，但其遗迹仍然明显，残深约 1—1.5 米，残宽 10 米许。城内亦全部辟为现代农田。田头沟边尚可见到散落的绳纹夹砂灰陶片、粗黑陶片等物，当地文物工作者还曾在这里采集到绳纹板瓦、绳纹灰陶瓮等，多系汉代遗物。

缠州古城是历史上的什么城？笔者认为该城应是西汉鹑阴县、东汉鹯阴县故址。《汉书》卷二十八下《地理志》记，安定郡（郡治高平，今宁夏固原）领 21 县，其中有鹑阴县。《后汉书·郡国志》武威郡条列有鹯阴县，并云："鹯阴故属安定。"但安定郡中原来并无鹯阴县，只有鹑阴县，显然鹯阴县就是原来的鹑阴县。安定郡与武威郡东西相邻，二郡大致以黄河为界（参阅《中国历史地图集》第二册），既然鹯阴县东汉时改属武威郡，则该县理应距武威较近，应位于武威郡的东部、安定郡的西部，靠近黄河。

《后汉书·西羌传》中记有鹯阴河一名，云：建康元年（144）春，"赵冲复追叛羌到建威鹯阴河。军度〔未〕竟，所将降胡六百余人叛走，冲将数百人追之，遇羌伏兵，与战殁"。李贤注："《续汉书》'建威'作'武威'。鹯阴，县名，属安定郡。"鹯阴河为黄河流经今白银一段的别称，既名鹯阴河，那么鹯阴县境内必有黄河流过。《资治通鉴》魏文帝黄初二年（221）条载："凉州卢水胡治元多等反，河西大扰。帝召邹岐还，以京兆尹张既为凉州刺史，遣护军夏侯儒、将军费曜等继其后。胡七千余骑逆拒既于鹯阴口，既扬声军从鹯阴，乃潜由且次出武威。胡以为神，引还显美。"胡三省注："鹯阴县，前汉属安定郡，后汉属武威。鹯阴口，鹯阴河口也。"鹯阴口无疑是鹯阴县境内重要的黄河渡口，其位置应为今靖远县石门小口子—景泰县索桥渡口（详后）。引文中的"且次"即武威郡揟次县,笔者考得其故址位于今古浪县土门镇西约 3 千米处王家小庄"老城头";显美县故址位于今武威市以西永丰乡朵浪城一带。①《元和郡县图志》卷四"关内道会州"条记,会宁县"本汉鹯阴县地",会州州治会宁县故址已如上考即今平川区柳州古城遗址。由此可见,西汉鹯阴县、东汉鹯阴县应位于今平川区靠近黄河处。

依其规模,缠州古城完全符合汉代县城一级的规模,而且是今平川区及其附近一带唯一一座符合县城规模的汉代城址,且其形制单调,所存遗物多为汉代物品,其周边一带又分布有黄湾墓群等多处墓群,由此可以认定缠州古城即是西汉鹯阴县、东汉鹯阴县故址。

缠州古城亦处于黄河东岸富庶的旱坪川中,城址周围大片土地可引河水灌溉,因而也是人口相对聚集之域,当时黄河上最重要的渡口之一小口子—索桥渡口及丝绸之路"汉代第一国道"亦经由此地,在这里设置县城实为理想之地。

"缠州古城"一名,与"柳州古城"同样,亦系当地乡亲们的习惯称法,历史上从未在这一带设过"缠州",由于该城原为鹯阴县址,"鹯""缠"音近,因之后来就被称作缠州古城了。

此外,依居延破城子所出 EPT59:582 简、敦煌悬泉置所出 Ⅱ0214①:130 简等史料可考知,汉代由长安出发径取西北行,经茂陵、好止、义置、月氏、乌氏、泾阳、平林置、高平、媪围、居延置、鲽里、揟次、小张掖等地,可直抵姑臧(今武威),又经此穿过河西走廊可一直到达西域,这条交通大道被誉为"汉代第一国道",该道即途径柳州古城、缠州古城,于鹯阴口,即今靖远县石门小口子渡过黄河,对岸为今景泰县索桥渡口,鹯阴口为汉代西渡黄河的最重要渡口;迨及唐代,靖远县北城滩渡口则取代小口子—索桥渡口成为这一带最重要的渡口,小口子—索桥渡口的重要性则等而下之。关于这一问题笔者在前述 2014 年 7 月于白银市举行的学术会议上的大会主题发言《关于白银地区若干历史

---

① 李并成:《河西走廊历史地理》,甘肃人民出版社 1995 年版,第 42—44、86 页。

地理问题的研究》中作过论述,① 于此不赘,并拟今后就此作进一步的深入探讨。

另需提及,我曾撰文认为《汉书·武帝纪》所记汉武帝"西临祖厉河而还"的祖厉河就是今天流经会宁县、靖远县境内的祖厉河,史正林前揭论文注释(第36页注⑤)中认为"这种看法是错误的,古人把黄河简称'河'或'河水',河流流经不同地段,往往以当地的地名称河名,即所谓'随地而名'。靖远县系汉祖厉县所在,故流经其间的黄河称祖厉河,而今天的祖厉河,古时叫'祖厉川水'"。黄河的某些河段确有"随地为名"的情况。如前论黄河流经鹯阴县的河段可名为鹯阴河。又如《水经注》卷二引阚骃语:"河至金城县,谓之金城河,随地为名也。"② 即当时流经金城县(今兰州市区)的一段黄河谓之金城河。然而并非黄河所有河段均"随地为名",不宜将"随地为名"到处套用。前引《水经注》卷二又记:"河水东北流,径安定祖厉县故城西北……又东北,祖厉川水注之,水出祖厉南山,北流径祖厉县而西北流,注于河。"可见《水经注》中并未将黄河称为祖厉河,而是仍然称作"河"或"河水";注入黄河的"祖厉川水"就是汉武帝西临的祖厉河,即今天的祖厉河,此不可不辨。

四 如何考察研究古代城址的些许体会

如何考察和研究古代城址,如何从事历史地理工作?史先生前揭大作中很推崇胡三省为《资治通鉴》作注时提出的"通则",即"凡注地理,须考博史籍,仍参考其地之四旁地名以为证据"。史先生称"本文便是在这一通则的指导下"进行考证的(第39页二、三段)。胡三省提出的这一"通则"当然是很有道理的,但是在今天学科飞速发展,历史地理学无论从理论上还是方法上都取得巨大进步,加之考古学现代技术

---

① 见前引《"开拓与守护:丝绸之路上的白银"学术研讨会论文集》,第134页。
② (北魏)郦道元著,陈桥驿校证:《水经注校证》,中华书局2007年版,第51页。

手段大发展、考古发现大量涌现的时代，仅仅沿用 700 多年前胡三省的"通则"来指导和从事工作显然又是很不够的，也容易禁锢应有的眼界和思想。

时至今日，对于古代城址的考证，对于古代地名（州郡名、县名、山名、河名、湖泊名等）位置的考定，仍然是学术界一项十分重要的任务，也是历史地理研究中一项重要的基础性工作。在这一方面谭其骧先生主编的《中国历史地图集》为我们树立了光辉榜样。尽管这部地图集还有待于今后不断完善（任何一部历史地名辞典或地图集，都不可能将浩如烟海的所有历史地名全部考证准确了再来编写或编绘，须知那将不知是多少代人以后的事），然而其在编绘过程中所体现出的求真严肃的科学精神、一丝不苟的工作作风、深入细致的考释论证，无不令人敬佩之至，我们应该怀着崇敬与感激的心情来阅读和使用《中国历史地图集》和历史地名辞典等工具书。对于目前工具书中所释词条尚不确切之处，当然可以指出。

笔者自 20 世纪 80 年代初步入历史地理学领域，近 30 多年来主要在我国干旱地区的河西走廊、内蒙古西部、新疆南部部分地区做了一些工作，并在近 20 多年来指导了百余名历史地理学、敦煌学的硕士、博士研究生，由此对于如何考察和研究古代城址摸索了一些很粗浅的作法。由于本文在对于会州故址等的考证中涉及这些问题，故而拟藉此机会谈一些体会，不怕大家见笑。

愚以为，对于古代城址的考察考证，当然首先需要"考博"所有相关文献史料，不敢有所遗漏，这即是胡三省"通则"中所提出的，然而这对于现代历史地理研究来说还只是第一步的工作，而远非其全部内容。仅仅依据文献史料中对古代某一地名相关位置的记载，或依据史书中某地"四至八到"的记载就来下判断，显然是很不够的。如以上所述，无论是刘满先生所举会州与原州、与河池、与兰州等的距离，还是史志林先生所补充的会州与其更远的凉州、灵州间的距离（当然还可以补充会州与两京间的距离），一方面史书中对里程的记载多为约数，不可能很精确，而且距离越远就可能越不精确，因而对于与其所考证的城址较近的参照地点的方位距离就应作为重点来考虑；另一方面史书相互之间的记载也并不尽一致。如会州与凉州的距离，《通典》《元和郡县图志》《太平寰宇记》《武经总要》中就有530里、540里、600里、650里等多种记载，不仅不同史料间的记载不尽相同，最大相差达120里，就是有的同一史书中亦有多种说法，如《通典》所记会州与凉州的距离就有两说，分别为600里和650里，相差50里；会州与灵州的距离，史籍中亦有两说，分别为530里和600里，这就需要我们对这些史料作一番仔细的分辨。即使分辨清楚了，所得结果可靠，那也因为许多史书所记距离为约数，大多精确到十位数，则其所指的位置就不是一个唯一可确定的点，而是一片区域，如果在这片区域内并非仅有一座古城遗址，而是有好几座，这就需要我们对这一片区域范围内所有的古城址、遗址进行深入细致的反复考察和比较研究。

其二，仔细考察古城遗址的基本状况，包括查其筑城形制（例如城垣平面形状、墙体长宽高度、夯层厚薄、有无瓮城、角墩、马面、马道、弩台、羊马墙、护城壕等设置），破损、后代补修及现存状况，以及该城与周边一带其他城址、遗址（如烽燧等）的关系。尤其是城址规模的大小、遗物的种类数量和时代特征，更是不容忽视的要素，已如前述这些要素是判断城址等第、级别、性质、始建和废弃年代，复原城址历史面貌不可或缺的重要标志。对于干旱、半干旱地区而言，由于气候干燥，古城遗址少受雨雪、盐碱、地下水的侵蚀，人为开发等活动对其的影响也相应较轻，因而许多城址、遗址今天仍能保留下来，成为我国古代文明的历史标本和实物载体，成为古丝绸路上东西经济文化交流的历史见证，为了复原它们的历史面貌，我们不能不加倍努力工作。当然，也有些城址今天已毁坏殆尽，或形迹模糊，即便到了现场可能也难以辨识，但利用现代遥感手段往往可获得意外收获。例如笔者在考察调研瓜州芦草沟下游古绿洲时，考得魏晋时期寄理敦煌郡北界的伊吾县应位于这块古绿洲北部，然而几年来却未能找到相应城址。后来安西极旱荒漠保护区管理处宁瑞栋处长于851708085航空照片上在这一带发现了一座略呈方形颇似古城遗址的影像，于是笔者与宁瑞栋、李正宇、李宏伟、李春元等先生一道，经过3年多来的持续查找，终于在1999年4月30日找到了该城。当时所见城址已十分残破，周长约1170米，完全符合县级城址规模；地面散落大量汉及魏晋时期的陶片、碎砖瓦块、铜弩机、铜镞、残石磨等物。由于其断壁残墉与周围古绿洲风蚀弃耕地的垄槽颇为相似，不易辨别，因之很难寻觅。[①] 也有些古城址今天已荡然无存，这就需要我们一方面应在当地仔细查找相关的蛛丝马迹，或许能在某处地埂边上找到夯筑印痕，或许可捡到一两块残砖碎瓦；另一方面应详细访问当地或附近村民，或许有的人家中还存有城中出土物品或曾捡到过什么东西，特别是应访问一些年高老者，由于一些城址几十年前仍有残迹，这些老人兴许能回忆起城址原有的若干状况，或记忆起他的祖辈们谈论过的城址若干片段。

其三，仔细考察城址周围一带的地理环境（如地形地貌、河流水源、植被等状况），如果是州县一级城址其周围一般应有可供从事农业生产的自然条件，应有较充足的水源，应位于重要的交通线路上；如果是军事性质一类城址，其地形特点、是否便于防守等条件就显得尤为重要；如果是驿站一类遗址，就需要首先考察其交通条件，是否位处交通线路上。此外，还应特别注意古今地理环境的变化。即拿河西走廊来说，经笔者的调查研究河西历史上荒弃沙漠化的古绿洲就有十余处（如民勤西沙窝古绿洲、古居延绿洲、金塔东沙窝古绿洲、芦草沟下游古绿洲、古阳关绿洲等），其总面积超过4600平方千米，约有百余座古城址位于这些古绿洲上。[②] 欲复原这些古城址的历史面貌，就必须对其所在的古绿洲进行一番必要的考察，搞清当年古绿洲生态环境状况，弄清古绿洲荒废沙漠化的时代、过程和原因。

其四，同时还应考察城址、特别是较大的州县一级城址周边一带是否有与城址同时代的墓葬、墓群分布，是否有其他较小城堡的拱卫。笔者曾调研得出，城邑作为人口的聚集地其周围必然会分布有同时代的墓

---

① 李并成：《魏晋时期寄理敦煌郡北界之伊吾县城考》，《敦煌研究》2003年第3期。
② 李并成：《河西走廊历史时期沙漠化研究》，科学出版社2003年版。

葬，一般情况下墓葬不会距死者生前居址太远。当然迄今尚有未被发现的墓葬、墓群，这有待于今后的工作。州县一级城址周围往往有较小的卫星式城堡的拱卫，这些小城堡有的为乡城，有的为里城，有的为戍、置（驿）等。当然，许多地方因后代毁坏严重，一些卫星式城堡多已不存，或为后代的城址利用改造。

以上所谈，尤其是前三点，应是考察研究任何一座古城遗址都不应缺少的。因而我们今天从事历史地理研究，仅仅运用考博史籍和参考四旁地名为证据的"通则"，肯定是很不够的。随着时代的发展，我们的工作无疑也应与时俱进，不可因循拘泥。以上几点仅是本人工作中的些许体会，很不成熟，敬请批评指正。

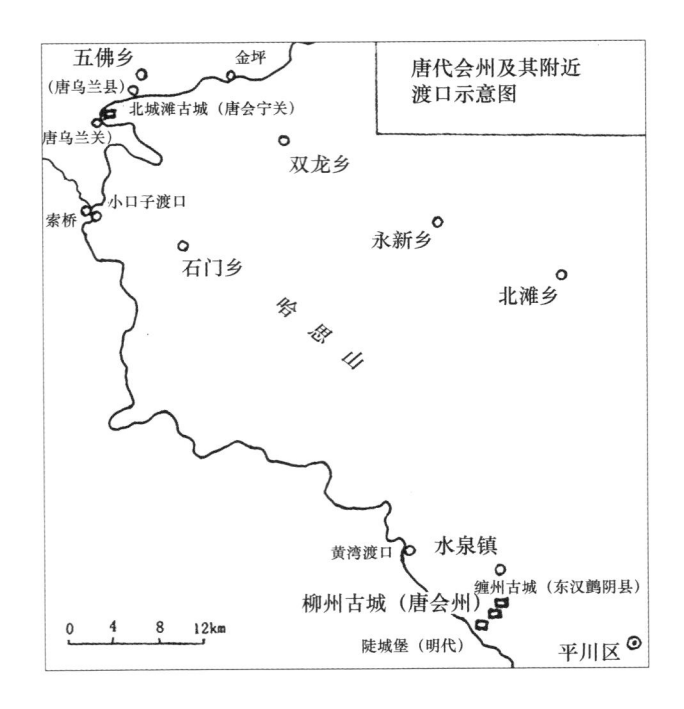

（原载《中国历史地理论丛》2016年第3期）

"敦煌"得名新考

"敦煌"一名是何含义？《汉书·地理志》"敦煌郡"条颜师古注引应劭曰："敦，大也；煌，盛也"，即"盛大辉煌"之意。对于这一解释不少学者持有异议，认为敦煌是一个小地方，人口不多（据《汉书·地理志》敦煌郡人口仅3万8千多），又地处偏远，何以言大，何以言盛？于是有些学者寻求另外的解读和释义，但迄今仍言人人殊，莫衷一是。

有人认为，西汉建郡前敦煌及河西走廊被匈奴统治，"敦煌"一名应来自于匈奴语的译音，或匈奴之前居于这一带古民族的译音。如日本学者藤田丰八在其《西域篇》中认为，"敦煌"可能是都货罗（Tokhara）的译音，都货罗即汉初居于敦煌、祁连间的月氏族。刘光华认为，"敦煌"一名在汉武帝设置河西郡县以前就出现了，应是当地土著民族所呼土名的汉音写名，至于其原意早在东汉就无从知道了。[①]

王宗维认为，"敦煌"为族名，源自《山海经·北山经》《水经注笺》卷二记载的"敦薨"。敦薨人的活动范围包括罗布泊方圆数千里的地方，山名、水名、泽名均以"敦薨"一词命名，说明这个地方曾经有一个很大的民族——敦薨人在此活动，时间从《山海经》一书的成书年代推测约在中原战国时期。[②] 李正宇亦认为，"敦薨"与"敦煌"同音互通，"敦薨"应属月氏语，至于其含义有待来贤达诂。[③]

[①] 刘光华：《敦煌上古历史的几个问题》，《敦煌学辑刊》1983年第3辑。
[②] 王宗维：《"敦煌"释名——兼论中国吐火罗人》，《新疆社会科学》1987年第1期。
[③] 李正宇：《"敦薨之山""敦薨之水"地望考——兼论"敦薨"即"敦煌"》，《敦煌研究》2011年第3期。

岑仲勉《释桃花石（Taugas）》一文则提出，东罗马作家 Simocatta 以"Taugas"称我国，昆莫河诸碑亦以"Tapgac"称我国，《长春真人西游记》云："桃花石诸事皆巧，桃花石谓汉人也。"因而认为"桃花石"为城名；从历史上看，敦煌不仅是东西交通之咽喉，而且是国际商业之集散地，它"握北门之锁钥者最少可六百载，其历史如是久且要，外人叩关投止，因以初到之封境为称，渐乃变成国号，固自然而然之事实矣"。岑先生因之认为"Tapgas"为"敦煌"之对音，至于"敦煌"这个译名究竟本自何种语言，已不可考。[1]

海风认为，"敦煌"既不是汉语语词，也不是少数民族语音的译音，而可能与希腊人有关，因为文献记载中的大夏国，即希腊·巴克特里亚，在公元前3世纪已达帕米尔高原，其中的塞人世居于敦煌。可见希腊人是早于匈奴人在敦煌驻足的。[2] 王冀青《敦煌地名与希腊人无关》则认为，海风的说法有一个关键性错误，即将 Scythians 人当作希腊人的一支，而 Scythians 人是晚至公元7世纪起活动于里海、咸海、锡尔河以北的欧亚大草原上的游牧民族，我国译作西徐亚人、塞西安人、斯基泰人或塞种人，这支游牧民族实际上是操印欧语系东伊朗语的许多游牧部落的联合体，希腊·巴克特里亚王国建立后，他们既不与希腊人同族，又不是希腊·巴克特里亚王国的臣民，因而汉代以前曾世居敦煌的塞种人也绝非希腊人，"敦煌"一名与希腊人无关。[3]

还有学者认为，敦煌为羌语译音。李得贤《敦煌与莫高窟释名及其他》写道，河西走廊的庄浪（今永登）藏语意为野牛沟，张掖的原意是野牛之乡，"敦煌"为羌语译音，盖与庄浪、张掖、删丹等相同，其对音为"朵航"，这在现代藏语为"诵经地"或"诵经处"的含义。[4]

除上而外，对于"敦煌"名称的解读还有一些说法，就不一一列举

---

[1] 岑仲勉：《释桃花石（Taugas）》，《东方杂志》第33卷第21号，1936年，第63—73页。
[2] 海风：《敦煌地名的来源及其他》，《光明日报》1986年10月27日第4版。
[3] 王冀青：《"敦煌"地名与希腊人无关》，《地名知识》1987年第4期。
[4] 李得贤：《敦煌与莫高窟释名及其他》，《青海社会科学》1988年第5期。

了。笔者以为，上述这些看法尽管均有所据，但限于史料的缺乏在很大程度上均属于推测，很难将此问题"打死"。

谭世保（宝）《燉（焞、敦）煌考释》则别具新意，否定了燉（焞、敦）煌为胡语音译各说，认为"燉煌"完全是按照汉文的这两个字的本义组合而成的专有名词，绝非胡语音译。应以"燉"为正体字，"焞"为其异体字，"敦"为其俗体字，燉煌之取义大盛，并非实指其时郡治之城市规模的大盛，而是用以象征汉朝的文明道德犹如日月之光辉一样大盛，故其首字应以从火的燉或焞为正，无火字旁的敦为俗写假借。[①] 谭先生考证细致，其说颇有道理，笔者赞同。然而此问题尚未说透，人们不免会产生进一步的疑问，为什么单单在这个地方取用"燉煌"一名，而不在全国其他地方取用此名呢？汉朝文明道德的光辉难道在全国其他地方"不盛"吗？显然，"敦煌"的得名还应有其更深层次的谜团有待揭开。

探究"敦煌"一名的准确本义，我们还是应回到对其原始资料《汉书》等有关记载的准确解读上来。对于东汉应劭所言"敦，大也；煌，盛也"这一解释，诚如谭先生所言，是现存汉朝人最早也是唯一的"燉煌"的正确释义。笔者发现，今天一些学者对于应劭"敦煌"释义产生置疑，其实不仅仅是在今天，早在唐代或更早的时代这种置疑就已经存在了，就已然成为一个令人关注的问题了。为之唐代著名舆地学家李吉甫《元和郡县图志》卷四十"沙州敦煌县"条中，就此专门作出应答和解释："敦，大也；以其广开西域，故以盛名。"意思是说由于敦煌在开辟西域方面的重大意义，所以才赋予了它这样一个具有盛大含义的名字。可见，"盛大辉煌"或曰"汉朝的文德大盛"所指并不限于敦煌本身，而更重要的是在于其"广开西域"的作用和功业，西域难道不大吗？开拓西域的业绩难道不盛吗？正是由于"敦煌"与开拓西域的辉煌创举紧密相连，因而才有了这样一个熠熠生辉、光耀古今的盛名，这块地方才

---

① 谭世保：《燉（焞、敦）煌考释》，《文史》第37辑，中华书局1993年版，第55—64页。

配得上称之为"燉煌"。开拓西域也就意味着开通丝绸之路,意味着"凿空"壮举,可见敦煌从其建郡得名伊始就与开拓西域、开辟丝绸之路紧紧地连在了一起,也可以说敦煌得名的"原生性"即在于西域的开拓及丝绸之路的开辟。

翻检史册,敦煌对于开拓西域、开通丝绸之路的重大作用和意义不胜枚举。就拿汉代来说,两汉经营西域、开通丝绸之路有如一幕幕历史活剧,而敦煌既是汉王朝导演活剧的后台,也是汉室决策西域的耳目。汉破楼兰、姑师,联乌孙,伐大宛,与匈奴争车师,远征康居等等,凡征战敦煌又是前线重要的物质、人员补给基地和大军出发地,并且在应对和支撑西域危局中发挥了无可替代的巨大作用。例如,据《后汉书》卷七十七《班勇传》等史料记载,东汉明帝永平末年(75),为抵御北匈奴对西域的攻击,在敦煌设置中郎将,"使护西域";东汉安帝永初元年(107)汉罢西域都护,元初七年(120)又置西域副校尉,代替西域都护管理西域事务,西域副校尉就长驻敦煌,"宣威布德,以系诸国内向之心,以疑匈奴觊觎之情",担负着"西抚诸国"的重任,[①] 敦煌又一度成为中原王朝统辖西域的军政中心、经营西域维护丝路畅通的大本营。有学者认为,若将东汉在西域稳定统治的时间下限定于安帝永初元年(107)汉廷征还段禧、自此不复置都护算起,则河西尤其是敦煌极大延续了东汉对西域此后 70 年的统治。[②]

《汉书·西域传》记,两汉时期出敦煌玉门关、阳关往西域有南北两道。《三国志·魏书》卷三十注引《魏略·西戎传》记,从敦煌玉门关入西域,前有二道,曹魏时增至三道。隋代通西域有北中南三道,但无论哪一道都"发自敦煌","总凑敦煌,是其咽喉之地"[③]。笔者考得,唐代以敦煌为中心曾在不同时期辟有 5 条大道通往西域,即北通伊州(今哈密)的稍竿道、西北通高昌(今吐鲁番)的大海道、西通焉耆、龟兹(今库车)的大碛道、西南通鄯善(今若羌)、于阗(今和田)的

---

① (南朝宋)范晔:《后汉书》卷七七《西域传》,中华书局 1965 年版,第 2912 页。
② 高荣:《先秦汉魏河西史略》,天津古籍出版社 2007 年版,第 240 页。
③ 《隋书》卷六七《裴矩传》,中华书局 1973 年版,第 1580 页。

于阗道，以及敦煌东面瓜州（今锁阳城遗址）西北通伊州的第五道（莫贺延碛道）；此外敦煌还有南通青藏高原吐谷浑和吐蕃的道路。① 由此可见敦煌对于中原王朝经营西域、对于丝绸之路的开辟与畅通密不可分的关系及重大意义。

因之笔者拙见，研究"敦煌"的得名，不应单就"敦煌"二字本身去寻觅追究，由于敦煌特殊的地理位置及其重大的历史作用，而应站在汉王朝经营西域、"凿空"丝绸之路大背景的高度上去探讨考释。

（原载《敦煌学辑刊》2021 年第 1 期；
《中国社会科学文摘》2021 年第 9 期"论点摘要"）

---

① 李并成：《盛唐时期河西走廊的区位特点与开发》，载《唐代地域结构与运作空间》，上海辞书出版社 2003 年版，第 61—71 页。

敦煌遗书中所见丝绸路上的外来药物考

位于河西走廊西端、西域门户的敦煌，曾为古丝绸路上的国际经济文化交流建树过不朽的丰碑。东汉应劭解释"敦煌"之名："敦，大也；煌，盛也。"唐人李吉甫又云："敦，大也，以其广开西域，故以盛名。"可见敦煌得名的本身就与丝路交通的开辟息息相关。国学大师季羡林有一段名言："世界上历史悠久、地域广阔、自成体系、影响深远的文化体系只有四个：中国、印度、希腊、伊斯兰，再没有第五个；而这四个文化体系汇流的地方只有一个，就是中国的敦煌和新疆地区，再没有第二个。"[①] 诚如其言，敦煌确为东西交通的喉襟和具有国际意义的文化汇流之地，卷帙浩博的敦煌遗书中即留下了丝绸路上物种传播与交流的丰富史料，其中药物品种的传播与交流就为其颇为重要的一个方面，很值得深入发掘研究。

敦煌医药学文献中所见的药材品种，除大量来自中原内地的外，还有许多是由丝绸路上传入的来自中亚、西亚、印度的药物，本文拟就此作一探讨。

一 见于敦煌遗书中的外来药物品种

敦煌遗书中发现的医药学文献多达百余种，其中存录的医方就有1200多帖。除大量的汉文写卷外，还有吐蕃文及多种胡语（于阗文、回

---

① 季羡林：《敦煌学、吐鲁番学在中国文化史上的地位和作用》，《红旗》1986 年第 3 期。

鹘文、粟特文、梵文）的医药文本，这些文献真实地反映了中古时期，特别是唐五代时期敦煌地区的药材使用状况，包括大量外来药物的流入、应用状况。除医药文献外，其他一些史料中，诸如各种入破历、物品历、点检历、纳赠历、算会稿、勾检文书、籍帐文书等，亦有若干药品内容的记载。

敦煌文书中比较集中记载药物名称的文书有：

S.5901《某僧向大德乞药状》残卷，存5行，向大德"乞与橘皮、桂心、附子、香白芷、茱萸、干姜、芍药、高茛姜、草豆蔻、芎䓖、人参、胡椒、诃利勒、麻黄、地黄、细辛、黄柏、天麻、牛膝、天南星、牵牛子、茯苓、槟榔、荜拨、黄连"等药。这位大德恐为寺院药物掌管人或药店经营者，僧人所需药物须向其"乞与"。卷中所记高茛姜、胡椒、诃利（梨）勒、附子、荜拨等均为域外输入药物。

Дх.2822《蒙学字书》，抄写于西夏时期，可能出自莫高窟北区，收录涉及人们日常生活、生产等20个方面内容的字词。其中果子部第五、身体部第八、药物部第十等与医药关系密切。果子部记梨果、石榴、橘子、李子等水果38种，其中所记胡桃、番瓜、越瓜、回纥瓜、大石瓜应来自西域。药物部记各种药材143种，其中豆蔻、槟榔、丁香、硇砂、阿魏、木香、沉香、檀香、乳香、龙脑、胡椒、蛮姜、没石子、郁金、安息香等，均应为域外输入的药物。蛮姜即高茛姜之别名，没石子即无食子，亦称墨石子。

作为佛教圣地的敦煌，佛寺僧众对产自域外的香药需求旺盛，这在遗书中多有反映。P.3230《金光明最胜王经卷第七》第十五品中列举的洗浴方中，记有标注梵音的香药32味：

　　昌（菖）蒲、牛黄、苜蓿香、麝香、雄黄末、合昏树、白及、芎䓖、苟（枸）杞根、松脂、桂皮、香附子、沉香、旃檀、零陵香、丁子、郁金、婆律膏、萎（葳）香、竹黄、细豆蔻、甘松、藿香、茅根香、叱脂、艾纳、安息香、芥子、马芹、龙花鬚、白胶、青木。

· 265 ·

以上所引药物均略去梵语译音。甘肃中医药大学张侬教授认为，本方由32味辟邪气祛疫的香药末组成，通过沐浴药液达到防病治病的目的，香药有清洁环境、驱除病邪、安静心神的作用，可促进心身早日康复，制成香条点燃还能驱除蚊蝇。1986年兰州市第二人民医院以原方中大部分药为基础方，制作药枕用于高血压患者，使住院病人情绪稳定，症状改善，病房环境亦有改观。① 其中旃檀，即檀香，气味芬芳馥郁，香气持久，有行气止痛作用。丁子，即丁香，气味芳香强烈，有温中温肾助阳作用。萎香，为菱乡之误，即玉竹。竹黄，有清窍解热、定惊安神作用。艾纳，即艾纳香，为菊科植物，其分泌物供制冰片，与冰片的另一来源龙脑科龙脑香功用类同。龙花鬚，蛇类。白胶，即白胶香，为枫香树脂，气清香，功效略次于乳香。青木疑为青木香，指马兜铃根或是木香。甘肃中医药大学李应存教授等亦认为，这些药物均具有芳香气味，多能芳香开窍，辟秽化浊，化瘀解毒，除恶杀虫。煎汤洗浴，取其气而舍其味轻清宣散，芳香透表，通络疏窍。②

以上香药在敦煌寺院中被广泛使用，它们的原产地大多出自西亚、印度等地。如《魏书·西域传》载，波斯出"熏陆、郁金、苏合、青木等香，胡椒、荜拨、石蜜、千年枣、香附子、诃梨勒、无食子、盐绿、雌黄等物"。《周书·异域传》亦如此记载，"熏陆"作"熏六"。《隋书·西域传》载，龟兹国土多"盐绿、雌黄、胡粉、安息香"等；波斯土多"……熏陆、郁金、苏合、青木等诸香，胡椒、荜拨、石蜜、半蜜、千年枣、附子、诃黎勒、无食子、盐绿、雌黄"。《新唐书·西域传》载，中天竺国"有金刚、旃檀、郁金，与大秦、扶南、交趾相贸易"。

P.3103《浴佛节作斋事祷文》记："爰当浴佛佳辰，洗僧良节。"浴佛即以牛头旃檀、紫檀、多摩罗香等香汤浴佛。③ 敦煌僧人亦多使用香汤沐浴。如S.2575e《天成四年（929）都僧统龙辩置方等戒坛榜》："尽

---

① 张侬：《敦煌石窟秘方与灸经图》，甘肃文化出版社1995年版，第36—37页。
② 李应存、史志刚：《敦煌佛儒道相关医书释要》，民族出版社2006年版，第164页。
③ 罗华庆：《9至11世纪敦煌的行像和浴佛活动》，《敦煌研究》1988年第4期。

暮煮药香汤，次备净戒沐浴。甘汤美药，各任于时供承，非时醇醪，切断不令入寺。"

P.2565《残药方书》存21方，其中第二方为《羊髓面脂久用香药甚良方》，以丁香、麝香、青木香等19种药物制成，用于颜面护肤。P.3810号文书为北宋景祐以前的抄件，专述道教修仙练功之术，同时也保存了当时的沐浴香药方。其中讲到"七品名香"为"黄檀香、降真香、沉香、安息香、乳香、丁香、藿香"。S.4329v《香药方》中载有熏衣香方、裹衣香方、面脂方、面膏方、洗面□□方、面散方、治口气臭方、生发方、玉屑面脂方等，其剂型多样，脂膏散齐全。这些方中所用香药计有沉香、甲香、丁香、麝香、甘松香、苓陵香、吴藿、藿香、青檀香、熏陆香、白檀香、桃仁、杏仁、瓜仁、冬瓜仁、香附子、玉屑、白芷、白蚕、珊瑚、白珂、白附子、白石脂、辛夷仁、土瓜根、章陆根、细辛、桂心、芎劳、茯苓、萎蕤、蜀水花等。撰于武周时期的《羊髓面脂方》（P.2565）亦记有丁香、麝香、香附子、青木香、白附子、芎劳、辛夷仁、萎蕤、甘松香、零陵、藿香等香药。P.3731《残药方》之"五香之方"记有沉香、麝香、丁香、熏六（陆）、青木香、槟榔、诃黎勒、豆蔻等。上述这些药物亦大多来自印度、西亚和中亚。

据姜伯勤先生研究，公元四五世纪前后，在西域犍陀罗（Gandhara）地区（今巴基斯坦白沙瓦及其毗连的阿富汗东部一带），形成了一个重要的香药市场。《高僧传》卷一译"犍陀罗"之义为"香行国"，慧琳《一切经音义》译作"香遍国"，又有作香风国、香洁国者。这些译名反映了犍陀罗应为当时印度、西域香药输华的重要通行之地。同时据唐代敦煌、吐鲁番文书的有关记载，敦煌、吐鲁番亦有相应的香药市场。姜先生指出佛教传入之路也是一条香药传入之路。[①] 可见当时丝绸路上香药输入、传播的兴盛。

S.0076《食疗本草》，为唐人孟诜原著、经张鼎补充而成。"食疗"专讲动植物营养及其药用医疗价值，强调以食物入药，先食后药，食药

---

① 姜伯勤：《敦煌吐鲁番文书与丝绸之路》，文物出版社1994年版，第137—141页。

并重,为我国传统医药学的重要思想和特色。书中总结了扁鹊、华佗、孙思邈等名医的食疗经验,反映了当时人们对食物疗效认识的水平。全书共收药物 207 种,惜宋代以后亡佚。敦煌发现《食疗本草》残卷计 137 行,存食物药 26 种,约为全书的 1/10。所记 26 种食物以瓜果、蔬菜为主,大多富含调节人体生理机能所必需的有机酸类、维生素和矿物质,具有补养健身的作用,并提出了禁忌和烹调方法。如卷中记石蜜:"主治心腹胀热,口干渴,波斯者良。注少于目中,除去热膜,明目。蜀川者为次,今东吴亦有,并不如波斯。此皆是煎甘蔗汁及牛膝汁,煎则细白耳。"可见产自波斯的石蜜以其优良的质量在敦煌被运用于临床。又记,胡桃、蒲桃(葡萄)、胡瓜、沙糖等源自西域的入药食物。

S. 6208《新商略古今字样撮其时要并行正俗释下卷》,存瓮部、缬部、音乐部、饮食部、罿笋部、果子部、席部、布部、七事部、酒部等,分部汇集时用要字,其中所记砂糖、石蜜、胡椒、筚(荜)拨、胡撍子、石榴、胡桃、胡酒、蒲萄酒等,亦源自西域。

二　主要外来药物考源

诃梨勒,一作诃黎勒,波斯特产。《魏书·西域传》云,波斯以出产胡椒、荜拨、石蜜、诃梨勒、香附子、千年枣、无食子、盐绿、雌黄等而著名。《隋书·西域传》亦记波斯土多"朱砂、水银、熏陆、郁金、苏合、青木等诸香,胡椒、荜拨、石蜜、半蜜、千年枣、附子、诃黎勒、无食子、盐绿、雌黄"。《旧唐书·西戎传》亦载波斯土产:"无食子、香附子、诃黎勒、胡椒、荜拨、石蜜、千年枣、甘露桃"等。诃梨勒于敦煌医药典籍中屡屡可见,当在临床中得到广泛应用。S. 2575v《己丑年(929)五月廿六日普光寺方等道场纳色目榜》载,当时受戒式叉尼等"沿法事,准往例合有所税,人各麦油一升,掘两笙,诃梨勒两颗,麻十两、石灰一升,青灰一升,苴其两束……"每位受戒者均要交纳诃梨勒两颗,可见此物当时在敦煌较为常见。P. 3731 武周时期《残医方书》、P. 3378v《杂疗病药方》、P. 2662b《药方残卷》等亦记有诃梨勒。

S.0779v《大蕃沙州释门教授和尚洪辩修功德文》、P.4640e《吴僧统碑》记："又有僧王云胜，办诃梨勒二千颗，同助功德。"一次就置办诃梨勒2000颗，可见当时因其疗效显著、用途广泛而颇受重视。大谷文书3076记唐代西州市场上物品售价：诃梨勒壹颗，上直钱贰文伍分。可见其价格不贵。查有关药物学、植物学一类书籍知，诃梨勒又称诃子，亦称"藏青果"，使君子科，主要分布于热带、亚热带的西亚、南亚等地，我国云南南部、广东南部近百年来亦有栽植。系高大乔木，树高可达20—30米，核果卵形或椭圆形，长2.5—3.5厘米，木材坚硬致密。中医以其果实入药，性温，味苦酸涩，功能敛肺涩肠，主治咽喉肿痛、久咳、久泻、久痢、崩漏带下等症，尤被视为治痢神药。《本草纲目》卷三十五下："李珣曰，诃黎皮主嗽，肉主眼澀痛。波斯人将诃黎勒大腹等在舶上，用防不虞。"诃梨勒还有治疗头发脱落之效。P.3378v《杂疗病药方》："又疗发落。以诃梨勒二两去子，毗梨勒二两去子，阿摩罗二两，三物以醋浆各二升煎，去滓，洗头，一日洗五度。空煎阿摩罗二两，洗之亦瘥。"毗梨勒即毛诃子，味辛、甘、平，有清热祛湿、明目生发作用。阿摩罗又作庵摩勒，即余甘子。张侬认为，此三味药祛风清热，补虚荣发以治肾虚脱发或斑秃。①

诃梨勒不仅可直接入药，而且还可泡制药酒、酿成美酒。敦煌研究院001号《酒帐》："廿一日，支纳呵（诃）梨勒胡酒壹瓮。"此胡酒即应以诃梨勒泡制的药酒。《太平广记》引唐李肇《唐国史补》列举唐代名酒："又有三勒浆类酒，法出波斯。三勒者谓庵摩勒、毗梨勒、诃梨勒。"唐代韩鄂《四时纂要》记载了胡酒三勒浆的酿制方法："诃梨勒、毗梨勒、庵摩勒，以上并核用，各三大两……满三十日即成。味至甘美，饮之醉人，消食下气。"② 可见此"三勒"药物不仅可用于洗头荣发，而且经酿制后还可成为甘美的酒类饮品。白居易《寄向北都留守裴令公并序》诗中提及以三勒浆代酒，唐代长安就有波斯人酿制的波斯三勒浆和

---

① 张侬：《敦煌石窟秘方与灸经图》，甘肃文化出版社1995年版，第37—38页。
② 此书我国早佚，幸于1960年在日本发现了明万历十八年（1590）的朝鲜刻本，得以重新面世。其引文转引自王进玉《敦煌学和科技史》，甘肃教育出版社2011年版，第345页。

龙膏酒。P.3391依韵排列的"字书"中记有诃黎勒、□（毗）黎勒、阿磨勒"三勒"名称。

高茛姜，一称高良姜，姜科。P.3596v《医药方》记，取高茛姜三两煮汁服用以散邪止痛。P.2882v《医药方》记："高良姜、豆蔻仁、桂心各二两"，以治湿霍乱。高茛姜系多年生草本，分布于热带、亚热带的西亚、中亚及我国两广、闽台等地。中医学上以其根状茎入药，性热，味辛，功能温中、散寒、止痛，主治胃寒疼痛、呕吐、腹痛、泄泻等症。

阿魏，伞形科，多年生多汁草本，主产于波斯和印度，切断根和根状茎即有乳状汁流出，此汁干后称阿魏。中医学上用为消积、杀虫、解毒药。段成式《酉阳杂俎》卷十八记，阿魏出伽阇郁国，即北天竺也，亦出波斯国，树长八九丈，皮色青黄，断其枝，汁出如饴，久乃坚凝，名阿魏。南宋赵汝适《诸蕃志》卷下："阿魏出大食、木俱兰国。其树不甚高大，脂多流溢。土人以绳束其梢，去其尾，纳以竹筒，脂满其中。"《本草纲目》卷三十四引苏恭语："阿魏生西番及昆仑。苗叶根茎酷似白芷，体性极臭，而能止臭，亦为奇物。"美国谢弗《唐代的外来文明》写道，与波斯树脂不同，阿魏作为一种药物和调料，在唐朝很有名气，进口的阿魏有晒干的树脂饼和根切片两种，据认为后者的质量不及前者，当时有许多亚洲国家都向唐朝提供这种昂贵的药材。阿魏进入唐朝有两条途径，一是由位于准噶尔边缘的唐朝重镇北庭每年作为土贡向朝廷进贡，另一途径就是由商船经由南中国海运来。阿魏可以刺激神经，帮助消化，但是唐朝人利用最多的是它"体性极臭而能止臭"的奇异性能。阿魏还是一种高效的杀虫剂，并可用于"辟鬼除邪"，亦可与茶同时服用。①

熏陆香树，一称君杜噜树或君杜鲁树。熏陆香是用此种树的树脂汁液制成的香料，该树树脂滴下后形成乳头，故一名乳头香或乳香，十分名贵。《唐本草》注："熏陆香出天竺国，似枫松脂，黄白色。天竺者多

---

① ［美］谢弗：《唐代的外来文明》，吴玉贵译，中国社会科学出版社1995年版，第405—406页。

白。"P. 3244、P. 3777a《五辛文书一卷》："三谓鼻者，戒之于香，男香女香，旃檀、熏陆。"P. 3731《乌膏方》有"熏陆香二两"。《宋会要辑稿》蕃夷五之二记，宋景德四年（1007）五月，沙州曹宗寿遣使入贡"乳香"。又天圣元年（1023）闰九月沙州遣使贡乳香。所贡乳香来自天竺。《宋史》卷四九〇《外国传六》记，层檀国在南海傍，"药有木香、血竭、没药、鹏砂、阿魏、熏陆"。南宋周去非《岭外代答》卷二《海外诸番国》载，大食"产乳香、龙涎、真珠、琉璃、犀角、象牙、珊瑚、木香、没药、血竭、阿魏、苏合油、没石子、蔷薇水等货"。南宋赵汝适《诸蕃志》卷上记大食国，土地所出真珠、象牙、犀角、乳香、龙涎、木香、丁香、肉豆蔻、安息香、芦荟、没药、阿魏、珊瑚树、没石子等。《本草纲目》卷三十四记，熏陆出于南印度界呵吒厘国，谓之四香，南番者更佳，即乳香也。

沉香，亦称伽南香、奇南香，瑞香科，常绿乔木。《本草纲目》卷三十四记，沉香出天竺诸国，秋结实，似槟榔，大如桑椹，紫而味辛。原产于印度、泰国等地。其心材为著名的熏香料，含有棕黑色树脂的树根、树干加工后可入药，有纳气、温肾之功能，主治气逆喘息、呕吐、呃逆、脘腹疼痛等症。因其脂膏入水能沉，故名沉香。大谷文书3096号记唐代交河郡（今吐鲁番）市场上沈（沉）香的售价："沈（沉）香壹分，上直钱陆拾伍文、次陆拾文、下伍拾文"，价格不菲。该文书1—4行钤有"交河郡都督府之印"。

檀香，亦名旃檀、旃檀那。玄应《一切经音义》："旃檀那，外国香木也，有赤、白、紫等数种。"《本草纲目》卷三十九引唐人陈藏器语：白檀出海南，树如檀；苏恭曰，紫真檀出昆仑盘盘国，虽不生中华，人间遍有之。姜伯勤引《翻译名义集》牛头栴檀条云："白檀治热病，赤檀去风肿，摩梨山，此云离垢，在南天竺国。"[1] 上引大谷文书3096号记白檀香价格："白檀香壹两，上直钱肆拾伍文、次肆拾文、下叁拾伍文。"

---

[1] 姜伯勤：《敦煌吐鲁番文书与丝绸之路》，文物出版社1994年版，第131页。

安息香，因来自古安息国，故名。安息香科，落叶乔木。前引Дх.2822《蒙学字书》即记有安息香。《隋书》卷八十三记，龟兹国、漕国皆产安息香。《酉阳杂俎》卷十八："安息香树出波斯国，波斯呼为辟邪树……刻其树皮，其胶如饴，名安息香。六七月坚凝，乃取之。"上引《诸蕃志》即谓，大食出安息香。安息香主含肉桂酸、苯甲酸及其脂类和苏合香素等成分，中医学上用以开窍行血，主治中风昏厥、产后血晕等症。

芦荟，或作"奴会"，亦称油葱，百合科，多年生草本，主产于热带非洲。据劳费尔考证，其名称来自"阿拉伯希腊语"。《诸蕃志》卷下："芦荟出大食奴发国，草属也，其状如鲎尾。土人采而以玉器捣研之，熬而成膏，置诸皮袋中，名曰芦荟。"《本草纲目》卷三十四引李珣语：芦荟生波斯国。其叶浓缩干燥后所形成的块状物含芦荟苷，为一种苦味的结晶体，"味苦如胆"，有泻下、清热、杀虫功能，可用于治疗"小儿诸疳热"。

无食子，亦名没食子或无石子，高大乔木。P.2565《残医方》记，"治冷痢方"需用"物（没）食子六枚"。前引《隋书·西域传》记，波斯产无食子。《酉阳杂俎》卷十八记，无石子出波斯国，波斯呼为摩贼，树长六七丈，围八九尺，叶似桃叶而长。《本草纲目》卷三十五下记，无食子生西戎沙碛间，似树桎，波斯人每食以带果，故番胡呼为没食子。其果实内含大量单宁酸（鞣酸），可用于鞣制皮革、制燃料、墨水等。入药，有收敛功能。

苏合香，前引《魏书》卷一〇二《波斯传》、《隋书》卷八十三《波斯传》、《梁书》卷五十四《中天竺国传》均谓，出波斯国。《南史》卷七十八《夷貊传》亦载，中天竺国"西与大秦、安息交市海中，多大秦珍物，珊瑚、琥珀、金碧、珠玑、琅玕、郁金、苏合。苏合是诸香汁煎之，非自然一物也。又云大秦人采苏合先笮其汁，以为香膏，乃卖其滓与诸国贾人，是以展转来达中国，不大香也。郁金独出罽宾国，华色正黄而细，与芙蓉华里被莲者相似"。《通典》卷一九三《西戎五》亦记，大秦"合会诸香，煎其汁以为苏合"。《本草纲目》卷三十四："苏合香油出大食国，气味皆类笃耨香。"

青木香，前引《魏书》卷一〇二《波斯传》、《隋书》卷八十三《波斯传》均曰，出波斯国。《本草纲目》卷十四：苏恭曰，木香"今惟广州舶上来，他无所出"。此药即马兜铃科植物马兜铃根，系缠绕草本，其果实、茎、根皆可入药，根含广玉兰碱，可行气止痛，能降血压。P.2822《调中理肾汤》记："槟榔十颗，并子同碎；桔梗六分，茯苓四分，荜拨五分，枳［壳］五分，炙；青木香五分，诃黎勒皮五分，大黄十分，别，磨。"P.3201《药方》记有"青木香壹两"。P.3731《芮草膏》亦用"青木香二两，丁香二两，零陵香二两"。大谷文书3099载，青木香壹两叁拾伍文，这是唐代交河郡（今吐鲁番）市场上的价格。

豆蔻，亦称白豆蔻、圆豆蔻，姜科，多年生常绿草本，主产于东南亚，我国两广、云贵等地亦有分布。段成式《酉阳杂俎》卷十八谓，白豆蔻出伽古罗国，呼为多骨。谢弗考得，爪哇的"圆豆蔻"或"串豆蔻"即是从伽古罗运到唐朝的，这个地方显然是在马来半岛西海岸，这个国家的名字仍然保留在阿拉伯文里，它的意思就是豆蔻。马来半岛则是出于商业目的才种植这种植物的。到了11世纪时圆豆蔻北移植到了广东，唐朝人将其称作"白豆蔻"。① 豆蔻以其种子入药，性温、味辛，有行气、化湿、和胃之功能，主治胃痛、胸闷、腹胀、呕吐等症。壳、花亦可入药。P.3731《残医方》中之"五香之方"就记有"豆蔻四分"。此外还有"黑豆蔻"或"苦豆蔻"，出于岭南和印度支那，被看作是一种"半外来"植物，亦可入药。

郁金，姜科，多年生草本，原产于印度。中医学上以其块根入药，有香气，具和血散瘀、行气解郁之功能，主治胸肋脘腹疼痛、痛经等症。《新唐书》卷二二一上《西域传》载，中天竺"有金刚、旃檀、郁金，与大秦、扶南、交趾相贸易"。同卷又记："摩揭它，一曰摩伽陀，本中天竺属国……山谷相属，产金、铁、蒲殖、郁金。"同书卷二二一下《西

---

① ［美］谢弗：《唐代的外来文明》，吴玉贵译，中国社会科学出版社1995年版，第399—400页。

域传》载，大勃律"地宜郁金"；谢䫻"多郁金、瞿草"；笪失蜜（迦湿弥逻）"出火珠、郁金、龙种马、俗毛褐"。大勃律、谢䫻、笪失蜜均位于印度西北部，这里应为郁金的原产地。《大唐西域记》卷一"迦毕试国"："宜谷麦，多果树，出善马、郁金香。异方奇货，多聚此国。"卷二"印度总述"："身涂诸香，所谓旃檀，郁金也。"卷三"乌仗那国"："宜郁金香。"卷十二"漕矩咤国"："谷稼时播，宿麦滋丰，草木扶疏，花果茂盛，宜郁金香，出兴瞿草。"季羡林先生等校注本认为："漕矩咤，梵文 Jaguda 之对音，其意殆指郁金香。"①《本草纲目》卷十四引唐人陈藏器语，郁金香生大秦国。二月三月有花，状如红蓝。四月五月采花，即香也。大谷文书 3096 号记有唐代西州市场上郁金花的价格："郁金花壹分，上直钱陆拾文、次伍拾文、下肆拾文。"

龙脑香，系龙脑树树干经蒸馏后所得结晶体，中医学上用为芳香开窍药。P.3930《残医方书》即记有荜拨、龙脑香等药。龙脑树，龙脑香科，原产于南亚。《新唐书》卷二二一上《西域传》载，贞观十六年（642）乌苌国（位于印度西北部）"其王达摩因陁诃斯，遣使者献龙脑香"。《酉阳杂俎》卷十八记，龙脑香树出婆利国，亦出波斯国，其树有肥有瘦，瘦者有婆律膏香，一曰龙脑香；肥者出婆律膏也，在木心中。断其树劈而取之，膏于树端流出，砍树作坎而承之。入药用，别有法。《本草纲目》卷三十四引陈藏器语：龙脑香出波斯国，乃树中脂也，味甘平无毒。

龙涎香，为抹香鲸肠胃的病态分泌物，类似结石，从鲸体内排出漂浮于海面或冲上海岸而取得，在印度洋等处海岸时有发现。前引《岭外代答》《诸蕃志》即谓，大食出龙涎香。其主要成分为龙涎香素，具有持久的香气，为极名贵的香料。

荜拨，一名荜茇，胡椒科，多年生藤本。前引《魏书·西域传》《周书·异域传》等均记波斯出荜拨，S.5901、S.6208 等文书亦记有荜

---

① （唐）玄奘、辩机原著，季羡林等校注：《大唐西域记校注》，中华书局 1985 年版，第 955 页。

拨。以干燥果实入药，性温味辛，有温中降逆功能，主治脘腹胀痛、呕吐呃逆等症。《本草纲目》卷十四谓，苏恭曰荜拨生波斯国。大谷文书3099 载唐代交河郡（今吐鲁番）市场上，毕（荜）拨一两值110 文。

胡椒，胡椒科，多年生藤本，性能类同荜拨，干燥后入药。自古就为印度西海岸的特产，尤以西海岸南部的马拉巴尔（Malabar）所产质地最优。《后汉书·西域传》记，天竺国产"诸香石密（蜜）、胡椒薑、黑盐"。《大唐西域记》卷十一"阿吒厘国"："出胡椒树，树叶若蜀椒也。出熏陆香树，树叶若棠梨也。"《酉阳杂俎》卷十八记，胡椒出摩伽陁国，味辛辣，今人作胡盘肉食皆用之。张星烺谓，印度人有时亦直称胡椒为摩伽陁者，盖以其国产之尤多也。①

丁香，一名丁子香，桃金娘科，常绿乔木，原产马来西亚等地，于敦煌医方中多见。如 P. 3930《治喉痹方》："取丁香三七枚，升麻、青木香、黄芩各二分，水一升，煎，含之即瘥。"《诸蕃志》卷下："丁香出大食、阇婆诸国。其状似丁字，因以名之。能辟口气，郎官咀以奏事。其大者谓之丁香母。丁香母即鸡舌香也。或曰鸡舌香，千年枣也。"元代汪大渊《岛夷志略》卷下云，印度与西洋贸易，"去货丁香、豆蔻"等物，"以胡椒载而返"。《本草纲目》卷三十四谓，丁香生交广南番。中医学上以其干燥花蕾入药，性温味辛，有温胃降逆功能，主治呃逆、胸腹胀闷疼痛等症。由花蕾所得丁香油为重要香料。大谷文书 3096 号记唐西州市场丁香的价格："丁香壹分，上直钱叁拾伍文、次叁拾文、下贰拾伍文。"

草豉，产于波斯。《本草纲目》卷二十六引陈藏器语，草豉生巴西（波斯）诸国，草似韭状，豉出花中，彼人食之。敦煌文书中有不少买草豉充造药食等的记载。S. 4782《寅年乾元寺堂斋修造两司都师文谦诸色斛斗入破历算会牒残卷》载："油壹升，买草豉用……油半升，草豉壹抄，充造药食用。"S. 5927va《戌年某寺诸色斛斗入破历算会稿残

---

① 张星烺编注，朱杰勤校订：《中西交通史料汇编》第四册，中华书局 2003 年版，第 2179 页。

卷》:"麦捌斗,买草豉贰□……面拾贰硕肆斗,油壹斗叁胜,马芹子贰胜半,草豉壹胜,充解斋用……草豉半胜……"可见,草豉不仅可以造药食,并可用作佐料。马芹子亦为佐料,亦可入药。S.1733《年代不明(公元九世纪前期)诸色斛斗入破历算会稿》亦多次记载草豉:"白面九石,米五升,油六斗,苏七升,椒一升,草豉三升,麦九斗买瓜,面六斗沽醋三斗,麦六斗早胡饼价用。已上物三年七月十五日煮佛盆及供养众僧等用。粗面六斗与人户截柴食用。白面三斗,椒两合,油五升,草豉壹升,已上物……苁蓉二升,草豉壹升……草豉三升,苁蓉三升。"这里的草豉可能既有药用,又为佐料。

石蜜、沙糖(一作砂糖),均系甘蔗熬制而成。甘蔗,禾本科,一年生或多年生草本,分布于热带和亚热带,我国南方亦多有栽培,但甘蔗制糖法则为唐代从印度传入。《新唐书》卷二二一上《西域传》记,摩揭它(摩伽陀)国"贞观二十一年(647)始遣使者自通于天子,献波罗树,树类白杨。太宗遣使取熬糖法。即诏扬州上诸蔗拃沈,如其剂色,味愈西域远甚"。《本草纲目》卷三十三记,沙塘,法出西域,唐太宗始遣人传其法入中国。以蔗汁过樟木槽,取而煎成。清者为蔗糖,凝结有沙者为沙糖,漆瓮造成如石、如霜、如冰者为石蜜,为糖霜,为冰糖也。P.3033《印度制糖法残卷》记:"西天五印度出三般甘蔗,一般苗长八尺,造沙唐多不妙;第二校一二矩,造好沙唐及造最上煞割令;第三般亦好……"[①]晚唐五代时期敦煌人们已食用沙糖。如P.2583vc记,申年张什二等将"发壹两,沙唐伍两,施入大众"。沙糖、石蜜皆可入药。S.5435《药方残卷》记疗咳嗽久远未效方中需"取沙糖二两"。P.2665va《佛家医书》记用胡椒、安石榴子、细辛、人参、姜末、小豆、麻子等,和石蜜浆、葡萄浆治疗清(青)盲,即视神经萎缩症。大谷文书3055记:石蜜壹两,上直钱拾陆文,次拾伍文;大谷文书3094记:砂糖壹两,上直钱拾叁文、次拾贰文、下拾文。这是唐代西州市场上这两样物品的售价。

---

① 季羡林:《一张关于印度制糖法传入中国的敦煌残卷》,《历史研究》1982年第1期。

白附子，又称"禹白附"，天南星科植物独角莲的块茎，有祛风痰、逐寒湿的功能，主治中风痰壅、口眼歪斜、破伤风等症。前引 S.4329v《面膏方》中记有"白附子三两"；《洗面方》记有"白附子少与"。产于热带、亚热带的东南亚、西亚等地。《三国志》卷三十注引《魏略·西戎传》载，大秦多"……虎珀、珊瑚……水精、玫瑰、雄黄、雌黄……一微木、二苏合、狄提、迷迷、兜纳、白附子、熏陆、郁金、芸胶、熏草木十二种香"。

胡粉，姜伯勤据 P.2912《某年四月八日康秀华写经施入疏》等考得，胡粉是一种化妆品，也是丝路上的一种进口货物。① 郑炳林认为，胡粉产于西域地区，在敦煌既可用于画窟画幡，又用于民众女性的化妆，故其用量不会是小数，另外还可入药，以解果菜毒。② 此外，胡粉还可见于敦煌美容脂膏方中。如张侬所举："又（胡桃）烧至烟尽，研为泥，和胡粉为膏，拔去白发，敷之，即黑，发生。"胡桃即核桃，其仁烧存性，有乌发作用；胡粉即铅粉，有解毒、生肌作用，因有毒，多作外用。③

绿盐，前引《魏书·西域传》、《隋书·西域传》谓波斯出"盐绿"，即绿盐。《本草纲目》卷十一引唐李珣《海药本草》曰：绿盐出波斯国，生石上，舶上将来，谓之石绿。谢弗认为，产于中亚焉耆地区和伊朗，同时也有从海上运来的，可以用来治疗眼疾。绿盐有时又称作"胆矾"，它肯定是一种结晶状的硫酸铜，这是一种假想的治疗沙眼的药物。④

硇砂，一作磠砂，亦称白硇砂，即天然所产氯化氨，在工农业和医药上有广泛用途。硇砂通常产于近代火山作用中。《魏书·西域传》、《隋书·西域传》等记载，康国出硇砂。P.4638《权知归义军节度使兵马留后守沙州长史曹仁贵状》记，沙州归义军向中原王朝进贡的物品有

---

① 姜伯勤：《敦煌吐鲁番文书与丝绸之路》，文物出版社 1994 年版，第 196 页。
② 郑炳林：《晚唐五代敦煌贸易市场的外来商品辑考》，《敦煌归义军史专题研究续编》，兰州大学出版社 2003 年版，第 396 页。
③ 张侬：《敦煌石窟秘方与灸经图》，甘肃文化出版社 1995 年版，第 133 页。
④ [美] 谢弗：《唐代的外来文明》，吴玉贵译，中国社会科学出版社 1995 年版，第 414 页。

"硇砂伍斤",并称"前物等并是殊方所出",表明其物并非产自敦煌,而是敦煌进口之物。S.4398《天福十四年(949)五月新授归义军节度观察留后曹元忠献硇砂状》记,献"硇砂壹拾斤"。S.8444《唐为甘州回鹘贡品回赐物品簿》:"硇砂伍拾斤,绢伍拾匹"。中医学上硇砂用作消积软坚药,味咸苦辛,有毒。外用主治目翳胬肉、鼻痔、面疮、疔疮等症,内用微量。前引大谷文书3099载,硇沙壹两贰拾文。

珊瑚、琥珀。《周书·波斯传》:波斯国出琥珀。《隋书·波斯传》琥珀作"兽魄",以避唐代先祖李虎之讳。《通典》卷一九三记大秦,土多奇宝、琥珀等物。《新唐书》卷二二一下《西域传》记:"拂菻,古大秦也,居西海上,一曰海西国……海中有珊瑚洲,海人乘大舶,堕铁网水底……绞而出之。"南宋周去非《岭外代答》卷三亦记,大秦土产珊瑚等物。赵汝适《诸蕃志》卷上:"珊瑚树出大食毗喏耶国。"前引S.4329v《洗面方》记,使用"珊瑚少许"。

羚羊角,供药用的为牛科赛加羚羊(亦称高鼻羚羊)的角,产于西域及中亚。性寒,味咸,有平肝熄风、清热定惊的功效。P.3201《残药方》中"疗皮肤不仁方"用"羚羊角一两"等药。《新唐书》卷二二一下《西域传》记,开元七年(719)吐火罗大酋献羚羊,此即牛科赛加羚羊。前引P.4638记,曹仁贵进贡的礼品中就有"羚羊角伍对",且为"殊方所出",非敦煌原产,应是来自西域的。有学者认为曹仁贵进贡的羚羊角可能是从吐蕃地区进口的,误。吐蕃地区所出为藏羚、原羚,而非赛加羚羊,其角不能入药。

此外,见于敦煌医药方中的真珠、水银、朱砂、紫草、艾纳、零陵香、槟榔、榆荚等,亦系外来药品,这里就不一一备细了。

综上所考,于敦煌遗书上所见,古丝绸路上由中亚、西亚、印度等地输入敦煌的药品有:

> 诃梨勒、高莨姜、荜拨、郁金、安息香、乳香、苏合、阿魏、阿摩罗、艾纳、甘松香、胡椒、榆荚、砂糖、旃檀香、青木香、苜蓿香、丁香、藿香、沉香、零陵香、毗梨勒、雄黄末、合昏树、芎

荢、松脂、桂皮、香附子、白附子、婆律膏、荾香、竹黄、细豆蔻、茅根香、兰香子、叱脂、芥子、马芹、龙花鬚、白胶、龙脑香、龙涎香、胡粉、石蜜、木瓜、甜瓜、豆蔻、槟榔、薄荷、桂皮、紫草、珊瑚、琥珀、黄丹、丹砂、真珠、羚羊角、密陀僧、硇砂、水银。

此外，还有一些可以入药的植物，如葡萄、胡麻（芝麻）、胡瓜（黄瓜）、苜蓿、大蒜、胡荽（香菜）、胡桃（核桃）、安石榴（石榴）、红蓝花等，亦来自西域，早自张骞通西域后的汉代它们就传入中原内地，并得以普遍种植和推广。如 S.4534va《新修本草》提及胡麻，本生大宛。若加上这些植物，则敦煌输入的外来药物更多。

敦煌遗书中所见外来药物的大量输入，为祖国传统医药学的发展壮大不断输入新的血液和营养，增添了异样的光彩，生动地反映了古丝绸路上中医学与藏医学、于阗医学、粟特医学、回鹘医学、龟兹医学、古印度医学、波斯医学等医药学文化的交光互影。

敦煌文献中所见唐五代
时期的水利官员

水资源，为地球上最可宝贵的自然资源之一，对于人类社会的生存繁衍及其经济社会的发展，有着至关重要的意义。如何合理有效地利用、管护河流、湖泊等水体资源，在我国有着悠久的历史和传统，其中有关水利机构及水利官员的设置，向为历代所重。笔者曾检索居延、敦煌、楼兰等地出土的汉晋简牍史料，对于两汉魏晋时期西北一些地区水利机构、官员的设置及其运作状况作了考察。[①] 而在卷帙浩繁的敦煌文献中更是保存了不少唐五代时期水利官员的相关资料，而且大多为第一手的原始记录，弥足珍贵。对于这批资料，一些学者的论著中曾有若干涉及，尤其是冯培红先生对唐五代时期敦煌水司机构进行了探讨，[②] 对于笔者启益良多。然而就这一时期敦煌各级水利官员的设置及其具体运作状况来说，尚缺少进一步系统性的深究。笔者不揣谫陋，拟就此作一全方位的梳理和探析，以就教于学界。

2016年12月，中办、国办联合印发《关于全面推行河长制的意见》，明确要求在全国各地全面推行"河长制"。"河长制"的设立有利于厘清管理边界，落实属地责任，加强河湖管护和运行，完善水环境治理体系，推动绿色发展。研究历史上水利官员体系的设置及其运作状况，

[①] 李并成、高彦：《汉晋简牍所见西北水利官员》，《中国社会科学报》2017年8月14日第5版。

[②] 冯培红：《唐五代敦煌的河渠水利与水司管理机构初探》，《敦煌学辑刊》1997年第2期。

对于我们今天"河长制"的设立及河湖治理管护和运行，具有一定的借鉴意义。

一 正史中所载唐代的水利官员

考察敦煌文献中的水利官员，首先有必要翻检一下唐代正史中有关水利官员设置的状况。唐代是我国封建社会高度发展的时期，在水利建设及水资源管护方面也达到了空前的规模和完善的程度。发达的灌溉水系，需要与之配套的水利管理系统及管护人员。史载，唐朝中央设置了水部和都水监。水部隶属工部，设水部郎中、员外郎及主事等官员。《唐六典》卷七："水部郎中、员外郎掌天下川渎、陂池之政令，以导达沟洫，堰决河渠。凡舟楫、灌溉之利，咸总而举之。"《旧唐书》卷四十三《职官志》亦如是记载。《新唐书》卷四十六《百官志》记之更详："水部郎中、员外郎各一人，掌津济、舩舻、渠梁、堤堰、沟洫、渔捕、运漕、碾硙之事。凡坑陷、井穴，皆有标。京畿有渠长、斗门长，诸州堤堰，刺史、县令以时检行，而涖其决筑，有隶，则以下户分牵，禁争利者。"可见水部郎中、员外郎职掌各类水利有关事项，这即是唐代中央一级的"河长"。此外，京畿地区设有渠长、斗门长，诸州刺史、县令亦须亲莅检行堤堰水利事务。

与之同时，唐代还设有都水署及其所属河渠署，为尚书省外专管水利的机构，掌河渠、津梁、堤堰等的监督巡察事项。《唐六典》卷二十三"都水监"条云："都水使者掌川泽、津梁之政令，总舟楫、河渠二署之官属……凡京畿之内渠堰陂池之坏决，则下与所由，而后修之。每渠及斗门置长各一人，以庶人年五十已上并勋官及停家职资有干用者为之。至溉田时，乃令节其水之多少，均其灌溉焉。每岁，府县差官一人以督察之；岁终，录其功以为考课。"同时，都水监还置丞二人、主簿一人。"丞掌判监事。凡京畿诸水，禁人因灌溉而有费者，及引水不利而穿凿者；其应入内诸水，有余则任王公、公主、百官家节而用之。主簿掌印，勾检稽失。"河渠署置令一人、丞一人。"河渠令掌供川泽、鱼醢之事；丞为之贰。凡沟渠之开塞，渔捕之时禁，皆量其利害而节其多少……"

以上所记主要偏重于中央一级水利机构及其官员的设置，至于地方诸州县水利官员设置及其具体运作状况，正史中的记载均较为简略，但在唐五代时期的敦煌文书中却保存了不少相关资料。

二　敦煌文书中的都水令、都渠泊使、水官

敦煌文书中所见地方水利官员，有都水令、都渠泊使、水官、平水、渠头、斗门长等。

都水令一职见于唐代前期敦煌文献。P.3265《报恩寺开温室浴僧记》载[1]，该温室为令狐义忠为其亡父敦煌都水令所建功德，"则有至孝孤子令狐义忠，奉谓（为）考君右骁骑卫隰州双池府左果毅都尉赐紫金鱼袋上柱国敦煌都水令太原令狐公之建矣。惟公英奇超众，果敢非常，早达五五，晓之九法。厚叁半次，统以千渠。海量山怀，松贞椿茂。荣陪紫绶，抚益珠门。宁其寿尽算丹，沉形九地"。身为敦煌都水令，且"统以千渠"，无疑为唐代前期统管敦煌境内水利灌溉最高级别的长官。

中唐吐蕃统治敦煌时期（786—848），[2] 文献中仅见"水官"一职，负责有关农田水利的具体事宜。S.3074v《吐蕃时期某寺白面破历》记："廿六日，白面四斗，付龙真英，充屈水官。"P.3613《吐蕃申年（804）正月令狐子余牒及判词》载，令狐子余请求却还原属于他的六亩孟授索底渠田地，"付水官与营田官同检"，水官令狐通与营田副使阚□联署判理此事。

晚唐五代归义军时期（848—1036），敦煌专置水司，为其节度使府

---

[1] 本文所引敦煌文书，分别见于《英藏敦煌文献》，四川人民出版社1990—1995年版；《法藏敦煌西域文献》，上海古籍出版社1994—2005年版；又可见于唐耕耦、陆宏基编《敦煌社会经济文献真迹释录》第1辑，书目文献出版社1986年版；第2—5辑，全国图书馆文献缩微复制中心，1990年。以下所引文献依学界惯例，只给出敦煌遗书卷号，不再一一出注。

[2] 吐蕃占领敦煌的时间为唐德宗贞元二年（786），退出敦煌的时间为张议潮率众起义的唐宣宗大中二年（848）。参见季羡林主编《敦煌学大辞典》，上海辞书出版社1998年版，第4页。

所设诸司之一，职掌有关农田灌溉、修渠造堰、祭祀水神诸事宜。P. 4640v《己未、庚申、辛酉年（899—901）归义军军资库破用布纸历》多处提及水司："九日，支水司都乡口赛神钱财纸壹帖"；"十八日，支与水司盘潍粗纸壹帖"；"廿三日，支与水司马圈口赛神粗纸叁拾张"；"五日，支与水司北府括地细纸壹帖"。水司的最高长官应为都渠泊使，其职权相当于唐代前期的敦煌都水令。P. 4986 + P. 4660《京兆杜氏邈真赞并序》："前河西节度押衙银青光禄大夫检校国子祭酒兼殿中侍御史勾当沙州要（水）司都渠泊使钜鹿索公故妻京兆杜氏邈真赞并序。河西都僧统京城内外临坛供奉大德兼阐扬三教大法师赐紫沙门悟真撰。"该篇邈真赞的撰写者署名为"河西都僧统"悟真，据《敦煌学大辞典》，河西都僧统一职始设于唐大中二年（848），一直到沙州被西夏占领时止（1036）；悟真于大中五年（851）"朝授京城临坛大德"，曾担任河西都僧统主持河西僧务40年，卒于乾宁二年（895）。① 因而该篇邈真赞的撰写时间应在悟真任河西都僧统期间，即归义军前期。该篇邈真赞中的"要司"显系"水司"之误，归义军府衙并无要司之设，且都渠泊使显然是水司官员。该索公即担任敦煌水司都渠泊使一职。都渠泊使又可称作管内都渠泊使（P. 3501v），或二州八镇管内都渠泊使。P. 2496p1 归义军时期《状半截》："□□□□□起居不宣，谨状。二月一日，内亲从都头知二州八镇管内都渠泊使兼御史大夫翟宰相阁下谨空。"所谓"二州八镇"即当时归义军政权统辖范围，其所辖沙、瓜二州及悬泉、雍归、寿昌、新城、紫亭、新乡、玉门、会稽等八镇，相当于今河西走廊西部疏勒河流域之地。

由文书中见，都渠泊使下设多名水官，属于次一级的"河长"，分管境内诸渠水利灌溉等事务。检索水官一职，早在西汉时敦煌就已设置。敦煌悬泉汉简ⅡT0114③: 521 简："甘露二年（前52）七月戊子朔乙卯，敦煌大守千秋、长史奉憙、丞破胡谓，效谷、广至西都水官，前省卒助置芰，今省罢，各如牒书到，自省卒徒芰，如律令。""大守"即太守，

---

① 季羡林主编：《敦煌学大辞典》，上海辞书出版社1998年版，第636、354页。

效谷、广至均为汉敦煌郡辖县，此二县中有"西都水官"，依理其他县亦应设有水官。疑"西都"可能为"西部"之误。当时的水官应设于县一级，分片管理灌溉等用水，且一度还协助厩置伐茭。茭即牲畜饲草，用以喂养军马、传马、传驴、耕牛等，需用量很大。

于敦煌唐五代时期文书中见，当时的水官有罗、翟、索、曹、阴、陈、陆等姓。如 S.2199《咸通六年（865）尼灵惠唯书》尾即有"索郎水官"的押署。又如，P.3165v《年代不详（公元十世纪）某寺入破历祘会牒残卷》："四斗□水官用。"S.5008《年代不详（十世纪中期）某寺诸色入破历祘会牒残卷》："麦壹硕，粟壹硕，水官马料用。"P.3763v《年代不详（十世纪中期）净土寺诸色入破历祘会稿》："粟叁斗沽酒，就宅看曹水官用。"P.3764v《年代不详（十世纪）十一月五日秋座筵设转帖抄》中提到"罗水官""麴平水"。P.4003《壬午年（923年？）十二月十八日渠社转帖》提及"翟水官"。S.6981《辛酉至癸亥年（901—903）入破历》记："麦三石一斗，水官娘子施入。"S.1522c《年代不明（九世纪后期或十世纪前期）某寺布破历》："布五尺，吊孝水官用。"S.1519b《辛亥年（891或951）十二月七日后某寺直岁法胜所破油面等历》："廿九日，酒壹角请翟水官助行像用。"水官亦助力佛教行像活动。P.4906《年代不详（十世纪）某寺诸色入破历》："粟壹斗，大让河破，沽酒看水官用。"大让河即大让渠，亦作大壤渠，笔者考得该渠属唐代敦煌绿洲东河水系支渠，浇灌今三危乡泾桥村、会宁村一带田地。[①] 渠道破损，须由水官负责组织人们修补。

又如，P.2032v《后晋时代净土寺诸色入破历祘会稿》记："面七斗，造食平河口盖桥看水官等用……布五尺，曹家郎君发吊故水官郎君用……粟四斗，沽酒看水官用……豆伍硕，水官梁子价用……布壹疋，水官上梁人食用……面伍升、粟贰斗，罗平水造文书日，造胡饼沽酒用……粟壹斗，罗平水庄上斫柳木用……雁豆伍硕，于罗平水买柳木及梁子用……麦十五石，罗平水利润入。"平河口为三丈渠（东河）的分

---

① 李并成：《唐代敦煌绿洲水系考》，《中国史研究》1986年第1期，第166页。

水口，设有平河斗门（P. 2005《沙州都督府图经》误作"中河斗门"），为敦煌重要水利枢纽之一，归义军时期经常在这里举行赛神活动，以祈求河神护佑水源丰沛、行水平安。① 平河口盖桥之事亦由水官负责，督众建造。P. 2040v《后晋时期净土寺诸色入破历筭会稿》："粟叁斗，将看阴水官覓木用。"阴水官觅木的目的应在于维修河流水利设施。S. 1625《后晋天福三年（938）大乘寺诸色斛斗入破历筭会牒》："麦粟陆拾叁硕贰斗伍升内，丁酉、戊戌贰年中间，沿河下白刺，买木打砧抡，雇钏四大口，水官马料烟火，买网鹰人饭，马圈口佛盆等用。"白刺为干旱地区常见的野生灌木，主要用以砌筑河堤和堵塞决口，需用量大；砧抡亦为修缮河渠所用。马圈口为甘泉水（今党河）流入敦煌绿洲后的第一道拦水、分水之处，筑有马圈口堰，位于沙州城西南25里。② S. 4705《年代不详（十世纪）诸色斛斗破历》："十五日，水官黄麻五斗。又前砧皮索断麦四石。又上头修查官家及水官送酒用，麦粟四九斗。"黄麻亦应为修渠之用。S. 5008《年代不详（十世纪）某寺诸色入破历筭会稿残卷》："麦二斗，粟二斗，买驼篱纳（水）官用。麦二斗，粟二斗，买驼篱纳水用官。"前一句脱一"水"字，后一句"用官"二字颠倒。驼篱系用当地芨芨、柽柳枝条等灌木编成，以备防洪堵漏，需交纳水官备用。P. 3763v《年代不详（十世纪中期）净土寺诸色入破历筭会稿》中，亦多处提及驼篱："麦两硕，支与王骨儿驼篱价用。麦伍斗，支与唐清奴驼篱价用。麦两硕，支与程富子驼篱价用。麦肆斗，支与安谷穗驼篱价用。"P. 2032v亦记："面三斗、油一抄、麦八升、粟八升卧酒，造驼篱人及拣治佛炎博士用……粗面二斗、粟面二斗，与宋贤者造驼篱价用……麦一石，卖（买）索恩子驼篱用……面三斗，造驼篱博士用。"当时敦煌专有造驼篱之人，可见其需用量较多。

---

① 李并成：《唐代敦煌绿洲水系考》，《中国史研究》1986年第1期，第162—163页。
② 李并成：《唐代敦煌绿洲水系考》，《中国史研究》1986年第1期，第161—162页。

三 平水

除上而外，唐五代宋初时期敦煌还多见"平水"一职。敦煌遗书中保存有一卷盛唐时期《沙州敦煌县地方用水溉田施行细则》（P.3560），该细则为依照《水部式》的指导原则，根据敦煌当地实际情况和传统习惯制定的具体的灌溉行水章程，这是目前所见我国保存的唯一一份唐代地方灌溉行水章程，实可宝贵。细则分干、支、子等各级渠道细列其行水次序、时限、日数、承水多少等，并详述有关浇春水、浇场苗、重浇水、更报重浇水、更报浇麻菜水、正秋水、准丁均给水等的具体规定，贯穿了以"均普""平水相量""适时"和优先保证主要产粮区用水为核心的灌溉原则，它在当地与政府的其他政令具有同等法律效力。该细则称："承前已来，故老相传，用为法则。依向前代平水尉宋猪、前旅帅张诃、邓彦等行用水法，承前已来，递代相承用。"所云"平水"，意为"平治水利"，平均分配灌溉用水；"前代平水尉"，意即早在唐代以前敦煌就设过"平水尉"一职。检索有关史料，吐鲁番出土文书《西凉建初二年（406）功曹书佐左谦奏为以散翟定□□补西部平水事》[1]记："以散翟定□□补西部平水。请奉令具刺板题授，奏诺纪职奉行。"当时吐鲁番地区就设有"西部平水"一职，该职如有空缺须及时补任。当时西凉政权建都敦煌，于今吐鲁番地区设置高昌郡。[2] 既然高昌郡设有平水一职，那么作为都城的敦煌理当更应有"平水"之设。

其实早在汉代敦煌就已有"平水史"的设置。敦煌悬泉Ⅱ0114②:294简："出东书四封，敦煌太守章……合檄一，鲍彭印，诣东道平水史杜卿……"[3] 杜卿当时即担任敦煌东道平水史一职。《后汉书》卷三十六《百官三》记："本注曰：……有水池及渔利多者置水官，主平水

---

[1] 国家文物局古文献研究室、新疆博物馆、武汉大学历史系编：《吐鲁番出土文书》第一册，文物出版社1981年版，第179页。

[2] 齐陈骏、陆庆夫、郭锋：《五凉史略》，甘肃人民出版社1988年版，第78页。

[3] 胡平生、张德芳：《敦煌悬泉汉简释粹》，上海古籍出版社2001年版，第92页。

收渔税。"有学者认为，此时的"平水"还不是官职，而是指水官的具体职责是"平水"和收取渔税。显然这种看法是立不住的，上引悬泉汉简明确提到"平水史"之职，是属于当时"史"一级的吏员。笔者以为，敦煌平水史的职责可能并不主要在于如上引《后汉书》所记收取渔税，因为似敦煌这样的极端干旱地区（敦煌年降水量不足40毫米），显然并无多少"渔利"可取，平水史应是敦煌郡负责平均分配灌溉用水的官员，东道平水史应具体负责敦煌境内东道的平均配水事务。同理，既有东道平水史，亦应有西道平水史，甚或北道平水史、南道平水史等。对于干旱地区而言水资源极为珍贵，合理、适时地分配灌溉用水对于当地农业生产及人们的生计无疑极端重要，因而"平水史"的设置在干旱地区尤为显得必要，其职责应主要在于"务使均普"，即对于有限的水资源均衡、普惠、适时地分配与使用，这是一种负有特殊责任的"河长"。

敦煌文书中记有多位平水，应是由汉代的平水史沿袭而来。前引P.3763v《年代不详（十世纪中期）净土寺诸色入破历祘会稿》即提到："粟壹斗卧酒，罗平水园内折梁子时用"；前引P.2032v《后晋时代净土寺诸色入破历祘会稿》又提到罗平水造文书、造胡饼沽酒、庄上斫柳木、买柳木及梁子等事项。P.2040v《后晋时期净土寺诸色入破历祘会稿》亦记有罗平水："面一斗，罗平水园内折梁子僧食用……面一斗，罗平水园内（庄上）折梁子僧食用……豆肆硕伍斗，罗平水梁子价用……粟贰斗，于罗平水买地造文书日看用。"S.6981《申年酉年欠麦得麦历》亦提到"罗平水"。看来此位罗平水当时颇为活跃。此外，P.3764v提到"麴平水"。P.2032v《后晋时期净土寺诸色入破历祘会稿》记有安平水："麦肆斗，安平水患念诵入……粟四斗，安平水患时念诵入……粟七斗卧酒，安平水举发人事用。"P.3231《癸酉年至丙子年平康乡官斋籍七件》提及"令狐平水"。P.4716《年代不详（十世纪后半叶）兄弟社人名单》提及"李平水""小平水"。S.11353《年代不详（十世纪后半叶）八月十六日社司转帖》提及"程平水"。P.3372v《壬申年（973）十二月廿二日常年建福转帖抄》提及"马平水"。P.2680v《年代不详（十世纪后半叶）纳赠历》提到"穆平水，生绢两疋、白绵绫壹尺"。

此外，在莫高窟供养人题记中亦保存了有关"平水"的若干条珍贵资料。五代第 98 窟北壁贤愚经变下端东向第十二身供养人题名："节度押衙知南界平水银青光禄大夫检校国子祭酒兼史中丞上柱国王寿延供养。"第四十四身题："节度押衙知南界平水银青光禄大夫检校太子宾客兼监察侍御史郭汉君一心供养。"该窟西壁贤愚经变下端南向第十九身题："节度押衙知四界道水渠银青光禄大夫检校太子宾客监察御史阴弘政供养。"该窟西壁贤愚经变下端北向第二身题："节度押衙知北界平水银青光禄大夫检校太子宾客兼监察御史目员子供养。"[1] 由此可见，平水主持行水溉田按"南界""四界"等不同区域划分；一界内可同时有不止 1 位平水，如南界就至少有王寿延、郭汉君 2 位平水。笔者考得，由于敦煌绿洲自然地势格局及水流走向所限，唐代敦煌城周绿洲的灌溉水系可分为东西南北四大片，即"四界"，其中西部绿洲以宜秋渠、都乡渠、孟授渠、阴安渠 4 条干流为主干渠（大河母）；南部绿洲以阳开渠、神农渠为主干渠，北部绿洲以北府渠为主干渠，东部绿洲以东河水（三丈渠）为主干渠，它们组成整个城周绿洲的灌溉网系，哺育了举世闻名的敦煌文明。[2] 因而于敦煌城周绿洲东西南北"四界道"区域，分别设置了多位平水，以便于灌区管理。

除敦煌城周围绿洲外，敦煌西南约 70 千米处还有一块面积约 40 平方千米的小绿洲，即今南湖绿洲，古阳关之所在。汉代这里设龙勒县，唐代设寿昌县。这片小绿洲上有大渠、长支渠、令狐渠等多条灌溉渠道。P.3559《唐天宝十载（751）敦煌郡敦煌县悬泉乡、慈惠乡、从化乡差科簿》记："平怀逸，载五十九，上骑都尉，寿昌平水"；"王弘策，载五十六，飞骑尉，寿昌平水"。知寿昌绿洲亦设平水，则整个敦煌绿洲在西界、南界、北界、东界、寿昌灌区内均设有若干位平水。

敦煌所出《唐开元廿五年（737）水部式残卷》（P.2507，以下简称《水部式》），对当时农田水利、舟楫桥梁等的管理组织、渠道堰坝的设

---

[1] 敦煌研究院编：《敦煌莫高窟供养人题记》，文物出版社 1986 年版，第 35、36、45 页。
[2] 李并成：《唐代敦煌绿洲水系考》，《中国史研究》1986 年第 1 期。

置维修、灌水用水的时间和方法、农业用水与其他用水矛盾处理办法，以及相应各级管水人员的职责和奖惩等均制订了具体规定，以保证农田灌溉及其他水利事宜的顺利进行和发展。如规定："凡浇田皆仰预知顷亩，依次取用。水遍即令闭塞，务使均普，不得偏并。""务使均普，不得偏并"，为当时农田灌溉的基本规则，自然也是平水的主要职责。S.6123《戊寅年（978）七月十四日宜秋西枝渠人转帖》："今缘水次浇粟汤，准旧看平水相量。"即依照原有旧规，由平水"相量"，以公平用水。

四　渠头、斗门长

前引《新唐书·百官志》载："京畿有渠长、斗门长，诸州堤堰，刺史、县令以时检行，而涖其决筑。"其实不仅是京畿地区，渠长、斗门长的设置应是唐五代许多州县的普遍现象，敦煌文书中将其称之为渠头、斗门长，这应是属于基层一级的"河长"。《水部式》曰："诸渠长和斗门长至浇田之时，专知节水多少。"前引《唐六典》亦曰，渠长、斗门长"至溉田时，乃令节其水之多少，均其灌溉焉"。即渠长和斗门长在浇田行水时专门负责掌控用水量的多少。P.3559《唐天宝十载（751）敦煌郡敦煌县悬泉乡、慈惠乡、从化乡差科簿》（该文书与P.2657、P.3018、P.2803同卷）中，登录渠头15人，年龄以中男者居多，其中年龄最大者为59岁的安忠信，年龄最小者为17岁的任景阳，带勋衔者2人，即上柱国史神通、张大忠，又有翊卫3人：张大忠（另一位同名张大忠）、安忠信、唐神楚。

上件文书中又登录"斗门"（即斗门长）5人，年龄最长者为44岁的索贞会，年龄最轻者为20岁的曹光庭，其中有上柱国1人，即索贞会；上柱国子1人，阴嗣壁，24岁。以上渠头与斗门长的设置情况与前引《唐六典》所要求的"每渠及斗门置长各一人，以庶人年五十已上并勋官及停家职资有干用者为之"显然有所不同，敦煌当时虽有年50以上并具勋衔担任渠头者，但大多数渠头和斗门长为中男且并无勋衔，显示出敦煌担任渠头者固然需要年纪较长"职资有干用者"，但因其所负责任较重，一般多选用年富力强者担当，以便组织带领渠人顺利完成通底河口、疏浚渠道、修补堤堰、征集柴草、修治洿口、防汛堵漏、"田新桥"等任务以及有关差役等，由此表明当时敦煌的水利官员的设置可参照中央政府的法规而灵活执行。文书中还显示，担任渠头和斗门长应属于百姓差役，当时每条渠道都应有渠头，每座斗门都应有斗门长，渠头和斗门长是在执行官府指派的杂徭，他们除担任渠堰管理之外，还参加修渠等差役。

迨及归义军时期，仍有渠头设置。如 S.6185《年代不详（十世纪）归义军衙内粗面破历》："……拔草，渠头粗面贰斗……六日，都头令狐万达传……拔草，渠头粗面贰斗；七日，拔草，渠头粗面贰斗。"拔草，即清理渠堰杂草，需渠头组织渠人从事。

S.5874《地志残页》："本地，水是人血脉。□须在河口劳（牢）固……"

说得何等之精辟，似敦煌这样的干旱地区，水资源正如人的血液一样极为宝贵，因而必须要使河口牢固，通水顺畅，不可泄漏浪费，这正是渠头的职责所在，也是当地人们的高度体认和切身利益所系。

斗门建造在河流分水之处。前引《水部式》中对于河渠斗门安置的位置、安置所用的材料及做法等，均提出了颇为具体的要求："泾、渭白渠及诸大渠，用水溉灌之处，皆安斗门，并须累石及安木傍壁，仰使牢固。不得当渠造堰。诸溉灌大渠有水下地高者，不得当渠堰，听于上流势高之处为斗门引取。其斗门皆须州县官司检行安置，不得私造。其傍支渠有地高水下，须临时蹙堰溉灌者，听之。"由于斗门的设置及其尺寸大小，直接关乎引用水源状况及水量的多少，因而不能允许私自开设，必须经过州县官司检行安置，以"务使均普，不得偏并"。至于在支渠上临时引水者，则可听之。

笔者考得，唐代敦煌城周绿洲设有马圈口堰（已如前述，为甘泉水，即今党河流入绿洲后的第一道拦水、分水堰堤）、都乡斗门、五石斗门、阴安斗门、平河斗门等5处最主要的分水斗门，其中甘泉干流上4门、都乡干流上1门；此外又有次一级、再次一级的若干斗门，以便按相关规定将河水分入各个支渠、子渠，以保证其"均普""适时"。[①] 显然，斗门因其等级的不同，斗门长亦应因其所管辖渠道等级的高低、所负责任的大小而有"级别"上的差异，差科簿中登录的索会贞、曹光庭等人，因其所承担的为百姓杂徭，可能为级别较低的支渠或子渠上的斗门长。对于渠长、斗门长的工作，《水部式》规定："其州县每年各差一官检校，长官及都水官司时加巡察。若用水得所，田畴丰殖，及用水不平并虚弃水利者，年终录为功过附考。"可见唐代对渠长、斗门长的工作职责制定有严格的监督、巡察及奖惩制度。《水部式》中还专门对沙州的水利灌溉规定："沙州用水浇田，令县官检校。仍置前官四人，三月以后、九月以前行水时，前官各借官马一匹。"前官即前任水官，由于农田灌溉系一县之大事，行水时日内仍需前官出马巡察，以保证灌溉行水的顺畅。

五 唐五代宋初敦煌民间的渠人社

除上考各级"渠长"外，唐五代敦煌民间结社中还有专门的渠人社，亦与农田灌溉事宜密切相关。敦煌文献中明确提及"渠人社"或"渠社"的"渠人转帖"等文书约有20件，列表于下。

表1　　　　　　敦煌文献中有关于渠人社的记录

卷号	卷名	摘抄
S.6123	戊寅年（978）七月十四日宜秋西枝渠人转帖	今缘水次浇粟汤，准旧看平水相量，幸请诸渠等
P.5032	渠人转帖（984）	今缘水次□随，妾（切）要□□底何（河）口
P.3412v	壬午年（982）五月十五日渠人转帖	今缘水次逼近，要通底河口

---

① 李并成：《唐代敦煌绿洲水系考》，《中国史研究》1986年第1期。

续表

卷号	卷名	摘抄
P. 4003	壬午年（982）十二月十八日渠社转帖	缘尹阿朵兄身故，合有吊酒一瓮，人各粟壹斗
P. 5032	甲申年（984）二月廿日渠人转帖	今缘水次逼近，切要通底河口
P. 5032	甲申年（984）二月廿九日渠人转帖	今缘水次逼近，切要修治泻口
P. 5032	甲申年（984）四月十二日渠人转帖	缘常年春座局席，人各粟壹斗，面肆升
P. 5032	甲申年（984）四月十七日渠人转帖	今缘水次逼近，切要修治沙渠口
P. 5032	甲申年（984）九月廿一日渠人转帖	今缘水次逼近，切要通底河口
P. 5032	甲申年（984）十月三日渠人转帖	缘遂羊价，人各麦二斗一升
P. 5032	甲申年（984）十月四日渠人转帖	官中处分，田新桥
P. 5032	渠人转帖	今缘水次逼斤（近），切要通底河口
P. 5032	渠社转帖（958年前）	吊酒，人各粟一斗
P. 5032	戊午年（958）六月六日渠社转帖	缘孙灰子身故，准例合有吊酒一瓮，人各［粟］一斗
P. 5032	渠人转帖（958年前后）	缘孙仓仓就都□请垒社壹日，人各粟一斗
P. 2558	甲戌年（914?）二月廿四日渠人转帖	（前缺）枝一束，白刺一丕……
P. 4017	渠社转帖	今缘水次逼斤（近），妾（切）要□□底何（河）口
北图殷字41背	大让渠（10世纪上半叶?）渠人转帖	今缘水次逼斤（近），切要通底河口
上海博物馆8958	渠人转帖（10世纪后半叶?）	官中处分，修查（闸）
S. 8678	渠人转帖	人各枝七束，茨萁五束

　　民间结社的主要目的在于团结互助，依靠群体的力量抵御个体难以抵抗的灾难或难以应付的局面。渠人结社者通常为使用同一条水渠灌溉

的民户，水渠是大家的共同利益所系，组织起来自然便于互帮互助、协调解决灌溉、修渠及承担徭役诸事务，因而渠人社具有日常生活互助与生产的双重性质，而不同于其他多数结社主要在于生活互助。如上表P.3412v《壬午年（982）五月十五日渠人转帖》："……上件渠人，今缘水次逼近，要通底河口。人各锹钁壹事，白刺壹束，柽壹束，□壹笙。须得庄（壮）夫，不用厮（厮）儿。帖至，限今月十六日卯时于皆（阶）和口头取齐。捉二人后到，决丈（杖）十一；全不来，官有重责。其帖各自示名递过者。壬午年五月十五［日］王录事帖。"转帖即社邑通知社人参加活动的通知单，转帖中须写明何时何地何故从事何种活动，需自备何种工具或物品，如不参加者将给以何种处罚等事项。"通底河口"为渠人社中最常见的活动。干旱地区风沙较多，且河水中含沙量亦大，积沙往往填淤河床、堵塞河口，影响行水的顺畅，故而需要不时加以清理，特别是在"水次逼近"，马上就要渠道行水之时更当如此。

与敦煌相类似，同样处于干旱地区的唐代龟兹（今新疆库车）还专设"掏拓所"，专置掏拓使，专事浚通、修缮渠堰水道之事。如大谷8066号《唐掏拓所文书》："掏拓所：大母渠堰，右件堰十二日毕。为诸屯须掏未已，遂请取十五日下水。昨夜三更把（？）花水汛涨高三尺，牢得春堰，推破南□（边）马头一丈已下，恐更腾涨，推破北边马头之春堰，伏▅▅检何漕之堰，功绩便□水，十四日然〔后缺〕"[1] 由于春汛上涨太快，已将南边马头春堰冲破，北边马头春堰亦面临威胁，急需加固抢修，反映出掏拓所直接负责渠道的疏浚维修，以保障行水安全。

此外修补泻口也是渠人社的一项重要工作。如P.5032《甲申年（984）二月廿九日渠人转帖》："……上件渠人，今缘水次逼近，切要修治泻口，人各白刺五束，壁木叁笙，各长五尺、六尺，锹钁壹事。帖至，限今月三［十］日卯时，并身及柴草于泻口头取齐。如有后到，决丈（杖）七下；全段不来，重有责罚。其帖各自示名递过者。甲申二月廿九日录事帖。"孟宪实认为，转帖中的录事是渠社唯一的组织者，也是渠

---

[1] ［日］小田义久主编：《大谷文书集成》第三卷，京都法藏馆1993版，第225页。

人劳动的监督人，此人或许就是渠头①。当时的农业生产是可以单家独户完成的，但水渠灌溉是需要统一管理、有序进行的，非单家独户可以从事，因而组织起来就成为必要的选择。《水部式》规定："河西诸州用水溉田，其州县府镇官人公廨田及职田，计营顷亩，共百姓均出人功，同修渠堰。若田多水少，亦准百姓量减少营。"百姓均出人功，自然有必要组织起来而为之。渠人社作为一种颇为重要的民间力量，无疑是对于地方政府的水利管理体系的一种有益补充。

六 结 语

由上考可知，唐五代时期敦煌一地伴随着大规模的农田水利建设，设立了一套由不同层级组成的行之有效的地方水利官员系统。唐代前期设有都水令，为当时敦煌境内"统以千渠"最高级别的水利官员。中唐吐蕃统治时期设"水官"一职。晚唐五代归义军时期专设水司，长官为都渠泊使，其下设有多名水官，属于次一级的水利官员。此外又分别在敦煌绿洲的西界、南界、北界、东界、寿昌灌区内设置多位"平水"，以"平治水利"，平水"相量"为务，公平分配灌溉用水。平水为另一种类型负有特殊责任的水利官员，这在水资源颇为短缺的干旱地区尤为显得必要。除此而外，每一条灌溉渠道均设有渠头，每一座斗门均设斗门长，渠头和斗门长属于基层一级的"河长"，他们"至溉田时乃令节其水之多少，均其灌溉焉"，即在浇田行水时专门负责掌控用水量的多少。平水、渠头、斗门长的设置见于敦煌整个唐五代时期。不仅如此，农田水利乃一县之大政，需县官亲自检校，每到行水之时还要委派数名"前官"巡察，以防纰漏。上述这套水利官员系统层层负责，相互配合，有效运作，从而有效地保证了农田灌溉的顺利进行。与之同时，唐五代宋初敦煌民间使用同一条灌溉水渠的农户，还自发地组织起一批"渠人社"，以便于互帮互助、协调解决灌溉、修渠及承担徭役诸事务。渠人社

---

① 孟宪实：《敦煌民间结社研究》，北京大学出版社2009年版，第80页。

无疑是对地方政府的水利管理体系的一种有益的补充。

研究历史上的水利官员制度及其运作状况，对于我们今天"河长制"的设立以及河湖治理、管护和健康运行，具有借鉴意义。

（原载《历史地理研究》2020 年第 1 期）

敦煌资料中所见讲究卫生
爱护环境的习俗

讲求卫生，爱护环境，在我国有着悠久的历史和良好的传统。中华古代先民们在其长期的生活生产实践中，切身感受到营造优美的公共卫生、保持良好的生活环境，对于促进生产、提升生活质量、强健体魄、防止疫病传播、愉悦心情等方面均有着十分重要的作用，由此形成了一系列行之有效的先进理念和习俗，留下了丰富的历史遗产。唐宋时期的敦煌文献及壁画资料中在此方面就有着许多生动的记载和展示。对于敦煌此方面的资料，目前学界研究成果无多，胡同庆先生《初探敦煌壁画中的环境保护意识》一文，就其中某些内容作过若干探讨，[①] 笔者亦曾撰文对其有所论及。[②] 本文拟进一步裒辑有关文献和图像资料，对其作一系统性的揭示和分析，以就教于学界。

一　爱护水源　注重水质

敦煌地处祖国西北内陆，四周为沙漠、戈壁包围，属于典型的暖温带大陆性干旱气候，年均降水量仅有 39.9 毫米。身处这种环境的人们对于水资源的渴盼和珍视尤为强烈。敦煌文书 S.5874《唐地志残页》："本

[①] 胡同庆：《初探敦煌壁画中的环境保护意识》，《敦煌研究》2001 年第 2 期。
[②] 李并成：《敦煌文献中蕴涵的生态哲学思想探析》，《甘肃社会科学》2014 年第 4 期。

敦煌资料中所见讲究卫生爱护环境的习俗

地,水是人血脉。"①恰如其言,在敦煌这样的干旱地区水资源正如人的血液一样极为宝贵,因而必须十分珍惜爱护水源,这是当地人们的高度体认和切身利益所系。

敦煌莫高窟许多洞窟中绘有《西方净土变》大幅经变画(331、329、124、361、196、61等窟),②西方净土变又称为阿弥陀经变,依据《阿弥陀经》绘制而成。画中绘有七宝池,"八功德水弥漫其中"。据玄奘译《称赞净土佛摄受经一卷》③,"何等名为八功德水?一者澄净,二者消冷,三者甘美,四者轻软,五者润泽,六者安和,七者饮时除饥渴等无量过患,八者饮已定能长养诸根四大"。"八功德水"虽属佛教概念,但也可鲜明地反映出人们对于饮用水质量的要求与期盼,水质关乎到人们的身体健康,必须洁净、清冽、甘甜、绵柔、滋润、安全、充足,因之要求人们应妥善保护水源,爱护水质。

敦煌石窟中的《观无量寿佛经变》壁画达88幅之多(其中莫高窟84幅、榆林窟3幅、西千佛洞1幅),该经变画之"十六观"中,第五观即为"八功德水想观"(如莫高窟第431、217、45、66、57、320、172、171、148等窟,图1)。此类壁画不仅数量众多,而且画家们驰骋奇思,精心描绘,充分展现出八功德水洁净甘美的优良水质。如初唐第57窟所绘该水,一池春水,深不可测,湛蓝静谧,引人遐思;盛唐320窟所绘该水在浅绿色微波的映衬下,水底的莲花、蓓蕾清晰可见,仿佛伸手能及;榆林窟中唐第25窟所绘该水在细密的水波纹上施以豆绿色,使水纹澄净而又轻柔,大有"东风吹皱一池春绿"之诗意。盛唐第172窟所绘该水满池涟漪,川流不息,绵延不断,水

---

① 本文所引敦煌文书,分别见于《英藏敦煌文献》,四川人民出版社1990—1995年版;《法藏敦煌西域文献》,上海古籍出版社1994—2005年版;《俄藏敦煌文献》,上海古籍出版社1992—2001年。又可见于唐耕耦、陆宏基编《敦煌社会经济文献真迹释录》第1辑,书目文献出版社1986年版;第2—5辑,全国图书馆文献缩微复制中心,1990年。以下所引敦煌文书依学界惯例,只给出文书卷号,不再一一出注。

② 本文所引敦煌壁画资料,均见于敦煌文物研究所编《中国石窟·敦煌莫高窟》,文物出版社,第1卷,1982年;第2卷,1984年;第3—5卷,1987年。

③ 中华大藏经编辑局编:《中华大藏经(汉语部分)》第18册(经号204),中华书局1986年版,第400页。

·297·

上还有众多建筑。敦煌壁画对于八功德水如此多的精美描绘与展现，深刻地反映了人们对于清洁甘甜水源的一往情深。

图 1　莫高窟盛唐 45 窟北壁西侧"十六观"中"八功德水想观"

莫高窟隋代 302、419 等窟经变画中绘有水井，井周均设围栏，这样不仅使汲水者安全，更重要的是可防止杂物、污物落入井中，以保持饮水清洁。北周 296 窟窟顶北披东段所绘"福田经变"中，有"植果园""施医药""井中汲水""修桥"等场面。"井中汲水"画面中绘有一口方形水井，井周围栏约有半人高，井台后方两侧绘二人，其中一人正在用桔槔从井中汲水，一人站在井边观看，其身旁右侧绘一头卧地骆驼，似在等待饮水；井的左侧还绘有一口一尺多高的大水槽，三匹马在水槽中埋头饮水，水槽前方有一人似在照顾马匹饮水。（图 2）

对于清洁优质水源的追求和珍爱，还每每反映在人们的梦境中，敦煌文书的多篇"解梦书"中对此均有相关记载。[①] 如 S.0620《占梦书残卷·

---

① 本文所引敦煌"解梦书"，除依照前述四川人民出版社、上海古籍出版社等所出敦煌文献原版外，还参考了郑炳林《敦煌写本解梦书校录研究》，民族出版社 2005 年版。

图 2　莫高窟北周 296 窟窟顶北披"福田经变"中"井中汲水图"

水篇第廿四》载:"梦见清湛,汉城";"梦见临泉,忧除,大吉";"梦见共众人同临清水,吉";"梦见水流,吉,所讼得理";"梦见水长,大吉";"梦见饮水,所思必至";"梦见清水,吉;浊,凶";"梦见居水上坐,大富贵";"梦见水入宅,得官位至";"梦见入水中戏者,大吉"。又如 P. 3908《新集周公解梦书一卷·水火盗贼章第四》:"梦见饮水者,得财帛";"梦见水者,大吉利";"梦见江潮海水,大昌";"梦见穿井者,得远信";"梦见视井者,得远信"。同卷《庄园田宅章第九》:"梦见灶下水流,大吉";"梦见水入宅,得大财"。同卷《天文章第一》:"梦见雪下者,得官。" P. 3571v《占梦书残卷》:"梦见落雪,大吉利。" S. 5900《新集周公解梦书残卷》:"梦见雪下者,得官。" S. 2222《周公解梦书残卷》:"梦见居水上及水中坐,并吉";"梦见水门者,得官";"梦见作井者,富贵"。Дx. 10787《解梦书残卷》:"梦见水中浮戏,吉。"由上可见,凡是梦见水者,绝大多数情况下为吉、或大吉、大富贵、得官位;而梦见的水越大、越长、越清澈,乃至梦见下雪、穿井、视井,甚或水入宅中、居于水上坐、水中游戏,亦是吉利、富贵的征兆。相反若梦见水浊,必是凶兆。这深刻地反映出水资源、特别是清澈的水源在人们心目中极为重要的地位。

· 299 ·

二 营造良好的居住环境

《阿弥陀经》描述极乐国中人们居住的周边环境为"随欲四苑花鸟香林庄饰";"花果鸟林种种翔鸣"。莫高窟北周第299窟窟顶藻井外围绘制的《睒子本生故事画》中,描绘睒子和父母居住的蒲草房屋周围,泉水叮咚,清流不断,栴檀杂香林木,环绕屋舍,树叶相接以障雨露,荫覆日光其下常凉,众果飘香,飞鸟翔集,麋鹿等动物悠哉觅食……此种环境不仅是佛教僧众的理想居所,也真实地折射出现实世界中人们对美好居住环境的追求。

敦煌解梦书中,人们对于优美的居住环境的向往亦多有反映。S.3685《周公解梦书残卷·林木章第十二》、S.2222《周公解梦书残卷·林木章第十二》均曰:"梦见果树及舍,吉利";"梦见门中生果树,富贵";"梦见大树落英盖屋,大富";"梦见墓林茂盛,富贵"。P.3908《新集周公解梦书一卷·山林草木章第三》:"梦见树木者,有大吉;梦见树木长者,有大吉";"梦见草木茂盛,宅旺";"梦见花发者,身大贵";"梦见花落者,妻拜,凶";"梦见树木死者,大衰";"梦见树折,损兄弟"。S.0620《占梦书残卷·屋宅篇第廿三》:"梦见宅内生竹林,得财,大吉"。同卷《桥道门户篇第廿六》:"梦见门中生树,生贵子";"梦见门中有树,大富贵";"梦见大路生树木者,吉"。同卷《飞鸟篇第廿七》:"梦见雀,官位至";"梦见燕子,大吉";"梦见雀,有官禄印绶事";"梦见鹞子,大喜";"梦见雀巢安全,大吉"。P.3492v《相书·侧人图》:"舍,其地净洁者,主得人爱。"林木葳蕤,花草芬芳,落英罩屋,燕雀绕飞,正是人们对美好的居住环境的期盼。

除居所环境外,城市环境的清洁卫生亦颇受人们关注。鸠摩罗什译《佛说弥勒下生成佛经》云,在弥勒世界里,"街巷道陌广十二里,扫洒清净。有大力龙王名曰多罗尸弃,其池近城龙王宫殿,在此池中常于夜半,降微细雨用掩尘土。其地润泽譬若油涂,行人来往无有尘坌。……城邑舍宅及诸里巷,乃至无有细微土块。……有大夜叉神名跋陀波罗赊塞迦（秦言善教），常护此城扫除清净"[1]。莫高窟盛唐445窟、榆林窟盛唐第25窟等洞窟中的"弥勒经变"壁画，即绘有龙王洒水、夜叉扫地，以及翅头末城罗刹鬼叶华扫除秽恶等场面（图3），也由此体现出现实世界中人们对于干净整洁的城市公共卫生的重视和追求。莫高窟几十幅"法华经变"壁画（如231、331、420、61、156等窟）中，亦绘有清扫庭院、打扫马圈的图景，给人一种清净舒适、马肥牛壮的感觉。

图3 榆林窟盛唐25窟"弥勒经变"中"夜叉扫地图"

三 勤洗衣着 梳头刷牙

对于美好环境的追求，还要求人们衣着洁净，勤于洗刷，如果衣服被泥土、灰尘沾污，则被视作耻辱。P.2829《解梦书一卷残卷》："梦见泥污衣，耻辱。"P.3281《周公解梦书残卷·地理章第二》："梦见土污衣，即辱事。"S.0620《占梦书残卷·农植五谷篇第卅九》："梦见屋土

---

[1] 中华大藏经编辑局编：《中华大藏经》第18册（经号209），中华书局1986年版，第734页。

污衣者，必有辱"；"梦见尘污衣，忧贵事"。P.3908《新集周公解梦书一卷·地理章第二》说得更为严重："梦见渥土污衣，大亡凶。"

在要求衣着干净的同时，还提倡人们注意自身容貌，多照镜子，勤梳头发，剃头除垢，揩齿护牙。P.3908《新集周公解梦书一卷·人身梳镜章第六》："梦见镜明者，吉；暗，凶。梦见镜破者，主分散"；"梦见照镜者，大吉利"。P.3281《周公解梦书残卷·杂事章第三》："梦见梳头者，百事通。"P.3247v《大唐同光四年（926）具注历日》："六月十五日己亥木定，剃头吉。"

敦煌壁画中存有唐宋时期的 14 幅揩齿、刷牙图，它们大多分布在《弥勒经变》和《劳度叉斗圣变》中，反映了人们爱护牙齿、讲求口腔卫生的良好习俗。揩齿即用手指作牙刷，并配以盐水或其他药物，清洁牙齿。如莫高窟中唐 159 窟南壁《弥勒经变》中绘一位年轻僧人，蹲在地上，上身裸露，脖子上搭着一条毛巾，右手食指插在嘴里揩齿，左手拿着净瓶，右侧站立一位穿红袍的侍者，双手捧着毛巾侍候（图4）。又如五代 146 窟南壁《劳度叉斗圣变》中亦画一位僧人，蹲在地上，上身裸露，腰系裂裟，头往后仰，左手拿着一枚短棒（齿木），伸在嘴边，正在刷牙（图5）。

图 4　莫高窟唐代 159 窟南壁"揩齿图"

敦煌资料中所见讲究卫生爱护环境的习俗

图5 莫高窟五代146窟南壁"劳度叉斗圣变"中"刷牙、洗头图"

四 沐浴健身

沐浴健身，勤于洗浴，对于身体健康、祛病强身、愉悦生活无疑大有裨益，受到人们的重视。P.2661v《方技书》中"吉凶避忌条"记载："凡洗头沐浴，子丑未酉亥，吉"；"小儿出生时，煮虎头骨取汤洗，至老无病，吉"；"常以八月一日取东流水，洗浴，去眷中垢，令人不患，少不老，冬不寒，夏不热，大验"。敦煌文献中的多件"具注历"，亦多有此方面记载。具注历即注有吉凶避忌记载的日历。如P.3247V《大唐同光四年（926）具注历日》，为"随军参谋翟奉达撰"，存该年元月至八月的相关内容。曰："闰正月廿七日甲申水执，鹰化为鸠，洗头吉"；"三月十六日壬申金定，沐浴吉"；"四月二十三日戊申土满，下弦，洗头吉"；"五月二十八日癸未木建，沐浴吉"；"六月三日丁亥土定，洗头吉"；"七月六日己未火闭，沐浴吉"。上述说法在人们图吉利的迷信外衣下，包裹着讲求卫生的良好习俗。自然，人们不光注重在这些"吉日"中沐浴，平时亦多有洗头、浴身。敦煌文书中还有吐蕃文书写的《沐浴洗头择吉日法》（P.3288v），以十二个月为纲，存有十二组卜辞，

· 303 ·

逐次言说各月中沐浴和洗头的吉日、凶日及其影响，其吉凶宜忌涉及容貌、健康、寿命、财富、夫妻关系、官职升迁等。如"一月八日和……沐浴，最吉祥、兴盛"；"四月四日和十二日沐浴……夫妻敬爱"；"六月六日和……日洗头长寿"；"……十日，沐浴得财"等。

佛教鼓励建浴池、勤洗浴。据西晋法立、法炬共译《佛说诸德福田经》[①]载，修福有"七法"，其中"二者，园果浴池树木清凉"；"七者，造作圊厕施便利处"。修建浴池与建果园、植树木并列第二位，其功德意义被视作同等重要。莫高窟隋代302窟窟顶西披"福田经变"中，即绘有植果园、修浴池的场景，两个裸体者在四周有树木的浴池中洗澡，池旁设有专排污水的沟道，以保持池水的洁净（图6）。

图6　莫高窟隋代302窟窟顶西披"福田经变"中"洗澡图"

---

① 中华大藏经编辑局编：《中华大藏经》第20册（经号393），中华书局1986年版，第614页。

敦煌文书中还有一篇《佛说温室洗浴众僧经》（P.3919bd），云："澡浴之法，当用七物除去七病，得七福报。何谓七物？一者然火，二者净水，三者澡豆，四者苏膏，五者淳灰，六者杨枝，七者内衣，此是澡浴之法。何谓除去七病？一者四大安稳，二者除风病，三者除湿痹，四者除寒冰，五者除热气，六者除垢秽，七者身体轻便、眼目精明，是为除去众僧七病。如是供养，便得七福。何谓七福？一者四大无病，所生常安，勇武丁健，众所敬仰。二者所生清净，面目端正，尘水不着，为人所敬。三者身体常香，衣服洁净，见者欢喜，莫不恭敬。四者肌体濡泽，威光德大，莫不敬叹，独步无双。五者多饶人众，拂拭尘垢，自然受福，常识宿命。六者口齿香好，方白齐平，所说教令，莫不肃用。七者所生之处，自然衣裳光饰珍宝，见者悚息。"这篇经文中详细介绍了洗浴的方法、所用物品、可去除的疾病和所得福报，阐释了洗浴与健康的关系及其社会意义，洗浴除能拂拭尘垢、洁身净体、去除风病、湿痹、寒冰、热气、垢秽等病患外，还能自然受福，令人感叹。

佛教还讲究用香药洗浴，以除灭诸"恶障"。P.3230《金光明最胜王经》之《香药洗浴方》中，载32味药物，如昌（菖）蒲、牛黄、苜蓿香、麝香、雄黄末、合昏树、白及、松脂、桂皮、香附子、沉香、藿香、郁金、婆律膏、青木、细豆蔻、茅根香等，每味药物均附记梵文译音。这些药物均具有芳香气味，多能芳香疏窍，化瘀解毒，除浊避秽。

莫高窟五代第146窟西壁《劳度叉斗圣变》中，描绘有表现外道皈依佛教后剃度出家洗浴的场面，皈依佛教后必须洗浴干净。画面中几个外道在束腰高的圆盆中盥洗，有的正在解发洗头，有的上身裸露准备擦洗，有的俯身低头在盥洗盆里洗头洗脸，形态生动逼真（图5）。壁画中还有妇女出家剃度洗头的画面，如盛唐第445窟北壁《弥勒下生经变》中，众王妃和宫女们正在落发，地面上摆着净瓶、敞口水盆等盥洗器具，以备洗浴（图7）。

莫高窟壁画中还有浴足的画面。如盛唐第31窟南壁《金刚经变》中，描绘释迦佛祖身着袒右肩红色袈裟，坐在须弥座上，左脚盘起，右脚放在一个盛水的盆里泡脚。旁边一位身穿宽袖长裙、头梳双垂鬟髻的

图7　莫高窟盛唐第445窟北壁"弥勒下生经变"中"剃度图"

图8　莫高窟盛唐31窟南壁"金刚经变"中"浴足图"

世俗女子，跪在佛前正在给佛洗足（图8）。画面表现的应是《金刚般若波罗蜜经》所说释迦佛"还至本处，饭食讫，收衣钵，洗足已，敷座而坐"的情景①。

敦煌解梦书中亦多有鼓励人们洗浴洁身的梦兆。如S.0620《占梦书残卷·食会沐浴篇第卅七》："梦见沐浴，妻病解除，吉"；"梦见于涂水沐浴，大吉，富贵"；"梦见水沐浴，大吉"。P.3908《新集周公解梦书一卷·人身梳镜章第六》："梦见沐浴者，百事吉。"Дх.10787《解梦书残卷》："梦见沐浴，吉。"甚至于"梦见浴者"亦为喜事，"忧愁疾病除"（S.0620）。

---

① 中华大藏经编辑局编：《中华大藏经》第8册（经号23），中华书局1985年版，第384页。

五 修建厕所 禁止随地便溺

如上所引,修建厕所被佛教列为修福"七法"中的第七位,这不仅是保持洁净公共环境的必然要求,而且具有重要的功德意义。后秦佛陀耶舍译《四分僧戒本一卷》[①]中规定:"不得净水中大小便、涕唾。"沙门怀素集《四分比丘戒本》[②]亦云:"不得水中大小便、涕唾";"不得立大小便,除病";"不得佛塔下大小便";"不得绕佛塔四边大小便使臭气来入"等。榆林窟唐代38窟"弥勒下生经变"中,绘有一位母亲怀抱婴儿撒尿,另有几个胖小孩在野外挺肚撒尿,所有尿水皆排入地裂缝中,地面则显得干净卫生,这即佛经所言的"若有便利不净,地裂受之,受已还合"。已故敦煌学家史苇湘先生论道,拉屎撒尿要画入壁画,是一个使匠师们犯难的题目,在如此庄严、神圣的大经变里描画人们如何入厕,终不是雅事,但古代艺术家们并不为此感到棘手,榆林窟38窟的表现手法使观众非但毫无恶感,反觉生活气息浓厚,艺术情趣盎然。[③]

莫高窟北周290窟窟顶人字披中,绘有一幅"入厕"画面。图中一人正蹲在厕所内拉大便,一缕大便进入用木板锯出的方洞内,方洞下方为粪坑(图9)。画面上这处厕所至少有两个方洞粪坑,推测应该不会是一家专用,应是一处供周围多家使用的公共厕所,真实地体现了当时人们的公共卫生意识和相应的卫生设施。约1500年前这种样式的厕所,如今在一些农村中仍可见到。将建果园、植树木、修浴池、造厕所等行为赋予积功德的意义,无疑大大有利于促进佛教徒及广大民众环境意识的提高,而且佛教积功德的宣传并不限于眼下的现实利益,还重点在于人们的未来利益,这自然是颇有远见的。

---

① 中华大藏经编辑局编:《中华大藏经》第41册(经号985),中华书局1990年版,第290页。
② 中华大藏经编辑局编:《中华大藏经》第41册(经号991),中华书局1990年版,第379页。
③ 史苇湘:《敦煌佛教艺术的想象力》,载氏著《敦煌研究文集·敦煌历史与莫高窟艺术研究》,甘肃教育出版社2002年版,第593页。

图9　莫高窟北周290窟窟顶东披"入厕图"

敦煌解梦书中亦多有鼓励人们入厕的记载。如S.2222《周公解梦书残卷·舍宅章第八》、P.3281《周公解梦书残卷·舍宅章第八》均言："梦见上厕，临官禄。"甚至于陷入厕中、污涂衣物亦被视作吉利。如同卷《地理章第二》："梦见陷厕污衣，佇财。"P.2829《解梦书一卷》、S.2222V《解梦书一卷》："梦见陷厕中，贵；污衣，富。"S.0620《占梦书残卷·鬼魅军旅污辱篇》："梦见粪首，粪污衣，得财"；"梦见厕污衣，得财"。

六　禁止随意食用野味和生肉

早在汉代，敦煌资料中就有"瘗骼埋骴"、防止动物尸体传播疫病的内容。敦煌汉代悬泉置遗址泥墙存留墨书汉平帝元始五年（5）颁布的《四时月令诏书》，[①] 其中有大量"毋摘剿""毋杀孡""毋矢飞鸟"

---

① 胡平生、张德芳编撰：《敦煌悬泉汉简释粹》，上海古籍出版社2001年版，第192—199页。

"毋麛""毋卵""毋焚山林""毋大田猎"等保护野生动物的禁令。"孟春月令"第十一条禁令："瘞骼貍（埋）骴，骼谓鸟兽之□也，其有肉者为骴，尽夏。"此条禁令从孟春之月（农历正月）直到整个夏天，均须遵行。所谓"瘞骼埋骴"，即要求及时掩埋已经死亡的动物尸体，以免其气味污染空气。《淮南子·时则训》即云："掩骼埋骴。"高诱注："骼，骨也。掩覆埋藏之，慎生气也。"可见"掩骼埋骴"正是为了不让已死的动物因腐烂变质而发出恶臭，以此保持良好的空气质量、防止引起疾疫传播。

唐五代时期的敦煌文书中，仍有奉劝人们不要随意食用野味和生肉、以免沾染疾病、妥善保护自身健康，同时也有利于保护野生动物的内容。P. 3908《新集周公解梦书一卷·饭食章第七》："梦见食死禽肉者，分散；梦见食野兽肉者，家破。"S. 3685《周公解梦书残卷·林木章第十二》、S. 2222《周公解梦书残卷·林木章第十二》均曰："梦见吃食六畜，多死"；P. 3281《周公解梦书残卷·杂事章第三》："梦见食生肉，凶；熟肉，吉"。S. 2222v"梦见食生肉，忧县官事"。

以上所考敦煌文献与壁画资料中的这些内容，生动地展示了唐宋时期人们讲究公共卫生、爱护环境诸多方面的良好习俗，其重要的学术价值不言而喻，而且对于我们今天培育人们良好的卫生习惯、防止疫病传播、增强人民体质健康、营造美好的城乡环境、促进生态文明建设，仍具有积极的史鉴意义。

（原载《中国历史地理论丛》2020年第2期；人大复印报刊资料《魏晋南北朝隋唐史》2020年第5期全文转载）

敦煌文献与西北生态环境变迁研究

步入21世纪的今天，人类面临着严峻的生态环境问题，环境恶化及其造成的经济贫困，被国际社会列为威胁人类生存的重大问题。研究、解决今天的生态环境问题，走可持续发展之路，就极有必要探究其发生发展的历史过程和产生的根源，在此方面我们敦煌学工作者亦是可以发挥其特有的作用的。

被誉为"百科全书"式的敦煌文献（文书、简牍、文物等），保存了不少有关敦煌、河西等西北地方历史时期生态环境及其变迁的记录，从而为我们从事这一研究提供了一批弥足珍贵的史料，西北生态环境变迁的许多重大问题可据之得以深入探讨。

概况起来说，敦煌文书中反映西北生态环境及其变迁的史料主要有如下几个方面。

一　有关唐宋时期敦煌、河西生态环境状况复原方面

复原历史上的生态环境状况，是探讨古今环境演变的先决条件和基础，历来为学者们所重视。唐宋时期的一批有关文书为我们提供了此方面极好的第一手资料。

撰于唐代前期的《沙州都督府图经》（P.2005）、《沙州地志》（P.5034）、《沙州图经》（P.0788）、《沙州伊州地志》（S.0367）、《沙州城土镜》（P.2691）、《沙州敦煌县农田灌溉行水细则》（P.3560）等文书，记载了敦煌绿洲河流、湖泊、沼泽、盐池、泉源等的范围、大小、

分布等有关状况，以及祁连山森林、草被、动物、水文等情况，对于我们复原当时敦煌绿洲的面貌至为珍贵。

如 P. 2005 记，敦煌绿洲引用甘泉水（今党河）"以灌田园，荷锸成云，决渠降雨，其腴如泾，其浊如河。……州城四面水渠侧，流觞曲水，花草果园，豪族土流，家家自足。土不生棘，鸟则无鹙，五谷皆饶，唯无稻黍"。短短几句，就将敦煌干旱少雨"唯灌溉是赖"、百姓富足的地理特点勾描了出来。敦煌绿洲外围地势较低的东、北面还分布有东泉泽、卅里泽、大井泽等 3 处大泽、1 处湖泊（兴湖泊）和 3 处盐池。其中卅里泽东西长达 15 里，南北宽 5 里，面积广约 20 平方千米，其位置在今黄渠乡戴家墩村北部以迄东南转渠口乡五圣宫村，东到城湾农场西北一线。今天这一带泉水早已干涸，被垦为农田。大井泽"在州北十五里"，因昔日汉破羌将军辛武贤于其地穿大井得名，其范围更为阔袤，"东西卅里，南北廿里"，面积达百余平方千米，位置在今吕家堡乡雷家墩村以北至转渠口乡阶州村以南，东到五墩乡以北一带。今天大井泽的中部早已被辟为郭家堡乡的耕地，将原大泽之地拦腰截为东西两部分，这两部分亦成为盐渍草滩，远较昔日干燥。兴胡泊，因"商胡从玉门关道往还居止，因以为号"，位于"州西北一百一十里"，即今哈拉淖尔，原为疏勒河下游之大型河道湖。其范围"东西十九里，南北九里，深五尺"，俨然是一座容量不菲的水库。到了清代雍正初年，陕甘总督岳锺琪还准备通过此湖开发疏勒河下游之水与党河汇合后以通航，但终因水量不济而未成此举。由乾隆十年（1745）撰《敦煌县志》附图见，该湖泊已由河道湖变成了终端湖。现今哈拉淖尔不仅湖泊踪迹全无，而且湖中沙丘侵入，成了沙尘暴的新源地。

P. 2005、P. 0788、P. 2691 等文书所记敦煌北、西、东 3 处盐池，亦颇有规模。如"北盐池水，右在州西北卅五里，东西九里，南北四里，其盐不如西池，与州东盐味同"。今天除东盐池仍然产盐外，其余二池已干涸沙化。

P. 5034、P. 2691、《寿昌县地境》等文书载，寿昌县（今敦煌南湖乡）东 7 里有大泽，范围亦很可观，"东西十里，南北十五里，……水草滋茂,百姓放牧,并在其中,因名大泽"。该泽实为沼泽草甸,今天亦成了流动沙丘的处所。

P.2005 云,沙州"州界辽阔,沙碛至多,咸卤、盐泽约余大半"。这占地面积近大半的泽、卤今天早已大大蹙缩,其景观与往昔大相径庭。依据敦煌遗书中的这些珍贵史料,复原唐宋时期河西绿洲河湖水系及生态环境面貌,并进而探讨生态环境变迁的历史过程和原因,揭示其变迁的规律和机制,无疑具有重要的学术和实际意义。

二 有关祁连山区林草植被破坏与演变方面

P.2005 还记载了当时甘泉水(今党河)上游祁连山西段的若干地理概况:"美草","瀑布、桂鹤","蔽亏日月","曲多野马、牦□","狼虫豹窟穴","山谷多雪"等。虽仅存片言只语,但亦可得见祁连山西段林草茂密之况:山高林深以至于蔽日掩月,雨雪丰沛,瀑布长悬,鹤、狼、豹、牦牛等禽兽出没山间,在较宽阔的河曲滩畔野马倘佯……这种境况今天早已非昔日可比。今祁连山区西段原始林(以云杉、圆柏为建群种)已所存不多,仅在 2800—3400 米见稀疏斑块状分布,而大部分地表则以破坏砍伐后复又萌生的次生林、灌木林为主。而 2800 米以下则渐次演变为干草原乃至荒漠草原带。豹、狼、虎、鹤等禽兽已难觅踪迹,野马、牦牛也不多见。

S.2009《归义军官衙交割什物点检历》:"狂皮七张,狼皮九张,野狐皮八张,□朽皮四勒,牦牛尾两株,豹皮一张,熊皮两张,大虫皮一张,狮皮一张,狢子皮一张,鹿皮八张,马皮三张半,牛皮八张,赤皱一张。""狂"之本意为狗发疯,狂皮可能指狂犬、野狗皮。狢,同貊,似狸,皮毛颇贵重。上述野生动物除狮以外显然都是在敦煌附近的祁连山一带猎获的(狮皮可能是从西方传入的),取其皮存于府库,以作高级裘料。可见直到晚唐五代宋初敦煌及其祁连山一带仍有这些野生动物活动。祁连山区的碧树茂林、秀水美草为这些动物的栖息繁衍提供了良好场所。

祁连山脉与河西走廊绿洲可谓息息相关，绿洲依赖祁连山而存在，祁连山区实为涵蓄水源、维系绿洲生态系统的"命根子"，山区林草植被的状况及其蕴蓄水量的丰寡直接关系到绿洲的兴衰盈缩和沙漠化的消长进退。祁连山植被的破坏对于绿洲生态系统的平衡和生态功能的发挥，影响巨大。

祁连山区的林草植被历史上是如何遭受破坏的，其破坏的程度如何？亦可从敦煌文书中觅其踪迹。由一批唐五代宋初时期的敦煌入破历、算会稿及有关状、牒等文书知，当时仅建造佛寺洞窟一项就要耗费大量林木，如再加上修房筑屋、凿渠垒堰以及日常炊爨等所耗林草数量更巨，而这些林木无疑主要伐自祁连山区。

唐代盛世丝绸之路空前兴盛，佛教得到更广泛的传播，在前代修凿的基础上河西各地建窟之风大盛，莫高窟、榆林窟、西千佛洞、五个庙石窟、东千佛洞、昌马石窟、文殊山石窟群、马蹄寺石窟群、马蹄寺南北二寺石窟、金塔寺石窟、肃南千佛洞石窟、上中下观音洞、泱翔石窟、上天乐石窟、童子寺石窟、石佛崖石窟、云藏石窟、天梯山石窟、炳灵寺、罗家洞等许多沿祁连山麓开凿的石窟发展达到极盛。如莫高窟武周圣历年间已"计窟一千余龛"，当时所造的北大像（今96窟）主佛高33米，为仅次于乐山大佛的我国第二大佛，其外侧建九层楼阁以罩之，其工程之浩大，所需木材之多可想而知。敦煌遗书中有一件北宋乾德四年（966）《重修北大像记》，记归义军节度使曹元忠与夫人翟氏是年到莫高窟来持斋避暑，所见北大像虽经晚唐文德年间（888）重修一次，但又经过近80年的风霜，"建立年深，下接两层，柱木损折"，遂指令都僧统惠纲负责局部维修。每天役使僧俗劳力306个，修建用料"梁栋则谷中采取，总是早岁枯干；椽干为之从城斫来"。"谷中"指流经莫高窟前的今大泉河河谷，发源于祁连山北麓的三危山与鸣沙山间，该河唐宋时名宕泉或宕谷。P.2551《李君莫高窟佛龛碑》描述：宕谷"仙禽瑞兽育其阿，斑羽毛而百彩；珍木嘉卉生其谷，绚花叶而千光。尔其镵锷开基，植端桧而盖日"。当时谷中不仅多有林草禽兽，而且还能生长用以修筑宏大洞窟的梁栋珍木，这与今日这里仅有一些次生灌木和草被的境况恰成显明对比。修窟所用较小一些的椽材则从沙州城中砍来，可见沙州城的绿化也颇可称道。对于砍伐梁栋椽干的"檀越工人，供备实是丰盈，饭似山积，酒如江海"，则檀越工人之众，所伐梁栋之多不难想见。夫人翟氏还"亲手造食，供备工人"，以示对修窟的重视。

　　约作于唐代末期的 S.5448《敦煌录》记，莫高窟一带"古寺僧舍绝多，……其山西壁南北二里，并是镌凿高大沙窟，壁画佛像，每窟动计费税百万，前设楼阁数层。在大像堂殿，其像长一百六十尺。其小窟无数，悉有虚槛通连，巡礼游览之景"。P.2551 记修建 332 窟："□山为塔，构层台以造天；刻石穷阿育之工，雕檀极优阗之妙。"P.3608 记建 148 窟："凿为灵龛，上下云矗；构以飞阁，南北霞连。"P.4640 记重修 148 窟："乃募良工，仿其杞梓，贸材运斫，百堵俄成。鲁国班输，亲临升境。……雕檐化出，巍峨不让于龙宫；悬阁重轩，晓万层于日际。"同号文书记修建 85 窟："磴道迤连，云楼架回；峥嵘翠阁，张鹰翅而腾飞；栏槛雕楹，接重轩而灿烂。绀窗晓露，分星月之明。阶阙藏春，朝度彩云之色。"该文书又记修建 12 窟："云楼架回，耸顾峥嵘；磴道联绵，势侵云汉；朱栏赫弈，环拱雕楹。绀窗映焜煌之宝扉，绣柱镂盘龙而霞错。"P.3720、S.5630 记修建 94 窟："日往月来，俄成广宇，连云耸出，不异鹫岭之峰，峭状烟霞，有似育王之室。……金楼玉宇，徘徊多奉壁之仙。"云楼、飞阁、玉宇、重轩、雕檐、虚槛、绀窗、绣柱、磴道等等皆需选用优质木材建造，如此之宏伟壮观、富丽堂皇，令人瞠目，其所费林木之巨不言而喻。P.3540 记比丘福惠等十四人发心修窟一所，"所要色目材梁，随办而出"。当时获取林木显然较为容易，林产地即在附近的祁连山区。

　　以上仅是莫高窟木构建造的片断情况，除此而外唐宋时敦煌地区尚有榆林窟和西千佛洞，另有 17 所寺院和百余所家寺兰若，有些寺院的规模也相当大。如 P.3770 记大云寺："巍峨月殿，上耸云霓；广厦星宫，傍吞霞境。乌轮未举，金容豁白于晨朝；兔月荒昏，曦晖照明于巨夜。丹窗绀凤，晃耀紫霄；宝柱金门，含风吐日。"S.3905 记，唐天复元年（901）金光明寺为修窟架设大梁还专撰了一篇《上梁文》："猃狁狼心犯

· 314 ·

塞，焚烧香阁摧残。合寺同心商量，来座共结良缘。梁栋□仙吐凤，盘龙乍舌惊天。便是上方匠制，直下屈取鲁班。"其所用木材自不会少。而所有这些还仅是敦煌一地的情形，河西各地寺窟建造对于祁连山林木的砍伐之巨由此可以推见。

敦煌文书中还保存了一些为斫伐、运送木材而支酬面、粟、豆、油、酒、布等的记录。P.3875《丙子年（916）修造及诸处伐木油面粟酒破历》，记是年敦煌佛教教团为修建某寺支付伐木、运木工匠等的油面粟酒等帐目26笔。如"粟叁斗，□郎君庄上斫木人夫食用"；"粗面贰斗，第二日王僧政庄上斫木食用"；"粗面贰斗，于都押庄上掘树人□□"；"粗面叁斗，都押庄拽锯人夫食用"；"面陆斗、粗面壹石叁斗、油半升，氾家庄上斫木及载木看博士用"；"粗面八斗、油半升，氾都知、郎君、张乡官三团拽锯人食用。粗面柒斗，第□日氾都知等三团人夫食用"等等。三团人夫为某寺拽锯斫木，日食七八斗面，所伐林木一准不少。P.2040后晋时《净土寺诸色入破历算会稿》："面贰斗，斋人夫及三处斫木僧到来用"；"面贰斗，载柱僧料用"；"面贰斗，城东园斫木及城北张家庄上斫木人夫食用"；"粟叁斗，将看阴水官觅木用"；"豆肆硕，辛押衙梁子价用"；"布四匹六尺，康押衙榆木价用"等。P.2032后晋时《净土寺诸色入破历》："粟一石五斗、布壹匹，买安子君琢梁子价用"；"豆五石，买柳木造钟楼用"；"粟壹斗沽酒，周宅官园内斫梁子用"；"雁斗五硕，于罗平水买柳木及梁子用"等。P.3763《净土寺诸色入破历算会稿》："麦肆硕，程早回木价用"；"粟壹斗沽酒，张乡官庄上斫梁子用"；"粟贰斗卧酒，目家庄上折木及菜田陈家园内折梁子用"等。

在大兴土木耗用大量林材的同时，敦煌寺窟也较为重视对林木的栽植，这对于植被的恢复无疑有益。P.2032后晋时《净土寺诸色入破历算会稿》："面伍斗伍升，窟上大众栽树子食用。"P.3875文书中有两条在砍伐树木前要赛神的记载，祈愿树神使树木茂盛生长，说明当时人们对林木的重要性有了进一步认识。

敦煌遗书中还有不少关于"梁子""油梁子"，即用于油坊榨油的榨木的记载。当时仅寺院用油就数量可观，吐蕃管辖沙州期间（786—848）

敦煌诸寺自营"油梁"（油坊），征发寺户看梁（榨油），归义军时期寺院又雇佣"梁户"（榨油专业户）看梁。寺内僧侣众多，长期礼佛灯油、照明灯油、食用油、雇工报酬油等耗用巨量。如 P.3578《癸酉年梁户史氾三沿寺诸处使用油历》记，该梁户一户交纳寺院及僧侣的库纳油、燃灯油、局席油、赠油、造佛食油、看大王油等计达1.89硕。榨油工具的主件即"油梁子"，直径一般1米许甚或更粗，长3—5米，且须选用榆、柳等较坚实沉重的木料，用其自重并施加人力榨出油来，这对高大林材的砍伐自会不少。如 P.2032《净土寺西仓司愿胜广进等手下入破历》中就有多项斫梁子和买梁子的记录："麦叁硕，王德友梁子价用"，"豆伍硕，于罗平水买柳木及梁子用"等，寺中买入的油梁多达十六七根。敦煌的一些大户亦经营油梁，如 P.3774《丑年沙州僧龙臧牒》记，大族齐周就有"城南佛堂并油梁"。

由以上所引敦煌文献不难推知，当时用于佛寺洞窟建造及其他建筑材料、以及凿渠垒堰、官民所需燃料等，对于祁连山区水源涵养林木的耗用斫伐是何等之巨。

三　有关绿洲边缘旱生固沙植被的破坏与演变方面

绿洲与荒漠之间，通常有一条过渡地带，因绿洲规模的不同，此过渡带可宽达数千米至十数千米不等。在这条过渡带上生长着疏密不等的旱生、超旱生、沙生型的灌木、小半灌木及草类天然植被，主要有多枝柽柳、白刺、琐琐、油蒿、沙拐枣、泡泡刺、盐爪爪、红砂、珍珠等荒漠植物。它们虽然不甚起眼，但是作为整个绿洲生态系统中不可缺少的重要子系统，对于固定流沙、屏蔽绿洲农田免遭风沙危害、维系绿洲生态平衡及其生态功能的发挥，则起着不可替代的特殊重要作用。河西乡亲们把这些天然植被集中分布的地段称之为"柴湾"，把柴湾视为保护绿洲农田的命根子。

然而在河西长期的开发过程中，一方面由于人们大量地用作燃料、饲料、肥料、手工业原料（如用柽柳嫩枝编筐，用芨芨草织席等）对其大肆砍伐，过渡放牧，以至影响其正常更新发育，造成大面积破坏；另一方面绿洲边缘最易受水源条件劣化（主要指地下水位降低，水质变劣等）的威胁，从而又使其遭受损害。

《唐天宝年代敦煌郡见在历》（P.2626背、P.2862背）："郡草坊，合同前载月日见在草总四万三千四百二十七围。"知当时敦煌郡专门设有草坊，以贮藏从绿洲边缘等处伐刈来的草。"围"与"束"为当时草的计量单位。唐人元稹《弹奏山南西道两税外草状》："山南西道管内州府，每年两税外，配率供驿禾草共四万六千四百七十七围，每围重二十斤。"以此率计，则敦煌郡郡草坊天宝某年某日存草约868540斤。唐代寺院经济发展迅速，于文书中见诸寺院中亦常常刈割、贮存大量的草，备其所用。如《护国寺处分家人帖》（S.5868）："右帖至仰领前件家人刈草三人。"《某寺因佛事分配勾当帖》（P.3491）记，该寺为佛事活动准备的物品中，重要的一项就是"草"。《吐蕃戌年（818）六月沙州诸寺丁壮车牛役部》（S.0542背）中每每有寺丁刈草的记录，如龙兴寺曹小奴"刈草十日"，报恩寺刘保奇"刈草十日"，普光寺李毗沙"刈草十日"等。

当时对草被资源的破坏还不仅仅限于直接伐刈，后果更为严重的是采打草籽。唐代前期《沙州仓会计牒》（P.2654）记，沙州官仓中贮藏粮食、油品、铜钱等，同时还有草籽"壹阡柒拾捌硕肆斗肆胜肆合贰勺草子"；又一笔"肆拾三硕玖斗肆胜肆合三勺草子"。同时代的《沙州仓曹会计牒》（P.3446背）亦记："肆拾三硕玖斗肆胜肆合三勺草子"；又一笔"壹阡三拾三硕五斗草子，毛麟张□下打得，纳"。P.2763背《沙州仓曹会计牒》亦有相同记载。"草子"即草籽。毋庸置疑，草子的大量"打得"将会对草资源的繁育更新造成严重破坏，对草场的恢复带来恶劣影响。并且官仓中所存的草籽须由百姓交纳，显然这是当时官府加在百姓头上的一项税种，如此一来这种破坏更会是长期性的，后果更不堪设想。官府收纳草籽的目的主要用作马匹等的精饲料。生长在河西一带的沙米（*Agriophyllum arenariium*）、沙蒿（*A. arenaria*）、沙篷（*A. arenarium*）、沙棘（*Hippophae rhamnoides*）以及禾本科的芨芨（*Achna-therum splendens*）和异燕麦属

· 317 ·

（*Holictotrichon*）等中、旱生植物籽粒，营养价值颇高，为上好的牲畜精饲料。沙蒿的拉丁文名字（*A. arenaria*）原意即是"使马育肥"。有些籽粒人亦可食。道光《镇番县志·物产》："沙米虽野产，储以为粮，可省菽、粟之半。"道光二十八年（1848）纂辑的《镇番遗事历鉴》记，雍正五年（1727）"镇大饥，邑令杜振宜委参将刘顺，率民人五十众往沙漠采沙米以救荒。阅二十余日，共采净米二十五石六斗四升，饥者赖以全活。"沙米的救灾之功可谓大焉。民国创修《临泽县志》卷一："蓬，俗名沙米，实如蒺藜，中有米如稗子，食之益人。"乾隆《肃州新志·物产》："沙米，出野外沙滩中茨茎上，雨涝则生，旱则无。夷夏皆取子为米食之。"又云："芨芨米，即芨芨草之子也，凶年人多采食之。"今天以沙米酿做的凉粉、以沙棘制成的饮料竟成了宴会上颇受人们青睐的佳品。

于文书上见，唐代前期对于柽柳、白刺等枝柴的砍伐亦数量不少。生长在绿洲边缘地段的这些旱生灌丛，自古就为河西当地薪柴的主要来源。如《三月廿八日荣小食纳付油面柴食饭等数》（P.3745）记："蒸饼用面壹硕、散枝八斗"；又分配诸人纳枝柴数目，要求其克日完纳。

逮及归义军时期，所征赋税中除官布、地子等外还专门列有"柴草"一项，进行征收。如 P.3155《光化三年（900）敦煌县神沙乡百姓令狐贤威状》："昨蒙仆射阿郎令充地税，伏乞与后给免所著地子、布、草、役夫等，伏请公凭，裁下处分。"P.3324 背《天复四年（904）衙前押衙兵马使子弟随身等状》记："如若一身，余却官布、地子、烽子、官柴草等大例，余者知杂役次，并总矜免。"P.3214《天复七年（907）高加盈出租土地充折欠债契》："其地内所著官布、地子、柴草等，仰地主祗当，不干种地人之事。"P.3257《甲午年（934）二月十九日索义成分付与兄怀义佃种契》："所着官司诸杂烽子、官柴草等大小税役，并总兄怀义应料，一任施功佃种。"P.3579《宋雍熙五年（988）十一月神沙乡百姓吴保住牒》："因科料地子、柴草……"约作于公元9世纪末的 P.3418 背《唐沙州诸乡欠枝夫人户名目》详列欠纳各种枝柴的人户名单，"枝"包括乔木树枝（当主要采自祁连山区）以及生长于绿洲及其边缘地段的柽柳（红柳）、白刺等旱生灌丛，敦煌当地自古就将它们作为薪柴的主要来源。《汉书·西域传》记，鄯善（楼兰）"多葭苇、柽柳、胡桐、白草"。颜师古注："柽柳，河柳也，今谓之赤柽。"敦煌地区亦多有生长。由该篇文书知，凡占有田地之民户均须向归义军官府交纳枝柴，即使如长史李弘谏、县丞阴再庆这样身份的贵胄显宦亦不能免，拥有土地的僧人也在纳枝之列。文书记阴再庆"欠二十六束"，李弘谏"欠三十五束"，僧氾志新"欠四束"，僧吴庆寂"欠五束半"等。对于"有忧""打窟""音声""吹角"等有特殊情况和职业的民户可以减缓交纳或免纳。由其所列"全欠枝夫人户名目""纳半欠半人户名目"以及"全不纳枝夫户"计之，欠枝最多的户为"王连子欠四十一束"，最少者为"张出子欠壹束半"；大多民户一般应纳枝7—14束，则户均约纳11束许。文书183行记"合冬柴十三束"，据之推知民户一年内纳柴当不止一次，至少有"冬柴""夏柴"两次，如此则每年户均纳柴约22束。归义军时敦煌约有6500余户，则每年仅交纳官府的枝柴一项就约15万束，若再加上民间的用度，其数自然更巨，这对于祁连山及绿洲地区林草的破坏可想而知。为了有效地实施征收和经管柴草，归义军政权还专设柴场司，并以村坊或灌渠为单位设立若干"枝头""白刺头"，具体组织民户从事伐刈交纳等事宜。据P.3418背《沙州诸乡欠枝夫人户名目》、P.3160《辛亥年（952）押衙知内宅司宋迁词柽破用历状并判凭》、S.3728《乙卯年（955）二、三月押衙知柴场司安佑成状并判凭》、S.6116《沙州诸渠白刺头名簿》、罗振玉旧藏《年代未详沙州某地枝头白刺头名簿》、P.5038《丙午年九月一日纳磨果人名目》、《丙午年欠柴果人名目》、S.5073《癸未年至乙酉年敦煌县李□□等欠柴历》、Дx.2149《欠柴人名目》、Дx.1282+Дx.3127《敦煌县从化乡等纳草人名目》等文书可以考知，当时每年户均交纳枝柴至少在20束以上，敦煌全县每年官征枝柴多达15万余束，若再加上民间的用度，其数自然更巨，这对于固沙林草植被的破坏之烈不言而喻。正是由于枝柴、柽柳的砍伐过于严重，以致直接影响到绿洲农田的防护，招致沙漠化的发生，人们为此呼吁："大家互相努力，营农休取柴柽，家园仓库盈满，誓愿饭饱无损"（P. 3702《太平颂》）。

归义军政权柴场司，对征纳"枝户"的柴草负责管理并须及时给宴设司及归义军衙门其他各有关部门供应薪柴。P. 4640《己未至辛酉年（899—901）归义军衙内布纸破用历》几次提到柴场司："七日支与柴场司细纸壹帖"；"廿九日支与柴场司细纸壹帖"。S. 3728《乙卯年（955）二三月押衙知柴场司安佑成状并判凭五件》，是柴场司供给宴设司（或名设司）等部门造食及其他需要支给桎刺枝柴等薪料的 5 件文状，所记颇翔实。如："柴场司，伏以今月廿三日马群赛神，付设司桎刺叁束；廿四日于阗使赛神，付设司柴壹束；马院看工匠付设司柴壹束；廿七日看甘州使付设司柴两束；十三日供西州使人，逐日柴壹束，至廿四日断。"宴设司为归义军节度衙门主管宴设的部门，由文书上见当时敦煌僧俗两界各种宴设招待等活动十分频繁。又如："柴场司，伏以今月二日马圈口赛神，付设司柴壹束，看甘州使付设司桎刺两束；三日看南山付设司壹束，看甘州使付设司桎刺两束，东水池赛神熟肉桎玖束，付设司造食桎刺捌束，使出东园桎捌束，衙内煎汤桎叁拾伍束，墓头造食桎伍束，李庆郎□头打查桎壹佰贰拾束，百尺上赛神付设司壹束，楼上赛神付设司壹束，支于阗博士月柴壹拾伍束、汉儿贰拾陆人共柴叁佰玖拾束；押衙王知进等肆人共柴肆拾束，又叁人共柴叁拾束，张佛奴妻柒束，跃珊伍束，公主肆人共捌拾束，消碱柴伍束；付设司卧醋刺两束。"

除上而外需用桎刺的项目还有：修缮烽燧、骗马、祭拜、祭川原、宜秋渠打瓦口、梁户吹油、西城上火料、城北打口、支付打窟工匠、内宅需用、迎送客使等等，其需用量往往很大，几乎天天需柴场司支给，有时一天支出就达数百束甚至上千束之多。如 S. 3728 又记："支城北打口桎壹佰束"，"准旧例支太子桎捌车各柒拾柒束、刺两车各伍拾伍束，内院桎捌车各柒拾柒束，北宅桎拾车各柒拾柒束，鼓角楼僧桎叁车各柒拾柒束，四城上僧共桎壹佰贰拾束，南城上火料桎柒拾柒束，西城上火料桎柒拾柒束，百尺上桎两车各柒拾柒束、刺两车各伍拾伍束，门僧二人各桎柒拾柒束，佛座子桎两车各柒拾柒束，梁户二人吹油刺贰佰贰拾束，南城上阿婆桎伍拾伍束"。仅这一次"准旧例"就支出桎 36 车

（2772束）又340束，共计3112束；支出刺3车计165束。尤为引人注目的是太子府、内院、北宅等归义军上层统治者的府第需用量特大。若以每束10唐斤计，上述一次支出柽刺总重量计达32770唐斤，合今约196.6吨（据梁方仲，唐五代1斤约合今1.1936市斤）！其数的确令人咋舌。

上文所记"肉柽""熟肉柽"，可能属柽柳中根茎特别肥硕耐烧者；"消碱柴"，可能是硝、碱含量较高的刚毛柽柳（*Tamarix hispida*）、琵琶柴（*Reaumuria soongorica*）、碱蓬（*Suaeda spp.*）以及盐爪爪属（*Kalidium*）的一些旱生、盐生的灌木、半灌木等。此外S.3728中还记有石柽、楝树。"熟肉并烧石柽叁束"，石柽需由"熟肉柽"烧制得来，可能是用粗大柽柳烧成的木炭。"楝树"既然称"树"，似应指荒漠中小半乔木的藜科琐琐属（*Haloxylon*）植物。

柴场司之下，归义军政权还在村坊或渠道设立"枝头""白刺头"等胥吏，具体负责组织民户从事柽刺的伐刈交纳诸事宜。约作于公元10世纪前期的《沙州某地枝头白刺头名簿》残卷（罗振玉旧藏）记有枝头3名、白刺头34名，每名枝头下另列4人姓名，共5人为一组；白刺头下另列2人姓名，共3人为一组。该文书纸缝上钤有"沙州节度使印"，当为官文书。另有一件类似的文书S.6116《沙州诸渠白刺头名簿》残卷（约作于10世纪），记载双树渠、八尺渠、宋渠等渠白刺头人名13人，以灌溉渠道为系统将民户组织成刈割交纳白刺的单位。

以上讨论还主要限于归义军官府方面对枝柴的需用情况，尚不含寺院和民间的用度。于文书中见，当时佛教寺院对于枝柴的需求量也很大，常住百姓须定期向其交纳。如北图0636v《乙巳年八月送春柴帐》："乙巳年八月一日，春柴五束，常住百姓造食人盈得手上于南宅内送纳。"据《禅苑清规》卷三典座条记载，典座下属的寺职有饭头、粥头、米头、柴头、团头等。P.3757、S.4760等文书记敦煌寺院亦设典座。柴头应为寺院中负责收纳供应薪柴的寺职。至于民间的炊爨、取暖、建房（至今敦煌民户仍用柽柳枝条等铺搭屋顶）以及修渠、筑坝、护堤、铺路、围栏和用作饲料等对于柽刺枝柴的砍伐，其数无疑更巨。

由于对绿洲边缘枝柴、柽柳的砍伐过于严重，以致直接影响到农田的保护和防沙固沙，带来明显的生态恶果。作于9世纪中期的《太平颂》（P.3702）为此呼吁："大家互相努力，营农休取柴柽，家园仓库盈满，誓愿饭饱无损。"由此也表明当时人们对于枝柴、柽柳的生态功能已有较清楚的认识。

通过以上这些生动的第一手史料，使我们可以清楚地认识到，林草植被破坏所带来的严重生态恶果。

四 有关绿洲沙漠化的研究方面

笔者曾利用敦煌遗书及其他有关史料，并经过反复实地踏察，考得古瓜沙一带，汉唐古绿洲发生沙漠化的区域有3大块，此外还有若干小块。这3大块区域分别为：疏勒河洪积冲积扇西缘、芦草沟下游、古阳关地区，总面积约910平方千米。至于整个河西走廊，汉唐古绿洲沙漠化区域计有10大块，总面积约4700平方千米。[①]

疏勒河洪积冲积扇西缘有一条绵延长约80千米、宽5—8千米的古绿洲沙漠化地带，西起安西县踏实农场，东北延至腰站井，总面积约500平方千米。今地貌景观以成片的风蚀古耕地为主，尤以其西部的锁阳城（唐瓜州城）一带最为集中连片，风蚀垄槽比高0.8—1.8米。古渠道、堰坝遗迹历历在目，密如蛛网，纵横贯穿。古绿洲上多见吹扬灌丛沙堆，尤以其中部较为密集，这里遂有吴家沙窝、南岔沙窝、长沙岭等名称。古绿洲遗存兔葫芦、鹰窝树两处火烧沟文化遗址，并残存锁阳城、南岔大坑古城（汉敦煌郡冥安县城）、转台庄子城（唐军事城堡）、半个城（汉）、旱湖脑城（西凉新城郡、归义军新城镇城）、萧家地城（唐合河戍）等多座古城遗址。

芦草沟下游古绿洲沙漠化区域，位于敦煌、瓜州二市县交界的芦草沟下游、汉长城以南，南北宽10—13千米，东西长30千米许，总面积

[①] 李并成：《河西走廊历史时期沙漠化研究》，科学出版社2003年版。

约 360 平方千米。敦煌遗书《沙州都督府图经》（P. 2005）所记的苦水（即芦草沟）流灌其地，独利河水（略当于今疏勒河中游南干渠的下泄水）和锁阳城周围汉唐绿洲的灌溉回归水亦泄入这片古绿洲，昔日河渠网织，阡陌纵横。今地表景观则为成片的风蚀弃耕地伴有疏密不等分布的吹扬灌丛沙堆。古绿洲上残存的古城址有五棵树井古城（北魏、西魏敦煌郡东乡县城）、巴州古城（魏晋寄理于敦煌郡北界的伊吾县城）、甜水井一号城址（汉屯军城堡）、甜涝坝古城（唐悬泉驿）、唐阶亭驿址、147号高压电杆北侧古城（唐）、六工破城（曹魏敦煌郡宜禾县、西凉凉兴郡、北魏常乐郡、隋常乐镇、唐常乐县城），并发现房址多处。

古阳关绿洲沙漠化区域，位于敦煌市南湖乡，面积约50平方千米。分为东西两块：一块在今南湖绿洲之西，即古董滩一带；另一块在今绿洲东北，即南湖破城与山水沟之间（东古董滩）。古绿洲皆为新月形沙丘吞噬，沙丘链呈 EN—WS 向排列，迎风坡朝向西北，一般高3—8米，丘间地宽50米许，暴露大片风蚀古耕地，其田垄阡陌遗迹甚为清晰，一排排，一行行，齐整有序。其上散落灰陶片、碎砖块、铜器铁器残片等遗物甚多，并发现大片版筑墙基遗址。南湖破城大段墙体被新月形沙丘埋没，此城即汉敦煌郡龙勒县城、唐沙州寿昌县城。古董滩到墩墩山之间还有一大片东西走向的火烧沟文化遗址，古绿洲边缘存大片汉唐时期墓葬。

除上而外，瓜沙地区还有若干小片沙漠化区域，如敦煌转渠口乡五圣宫以北至三道蒙古包一片、安西踏实破城子以西、西南一片等。上述古绿洲是何时因何废弃沙漠化的？笔者亦曾对其做过专门研究，此不赘。

除以上所考而外，敦煌文献中还有一些物候方面的资料，可补我国历史物候资料上的缺略。物候学主要是研究自然界的植物（含农作物）、动物与生态环境条件（气候、水文、土壤等）的周期变化之间相互关系的科学。我国物候学的奠基和开创者为浙江籍的竺可桢先生。古今物候现象的差异可以明显地反映出历史上生态环境的变化状况，笔者已裒辑到一些相关史料，待今后深入研究。

毋庸赘言，运用敦煌文献中的这批珍贵史料，研究敦煌、河西乃至

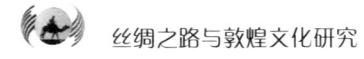

西北地方历史上的生态环境状况及其变迁，探索今日西北环境问题的历史根源，从而为人们正确地认识在人类活动作用下西北生态环境的历史演变规律，预测其今后的发展演变方向，以史为鉴，对今天西部大开发中生态环境的保护、建设和可持续发展，均具有十分重要的意义。

敦煌蒙书中蕴含的哲学思想探析
——以《百行章》为中心

敦煌文化中蕴含着丰富的我国古代的哲学思想,就拿敦煌遗书中保存的大量蒙书类写卷来说,笔者发现其中处处浸透着哲理的光辉,使童蒙学子在学习字词、知识的同时,从小就给以诸多人生哲理、社会哲理等方面的思考和启迪,以逐步开启他们的智慧,提高他们的素质,对于他们的成长无疑大有裨益,由此也体现出我国古代哲学思辩的发达。当时的学校虽无专门的"哲学"科目开设,但将"哲学"中的许多理念浸入知识、德行等的日常教育中,对于学童的思想、言行可以起到润物无声、潜移默化的教化作用。

所谓蒙书,即为学童启蒙所编之书、蒙学教学所用之书。启蒙,我国古代又称之为"开蒙""发蒙""训蒙""养蒙"。《易·蒙·象》:"蒙以养正,圣功也。"就是说当学童蒙稚的时候,需要培养他们纯正无邪的品质,这就是至圣之功。敦煌遗书中保存的蒙书类写卷,依其内容和性质,约可分为字词类、知识类和德行类三大类,计约40余种、400余件。这是保存至今的一批千余年前的童蒙教材史料,其学术价值之珍贵自不待言。

敦煌蒙书中的哲理性内涵,主要体现在德行类的教材中,尤其是《百行章》、《太公家教》(P.2937、P.4588等42件)、《新集文词九经钞》(P.2598、P.2557等18件)、《武王家教》(P.3764、P.2825等11件)、《辩才家教》(P.2515、S.4329)、《珠玉抄》(P.2721、S.5658等13件)等写卷中,内容更为集中。笔者拟以《百行章》为中心,结合其他写卷，对于其中浸含的哲理性内容略作一些分析，以就教于学界。

《百行章》作者杜正伦，初唐时朝中官员。名为百行章，实则全篇凡84章，"百"为概约之说，约计5000言。敦煌遗书中存14件，保存较完整的写卷有S.1920、S.3491、P.3176、贞松堂藏卷、北图8442等。全篇以忠孝节义、清廉诚信教育为主旨，并由此辐射到人生的诸多方面。篇中典故多源于《史记》《左传》《礼记》《说苑》等典籍，摘引儒家经典中有关修身养性、齐家治国的要言警句颇多。作者的目的显然是希图通过这种教化为唐朝造就大批忠臣孝子和清官廉吏。本书宋代以后失传，幸赖敦煌遗书中将其完整地保存了下来。邓文宽、[①] 胡平生、[②] 汪泛舟[③]、郑阿财与朱凤玉[④]等先生均曾对该书做过迻录、校释等工作，为笔者的研究提供了极大方便。

通览《百行章》全篇，充溢着哲理方面的论说。笔者选择其中部分篇目，拟从哲学的范畴出发，将其归结为正人与正己、敬人与敬己、达己与达人、学习与成人、德义与私利、抱直与从曲、卑恭与欺慢、谦退与高大、良友与弊友、改变与坚守、救难与报答、济困与回报、负己与负人、君情与臣报、勤勉与慢堕、节俭与丰奢、荣华与衰败、谨约与纵逸、诚信与亏信、廉洁与贪腐、慎行与立身、公平与偏私、偏厚与薄遍、受谏与进谏、宽宏与褊狭、量才与用才等方面的关系，姑依原篇中的顺序，作一探讨。

敬人与敬己。《百行章·敬行章第二》："敬者，修身之本。但是尊于己者，则须敬之。老宿之徒，倍加钦敬。是以《孝经》陈其敬爱，望欲不慢其亲。仲尼先立此章，凭以敬之为本。敬人之尊，人还敬己之亲。敬人之朋，人还敬己之友。故云：所敬者寡，而悦者众。"对人礼敬，乃修身的根本，对于尊重自己的人，则必须礼敬；对于年老有名望的人，

[①] 邓文宽：《敦煌写本〈百行章〉校释》，《敦煌研究》1985年第4期。
[②] 胡平生：《〈敦煌写本《百行章》校释〉补正》，《敦煌吐鲁番文献研究论集》第5辑，北京大学出版社1990年版，第279—306页。
[③] 汪泛舟：《敦煌古代儿童课本》，甘肃人民出版社2000年版，第66—154页。
[④] 郑阿财、朱凤玉：《敦煌蒙书研究》，甘肃教育出版社2002年版，第320—347页。

更要倍加钦敬。故而《孝经》里陈述对人要敬爱，即使有再大的欲望追求，也不能轻慢自己的双亲。孔子所立礼敬的规章，为做人的根本。文中将尊敬他人与他人同样会尊敬自己的辩证关系，阐述得明白透彻，你尊敬别人的尊长，别人就会尊敬你的亲人；你礼敬别人的宾朋，别人就会礼敬你的友人。因而你所敬的人虽然不多，但却能得到众人的喜悦和尊敬。正如《孝经·广要道章》所言："故敬其父则子悦，敬其兄则弟悦，敬爱其君则臣悦，敬一人而千万人悦。所敬者寡，悦者众。"这里又阐释了一个"少"与"多"的辩证关系。

君情与臣报。《报行章第八》："功臣不赏，后无所使；节士不录，人谁致死？至于前行之臣，如何不记忆？但以君情深重，衔珠以报其恩，舍弊同荣，持环而奉其德。"对于功臣不加赏赐，以后谁还会听从驱使？对有节操的人不加录用，以后谁还去效命致死？对于有功的"前行之臣"，国家又怎么能不牢记并回忆他们呢？君王的用人之道就在于知人善任，赏罚分明。国君对臣子情义深重，臣子自然会心存感恩，拼命效力，所谓"士为知己者死"，其间关系不言自明。《说苑》："唯贤者为能报恩。""衔珠以报其恩"，典出《淮南子·览冥》："隋侯见大蛇伤断，以药敷之。后蛇于江中衔大珠以报之，因曰隋侯珠。""持环而奉其德"，典出《续齐谐记》，言杨宝救助受伤黄雀，后来黄雀相赠白环报答，言："令子孙洁白，位登三事，当如此环矣。"意即让杨宝的子孙如同白环那样洁白，获得位登三公的殊荣。对于君王的情义，臣子会像大蛇衔珠那样、像黄雀夜持白环相赠那样来报答。

勤勉与慢堕。《勤行章第十》："居官之体，忧公忘私；受委须达，执事有功。在家勤作，修营桑梓；农业以时，勿令失度；竭情用力，以养二亲。此则忠孝俱存，岂非由勤力而若？居官慢堕，则有点辱及身。在家不勤，便追弊劣之困。必须夙夜匪懈，以托荣名。预为方计，以防其损。""慢堕"，即怠慢、懈怠之义。作为官员须公而忘私，接受委任须迅速赴任，从事工作须做出功绩。去官在家时应辛勤劳作，不违农时，尽心竭力赡养双亲，此则忠孝俱存，皆是由于辛勤努力的结果。如果居官时怠慢、堕落，则会玷污、辱没自身；去官在家时不能勤劳，便会招

· 327 ·

来家境衰落而贫困。《太公家教》："勤耕之人，必丰谷食；勤学之人，必居官职。"因而为人必须日夜勤勉不懈，防止懒散、庸堕情绪的滋长，这样个人才能留得住荣誉和名声。

节俭与丰奢。《俭行章第十一》："藏如山海，用之有穷；库等须弥，还成有乏。俭者恒足，丰者不盈。在公及私，皆须有度。事君养亲，莫过此要。"储存的物资纵然像山海那样广足，也总有用穷的时候；仓库里堆积的物品纵然如须弥山那样高大，也还有用乏的一天。节俭者用品常常充足；而丰奢者用品往往会匮乏。因而无论在公及私，开销都要有一定限度。"勤"和"俭"是中华传统美德中最为密切的一对道德规范，也是最为密切的一对哲学范畴。《百行章》中也将"勤行"与"俭行"放在相邻两章，以为呼应。"勤"着重强调勤奋劳作，"俭"则重在强调俭朴节约，二者相辅相成。事实上一个崇尚勤奋劳作的人，往往会珍惜来之不易的劳动成果，自然崇尚有节制而俭朴的生活方式。同样，一个崇尚节制俭朴生活的人，必然深知财货日用来之不易，自然会崇尚勤奋劳作的美德。因而"勤""俭"也就自然成为影响至深的教育子孙后代修身做人和持家守业、治国安邦的美德。诸葛亮《诫子书》："静以修身，俭以养德。"《珠玉抄》："丰年珠玉，不如俭年麦粟。在丰虑俭，在饱虑饥。"俭有助于一个人养成质朴勤劳的德操，俭德之于持家，乃家庭兴旺之所依；之于治国，乃国家存亡之所系，因而"事君养亲，莫过此要"。

荣华与衰败，谨约与纵逸。《谨行章第十二》："荣华当势，谨约在心；虑过思愆，勿令纵逸。治家之道，重戒苦言，莫听侵暴他人之物。在官之法，谨卓小心，共遵风化，奉法治人。一则父母无忧，二乃君临为美。"享有荣华掌握权势的人，应当谨慎地约束自己的身心，还应思虑自己有什么过错，不能让自己的行为放纵而追求安逸。荣华富贵，权势在握，为常人之所想往，自然是"好事"。然而一切事物都是发展变化的，一个人一旦拥有荣华和权势后，其思想和行为往往容易发生变化，易于招致骄奢淫逸、滥用权势的现象发生，如果自己不能谨约，任其发展，到头来就可能酿成败家丧邦的恶果。我国传统文化中本身就有利害

· 328 ·

相杂、福祸相倚、物极而反、赢缩转化的定则，主张安不忘危、治不忘乱、临强不畏、处弱无卑；人有塞翁失马的挫折慰藉，也有月满则亏的成功警省，诚如孟子所言"生于忧患死于安乐"。因而治家的道理，在于多多告诫家人不能贪图安逸，且莫听任侵暴别人的财物；为官的准则在于处理公务时须谨慎小心，共同遵守风俗教化，依法理事。

诚信与亏信。《信行章第十五》："一言之重，山岳无移；一信之亏，轻于尘粉。昔时张范，今犹赞之；挂剑立于坟丘，人无不念。是以车因轮转，人凭信立。"张范指东汉张劭与范式二人的故事。据《后汉书·范式传》，二人少游太学结友，并告归乡里，范式许诺张劭，二年后去你家中，并拜尊亲，果然如期而至。"挂剑立于坟丘"，典出《史记·吴太伯世家》，记吴季札出使路过徐国，徐君很爱季札所佩之剑，季札已心许，准备回来后再送给他。结果待季札返回，徐君已死，于是季札将剑挂于徐君坟上，以示许剑心愿。诚信，为又一重要的中华传统道德规范，不仅被视为立国立民之本，也是个人安身立命、交友处世之本。《春秋左传》："信，国之宝也，民之所庇也。"《吕氏春秋·贵信》："凡人主必信，信而又信，谁人不亲？……君臣不信，则百姓诽谤，社稷不宁；处官不信，则少不畏长，贵贱相轻；赏罚不信，则民易犯法，不可使令；交友不信，则离散郁怨，不能相亲；百工不信，则器械苦伪，丹漆染色不贞……信而又信，重袭于身，乃通于天。以此治人，则膏雨甘露降矣，寒暑四时当矣。"故而本章强调，一言即出，就应像山岳一样不可移动；一次信誉受到损害，就会使自己像尘粉一样遭人轻视。东汉张劭范式的信行至今还被人们称赞；春秋季札对徐君守信挂剑立于坟丘的行为，人们无不记念在心；车辆靠轮子转动，而人须凭信誉立世。

德义与私利。《义行章第十六》："为人之法者，贵存德义。居家理治，每事无私。兄弟同居，善言和气；好衣先让，美食后之。富贵在身，须加赈恤；饥寒顿弊，啜味相存。但看并粮之友，积乡若为？一室三贤，持名何誉？""啜味相存"，语出《礼记·檀弓下》，谓靠粥食饮水生存，以为贫家孝子事亲之典。"并粮之友"，指战国时燕人羊角哀与左伯桃生死相交的故事。《后汉书·申屠刚传》注引《烈士传》，言二人为友，在

· 329 ·

一同仕楚的路上，遇雨雪缺粮，伯桃乃并衣粮于哀，令入事楚，伯桃则入空树中死。羊角哀当了楚国上大夫，遂开树发左伯桃尸体改葬之，亦自杀而亡。"一室三贤"，应指西周文、武、周公。做人的准则贵存德义，摒弃私利。义为中国传统社会最重要的伦理道德规范之一，早已以主导性价值观念形态，沉积烙印在了中国人的心灵深处，成为具有普遍而崇高意义的价值追求和人间正道。《礼记·礼运》："何谓人义？父慈、子孝、兄良、弟弟、夫义、妇听、长惠、幼顺、君仁、臣忠，十者谓之人义。"《墨子·天至下》："义者，正也。"《吕氏春秋·孟春纪》："无偏无颇，遵王之义。"《太公家教》："立身之本，义让为先……敬上爱下，泛爱尊贤。孤儿寡妇，特可矜怜。"故而，治理家庭，每事都不得偏私，兄弟同居时说话要友善和气，有好衣服先让给别人穿，有好饭食等到后面再吃。身处富贵要救济体恤穷人，饥寒困苦之人有粥食饮水即可存活。且看"并粮之友"的情谊、周室三贤所保持的美名，又是多么令后人称誉啊！

廉洁与贪腐。《廉行章第十七》："临财不争，则无耻辱之患；对食不贪，盖是修身之本。争财，则有灭身之祸；贪食刻有招毁之败。齐之三将，以味亡躯；单醪投河，三军皆庆。""齐之三将，以味亡躯"，典出《晏子春秋》卷二，即"二桃杀三士"的故事。廉洁与贪腐，又是矛盾的两个对立的方面，存在于同一矛盾体中，双方依一定的条件相互转化，转化的条件即取决于个人的操守品行。老子说："反者道之动。"认为天道的本性是变动，变动的本质在于相反事物间的相互作用与转化，这一理念是认识事物的前提。《楚辞·招魂》："朕幼清以廉洁兮。"王逸注："不受曰廉，不污曰洁。"《汉书·贡禹传》："禹又言孝文皇帝时贵廉洁，贱贪污。"《太公家教》："贪心害己，利口伤人。"《辩才家教》："劝君莫贪财，贪财祸必来。"《珠玉抄》："不枉法，不得财。若得财，则枉法。既枉法，则害身，财将何用？"廉政文化自古以来就为中华优秀传统文化的重要组成部分。临近财物不去争夺，就不会有遭受耻辱的忧患；面对食物而不贪心，为修身养性之根本。争夺财物会带来灭身之祸；贪图食物时刻有招致毁誉的失败。从而告诫为官为政者，拒腐防变须时刻警觉，坚守信念，矢志不渝。

公正与偏私。《平行章第十九》："在官之法，心平性正。差科定役，每事无偏。遣富留贫，按强扶弱。勿受嘱请，莫纳求情；若受嘱请，事乃违心；若纳货贿，便生进退。非直于身危险，昼夜情不安宁。若恩威不平，则难断决，上下官司，递相颜面，竞生相取。是以富者转富，贫者转贫。日月虽明，覆盆难照；时君至圣，微疊难知。人之冥也，何能自说？""微疊"，微小的裂纹。"平行"意即公平而行。公正与偏私，又是一对矛盾的统一体，二者相互依存而又尖锐对立。西汉贾谊《新书·道术》："兼覆无私谓之公，反公为私。"公平正义、心平气正不仅是做人的基本品行要求，更是为官处事的根本原则。对于国家征纳的差科定役，每件事都不能偏私，并应按照唐律条款中"遣（派）富留贫，按（抑）强扶弱"的规定精神执行。不可接受他人的嘱请，也不可收受嘱请人的财物。若接受他人嘱请办事就会违心，若收受嘱请人的财物就会产生"进退"，而不能按应有的规章制度办理。这不但对于自身是危险的，而且还会使自己昼夜心情不得安宁。若对百姓恩威不平，则很难公正处事，上下官衙还会递相看脸面办事，以至于"竞生相取"。那样的话，富者会变得更富，贫者会更加贫穷。日月虽然光明，但难以照到覆盆以下，当时的国君纵然圣明，对于下面微小的事情也难以知晓。

慎行与立身。《慎行章第二十一》："立身终始，慎之为大。若居高位，便须慎言。朋友交游，便须慎杯。养身之道，便须慎食。就师疗疾，乃可慎医。非时不得田猎，走马不过一里。亲知故识，无事莫过；寡妇之门，无由莫往。欲论百行之中，慎行尤急。略而言之，陈其叵尽。""叵尽"，即颇为详尽之义。慎行、慎言、慎杯、慎食、慎医，乃至于慎思、慎初、慎终、慎重、慎独、慎微等，均为儒家传统理念。《诗·小雅·巷伯》："慎而言也。"《礼记·中庸》："审问之，慎思之。"《太公家教》："教子之法，常令自慎，言不可失，行不可亏……慎是龙宫海藏，忍是护身之符。"《武王家教》："口能招祸，慎之；虽丰钱财，俭之；粮食少短，节之……慎莫多事，多事被人憎……莫为无益事，莫居无益邻，莫听无益语，莫亲无益人。"正由于慎行如此之重要，因而本章

· 331 ·

将其阐发得细致到位，对于慎言、慎杯、慎食、慎医，以至田猎、走马、探访亲知故识、过往寡妇之门等，都作出具体规定。立身始终都要将慎行作为大事，对于身居高位者更当如此。

受谏与进谏。《爱行章第二十二》："明君受谏，治化无穷；不纳忠言，国将败危。赤心于君者，不可枉戮；直谏其智者，不得滥诛。桀纣暴疟，天乃丧之；尧舜慈人，传名不已。"谏，直言规劝、使之改正失误之义。《周礼·地官·保氏》："保氏掌谏王恶。"《淮南子·主术训》："故尧置敢谏之鼓。"受谏乃治国必不可缺的重要举措。能够接受大臣劝谏的明君，国家就会治化无穷；不纳忠言的君主，社稷必将败危，此间哲理不言而喻。因而对于赤胆忠心的大臣，对于犯颜直谏者，不得枉加杀戮。夏桀商纣暴疟，上天使其灭亡；唐尧虞舜仁慈，美名流传不止。《谏行章第二十三》又云："为臣尽谏，托命存邦，必须犯颜，丧身全国。谄言易进，忠言难陈。是以茅焦就镬，始皇见而归愆。荀息累綦，虞公睹而取过。"进谏与受谏，是同一事物的两个不可分割的侧面，它们既相互对立，相互制约，又相互影响，相互渗透，相互作用，互为条件，相辅相成。明君既要有乐于纳谏的雅量，人臣更应有"托命为国"犯颜直谏的勇气和品格，甚至于为了保全国家社稷而不惜丧失生命，这是作为臣子的本份。谄言容易听得进去，而忠言则难以陈述。因而当茅焦进谏而遭镬刑时，始皇见了也自责认错（典出《史记·始皇本纪》），当虞公收受荀息贿赂而不听劝谏时，自己也亲睹了亡国的过失（典出《左传·僖公五年》）。

宽宏与褊狭。《宽行章第二十六》："天宽无所不覆，地宽无所不载。化宽无所不归，海宽无所不纳。恩宽惠及四海，德宽万里影从。威承皇旨，智宽无处不危，清宽何人不敬？唯有持穷，不得自宽。上下无法，尊卑失礼，乱逆生焉。"宽厚、宽容、宽宏、宽恕，是中国人终身奉行不悖的处世原则，亦是治国理政的重要法宝。而褊狭，历来为士人所唾弃。《荀子·修身》："狭隘褊小，则廓之以广大。"《晋书·宣帝纪》："性宽绰而能容。"《晋书·何遵传》言，何嵩"宽宏爱士，博观坟籍"。《太公家教》："君子以含弘为大，海水以博纳为深。宽则得众，敏则有功。"

宽宏大度对于治国理政至关重要。高天宽广，无所不覆；大地宽厚，无所不载；国家教化宽宏，人民无所不归；海洋宽阔，水流无所不纳。君主恩泽宽大，惠及四海，八方就会归顺；圣德宽大，万里以外也愿影从。一个社会清平、德政宽宏的国家，何人不敬？相反，唯有黯蝙狭隘之人，恃势作恶之人，他的统治自然不会宽宏，加上上下无法，尊卑失礼，必生乱政。

良友与弊友。《虑行章第二十七》："人生在世，唯须择交。或因良友而以建名，或以弊友而以败己。一朝失行，积代亏名，方始追悔，如何可及？但以清清之水，尘土浊之；济济之人，愚朋所误。"有选择地结交朋友，交好朋友，对于人生处世自会非常重要，需要慎重为之。唐白居易《寓意》诗："乃知择交难，须有知人朋。"《辩才家教》："既要立身，须得良友。近贤者□，近贱者忧。"《太公家教》："女无明镜，不知面上之精细；人无良友，不知行之亏余。是以结交朋友，须择良贤……荣则同荣，辱则同辱；难则相救，危则相扶。"《武王家教》："不择师友，损辱己身。"一个人或因结交好友而使自己建功扬名，或因结交坏友而使自己身败名裂。一朝行为有失，多少代名声都会受损，要想追悔，又怎么能办得到呢？这就象原本清清之水，却被尘土浑浊；本是美好之人，却被愚朋所误。

学习与成人。《学行章第三十四》："良田美业，因施力而收。苗好地不耕，终是荒芜之秽。人虽有貌，不学无以成人。但是百行之源，凭学而立，禄亦在其中矣！""学不可以已"，学习与成人，又是一对因果关系，其重要性古代先哲们早有大量论证，毋需赘言。此章强调，不学无以成人，人的百行之源都是凭借学习而建立的。《太公家教》亦曰："小而学者，如日出之光；长而学者，如日中之光；老而学者，如日暮之光；人生不学，冥冥如夜行……勤是无价之宝，学是明月神珠。积财千万，不如明解一经；良田千顷，不如薄技随身。"《辩才家教》："勤读诗书，自然知足。"《珠玉抄》："赐子千金，不如教子一艺。"

正人与正己。《政行章第三十九》："立身之道，先须政己，方始政人。己若不政，令而不行；令既不行，从何为政？是以形端影政，身曲影斜。故曰：为政以德，譬如北辰，天下拱手而向之。""政"通"正"。正人与正己，又是一对矛盾统一体的两个侧面，如何正确地对待与解决呢？此章告诉我们，立身处世必须先要自身正派，然后才能教人正派；如果自己本身不正派，你发布的政令就行不通，百姓就不会服从，那样的话你又如何施政呢？因而人端身影才正，身曲影子必斜。只有为政以德，才会如像北极星一样，天下百姓拱手所向。

抱直与从曲。《直行章第四十》："曲木畏直线，心邪畏直士。绳能束揽万物，直能逆耳忠谏，宁抱直而死，不从曲而生。是以玉碎留名，不同瓦在。见丑勿起狂心，莫生谀妮。若在狂惑，四海往还无由。谀妮，皇天不佑。"狂心，放荡之心；谀妮，谄媚讨好；狂惑，欺骗迷惑。抱直与从曲，同样是存在于同一矛盾体中事物的两个方面，如何处理，做何选择，对于人生关系重大。弯曲的木头畏惧直线的量测，心地邪恶的人害怕直士的揭露。直绳能束揽万物，直士敢于逆耳忠谏。宁可抱着正直见解而死，也不屈从邪性而生。宁为玉碎，不为瓦全。对于一个正直的人来说见了丑恶行为，既不能放荡所为，也不能谄媚讨好。社会上若存在狂惑之风，四海之内就不会太平。对于谀妮恶行的人，皇天也不会保佑的。

量才与用才。《量行章第四十二》："才堪者不可枉黜，才劣者不可滥沾。必须量才授位，量器所容。至于每事，皆须量断。恶人不可共居，耽酒不可同饮。小人以利生欺，君子以酒相败。如此之徒，皆须远之。酒能败身。"量才与用才，也是同一事物的两个方面，它们相互依存，相互贯通。量才使用，用好人才，关乎到事业的兴衰成败，自古为为政者所重。对于才堪者不可错误地黜退，对于才劣者不能让他沾上好处。必须量才授位，对于恶人不能与之同居，对于沉湎酒的人不能与之同饮。小人往往因利而生欺诈，君子也往往因沉湎于酒而败业。像这样的人必须远离。酒能败身。

负己与负人。《蒙行章第五十一》："蒙人引接，至死衔恩；受禄居宠，灭身非谢。伤蛇遇药，尚有存报之心；困雀逢箱，犹报眷养之重。是以宁人负己，莫己负人。""伤蛇遇药""困雀逢箱"的典故，均见前述《报行章第八》引注。负己与负人，类同于前述正人与正己的辩证关系那样，需要倾心对待和处理。承蒙别人的引荐，到死也应心存感恩；而受禄居宠之人，更是灭身也不能谢尽厚德，应像大蛇衔珠、黄雀奉环那样报恩。故而为人宁愿别人辜负自己，但自己切莫辜负别人，这即是做人的哲理。

谦退与高大。《才行章第五十三》："才过周、孔，恒言将短；智慧灼然，常卑下劣。贵在从众，勿表独能；谦退于人，穹穹于己。""穹穹"即"穹穹"，高大的形象。谦虚，是为人的优秀品质，表面看起来似乎卑下，实则形象高大。《书·大禹谟》："满招损，谦受益。"即使一个才华超过周公、孔子的人，其常言也有不足之处；一个智慧显赫的人，也应经常保持谦卑；为人贵在随从大众，不要独独显示自己的最能；只有对人谦退，自己才显得高大。

达己与达人。《进行章第五十四》："欲立身，先立人；欲达己，先达人。进人者，人还进之；立人者，人还立之。是以独高则危，单长必折。"文中第一句话，语出《论语·雍也》："己欲立而立人；己欲达而达人。"《太公家教》《珠玉抄》《新集文词九经钞》亦引此语。达己与达人，亦类同于前述正人与正己、负己与负人的辩证关系，相互矛盾，又相辅相成。一个人想要在社会上立身，应先使别人也能立身；想要自己发达起来，也应先使别人发达。进举别人的人，自己也会被别人进举；扶立别人的人，自己也会被别人扶立。因而一人独处高位是危险的，单独而长的物体必被折断。

救难与报答。《救行章第五十五》："邻有警急，寻声往奔；人遭厄难，便须匍匐。堕流蒙救，尚获延年；必若施功，宁有无报！""人遭厄难，便须匍匐"，典出《诗·邶风·谷风》："凡民有丧，匍匐救之。"恤邻救难，扶危济困，自是中华传统美德。从哲学思维的逻辑关系来说，救助别人，自己也会得到别人的报答和救助，救人者人救之，助人者人助之。听到邻里有危急之事，应寻着声音飞奔前往；如若有人遭受厄难，就须匍匐尽力帮助。如若有人落水获救，尚能延命，对于救人的人哪能不报答呢！

· 335 ·

济困与回报。《济行章第五十六》:"救危扶厄,济养众生。若睹病患饥寒,啜续其命。但以桑中之弊,尚致扶轮;并粮之恩,须报泉路。""桑中之弊,尚致扶轮",典出《左传·宣公二年》《吕氏春秋·报更》,相传春秋时晋大夫赵宣子猎于首山,见灵辄饿不能起,赐给饮食;后宣子遇难,灵辄报恩救之。"并粮之恩,须报泉路",见前述《义行章第十六》注引。如同前章"救难与自救"所论,此间哲理毋庸赘言。做人须有救危扶厄、济养众生的品德,这样自己也会得到相应的回报。遇见患病饥饿之人,应出手相助,施舍食物。春秋时赵宣子送给灵辄饮食,尚获救命之报;而左伯桃对于羊角哀的并粮深情,遂使羊角哀选择自杀的方式而相报于九泉之下。

偏厚与薄遍。《普行章第六十四》:"在官之体,断决无偏;在家之法,平如概撰。莫生爱憎,勿为彼此。偏厚不如薄遍,独好不如众丑。"概,量谷用刮平斗斛的器具;撰,度量。概撰,用概具来度量。偏厚与薄遍,又是同一事物中对立统一的两个方面,尤其对于为官者来说,更应做出正确对待和选择。官员施政,断决事情不能有所偏袒;治家也应如此,就应象用概具刮量斗斛一样公平。待人处事,不能以个人的爱憎来加以区分,不应厚此薄彼;有偏有厚不如普遍一致对待为好,喜好一人不如对大家都好。

浮华与拙朴,卑恭与欺慢。《诚行章第七十五》:"执当加心,役民以理。浮华之计,不及拙朴;巧妙之端,而不如成功显效。是以朝花之草,夕则零落;松柏之茂,终冬不衰。卑恭下人,自益于己,人皆敬之;欺慢于人,自损于己,无损于人,人皆害之。若轻相持,下能凌上,岂不耻乎?""执",拘捕罪人。浮华与拙朴,卑恭与欺慢,又各是一对矛盾体中的两个方面。浮华,犹言华而不实。《后汉书·鲁丕传》:"浮华无用之言,不陈于前。"拙朴,笨拙朴实,与"浮华"意思相反。《老子》:"大巧若拙。"《太公家教》:"直实在心,莫作诈巧。"浮华的计谋不如拙朴的作为好;一些巧妙的手段不及成功的办法显现效果。有些早晨开放的好看的花草,到了晚上就零落了;而茂盛的松柏时值冬天仍然不衰。卑恭,是以恭敬谦和的态度、容貌表达对他人的尊重和敬意,是传统社会处己、与人交往的基本道德规范和行为准则，在约束人们的言行、调和人与人之间的社会关系方面作用重大。《珠玉抄》："君子一日三省其身则谦恭，勿轻慢他人，常自损己。"本章强调，逮捕人时须倍加当心，以免弄错；治理民众要靠法理。卑恭向下的人有益于自己，人们都会尊敬他；而一个欺慢他人的人，只能有损于己而无损于人。假若因小事与他人相持不下，就有可能出现以下犯上的行为，岂不令人羞耻！

改变与坚守。《德性章第八十一》："贫不改操，揖让如常。退职失宠，犹须恭肃。士之常也，不以荣辱而易其心；仁之礼也，不以盛衰而亏其志。"修身养性，贵在坚守，不能以自己的贫富荣辱改变操守，也不应以个人的进退盛衰伤害志气，坚持定力，终无败事，这即是士人的常行、仁者的准则。《后汉书·马援传》"穷当益坚，老当益壮"，说的亦是这个哲理。

以上这些富有哲理性的二分法思维，将充满矛盾对立的两组概念进行了生动的、充满智慧的阐释，给人以深刻的启迪。"家教看似浅，款曲寻思始知深"。敦煌唐五代时期蒙书中这些富有哲理性的论说、精辟的辨析思考，凝结了中国优秀传统文化的菁华，揭示了深沉的社会法则，描述了淳朴的生活哲理，展现了简易的生存智慧，也由此反映出我国古代学童教育中注重哲理思辨的特色。这对于我们今天的学童教育以及培育、践行社会主义核心价值观，亦有史鉴意义。

《河西节度使判集》（P. 2492）有关问题考

敦煌遗书 P. 2492 号写卷《河西节度使判集》，是一份十分珍贵的历史文献，引起不少学者的注目。唐长孺[①]、安家瑶[②]、史苇湘[③]、马德[④]等先生均对其做过研究，搞清了许多重要问题。安家瑶还依据缩微胶片，对于该卷文书作了细致的录文和校注。近十几年来笔者一直将此件文书作为给敦煌学研究生授课的必读文献，发现其中还有不少问题值得进一步深入探讨。由此不揣谫陋，草拟此文，以就教于学界。

一 关于"瘠卤未能肥杞，截鹤岂能续凫"

《河西节度使判集》（以下简称《判集》）第 32 道判文为《瓜州屯田请取未外，均充诸欠》，云："官物欠剩，各有区分。未剩合纳正仓，覆（核？）欠合征私室。人间大例，天下共同。况分配先殊，主守元别。瘠卤未能肥杞，截鹤岂能续凫。道理昭然，断无疑矣。"其中"瘠卤未能肥杞，截鹤岂能续凫"一句（139—140 行），安家瑶校注："杞疑作杞，

---

① 唐长孺：《敦煌吐鲁番史料中有关伊、西、北庭节度使留后问题》，《中国史研究》1980 年第 3 期。
② 安家瑶：《唐永泰元年（765）—大历元年（766）河西巡抚使判集（伯二九四二）研究》，《敦煌吐鲁番文献研究论集》，中华书局 1982 年版，第 232—264 页。
③ 史苇湘：《河西节度使覆灭的前夕—敦煌遗书伯 2942 号残卷的研究》，《敦煌研究》创刊号，甘肃人民出版社 1983 年版，第 119—130 页。
④ 马德：《关于 P. 2492 写卷的几个问题》，《西北师院学报》1984 年增刊，第 63—66 页。

树名。池田温录文作'把','瘠卤未能肥把',文意难解。应作'瘠卤未能肥杞',这样也符合下句'截鹤岂能续凫'的对文。"显然,将"杷"校作"杞"是正确的,"瘠卤未能肥把"的确文意难通。然而安家瑶认为"杞"为树名,依其校意此句似应理解为:贫瘠的盐碱地上不能生长肥硕的杞树,截去腿的鹤鸟岂能继续凫水!该句果为此意吗?出自何典?安家瑶未能指出。

《左传·襄公二十九年》记,是年(前544)晋侯使司马女叔侯前往鲁国,要求鲁国归还先前侵占杞国的土地,结果未能如愿。归来后曰:"何必瘠鲁以肥杞?"《判集》中"瘠卤未能肥杞"当语出此处,"卤"应为"鲁",指鲁国,《判集》作"卤",误。这里的"杞"指杞国,并非安家瑶所说的杞树。杞国为西周初分封的诸侯国,初在雍丘(今河南杞县),杞成公迁缘陵(今山东昌乐东南),杞文公迁淳于(今山东安丘东北),公元前445年为楚所灭。《左传》中这句话的意思是说何必要薄待鲁国而肥了杞国。《判集》引用此语的意思是用来进一步强调,瓜州屯田的剩余物应纳入正仓,而不宜用来填补别的欠缺的道理,绝非贫瘠的盐碱地上不能生长肥硕的杞树之意。

至于"截鹤岂能续凫",语出《庄子·骈拇》。云:"长者不为有余,短者不为不足。是故凫胫虽短,续之则忧;鹤胫虽长,断之则悲。故性长非所断,性短非所续,无所去忧也。"凫,野鸭;胫,小腿。此句是说,长的不算多余,短的不算不足;所以野鸭的小腿虽然很短,接上一段则会造成痛苦;鹤鸟的小腿虽然很长,但切去一段就会造成悲哀。事物原本是长的,不可随意切断;事物原本就短的,也不可随意接长,这样各种事物也就没有什么可忧虑的了。其意思是人们不能违反事物各得其所的原本状态,应顺应自然处事。《聊斋志异·陆判》引用此典:"异史氏曰:'断鹤续凫,矫作者妄;移花接木。创始者奇。'"亦是同理。《判集》引用此典故同样是用来阐明不能用瓜州屯田的剩余物"均充诸欠"的道理。

二 关于"有正卯之五盗，无日䃅之一心"

《判集》第43道判文《张璘诈称节度》："张使君性本凶荒，志非忠谨，有正卯之五盗，无日䃅之一心。潜构异端，公然纵逆，伪立符敕，矫授旄麾，动摇军州，结托戎狄，恣行险勃，妄有觊觎……"对原甘州刺史张璘乘危亡之际的倒行逆施予以痛斥。其中"有正卯之五盗，无日䃅之一心"（182行）一句作何解释，语出何典？安家瑶未作注解。

此处"正卯"，指春秋鲁国人少正卯，与孔子同时代人。据《论衡·讲瑞》，传说少正卯聚徒讲学，使得孔子之门三盈三虚。《史记·孔子世家》记："定公十四年（公元前496），孔子年五十六，由大司寇行摄相事，有喜色。门人曰：'闻君子祸至不惧，福至不喜。'孔子曰：'有是言也。不曰乐其以贵下人乎？'于是诛鲁大夫乱政者少正卯。"正卯因属"乱政者"，故被称为"五盗"。《判集》以少正卯喻张璘，指斥其乱政逆行。

"日䃅"（读音midi）指西汉大臣金日䃅。据《汉书》卷六十八《金日䃅传》，日䃅本为匈奴休屠王太子，武帝元狩二年（前121）骠骑将军霍去病进兵河西，匈奴昆邪王杀休屠王降汉，14岁的日䃅亦与其母亲和弟弟一起到了汉朝，遂被安置在黄门养马。因其勤勉敬业，很受武帝器重，遂拜为马监，很快又升为侍中、驸马都尉、光禄大夫。侍中仆射莽何罗谋反，刺杀武帝，被日䃅拼死相救，避免了一场迫在眉睫的流血政变。昭帝即位，与霍光、桑弘羊等同受遗诏辅政，封为秺侯。死后陪葬茂陵，谥为"敬侯"。日䃅虽为匈奴人，但对汉朝忠信不二，笃慎一生，深受人们尊敬。《判集》以日䃅之忠贞，反衬张璘之奸诈悖行。

三 关于"侮法无惧三千，搏风妄期九万"

《判集》第44道文书《伊西庭留后周逸构突厥煞使主，兼矫诏河已西副元帅》，对于伊西庭留后周逸在危亡混乱之际假突厥之手杀害河已西副元帅,并图谋矫诏取而代之的罪行作了无情的揭露与痛斥。其中提到周逸"侮法无惧三千,搏风妄期九万"(196—197 行)。此句出处何在?安家瑶亦未作注。有学者认为此句纯粹是佛家的口气。

这句话实际上引自《庄子·逍遥游》:"鹏之徙于南冥也,水击三千里,抟扶摇而上者九万里。……有鸟焉,其名为鹏,背若泰山,翼若垂天之云,抟扶摇羊角而上者九万里;绝云气,负青天,然后图南,且适南冥也。"南冥即南海,扶摇、羊角均指回旋直上的大风。这句话的意思是说,鹏鸟飞往南海时激溅起的水柱达三千里,翼拍旋风直上九万里高空;它的背像高耸的泰山,翅膀如垂挂到天边的云彩,超绝云气,背负青天,飞向南海。《逍遥游》集中反映了庄周哲学中虚无主义和绝对自由的思想。

《判集》引用此典,用来揭露和指斥周逸胆大妄为的"侮法"罪行和狂妄的勃勃野心。此句并非是佛家的口气,而是出自道家之口。

此典还常被一些诗词作品引用。如李白《上李邕》:"大鹏一日同风起,扶摇直上九万里。"毛泽东作于 1965 年秋的《念奴娇·鸟儿问答》:"鲲鹏展翅,九万里,翻动扶摇羊角。背负青天朝下看,都是人间城郭。"

四 关于"肃州多乐屯"

《判集》第 24 道判文《建康军请肃州多乐屯》:"肃州无粮,或可率税。建康乏绝,又要般躔。救患恤邻,何妨拨与。任自收获,又省往来。"(101—103 行)

据两唐书《地理志》、《元和郡县图志》等,建康军置于武后证圣元年(695)。因甘、肃二州中间阔远,频被寇抄,遂于甘州(今张掖市)西二百里置此军。笔者考得,该军故址即今甘肃高台县骆驼城遗址[①],西距肃州(今酒泉市)亦约 200 华里。据《唐六典》卷七"屯田郎中"

[①] 李并成:《河西走廊马营河、摆浪河下游的古城遗址及沙漠化过程初探》,《北京大学学报》历史地理专刊,1992 年,第 95—101 页。

条,凡天下诸军、州管屯,其中建康军管 15 屯,肃州管 7 屯。依《新唐书·食货志》"州镇诸军每屯五十顷",则建康军 15 屯合 7.5 万唐亩。《判集》却云:"建康乏绝",可见在当时吐蕃大军压境危如累卵的危急情势下,其所管诸屯已经废驰,所需军粮只能依靠他处"搬蹦"供给。

肃州多乐屯,当为《唐六典》所记该州所管 7 屯之一。史籍上还可找到"多乐水"一名。《新唐书》卷一八五上《良吏上·王方翼》记,永徽五年(654)方翼"迁肃州刺史。时州城荒毁,又无壕堑,数为贼寇所乘。方翼发卒浚筑,引多乐水环城为壕。又出私财造水碾硙,税其利以养饥馁,宅侧起舍十余行以居之"。王方翼引多乐水环城为壕,则该水必位于肃州城近侧,并可引水至城。依此判断多乐水即今流经酒泉城并为酒泉绿洲主要灌溉水源的讨赖河无疑。《判集》之多乐屯自然是因"多乐水"得名,属多乐水灌区,亦当位于今酒泉城附近。酒泉城周一带为河西绿洲精华地段之一,自古农产丰饶,富甲一方。从建康军到多乐屯距离未远,前往收获以充军粮,救患恤邻,又省长途搬运之劳,自然是一个可行的好主意,因而得到河西节度使的批准。

五 关于瓜州境内的铜矿

《判集》第 37 道判文《瓜州尚长史采矿铸钱置作》:"采矿铸钱,数年兴作。粮殚力尽,万无一成。徒扰公家,苟润私室。况艰难之际,寇盗不恒,道路复遥,急疾无援。到头莫益,不可因循。收之桑榆,犹未为晚。再三筹议。事须勒停。"(153—157 行)

瓜州既能采矿铸钱,则其境内必有可供开采的铜矿。该矿位于何处?史籍语焉不详。民国《安西县采访录》(1930 年曹馥纂)载,该县有铜、铁、铝、煤、硫磺、食盐、土碱、金、银等矿藏,但未详具体矿点。

查有关地质资料知,安西一地处于几个地质构造体系的交接、复合部位,自加里东—喜马拉雅旋回,都显示了程度不同的构造运动,沉积了不同时代的地层系统,出现了不同期次的各种侵入岩,由此形成了铜、铁、铅锌、铝、煤等多种矿床。其中花牛山向斜、辉铜山—红柳园复向斜、黑山向斜等东西向构造体系中多有金属矿床生成。铜矿床主要集中在辉铜山。该山为河西走廊西北部的马鬃山脉一支，位于兰新铁路敦煌车站（安西县柳园镇）以西23千米，东南距安西县城约80千米。笔者曾于1983年来到此山，所见山体呈褐红色，铜、铁等矿脉于地表暴露较明显。经地质勘探该山铜矿储量超过300万吨，并有一定储量的金、银等矿藏。《判集》所言瓜州采矿铸钱之铜矿即今安西县辉铜山无疑。

据有关资料，1958年白银有色金属公司始开采辉铜山矿，主要生产铜精矿，综合回收金、银、铁、锡等，曾连续24年超额完成国家任务，经济指标一直保持在全国同类矿山前列，矿区总人口曾达到2500余人。1987年6月因其资源濒临枯竭，该矿山移交安西县地方开采，转向以黄金生产为主。现该矿拥有年产3万吨黄金矿山堆浸能力和日产400吨铜、铁选矿能力[①]。辉铜山矿可谓河西历史上最早开采的铜矿，千年古矿今雄风犹存。

六 关于尚书所过的"玉门"

《判集》第36道判文《玉门过尚书妄破斛斗》："尚书当过，具有文牒。所由颜情，妄事周递。既违公式，自合私填。何须再三，苦有申诉。所费既广，不可尽赔。三分放二，余仰即纳。"安家瑶认为此处"尚书"是指时任河西节度使的杨志烈，"根据文书中前面出现的五次尚书，我们就知道杨志烈到甘州后，又到过甘州、肃州之间的建康，并过了玉门关，准备往伊西北庭去征兵，不幸在往北庭途中的长泉被害"。尚书是否即指杨志烈此处姑且不论，现就其所过的"玉门"是否即玉门关的问题略作辩说。

笔者以为，这里的玉门恐非指玉门关，很可能是指玉门县。玉门县始置于西汉。《元和郡县图志》卷四十："玉门县，中下。东至（肃）州二百二十里。本汉旧县，属酒泉郡。汉罢玉门关屯戍，徙其人于此，因以名县……皇朝因之。"笔者考得汉唐玉门县的治所即今甘肃玉门市赤金

---

① 吕永成：《辉铜山矿雄风犹在》，《安西文史》第2辑，1997年，第64—65页。

镇赤金堡古城。① 唐代又曾一度于该县城内设玉门军。上书又记："玉门军，开元中玉门县为吐蕃所陷，因于县城置玉门军。天宝十四年（755），哥舒翰奏废军，重置县。"《新唐书·地理志》亦如此记载。《判集》写作的年代（安家瑶考为永泰元年至大历元年，即公元 765—766）正是玉门设县之时。玉门县位于肥沃的石脂水（今石油河）中游绿洲，这里自古就为重要的农垦屯田之域，物产丰富，人烟稠密。《旧唐书》卷三十八《地理志》载，玉门军驻兵多达 5200 人，马 600 匹，就此可见其一斑。同时这里又地当东连酒泉，西出敦煌、西域的必经通道，其交通位置重要。

笔者又考得，唐代玉门关设于瓜州境内今安西县疏勒河南岸的双塔堡一带②，这里位处"下广上狭，洄波甚急"的河流峡谷地段，过河即踏上长达 800 余里的"上无飞鸟，下无走兽，复无水草"的莫贺延碛道③（又称第五道），可直趋伊州（今哈密）。

从《判集》所云尚书经过时玉门出于"颜情"，"妄事周递""所费既广"等情景看，此处的玉门很可能是物产条件较好、经济较富庶的玉门县，而不大可能为独处关塞、物质运输较困难的玉门关。

除上而外，《判集》中还有一些重要问题，如前往西域征兵的副元帅究竟是何人？本卷应定名为《河西节度使判集》还是《河西巡抚使判集》？《杨公纪德颂碑》与《杨和碑》所载杨氏家族的关系如何？以及判案地点、写作年代等方面均有一些问题值得进一步探讨。限于篇幅，笔者拟另文专论。

（原载《敦煌学辑刊》2005 年第 3 期）

---

① 李并成：《西汉酒泉郡若干县城的调查与考证》，《西北史地》1991 年第 3 期。
② 李并成：《唐玉门关究竟在哪里》，《西北师大学报》2001 年第 4 期。
③ （唐）慧立、彦悰：《大慈恩寺三藏法师传》，中华书局 1983 年版，第 12—16 页。

论甘肃为丝绸之路的"黄金路段"

2013年9月,习近平主席在哈萨克斯坦纳扎尔巴耶夫大学演讲中提出建设"丝绸之路经济带"的倡议,随即在国内外引起广泛关注和响应。甘肃省为之积极行动,提出甘肃为丝绸之路的"黄金路段"。

甘肃为什么是丝绸之路的"黄金路段",其依据是什么,优势何在?迄今学界尚缺少对其全面系统的论说和清晰的梳理。笔者不揣谫陋,拟对其作一必要的考证,以就教于学界及有关方面。

一 甘肃位居丝绸之路的枢纽地带,是世界上四大文化体系的汇流之区

丝绸之路是古代沟通旧大陆三大洲最重要的通道,数千年来曾为整个人类世界的物质文明和精神文明做出过巨大贡献,被誉为"世界文化的大运河","世界文化的母胎","推动古代世界历史车轮前进的主轴"。2014年成功进入世界文化遗产的"丝绸之路:长安—天山廊道的路网",贯穿甘肃全境,其主干线在甘肃东西绵延长达1600多千米,约占其全程总长度的1/4。从甘肃的地理位置来看,位处东亚与中亚的结合部,是我国东中部腹地通往西北地区乃至西方各国的天然走廊和必经孔道。

笔者曾考得,贯穿甘肃境内的丝绸之路主要路段有:河西北道(又称南回中道,西安—宝鸡—陇县—平凉—萧关—固原—靖远—景泰—武威及其以远)、陇关道(西安—陇县—大震关—秦安—通渭—兰州及其以远)、秦陇南道(西安—大震关—天水—陇西—临洮—临夏—兰州或

西宁以远）、居延道（张掖、酒泉—金塔—居延及其以远）、灵武道（西安—灵武—武威以远）、西兰道（西安—平凉—定西—兰州，大体与今312国道合）、河西道（穿越河西走廊东西通道）、包绥道（武威—民勤—磴口—包头—呼和浩特—北京）、羌中道（兰州—西宁—日月山—柴达木盆地—若羌及其以远）、唐蕃古道（兰州—西宁—日月山—玉树—拉萨）、大斗拔谷道（西宁—扁都口—张掖）等。此外，还有直道（西安—子午岭—河套）、阴平道（秦陇入蜀道路）、白水道（秦陇入蜀道路）等，亦可归入广义的丝绸之路。由此甘肃成为东西方经济文化交流不可替代的桥梁，东西方文明在这里交融汇聚，西传东渐。丝绸之路及其丰富的文化遗存是甘肃历史文化资源中最有优势、最具光彩和魅力的品牌。

国学大师季羡林先生有一段名言："世界上历史悠久、地域广阔、自成体系、影响深远的文化体系只有四个：中国、印度、希腊、伊斯兰，再没有第五个。而这四个文化体系汇流的地方只有一个，那就是中国的敦煌和新疆地区，再没有第二个。"诚如其言，敦煌乃至整个甘肃处在从陆上将世界上四大文化体系联结起来的区域，在世界文化地图上占据着举足轻重的地位。中国文化西传波斯、阿拉伯、埃及、希腊、罗马及其以远，欧洲和西亚、中亚、北非文化的东渐，甘肃都是必经之地；中国文化南传印度和南亚，印度文化传入中国，甘肃亦是主要通道。

二 甘肃是我国历史上率先对外开放的地区，河西走廊可称之为我国走向世界的第一条通道

笔者认为，我国历史上的对外开放，可追溯至2100多年前汉武帝时的张骞出使西域。随着丝绸之路的开拓，沟通了东西方经济文化的交流，使汉族和西北边疆各族，使中国和西方许多国家和民族建立了友好关系，因而史家称这一壮举为"凿空"。张骞是受汉武帝的派遣而前往西域的，武帝建元二年（前139）第一次出使西域，"身所至者大宛、大月氏、大夏、康居，而传闻其旁大国五、六"，了解到了有关西域地区大量的政

治、经济、地理、文化等方面情况。元狩四年（前119）张骞第二次出使西域率领一支庞大使团，携带大批丝绸、钱币以及马牛羊等物质，与更多的地区和国家建立了友好关系。毫无疑问，张骞的"凿空"是国家行为，是我国主动地走出去、对外开放的创举，从而开辟了丝绸之路的畅通与繁荣的局面，形成了我国对外开放壮丽的格局。由于我国东临大海，限于当时的交通条件，对外开放的主要方向是向西开放，向欧亚大陆开放，即沿着丝绸之路走出国门，走向世界，位处丝路要道上的甘肃因之成为我国率先对外开放的地区。河西走廊由于其南部发源于祁连山脉的石羊河、黑河、疏勒河三大内陆河系的滋润，沿程发育了连绵的片片绿洲，其自然和交通通行条件较之其北部的茫茫荒漠和南部的青藏高原无疑要优越得多，因而自古以来就成为丝绸之路国际交通大动脉上最重要的路段之一，成为我国走向世界的第一条通道。

汉唐时期中国以其恢宏的气魄、灿烂的文化向世界展开胸怀，随着丝绸之路的畅通，商旅、使者"相望于道"，不绝于途，甘肃每每得风气之先，畅开大门，广接八方来客，海纳外来营养，表现出对外来文化强大的融合力。正是由于这种区位优势，陇原各地得以长时期地吸收、汲取丝绸路上荟萃的各种文明成果来滋养自己，促进自身经济文化的发展和繁荣。如佛教和佛教艺术自两汉之际经河西、陇右传入我国内地，十六国时众多的西域佛僧来到河西，译经授徒，蔚成风气，凉州、敦煌等地成了我国佛经翻译的中心。蜚声中外的莫高窟等众多的佛教石窟群象明珠般地闪烁在丝路古道上，光艳夺目，让世人惊叹。它们是我国对外开放的结晶，是中外文化友好交流的结晶，是丝绸路上留下的一串串光辉的历史足迹。

三 甘肃许多城市都是因丝绸之路的开通而兴起，随丝绸之路的盛衰发展而兴颓，一些城市也因之成了丝路沿线重要的节点重镇，以至成为国际性都会

即拿河西走廊来说，张骞"凿空"后，为了建立"制匈奴、通西

域"的稳固的前进基地,汉武帝派骠骑将军霍去病远征河西,大败匈奴,随后在河西丝路沿线相继设置酒泉、张掖、敦煌、武威4郡及其所属35个县,实施大规模的开发经营。可以毫不夸张地说,这些郡县城市皆因丝绸之路而兴起和发展,河陇地区的开发史与丝绸之路的发展史是紧紧联系在一起的。例如,位居河西走廊西端、西域门户的敦煌,随着丝绸之路的畅通,迅速发展成为西出西域古道上无可替代的咽喉重镇。东汉应劭解释敦煌二字:"敦,大也;煌,盛也。"唐人李吉甫又云:"敦,大也;以其广开西域,故以盛名。"意思是说由于敦煌在开辟西域方面的重大意义,所以才赋予了它这样一个具有盛大含义的名字。《汉书·西域传》记,出敦煌玉门关、阳关往西域有南北两道,据《魏略·西戎传》曹魏时增至三道。《后汉书·郡国志》引《耆旧志》云:敦煌"国当乾位,地列艮虚,水有县泉之神,山有鸣沙之异,川无蛇虺,泽无兕虎,华戎所交,一都会也。"敦煌发展成了华夏民族与西方各民族交往的国际都会。隋代裴矩《西域图记》记去西域道路有北、中、南三道,但无论哪一道都"发自敦煌","总凑敦煌,是其咽喉之地"。唐代以敦煌为中心更是在不同时期辟有7条交通路线:即东通中原的丝路干道、北通伊州(今哈密)的稍竿道、西北通高昌(今吐鲁番)的大海道、西通焉耆、龟兹(今库车)的大碛道、西南通鄯善(今若羌)、于阗(今和田)的于阗道、南通吐谷浑和吐蕃(今青海、西藏)的奔疾道、敦煌东面瓜州西北通伊州的第五道(莫贺延碛道)。可见敦煌实为当时丝绸之路交通馆驿网络颇为密集的枢纽之地。

又如武威,地处长安连通河西南北两条丝绸之路的交汇点。唐代《大慈恩寺三藏法师传》称:"凉州为河西都会,襟带西蕃、葱右诸国,商旅往来,无有停绝。""葱右"指葱岭(今帕米尔高原)以西的广大地区。武威作为河西都会,就像一件衣服上的襟和带子一样,把西方各少数民族和葱岭以西各国连带起来,以至于胡商汉贾络绎不绝,并有不少西域和中亚商客长期留居这里。唐代诗人岑参写道:"凉州七城十万家,胡人半解弹琵琶。"是说凉州大城之内有小城七座,城中居住的大量胡人受汉族文化的熏陶,已经能够一知半解地听懂琵琶的弹奏了。城内居民众多，汉胡杂居，经济兴盛。武威不愧为国际性都会，以至汉唐时期发展成我国西北地区除首都长安之外最大的城市。武威市博物馆藏全国重点文物保护单位《西夏碑》记："武威当四冲地，车辙马迹，辐凑交汇，日有千数。"

张掖，地当横贯河西走廊东西的丝路干线与向南穿越祁连山大斗拔谷道的交汇点，红尘走马，商贾络绎，物产丰饶，素有"金张掖"之美誉，自古以来就是中西交通贸易重镇。隋代西域各地和西方一些国家都到张掖交市，隋炀帝特派吏部侍郎裴矩到张掖"护视"，也就是主持对外贸易和联络西域各族事务，以致"西域诸蕃，往来相继"。隋大业五年（609）炀帝还亲自带着庞大的车马仪仗，出长安，经湟水流域，翻越祁连山大斗拔谷（今民乐县南的扁都口），历经艰辛，到达张掖，前来会见这里的二十七国国王和使者。隋炀帝还命令武威、张掖两地的女子盛装出来游玩观赏，结果观赏的游人和车马首尾长达数十百里，盛况空前。清人胡悉宁《登甘州城楼》诗忆当年张掖盛况："三边锁钥河山壮，万国车书驿路通。"

酒泉，位处河西大道与居延古道的交汇处，位置显要，自古就为"诸夷入贡之要路，河西保障之襟喉"。早在十六国时前凉、后凉、西凉、北凉等政权，都把酒泉作为交通西域诸国的基地。初唐诗人员半千《陇头水》吟道："路出金河道，山连玉塞门。旌旗云里渡，杨柳曲中喧。……将军献凯入，万里绝河源。"金河即流经酒泉城西的讨赖河，金河道即途经酒泉的丝路大道。由上引唐诗见，该道的畅通与否甚或关乎到整个西北一带的战局。元代《马可波罗行记》载，酒泉一带盛产大黄，"商人来此购买，贩售世界"。明代酒泉更是成为西北经贸的前沿重镇，西方波斯、大食、印度、花剌子模、撒马尔罕、阿富汗等国客商，都要经由酒泉以西的嘉峪关通关，进入中国内地贸易。

再如兰州，地处中国版图南北之中、东西扼塞之处，九曲黄河穿城而过，故称"陆都"。护秦联蒙，援疆翼藏，这里既是陆上丝绸之路的要径，又是扼守黄河的重要渡口，历来为中西经济文化交流的咽喉重镇。由长安、天水西来的秦陇南道，由兰州北去的河西大道，由兰州西去青藏高原的羌中道、唐蕃古道等皆汇聚于此。早在魏晋北朝时就有不少来自中亚的粟特人经商、居住在这里，延及隋唐形成了大型粟特商人聚落，他们在兰州辟有葡萄园，建有火祆祠，从事商贸、园艺、宗教文化等活动。丝绸之路的兴盛使其发展成了我国西部的中心城市之一。

又如天水，为甘肃东部的第一大镇，隋唐时"城上胡笳奏"，"胡舞白斜题"，胡汉文化交互辉映。天水曾出土许多胡人牵马、牵驼的三彩俑、凤首壶、禽兽葡萄镜、波斯钱币等文物，从中亦可窥见当年这座丝路重镇的繁荣面貌。

四 甘肃是享誉遐迩的文物大省，是丝路古道上保存各类文物最丰富、文物价值最高的地区之一

在漫长的历史发展中，陇原大地上留存下了许多饮誉全球的文物古迹和遗址名胜。目前全省拥有世界文化遗产 7 处，为我国也是世界上拥有世界遗产最多的省区之一。拥有全国重点文物保护单位近百处、省级重点文物保护单位 500 余处，已查明的文物遗存约 1.5 万处，全国重点收藏单位近百家，各类博物馆百余座，馆藏文物 50 多万件，其中一级文物 2000 多件，这些数据均在全国居于前列。如武威雷台东汉墓葬出土的铜奔马，完美无缺地塑造出了一个天马腾空的形象，轰动海内外，一时间"四海盛赞铜奔马，五洲争说金缕衣"，它被确定为中国旅游图形标志。又如甘肃是我国彩陶保存最集中、品级最高的地区，为我国绚烂的彩陶文化中独树一枝的奇葩，从 8000 多年前的大地湾一期遗址到齐家文化都有大量的彩陶出土。其精美绝伦的造型，缤纷多彩的纹饰，堪称古代艺术的瑰宝，甘肃也因之被誉为"彩陶之乡"。又如清乾隆时编纂的《四库全书》文溯阁本，今天完整地保存在兰州。再如甘肃境内岩画、摩崖石刻多达千余幅，其构图简括，笔法质朴，内涵丰富，蕴藏着大量珍贵的历史信息，被称为留在石头上的史诗长卷。成县西狭颂摩崖碑刻，为汉代三大颂碑中保存最完整的一处，其

碑文和书法均有很高的考古研究和临摹鉴赏价值。他如，长城、石窟、简牍、古代文书、古代艺术品、古遗址、古城址、古建筑、古墓葬等文物遗存，争奇斗胜，不胜枚举。

五 甘肃为世界上独一无二的规模壮观的石窟走廊和艺术长廊，成为丝绸之路辉煌艺术成就和历史文化的杰出代表

莫高窟、麦积山、炳灵寺、榆林窟、马蹄寺、北石窟、南石窟、天梯山、云崖寺等 50 多处石窟群、2500 多座洞窟、16000 余身造像、56000 余平方米壁画，灿若繁星，辉耀于丝路古道上。无论从石窟群和石窟的数量，所存造像、壁画的规模，还是从其艺术、历史价值来看，不仅在国内无有可及者，在世界上也难有其匹。世界文化遗产莫高窟是我国也是世界上所存规模最大、历时最长、内容最丰富的艺术宝库。瓜州榆林窟俗称万佛峡，以其精美的壁画、雕塑成为敦煌艺术的重要组成部分。世界文化遗产麦积山石窟，不仅被誉为"东方雕塑艺术馆"，而且也是全国诸多石窟寺庙中风景最秀丽的一座。世界文化遗产永靖炳灵寺石窟规模宏丽，艺术精湛，尤以石雕造像见长，并位处黄河三峡，峰峦叠嶂，飞流咆哮，气势非凡。全国重点文物保护单位马蹄寺石窟群由金塔寺、千佛洞、上中下观音洞和马蹄寺南北二寺等 7 部分组成，迤逦于祁连山麓，其中金塔寺的大型影塑飞天古朴典雅，为全国所仅见。全国重点文物保护单位天梯山石窟开凿于十六国时期，有"中国石窟鼻祖"之称。全国重点文物保护单位北石窟始建于公元 6 世纪初，而又以唐代洞窟为最多，其中不乏盛唐艺术精品。近年泾河两岸又惊现"百里石窟长廊"，发现舍利塔基 2 处和禅房、僧房窟、生活窟等 500 余窟，成为整个甘肃石窟走廊的重要组成地段。甘肃石窟艺术是丝绸之路辉煌艺术成就和历史文化的杰出代表。

六 甘肃是我国近代四大文献考古发现的两大奇观——敦煌遗书和汉代简牍的出土地，是最能代表丝绸之路学术成就的举世瞩目的国际性显学——敦煌学、简牍学、西夏学等的故里

1900年随着敦煌莫高窟藏经洞珍藏的5万余件古代文书和其他一批精美文物的发现，敦煌的名字震动了全球。敦煌文书的发现，与甲骨文、河西西域汉晋简牍、明清内府档案的发现一起被称作中国近代学术史上四大发现。其中两大发现即在甘肃。敦煌文献发现后，引起世界上许多国家学者的瞩目，利用这批宏富的珍贵资料，中外学者从历史、考古、经济、政治、军事、语言文字、文学、地理、民族、民俗、教育、宗教、建筑、音乐、美术、舞蹈、医学、科技、体育、旅游等各个方面进行研究，逐渐形成了一门专门学术领域——敦煌学。敦煌学资料中蕴藏着极为巨大的历史、科学和艺术价值，它们是我国古代文明具有权威性的历史标本和物化载体，是中华民族智慧的结晶和文明的象征，是辉煌的中华传统文化的核心组成部分之一，是古丝绸路上留存的一笔丰厚的历史遗珍；也是我们从事爱国主义教育、中华优秀传统文化教育的生动教材，是我们今天藉以挖掘历史文化资源、促进社会主义文化大发展大繁荣的一座蕴藏极丰的宝库。目前全国出土汉简70多批次、73600余枚，而甘肃出土汉简30多批次、6万余枚，占全国所出汉简总数的82%。此外还有天水放马滩秦简及河西魏晋简、西夏和元代文书等的出土。随着丝路沿线这批珍贵文献的出土，敦煌学、简牍学、西夏学等一批国际性显学应运而生，以至发展成为"世界学术之新潮流"，迄今已逾百年仍方兴未艾。这批学术成就的面世，全方位、多视角地展示了昔日丝绸之路的辉煌，提供了两千多年来东西方经济文化交流的生动例证和独特见证，代表了丝绸之路文明和文化传统的杰出范例。

七 甘肃是丝绸路上世界文化遗产万里长城所经的重要路段和现存长城长度最长、保存遗迹最多、形态结构最复杂、最具代表"长城文化"的地区

战国秦、汉、明三代长城如游龙走凤，至今仍绵延于陇原东西，总长度超过3700多千米，气势磅礴，长城沿线许多烽燧、城障、关隘遗迹今仍历历可见。笔者实地考察所见，战国秦长城尤以今临洮杀王坡、尧甸、渭源庆坪、上盐滩、关门、陇西福星、云田、通渭四洛坪、榜罗镇、第三铺、寺子川、静宁红寺、高界、镇原城墙湾、环县城子岗、长城原、华池城梁盖等地遗迹清晰，为整个战国秦长城中保存最佳的地段。敦煌西北的玉门关及其附近的长城塞垣为我国汉长城中遗存最完好、气势最雄伟的段落。现存塞墙以当地的芦苇、红柳、胡杨、罗布麻等夹碱土和沙砾，层层夯筑而成，残垣最高4米许。由于盐渍的作用，层间粘结得非常牢固，今已近于"化石"，可谓我国古代独创的"混凝土"。长城沿线烽燧遗址相望，高者可达10米。有的烽体下面依然整齐堆埋着当年备用的燃放烟火的"积薪"，多的可达15堆。明长城的西端点嘉峪关，为万里长城全线中保存最完整、规模最宏大的关城，享有"天下第一雄关"、"边陲锁钥，长城主宰"的美誉。山丹境内汉、明长城相伴并存，古垒烽堠、驿站古道连绵不断，被誉为"中国长城露天博物馆"。汉、明长城又与兰新铁路、兰新高铁、连霍高速公路和国道312线并肩同行，形成古代文明与现代文明遥相呼应、交相辉映的壮观美景。

八 甘肃保存了古丝路上一批造型精美、艺术和历史价值极高的寺观庙宇，在国内外享有盛誉

位于夏河县的我国喇嘛教格鲁派六大寺院之一的拉卜楞寺，金碧辉煌，

美仑美奂，建筑艺术巧夺天工，宗教文物弘富精美，成为甘、青、川三省交界地区藏民的宗教文化中心。号称"道家第一名山""西来第一山"的平凉崆峒山，早在秦汉时就为西北名胜，今山上所存隍城、真武殿、老君殿以及传说黄帝问道于广成子的问道宫等仍然凝重典雅，巍峨堂皇，山下凌空塔耸拔庄严。始建于公元11世纪末的西夏皇家寺院张掖大佛寺，是一座集塑像、壁画、建筑、藏经和其他文物珍品为一体的佛教艺术殿堂，今天仍完好保存着大佛殿、藏经殿、大佛塔等古建筑20余座和珍贵文物万余件，有中国最大的卧佛殿、亚洲最大的室内木胎泥塑卧佛，最完整的初刻初印本《北藏》佛经及般若金经。泾川回山王母宫及其他一批遗迹，被认为是西王母的降生处和发祥地。吸引了许多台湾同胞、海外侨胞到这里寻根追祖，受到广泛持久的崇拜信仰。武威白塔寺遗址为元代阔端太子为西藏佛教领袖萨班所建，是祖国统一西藏的历史见证。临夏市南关清真大寺雕梁画栋，庄严雄伟，苍松翠柏掩映，充分体现了伊斯兰风格融入民族特色的独特艺术。武威文庙布局宏伟，殿宇巍峨，庙内古柏参天，碑石林立，为西北"学宫之冠"。他如天水南郭寺、玉泉观、静宁清真寺、卓尼禅定寺、碌曲郎木寺、合作米拉日巴佛阁等皆名闻遐迩。

九 甘肃是古丝路上古城遗址保存数量最多、类型最复杂、时代序列最齐全、出土物相当丰富的地区

据不完全统计，省境现存各类古城址不下1000座，其中仅河西走廊遗存的汉唐时期古城址就有300余座，这些古垣颓墉今天虽然早已无声无息地退出了历史的舞台，但它们如同座座历史的丰碑，仍然巍巍屹立在大漠古道上，向人们无声地倾诉着陇原悠远的过去，昭示着丝绸之路永不磨灭的历史辉煌。它们是我国古代文明具有权威性的历史标本和实物载体，是古丝绸路上留存的一笔丰厚的历史遗珍，也是河西绿洲沧桑变迁的历史见证，具有十分重要的学术价值。这些古城址不仅数量众多，历史悠久，而且朝代序列完整，保存情况相应较好，这不仅在我国是少有的，即使从世界上来看也是罕有所见的文化奇观。这些城址就其类型

来看，既有省、府、州郡城、县城，又有土司城、乡城、村堡、驿站，既有军城、守捉城，又有障城、坞壁、折冲府城、戍所，可以构成一列完整的古代行政、军事城址系列。就其时代来看，最早的有距今约2700多年前沙井文化时期的金昌三角城，更有大量汉唐明清时期的城址，时代序列相当完整。就其规模来看，有的十分壮观雄伟，高垣崇墉，气薄云天，周长可达几千米，如世界文化遗产瓜州锁阳城周长超过4千米，面积达80万平方米；有的则较为小巧，周长仅百十米甚或更小。就其形制而言，有的结构复杂，城垣设置齐备，有瓮城、马面、雉堞、望楼、弩台、龙尾（马道），城周还有羊马城、护城壕、烽燧和环卫小城堡等，有的则仅存四壁，形制单调；有的城中有城，垣内套垣，构成二重、三重墙垣，有的则构筑简单。漫步其中，可以充分感受古丝绸路上波澜壮阔的历史风云，满足人们觅奇猎古的心理需求。搞清这批古城址的历史面貌及其兴废过程，不仅可以使丝绸之路历史上许多重大的政治、经济、军事、文化活动有了准确的空间概念，一些长期若明若暗的重大历史问题得以迎刃而解，而且对于我国城市建筑史和古代城垣建筑技艺的研究亦有重要意义。

十　甘肃境内的古墓葬、墓群很多，有的品级颇高，为古丝路上的又一奇观

例如，礼县大堡子山秦公墓地是秦始皇先祖庄公、襄公、文公的墓葬群，距今已有2700余年，规模宏大，计有大墓2座、小墓9座、车马坑2座，规格同于帝王，出土了大批极珍贵的文物，为我国商周考古上罕见的重大发现。武威雷台汉墓为著名的铜奔马和铜车马仪仗的出土地。嘉峪关、酒泉、高台等地的魏晋壁画墓群，保存彩绘砖墓画2000余幅，成为轰动中外的地下画廊。张家川马家塬战国墓群，随葬大量车以及金、银、铜、铁、陶器等物，颇为稀见。武威唐代吐谷浑王族墓葬群被纳入当年"考古中国"重大项目，其中吐谷浑喜王慕容智墓出土罕见的六曲屏风、列戟屋模型、成套武备等文物800余件组，所出墓志提及武威南

山区"大可汗陵"的存在。漳县汪氏家族墓为元明两代陇右豪族汪世显家族墓群，出土物丰富，考古价值很高。他如汉代名将李广墓、赵充国墓、魏晋医学家皇甫谧墓、唐代宰相牛僧孺墓、唐代伊斯兰传教士吾艾斯墓、南宋抗金名将吴玠墓等亦驰名遐迩。

十一 甘肃在丝绸之路古代科技上占有突出地位，保存了许多极为重要的文献和图象史料，其科技成就不少方面居于当时世界领先水平

例如，敦煌出土的科技方面的资料就很丰富，含医学、数学、天文学、历法、印刷、酿造、农作、建筑、冶炼、交通、纺织、服饰、饲养、园艺、护肤、颜料、工艺、洞窟开凿、彩塑彩绘、化学化工、军事兵器、交通工具、水利灌溉、玻璃制品、农林牧业生产、体育健身等等，不一而足。除文献记载外，敦煌石窟亦是一座中国古代科技史的画廊。略举数例：敦煌文书 S.3326《全天星图》，是世界上现存记载星数最多（1359颗）、绘制最科学的一幅中古时代星图。敦煌发现的公元6世纪陶弘景《本草集注》，收药730种，是目前所知最早的本草类著作，被医家奉为圭臬，具有本草正典之称。唐显庆四年（659）李勣、苏敬《新修本草》20卷（S.4534等），收药9类844种，图文并茂，为我国第一部官颁药典。敦煌马圈湾、悬泉置出土西汉纸多帧，将我国造纸史提前了170多年，敦煌文书本身就构成了一部完整的长达千余年的珍贵纸谱。敦煌所出唐咸通九年（868）刻本《金刚经》，为迄今所见世界上第一件标有确切年份的雕版印刷品。莫高窟还先后4次出土回鹘文木活字达1152枚，为目前所知世界上现存最多、最古老的用于印刷的木活字实物，具有十分重要的研究价值。

又如，冶铜术的发明，以前一直认为是在西亚地区。甘肃东乡族自治县马家窑文化林家遗址中，出土了距今约5000年的铜刀，是我国迄今发现的最早的铜器。近年通过对张掖西城驿遗址的发掘，初步确定该遗

址的冶铜活动从马厂晚期出现，一直进行至四坝早段，该遗址一系列冶金遗物的发现，不仅表明至迟在距今4100年前后在河西地区已经有了比较发达的冶金生产，而且这一发现为进一步开展中国早期冶金技术的起源和相关问题的探讨提供了重要资料。

十二 甘肃为丝路沿线人类口头与非物质文化遗存十分丰富、且颇具特色的地区

如洮岷花儿、河州花儿、洮砚、兰州太平鼓、庆阳香包与刺绣、陇东皮影、陇东道情、剪纸、天水雕漆、西和七巧节俗、兰州刻葫芦、羊皮筏子、临夏砖雕、保安腰刀、酒泉夜光杯、拉卜楞寺酥油花、甘南藏戏、白马藏族服饰与习俗、裕固族民歌与服饰、敦煌古乐、敦煌舞谱，以及古典诗词、书画、地方餐饮等，多姿多彩，美不胜收。甘肃大地上还广泛流传着大禹治水、苏武牧羊、昭君出塞、霍去病收复河西、文姬归汉、鸠摩罗什传经、法显西行、薛仁贵征西、唐僧西天取经、马可波罗东方探宝等许多脍炙人口的优美故事和传说。这批遗产文化、学术价值颇高，许多堪称世界级品牌。甘宁青一带广泛传唱的花儿，已进入世界非物质文化遗产名录。

十三 甘肃历史上向为屏蔽关中、中原的门户和中央王朝势力强盛之时向西发展的重要根据地，或名之曰中原王朝向西伸出的右臂，长期以来为古丝路的畅通作出巨大的历史贡献

汉、魏、隋、唐、宋、元、明、清各代都把河陇作为整个西北地区的战略支撑点，"昔人言，欲保秦陇，必固河西；欲固河西，必斥西域"。河陇地区诚为中原王朝向西伸出的右臂，河陇的得失与中原王朝的命运可谓息息相关，对于中国统一的多民族国家形成和巩固发挥过无可

替代的历史作用，堪称中国西部的"命门"所系，河西走廊堪称为实现国家"大一统"的"国家走廊"。因之历代中央王朝大都十分重视对河陇的经营开拓：修长城，列亭障，筑关塞，屯兵戍守，徙民实边，广置屯田，大兴农牧业生产，发展对外贸易和对兄弟民族的茶马贸易，以致早在西汉时河陇许多地方就呈现出"风雨时节谷籴常贱，少盗贼，有和气之应，贤于内郡"的兴旺景象。盛唐时更是出现了"天下称富庶者无如陇右"的盛况。甘肃大地以其强有力的军防建设、坚实的农牧业基础，为丝绸之路的长期运行和繁荣、稳定作出历史性贡献。河陇诚为巩固西北边防、维护国家统一和安全的重要依托。

十四　甘肃的古代文化曾几何时还能独领风骚，为丝绸之路的历史发展做出特殊的重要贡献

如十六国时期，天下动乱，而河西因位处偏僻、山河阻隔，未受或少受中原战乱的波及，一时间"中原避乱来者日月相继"，其中有不少来自内地的著名学者。他们在河西著书立说、收徒授业，发达的中原文化和大批珍贵学术典籍得以在河西保存、发展。中原学术文化成果在河西炽成郁郁葱葱之势，史家称此为"五凉文化"。北魏统一北方后，侨寓河西的中原学者和河西本土学者大部东迁，中原大地遂激荡起河西文化的波澜。正如著名学者陈寅恪先生在其名著《隋唐制度渊源略论稿》中所论："西晋永嘉之乱，中原魏晋以降之文化转移保存于凉州一隅，至北魏取凉州，而河西文化遂输入于魏，其后北魏孝文、宣武两代所制定之典章制度遂深受其影响"，并还影响到了后代。

十五　甘肃历史上是祖国许多民族大迁徙、大融合的舞台，曾为民族间的交往、团结和发展作出过历史性贡献

甘肃位处黄土高原、青藏高原、内蒙古高原三大高原的结合带，历

史上一直是生活在这些地域以至更大区域范围内的各民族往来、迁徙、交流、争斗、融合非常频繁的地区。农耕民族和诸多游牧民族在本区的进退及其政治、军事、经济等方面的活动，不仅对于甘肃历史的发展，而且在全国历史上都产生过不容忽视的重要影响。在陇原这个民族活动的历史大舞台上，汉族、回族以及东方来的党项族、满族、鲜卑族等，北方蒙古高原来的匈奴、突厥、回鹘、蒙古等族，南方青藏高原来的羌、吐谷浑、吐蕃（藏）等族，西方来的昭武九姓、哈萨克族等，以及从这里西出的塞种、乌孙、月氏等族，东去的沙陀等族、南迁的羌族等，都曾同台或轮番演出过一幕幕有声有色的历史活剧。多民族的共同开发建设，赋予甘肃历史文化多元的内涵和民族浑融的斑斓色彩。著名学者费孝通曾提出"民族走廊"的概念，指一定的民族或族群长期沿着一定的自然环境，如河谷或山麓地带向外迁徙或流动的路线。在这些走廊中必然保留着该民族或族群众多的历史与文化沉淀，几条大的民族走廊即是一条条古代交通路线。丝路主干道的河西走廊正是我国一条路线最长、历时最久、规模最宏大、文化沉淀最丰厚的民族走廊。兹举一例。公元1247年，代表西藏僧俗各界的政教领袖萨班与蒙古汗国皇子阔端，在凉州（今武威市）就西藏的归属问题举行了著名的"凉州会谈"。会谈的成功使西藏正式纳入伟大祖国的怀抱，成为祖国神圣领土永远不可分割的一部分，藏民族成为中华民族大家庭中永远不可或缺的成员。河西走廊为促进统一的多民族国家的巩固与发展建树了永不磨灭的功勋。

十六 甘肃是丝绸路上诸多民族频繁往来、交流、聚集之地，文化特色上表现出鲜明的开放、多元的风格

以上主要是就国内民族的交往、融合来说，再拿沿着丝绸之路来自中亚、西亚以至更为遥远地域的一些民族，如粟特人等来说，早自西汉张骞"凿空"不久，就不断涌入河陇，及至唐五代时期达到高潮，中亚、西亚等地的胡文化亦随之传入，遂为河陇当地的社会文化注入了新

的血液和营养，使这里的文化面貌呈现出更为开放、多元的新气象。由于开放性，甘肃历史文化必然表现为多元融合的格局而不会只有单一成分。从总体上看它既有中国文化，又有域外文化。多民族的聚住杂居，多种文化体系的交错融合，多种宗教的并存和互相渗透，多种风俗习尚的交互熏染，"海纳百川，有容乃大"，使甘肃历史文化发展演变为古丝绸路上东西方文化交流的生动缩影和典型例证。

例如，唐代敦煌辖有13乡，其中从化乡为外来的粟特人的聚居之地，全乡有1400多人，约90%为粟特人，至于散居在敦煌其他各乡的胡人亦不少。敦煌当地的民风习俗诸如赛袄、婚丧、服饰、饮食、乐舞、体育等，无不受胡风浸染。隋唐时期的九部乐中，天竺乐、康国乐、安国乐等都是经由敦煌、河陇传入中原，而盛行于宫廷的。至于胡旋舞、胡腾舞、柘枝舞等，也是在敦煌、河陇流行并风靡于内地的，莫高窟壁画中留下了此方面大量精美的歌舞画面。

十七　甘肃丝绸之路文化最突出的特征——开放性、多元性、浑融性、创新性

以上我们分别就甘肃丝绸之路文化中最为亮眼的16个方面进行了论述。那么，如果我们从总体上看，从宏观上看，从甘肃丝路文化发展中最本质的一些方面来看，又将呈现出何种样貌和特色？我认为其最突出的特征，可以概括和提炼为以下几个方面：开放性、多元性、浑融性、创新性。

开放性，已如前述，甘肃位处世界上四大文化体系的汇流之区，是我国历史上率先对外开放的地区，正是由于这种区位优势，甘肃每每得风气之先，以其恢宏的气魄、灿烂的文化向世界展开胸怀，广接八方来客，海纳外来营养，表现出对外来文化强大的吸引力和融合力，由此得以长时期地吸收、汲取丝绸路上荟萃的各种文明成果来滋养自己，促进自身经济文化的发展和繁荣。此方面例子不胜枚举。又如早在北朝时期许多西域乐舞，包括龟兹（今新疆库车）、高昌（今吐鲁番）、疏勒（今

喀什)、安国(今乌兹别克斯坦布哈拉一带)、康国(今乌兹别克斯坦撒马尔罕一带)、悦般国(今阿富汗北部)等的乐舞,即首先经由敦煌、河西而传入中原。这些乐舞与中国传统乐舞交流汇萃,展现出丰富多彩的崭新形象,绚丽多姿,美不胜收。这在敦煌壁画中就有着诸多真实的反映。敦煌文化的开放性是古丝绸路上东西方文化交流的生动缩影。

多元性,主要表现在多民族的聚住杂居,多种文化体系的交错融合,多种宗教的并存和互相渗透,多种风俗习尚的交互熏染等方面。习近平总书记指出,多样性是人类发展的魅力所在,更是世界发展的活力和动力之源。由于开放性,甘肃丝路文化必然表现为多元融合的格局而不会只有单一成分。从总体上看它既有中国文化,又有域外文化。进一步说,在中国文化中既有中原传统文化,又有西域文化、吐蕃文化等;在域外文化中则有印度文化、波斯文化、拜占庭文化等。多种文化的交流交汇,遂为甘肃丝路文化不断注入新的血液和营养,使其文化面貌呈现出新气象。例如,敦煌医学中就融入了诸多外来医学的菁华,增添了异样的光彩,生动地反映了古丝绸路上中医学与藏医学、于阗医学、粟特医学、回鹘医学、龟兹医学、古印度医学、波斯医学等医药学文化的交光互影。

浑融性,主要表现在甘肃丝路文化在其长期的历史演进中"海纳百川,有容乃大",形成了很强的包容性,它并不排斥外来的同质或异质文化,浑融不是混合,也不是取消差异,取消民族特色,文化的认同并不等于文化的同化,而是你中有我,我中有你,各美其美,美美与共,是在更高层次上和更广范围内的优势互补和发展进步。本土文化与外来文化的自由交流,东方文明与西方文明的交融汇合,使得甘肃丝路文化不但是本乡本土的产物,而且成为整个丝绸路东西方文化交流融合的范例。

创新性,主要表现在西方文化传入中国后,大多要沿着丝绸之路,通过敦煌以及河西等地进行中国本土化过程,或与中国传统文化碰撞、交流、整合后再继续东传。同样中原文化向西传播亦是经过河西、敦煌发生文化的交流交融。甘肃丝路文化在整合文化资源、创新文化智慧方面有着独具特色的优势。关于此方面笔者在《丝绸之路:东西方文化交流汇融的创新之路》一文中已有论证,此处不赘。

通过以上的论证我们不难看出，甘肃的确为丝绸之路的"黄金路段"，名至实归，当之无愧。熔古铸今，再造辉煌。古老而青春的甘肃今天又焕发出勃勃的生机，在建设丝绸之路经济带、建设华夏文明传承创新区的强力推动下，在建设社会主义现代化强国第二个"一百年"和实现中华民族伟大复兴的"中国梦"的壮丽征程中，正在创造着前无古人的伟绩。

重视"敦煌外交" 服务"一带一路"

"国之交在于民相亲,民相亲在于心相通。"由于敦煌在丝绸之路上的独特地位,以及敦煌文化、敦煌学所具有的国际性、开放性、包容性、亲和性等禀赋,因而敦煌有条件、有优势成为作为唤起"一带一路"沿线国家的共同记忆,加强我国与沿线各国人民文明对话、民心相通的重要的"外交"媒介和平台。笔者为之提出"敦煌外交"的概念,旨在充分利用"敦煌外交"这一座特殊的、极为重要的对外文化交流的桥梁,服务于共建"一带一路"。我们对此应有足够的认识与作为。

一 敦煌文化的国际性及"敦煌外交"的重大意义

其一,"敦煌外交"的提出,首先是由于历史上的敦煌在丝绸路上独有的重要地位。敦煌是古丝绸路上最重要的交通枢纽和东西方文化交汇交流交融的重镇,是我国最早最重要的国际化都市之一。诚如国学大师季羡林先生所说,世界上四大文化体系"汇流的地方只有一个,就是中国的敦煌和新疆地区,再没有第二个。"正由于如此,敦煌拥有人类历史上最灿烂的文化遗迹,为人类文化皇冠上耀眼的明珠,成为享誉世界的知名品牌,被誉为"文化圣殿,人类敦煌"。敦煌不仅是万余千米丝绸路上文化积淀最丰厚、最富有合作基础、最能代表丝路精神与文化精髓的城市,而且敦煌文化对人类文明进步的影响历久弥新,它所体现的国际性、包容性、开放性、亲和性和跨时空的创新力,更使其成为今天东西方文化交流对话、中华文化"走出去"的重要媒介与渠道。

其二,"敦煌外交"的提出还由于敦煌资料本身所具有的国际性。敦煌出土的 6 万余件文献中不仅蕴藏有大量的汉文文书,而且还保存着许多我国少数民族文字以及西方国家民族文字的写本,有吐蕃文、回鹘文、粟特文、于阗文、突厥文、梵文、婆罗迷字母写梵文、佉卢文、希腊文等语言文字的文本。此外莫高窟北区还发现西夏文、蒙古文、八思八文、叙利亚文等文书;敦煌文献中不仅有大量佛教方面的典籍,还有来自西方的袄教、摩尼教、景教(早期基督教)的书卷。真可谓兼收并蓄,应有尽有。

此外,敦煌石窟的造型艺术(壁画、雕塑等)亦具有国际性。诚如著名学者姜亮夫先生所说:"它包罗了中国传统的艺术精神,也包罗了中西艺术接触后所发的光辉,表现了高度的技术,及吸收类化的精沉的方式方法,成为人类思想领域中的一种最高表现。它总结了中国自先史以来的艺术创造意识,也吸收了印度艺术的精金美玉,类化之,发恢之,成为中国伟大传统的最高标准,它是人类精神的最高发扬。"

正是由于上述原因,敦煌资料被誉为"学术的海洋""中古时期的百科全书""中古世界的图书馆"。

其三,"敦煌外交"的提出还由于敦煌学研究的国际性。敦煌学的诞生是以 1900 年敦煌莫高窟藏经洞的发现为嚆矢的。敦煌文书发现后遭到一些外国"探险家"的劫夺,大量流散国外,这是中国学术的伤心史,也是中华民族的伤心史,但在客观上却起到了催生国际敦煌学发展的作用。敦煌学自其诞生以来就受到许多国家和学者的关注,除我国大陆、台湾、香港学者外,日本、法国、英国、俄罗斯,以及美国、韩国、德国、印度、丹麦、瑞典、挪威、加拿大、新加坡、澳大利亚、捷克、比利时、匈牙利等国,均有学者对敦煌学或其相关领域做出贡献,敦煌学遂发展成为一门举世瞩目的国际性显学。1992 年 9 月,在北京房山举行的"敦煌吐鲁番学国际学术研讨会"上,著名学者、中国敦煌吐鲁番学会会长季羡林先生提出:"敦煌在中国,敦煌学属于全世界。"这一提法得到了中外学者的高度赞同。

其四,敦煌学本身的许多重要课题,与"一带一路"的研究项目具有高度的契合性、一致性。如敦煌出土的丝绸路上众多"胡语"文献

（回鹘文、粟特文、于阗文、突厥文、梵文、婆罗迷字母写梵文、佉卢文、希腊文、叙利亚文等）的释读与研究，敦煌文献中的"西域行记"与"印度行记"，佛教及佛教艺术的传播与东渐，祆教、摩尼教、景教的传播与东渐，敦煌的萨宝制度与胡祆祠，敦煌的"赛祆"习俗，丝绸路上物品、科技的交流与传播，敦煌饮食文化、服饰文化所体现的中西文化交流，敦煌医学文化、体育文化所体现的中西文化交流，敦煌吐鲁番通往印度的"香药之路"与"法宝之路"，敦煌吐鲁番文书中所见的拜占庭，波斯通往敦煌吐鲁番的"白银之路""珠宝之路"与"琉璃之路"，敦煌的"波斯僧""波斯使主"与波斯文化流播，敦煌吐鲁番与丝绸路上的突厥人、粟特人、天竺人、朝鲜人的交往交流，敦煌的"星占"与波斯"星占"，敦煌文献中的"印度制糖法"，敦煌壁画中的"胡商"形象，敦煌壁画中的西亚、印度纹样……不胜枚举。以上这些均是敦煌学中的紧要事项，同时也是"一带一路"学术研究中的重要课题。敦煌学堪称为丝绸之路学术体系中最具权威性的杰出代表，敦煌学在"学术外交"中独具优势。

其五，历史经验表明，文化的影响力是可以超越时空、跨越国界的，文化以一种潜移默化的力量和方式影响着人们的思想和行为。敦煌文化即是如此，其本身所体现的国际性、包容性、开放性、亲和性等禀赋以及跨时空的创造力，是唤起"一带一路"沿线国家共同记忆、联络沿线国家人民情感、加强我国与沿线各国人民文明对话、扩大文化交流、民心相通的重要的渠道和平台，成为增强沿线国家人民对中国文化的亲近感和认同感、提高中国文化感召力、加强中国国际话语权、"讲好中国故事"、"以文化人"、"以文促情"、"以文建信"、"中国内涵、国际表达"的国际文化交流的重要媒介。

由上可见，"敦煌外交"具有特殊的魅力与重大意义，在服务共建"一带一路"中独具优势，大有可为。如何充分发挥敦煌文化、敦煌学此方面的优势，挖掘、释放"敦煌外交"潜能，使之更好地服务于"一带一路"，是我们今天所面临的不容忽视的重大议题。为之提出如下几点思考和建议。

二 释放"敦煌外交"潜能,服务共建"一带一路"

(一)一年一度的丝绸之路(敦煌)国际文化博览会,就是充分利用"敦煌外交"这一媒介,以增进丝路沿线各国文明对话与民心相通为旨归的国家级大平台、国际化大盛会

毋庸置疑,我们应充分利用这个平台,进一步精准定位、精确发力,通过举办多种形式的国际论坛与展演,开展全方位、多渠道、宽领域、高水平的人文交流、文化欣赏等活动,传承古丝绸之路友好合作精神,并应凝练出具有时代特征的共同价值理念,使其在新的历史时期内发扬光大,不断促进我国与沿线各国的互学互鉴、互敬互信、共建共享、互利共赢、共识推动的文化交流,加强沿线各国人民的情感交融,深化沿线人民的思想融通,推动民心相通的国际文化合作,共享人类文明进步的成果。首届文博会上通过的《敦煌宣言》,已成为丝绸之路经济带建设中各国文明对话、文化交流、文脉融通的新的共识。特别是在"民心相通"中,文博会为沿线不同国家的人们通过文化交流与合作增进了相互了解和信任,加深了友谊,为丝路文化的交融搭建了相通之桥。

敦煌文博会在议题设置及"论、展、演、创、贸、游"等主要构架中,共商共建共享,构建"一带一路"上文化交融的命运共同体。文博会应始终以这一理念为引领,始终坚持服务于"一带一路"与国家发展大局的办会宗旨,紧贴"和平合作、开放包容、互学互鉴、互利共赢"的丝绸之路精神,以开放姿态和包容心态,把握各方尤其是沿线各国的共同关注点,尊重各国的话语权,倡导不同文化在平等基础上交流互鉴,让文化背景差异、利益诉求不同的沿线国家,找到"最大公约数",画出最大同心圆,构建文化交融的命运共同体,使文博会真正形成具有良好形象和广泛影响、具有强大吸引力和可持续潜力的国际文化盛会,真正成为推动共建"一带一路"的重要支撑和基本平台。

应大力拓展文博会的海外影响力,不断提升其国际化水平,按照"体现国际视野、突出敦煌特色、聚焦文化主题"的要求,通过文博会在"一带一路"沿线国家积极宣传人类命运共同体的理念。我们既要大力弘扬中国优秀传统文化，又要承认各国文化的独特性与共通性，发掘丝路沿线国家文明的独特之美和时代价值，充实文明交流互鉴的思想内涵，诚心实意地汲取沿线国家文化中的优秀内涵，融汇中华文明和人类文明的优秀成果，书写民心相通、文明互鉴、发展成果共享的多彩篇章。应始终秉持"开门办会、开放办会"的理念，汇聚更多丝路沿线国家和我国各省区的优秀文化资源和文化成果，让参会各方产生良好的存在感、获得感。在突出开放包容的同时，又要注重话语主导，应综合分析研判国际文化领域的新形势、新变化、新特点，确定相应的会议主题，主动发声，主动作为，以议题设置引领文博会话语主导权，在尊重彼此差异中彰显我们的文化自信，在推动多边合作中提升我们的形象实力。有理由相信，通过几届的不懈努力和成功举办，必将会使敦煌文博会形成鲜明的自身特色，成为沿线各国文化多样共存、互鉴共进、合作共享的"百花园"，成为国内外一个令人向往的响亮的驰名文化品牌，成为敦煌新的永久性的地域特征和重要标识。

（二）充分发挥敦煌文旅品牌效应，全新设计并全力打造具有丝绸之路特色的国际精品旅游线路和旅游产品，促进我国乃至丝路沿线各国旅游业的发展

旅游业的交流合作为文化交流的重要组成部分，它不仅是文明互鉴和增进友谊的重要桥梁，而且是人员交往的重要载体。应充分发挥旅游业兼容性高、带动性强的特点，深化与"一带一路"沿线国家合作，深入挖掘丝绸之路文化内涵，联合推出特色浓郁的旅游产品。应面向海内外广大游客，大大提升敦煌及丝绸之路文化旅游的层次，增强敦煌乃至丝路旅游的国际性、民族性、开放性，提高沿线国家对敦煌和丝路文化的认同感与归属感，唤起共同的记忆。可通过互办旅游年活动，推广对方的旅游产品，介绍对方的旅游产业，增强中国与"一带一路"沿线人民对彼此旅游人文资源和自然资源的认知，增强对对方国家的认识和了解，增进人民之间的友谊与感情。应鼓励我国旅游企业及会展企业开展多样性深度国际合作，跨领域拓展业务。积极培育、打造旅游、会展骨干企业、龙头企业，以此有效地带动提升一批宾馆酒店、餐饮服务、交通运输、旅游购物等企业的发展水平。

目前敦煌正在紧抓历史机遇，以高远的视野和宏大气魄，采用国际化、高科技、可持续发展路径，积极筹划、全力推进国际文化旅游名城的建设，打造"文化圣殿、人类敦煌"，已经取得可喜成绩。2020年8月5日甘肃省人民政府办公厅下发了《关于支持大敦煌文化旅游经济圈建设的若干意见》，提出打造文旅发展高地、提高对外开放水平、完善立体交通网络等19条意见，旨在突出区域特色文化旅游资源优势，推动文旅深度融合，争取将大敦煌文化旅游经济圈打造成国家文化旅游融合示范区，加快形成全省绿色增长区域发展新格局。我们应抓住契机，倾力释放、充分发挥敦煌的文旅品牌效应，以此带动河西走廊乃至甘肃全省的文旅深度融合的全域旅游。甘肃地处丝绸之路的"黄金地段"，无疑也应发展成为令人向往的丝绸之路沿线旅游的"黄金地段"。

（三）深化相关领域学术研究，用"学术敦煌"服务共建"一带一路"

应整合我国现有敦煌学及丝绸之路文化研究的力量，在原有基础上进一步聚焦与丝绸之路、敦煌学研究相关的"一带一路"的重点、热点问题，集中优势兵力，搞出具有更高显示度、可在国内外产生重大影响的成果。根据共建"一带一路"的需要，政府部门可通过设置相关学术议题、招标重大项目、支持重点课题、推介重要学术成果等方式，引领相关领域学者自觉、主动地围绕国家和全省的重大战略，潜心探讨，多出精品。并吸引沿线国家的学者，更多地关注"一带一路"历史文化、文明对话、交流合作等议题，从不同的视角深化相关研究。

（四）国之交在于民相亲，民相亲在于心相通

国与国的关系基础是"民心相通"，应进一步发挥好"敦煌外交"之"民相亲"、"心相通"的桥梁作用。既应集中全力办好一年一度的文博盛会，又应加强平时的"常流水不断线"；既应突出政府间的对话交流，又应注重深化民间、学界往来，注重发挥"民间外交"的力量，吸收学界智慧，加强各个层面的合作交流，使文化"走出去、请进来"成为常态化，润物无声，久久为功。文化交流互鉴的主要目的在于深化与丝路沿线各国人民间的民心相通，在相互欣赏、尊重、理解的基础上，共同推进"一带一路"建设。因而应主动与沿线国家开展多种方式的经常性的文化、教育、旅游等领域的交流。鼓励支持文化企业、学术机构、社会团体、专家学者等"走出去"，积极探索官民并举的文化交流模式，鼓励民间力量在人文交流中发挥更大作用，充分引领社会各界主动参与到与丝路沿线国家开展多种方式的经常性的文化、教育、旅游等领域的交流、智库间的互动交流、留学生互派、丝路文化遗产共同保护、艺术团体交流互演、中医走出国门等多领域的项目合作。拉紧文化纽带，促进心灵沟通，以文化浸染沿线国家应有的认知底色，最大限度地开发利用好"敦煌外交"资源和优势。

欲充分释放"敦煌外交"的潜能，离不开深厚的群众基础，离不开广大民众的认同与热情支持，这就需要提高广大群众、尤其是敦煌及甘肃当地群众的相关知识水平与素养。建议充分利用电视、报刊、网络等媒体，广泛宣传"一带一路"的伟大意义以及丝绸之路与敦煌文化的基础知识。如可在甘肃电视台等，开办如同央视"百家讲坛"那样群众喜见乐闻的栏目，精选有关题目，聘请擅长讲述的专家、名家，以生动有趣的方式，向大众讲解"一带一路"及敦煌文化的有关知识。甘肃人民广电总台、《甘肃日报》、《兰州日报》等，亦可配合文博会的举行开办此类栏目。

（五）甘肃创作演出的《丝路花语》《大梦敦煌》等剧目在国内外引起巨大轰动，目前敦煌舞不仅已经成为我国民族舞蹈中一支艳丽的奇葩和重要舞种，而且也发展成了广泛连接"一带一路"人民友好情感、心灵共鸣、"民心相通"的重要艺术媒介

敦煌可谓是一座蕴藏极丰、取之不尽的文化艺术宝库。建议今后相关文艺创作应以充分挖掘敦煌壁画、丝路文化中的有关素材为主要方向之一和重大突破点，创作出更多更好的戏剧、曲艺、文学、音乐、舞蹈、美术、动漫、影视等作品，并积极谋求"走出去"，将我们的精品力作更多地展示给各国人民，也以此成为一张张亮丽的国际名片，不断搭建中外文化交流、文明对话、民心相通的新平台。还应进一步充分利用数字化手段，将敦煌及丝路沿线留存的精美的壁画、彩塑等古代艺术品在各国展示，增强与各国人民之间的友谊与文化共识。应积极谋划、举办丝路沿线国家相互间的文化年、艺术节、电影节、图书展等活动，与沿线国家合作开展有关丝路故事的广播影视剧精品创作及翻译。

（六）创建敦煌丝绸之路国际艺术宫

由于敦煌为古丝路上的国际都会，是最能代表丝绸之路文化与特色的城市，配合文博会的举办，在敦煌有必要建设一座集丝路沿线各国文化菁华、文物精品展示为一体的艺术宫殿，以有利于唤起丝路共同记忆，展现昔日辉煌，激发当今艺术创作创新活力，使其成为"一带一路"文化建设上具有较高显示度的一项重要成果，同时为敦煌及我省的旅游业再添一处重要的亮丽景点。在敦煌丝绸之路国际艺术宫中，应通过现代化的各种手段，展示丝绸路上各国各地区的绘画艺术、书法艺术、雕塑艺术、歌舞艺术、建筑艺术等以及古代服饰文化、饮食文化、体育文化、医学及养生文化等的精品。丝绸之路艺术宫可有效地弥补文博会闭会期间在艺术精品展出方面的空白。敦煌还可建成全国最富特色的、丝绸之路沿线国家和地区广泛参与的文物古玩展示、收藏、交流、交易的集散地。

文化因交流而精彩，文明因互鉴而丰富。高度重视、深入挖掘"敦煌外交"的内涵，充分彰显"敦煌外交"的影响，大力推动沿线国家间的文明交流与互鉴，敦煌必将为共建"一带一路"做出新的更大的历史贡献。

（原载《丝绸之路》2017年第4期，辑入本书时文字有一些修改）